JN172724

駿台

2025
大学入学共通テスト
実戦問題集

歴史総合，世界史探究

駿台文庫編

は じ め に

　「大学入学共通テスト」は，従来の大学入試センター試験に代わる新しい大学入学のための関門として，きわめて重要なテストであり，新課程対応となる2025年度（令和7年度）の共通テストは新科目「歴史総合，世界史探究」が導入されて初めての試験である。2021年度に始まる共通テストでは，知識・技能のみならず，〈思考力・判断力・表現力〉も重視して評価するという出題の方針が示されており，新課程の導入以降も受験生にとって厳しい試練となるだろう。しかし，出題範囲については，従来どおりの教科書の範囲から出題されるので，教科書の内容をただしく把握していれば問題はない。

　これまでの共通テストの世界史Bでは，旧センター型の問題もある程度出題されるものの，思考力・判断力・表現力の重視の観点から，資料の読み取り，リード文に代わり授業形式を題材とした会話文の使用などを中心に出題されてきた。出題内容も旧センター試験が知識そのものを問うてきた問題（歴史事項の誤り探し，事項の入れ替えなどwhatを問うタイプ）に対し，因果関係や事項の要因などを問う問題（歴史事項の原因・結果などwhyを問うタイプ）も多くみられる。受験生諸君とって厄介なのはこのような資料の読解やグラフの読み取りなどまさに思考力や判断力を問う問題であろう。こうした問題は旧センター型の知識を求める問題を発展させたものであり，すなわち旧センター型で問われるレベルの知識を持っていることを前提として，背景や結果を考えさせる問題となっている。そのため基礎的な歴史の知識が身についていることを必須とした上で，用語の暗記に終始するのではなく，その事項がどのような要因により起こったのか？　そのことがどのような歴史的結果をもたらしたのか？　といった踏み込んだ学習が引き続き必要となるだろう。なお，「歴史総合」においては世界史・日本史，両者の知識が必要とされ，広い視野を持った学習が求められている。

　本書では，駿台オリジナルの実戦問題を5回分，2022年公表の試作問題を1回分，共通テスト本試験を2回分収録しており，共通テストの特徴や傾向を把握しながらより多くの演習を重ねることが可能である。そして，わかりやすく，ポイントをついた解説によって学力を補強し，ゆるぎない自信をもって試験にのぞめるようサポートするものである。

　この本書を効果的に活用することで，みごと栄冠を勝ち取られることを祈ってやまない。

編　者

＊　＊　＊

　なお，本書の姉妹編『共通テスト実戦パッケージ問題』を徹底的に学習することによって，共通テスト対策はより万全なものとなります。是非ご活用ください。

本書の特長と利用法

●特 長

1 **実物と同じ大きさの問題！**

   実物を縮小したりせずに，原寸大で掲載しました。臨場感あふれる大きさです。

2 **2025年度入試対策が効率よく行える！**

   本書は，実戦問題5回分と共通テスト本試験2回分および2022年公表の試作問題1回分が収録されています。実戦問題は，実際の共通テストと遜色ないよう工夫した駿台オリジナル問題を掲載しています。また，「共通テスト攻略のポイント」では，入試対策を効率よく行えるよう，これまでの出題傾向を踏まえた上で，本番に向けた学習のポイントをわかりやすく解説しました。

3 **重要事項の総復習ができる！**

   別冊巻頭には，歴史総合・世界史探究の学習に必要な重要事項をまとめた「直前チェック総整理」を掲載しています。コンパクトにまとめてありますので，限られた時間で効率よく重要事項をチェックすることができます。

4 **解説がわかりやすい！**

   例えば選択肢に対する解説は，正解となるものだけでなく，間違っている選択肢についても行いました。したがって，「なぜそれを選んではいけないのか？」もわかります。

5 **自分の偏差値がわかる！**

   共通テスト本試験の各回の解答・解説のはじめに，大学入試センターが公表した平均点と標準偏差をもとに「得点別偏差値表」を作成し掲載しました。したがって，「自分の得点でどのくらいの偏差値になるのか」が一目でわかります。

●利用法

1 問題には，各問題ごとの解答時間の目安を示してあります。初めはそれ以上に時間がかかるかもしれませんが，実際の試験にのぞむつもりで,必ずマークシート解答用紙を用いて，制限時間を設けて取り組んでください。

2 解答したあとは，自己採点（結果は解答ページの自己採点欄に記入）を行い，ウイークポイントの発見に役立ててください。ウイークポイントがあったら再度解きなおし，次に同じ間違いを繰り返さないようにしましょう。

●マークシート解答用紙の利用にあたって

1 **氏名・フリガナ・受験番号・試験場コードを記入し，解答科目欄をマークする**

   受験番号欄にはクラス番号などを記入し，練習用として使用してください。解答科目欄の無マークまたは複数マークは0点となりますので注意してください。

2 **1つの欄には1つだけマークする**

2025年度　大学入学共通テスト　出題教科・科目

以下は，大学入試センターが公表している大学入学共通テストの出題教科・科目等の一覧表です。

最新の情報は，大学入試センター web サイト（http://www.dnc.ac.jp）でご確認ください。

不明点について個別に確認したい場合は，下記の電話番号へ，原則として志願者本人がお問い合わせください。

●問い合わせ先　大学入試センター　TEL 03-3465-8600（土日祝日，5月2日，12月29日〜1月3日を除く　9時30分〜17時）

教科	グループ	出題科目	出題方法 （出題範囲，出題科目選択の方法等） 出題範囲について特記がない場合，出題科目名に含まれる学習指導要領の科目の内容を総合した出題範囲とする。	試験時間（配点）
国語		『国　語』	・「現代の国語」及び「言語文化」を出題範囲とし，近代以降の文章及び古典（古文，漢文）を出題する。	90分（200点）（注1）
地理歴史	→(b)	『地理総合，地理探究』 『歴史総合，日本史探究』 『歴史総合，世界史探究』 『公共，倫理』 『公共，政治・経済』 『地理総合／歴史総合／公共』 →(a) ※(a)：必履修科目を組み合わせた出題科目 (b)：必履修科目と選択科目を組み合わせた出題科目	・左記出題科目の6科目のうちから最大2科目を選択し，解答する。 ・(a)の『地理総合／歴史総合／公共』は，「地理総合」，「歴史総合」及び「公共」の3つを出題範囲とし，そのうち2つを選択解答する（配点は各50点）。 ・2科目を選択する場合，以下の組合せを選択することはできない。 　(b)のうちから2科目を選択する場合 　　『公共，倫理』と『公共，政治・経済』の組合せを選択することはできない。 　(b)のうちから1科目及び(a)を選択する場合 　　(b)については，(a)で選択解答するものと同一名称を含む科目を選択することはできない。（注2） ・受験する科目数は出願時に申し出ること。	1科目選択 60分（100点） 2科目選択 130分（注3） （うち解答時間120分） （200点）
公民				
数学	①	『数学Ⅰ，数学A』 『数学Ⅰ』	・左記出題科目の2科目のうちから1科目を選択し，解答する。 ・「数学A」については，図形の性質，場合の数と確率の2項目に対応した出題とし，全てを解答する。	70分（100点）
	②	『数学Ⅱ，数学B，数学C』	・「数学B」及び「数学C」については，数列（数学B），統計的な推測（数学B），ベクトル（数学C）及び平面上の曲線と複素数平面（数学C）の4項目に対応した出題とし，4項目のうち3項目の内容の問題を選択解答する。	70分（100点）
理科		『物理基礎／化学基礎／生物基礎／地学基礎』 『物　理』 『化　学』 『生　物』 『地　学』	・左記出題科目の5科目のうちから最大2科目を選択し，解答する。 ・『物理基礎／化学基礎／生物基礎／地学基礎』は，「物理基礎」，「化学基礎」，「生物基礎」及び「地学基礎」の4つを出題範囲とし，そのうち2つを選択解答する（配点は各50点）。 ・受験する科目数は出願時に申し出ること。	1科目選択 60分（100点） 2科目選択 130分（注3） （うち解答時間120分） （200点）
外国語		『英　語』 『ドイツ語』 『フランス語』 『中国語』 『韓国語』	・左記出題科目の5科目のうちから1科目を選択し，解答する。 ・『英語』は「英語コミュニケーションⅠ」，「英語コミュニケーションⅡ」及び「論理・表現Ⅰ」を出題範囲とし，【リーディング】及び【リスニング】を出題する。受験者は，原則としてその両方を受験する。その他の科目については，『英語』に準じる出題範囲とし，【筆記】を出題する。 ・科目選択に当たり，『ドイツ語』，『フランス語』，『中国語』及び『韓国語』の問題冊子の配付を希望する場合は，出願時に申し出ること。	『英　語』 【リーディング】 80分（100点） 【リスニング】 60分（注4） （うち解答時間30分）（100点） 『ドイツ語』『フランス語』『中国語』『韓国語』 【筆記】 80分（200点）
情報		『情報Ⅰ』		60分（100点）

（備考）　『　』は大学入学共通テストにおける出題科目を表し，「　」は高等学校学習指導要領上設定されている科目を表す。

　　　　また，『地理総合／歴史総合／公共』や『物理基礎／化学基礎／生物基礎／地学基礎』にある"／"は，一つの出題科目の中で複数の出題範囲を選択解答することを表す。

（注１）　『国語』の分野別の大問数及び配点は，近代以降の文章が３問110点，古典が２問90点（古文・漢文各45点）とする。

（注２）　地理歴史及び公民で２科目を選択する受験者が，(b)のうちから１科目及び(a)を選択する場合において，選択可能な組合せは以下のとおり。
- ・(b)のうちから『地理総合，地理探究』を選択する場合，(a)では「歴史総合」及び「公共」の組合せ
- ・(b)のうちから『歴史総合，日本史探究』又は『歴史総合，世界史探究』を選択する場合，(a)では「地理総合」及び「公共」の組合せ
- ・(b)のうちから『公共，倫理』又は『公共，政治・経済』を選択する場合，(a)では「地理総合」及び「歴史総合」の組合せ

［参考］地理歴史及び公民において，(b)のうちから１科目及び(a)を選択する場合に選択可能な組合せについて

○：選択可能　×：選択不可

		(a)		
		「地理総合」「歴史総合」	「地理総合」「公共」	「歴史総合」「公共」
(b)	『地理総合，地理探究』	×	×	○
	『歴史総合，日本史探究』	×	○	×
	『歴史総合，世界史探究』	×	○	×
	『公共，倫理』	○	×	×
	『公共，政治・経済』	○	×	×

（注３）　地理歴史及び公民並びに理科の試験時間において２科目を選択する場合は，解答順に第１解答科目及び第２解答科目に区分し各60分間で解答を行うが，第１解答科目及び第２解答科目の間に答案回収等を行うために必要な時間を加えた時間を試験時間とする。

（注４）【リスニング】は，音声問題を用い30分間で解答を行うが，解答開始前に受験者に配付したICプレーヤーの作動確認・音量調節を受験者本人が行うために必要な時間を加えた時間を試験時間とする。
　　なお，『英語』以外の外国語を受験した場合，【リスニング】を受験することはできない。

2019 〜 2024年度　共通テスト・センター試験　受験者数・平均点の推移（大学入試センター公表）

センター試験←　→共通テスト

科目名	2019年度		2020年度		2021年度第1日程		2022年度		2023年度		2024年度	
	受験者数	平均点	受験者数	平均点	受験者数	平均点	受験者数	平均点	受験者数	平均点	受験者数	平均点
英語 リーディング（筆記）	537,663	123.30	518,401	116.31	476,173	58.80	480,762	61.80	463,985	53.81	449,328	51.54
英語 リスニング	531,245	31.42	512,007	28.78	474,483	56.16	479,039	59.45	461,993	62.35	447,519	67.24
数学Ⅰ・数学A	392,486	59.68	382,151	51.88	356,492	57.68	357,357	37.96	346,628	55.65	339,152	51.38
数学Ⅱ・数学B	349,405	53.21	339,925	49.03	319,696	59.93	321,691	43.06	316,728	61.48	312,255	57.74
国　語	516,858	121.55	498,200	119.33	457,304	117.51	460,966	110.26	445,358	105.74	433,173	116.50
物理基礎	20,179	30.58	20,437	33.29	19,094	37.55	19,395	30.40	17,978	28.19	17,949	28.72
化学基礎	113,801	31.22	110,955	28.20	103,073	24.65	100,461	27.73	95,515	29.42	92,894	27.31
生物基礎	141,242	30.99	137,469	32.10	127,924	29.17	125,498	23.90	119,730	24.66	115,318	31.57
地学基礎	49,745	29.62	48,758	27.03	44,319	33.52	43,943	35.47	43,070	35.03	43,372	35.56
物　理	156,568	56.94	153,140	60.68	146,041	62.36	148,585	60.72	144,914	63.39	142,525	62.97
化　学	201,332	54.67	193,476	54.79	182,359	57.59	184,028	47.63	182,224	54.01	180,779	54.77
生　物	67,614	62.89	64,623	57.56	57,878	72.64	58,676	48.81	57,895	48.46	56,596	54.82
地　学	1,936	46.34	1,684	39.51	1,356	46.65	1,350	52.72	1,659	49.85	1,792	56.62
世界史B	93,230	65.36	91,609	62.97	85,689	63.49	82,985	65.83	78,185	58.43	75,866	60.28
日本史B	169,613	63.54	160,425	65.45	143,363	64.26	147,300	52.81	137,017	59.75	131,309	56.27
地理B	146,229	62.03	143,036	66.35	138,615	60.06	141,375	58.99	139,012	60.46	136,948	65.74
現代社会	75,824	56.76	73,276	57.30	68,983	58.40	63,604	60.84	64,676	59.46	71,988	55.94
倫　理	21,585	62.25	21,202	65.37	19,954	71.96	21,843	63.29	19,878	59.02	18,199	56.44
政治・経済	52,977	56.24	50,398	53.75	45,324	57.03	45,722	56.77	44,707	50.96	39,482	44.35
倫理, 政治・経済	50,886	64.22	48,341	66.51	42,948	69.26	43,831	69.73	45,578	60.59	43,839	61.26

（注1）2020年度までのセンター試験『英語』は，筆記200点満点，リスニング50点満点である。

（注2）2021年度以降の共通テスト『英語』は，リーディング及びリスニングともに100点満点である。

（注3）2021年度第1日程及び2023年度の平均点は，得点調整後のものである。

2024年度　共通テスト本試「世界史B」
データネット（自己採点集計）による得点別人数

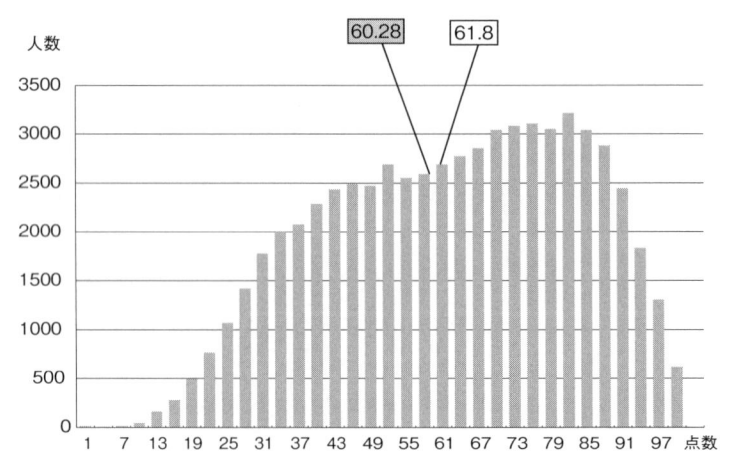

　　上のグラフは，2024年度大学入学共通テストデータネット（自己採点集計）に参加した，世界史B：63,604名の得点別人数をグラフ化したものです。

　　2024年度データネット集計による平均点は 61.8 ，大学入試センター公表の2024年度本試平均点は 60.28 です。

共通テスト攻略のポイント

共通テスト「出題内容の分析」と「学習方法」

―共通テスト・試作問題 難易度および出題テーマ―

	大 問	難易度	出 題 テ ー マ
2022 年度 （公表） 試作問題	第1問	＊＊＊	世界の諸地域における人々の接触と他者認識
	第2問	＊＊	世界史上の都市
	第3問	＊＊	外交や貿易などによって発生する人の移動と移動ルートの選択
	第4問	＊＊	世界の諸地域における国家と宗教の関係
	第5問	＊＊＊	世界史上において反乱や動乱，運動などに関わった人々
2024 年度 本試験	第1問	＊＊	世界史上，様々な地域や時代に見られた体制や制度
	第2問	＊＊	世界史における諸勢力の支配や拡大
	第3問	＊＊	交通の発達
	第4問	＊＊	世界史上の様々な言語や文字と，それを用いた人々の文化やアイデンティティ
2023 年度 本試験	第1問	＊＊	歴史の中の女性
	第2問	＊＊	君主の地位の継承
	第3問	＊＊	世界史学習に対する疑問や議論
	第4問	＊＊＊	世界史上の様々な歴史資料
	第5問	＊＊	歴史統計
2022 年度 本試験	第1問	＊＊	世界史上の学者や知識人
	第2問	＊＊	歴史上の出来事や当事者の発言や観察者による記録
	第3問	＊＊＊	世界史上の人々の交流や社会の変化
	第4問	＊＊＊	歴史評価の多様性
	第5問	＊＊	世界史上の墓や廟
2021 年度 第1日程	第1問	＊＊＊	資料と世界史上の出来事との関係
	第2問	＊＊	世界史上の貨幣
	第3問	＊＊	文学者やジャーナリストの作品
	第4問	＊＊	国家や官僚の残してきた文書
	第5問	＊＊＊	旅と歴史
2021 年度 第2日程	第1問	＊＊	世界史上の植民地
	第2問	＊＊	世界史上の工業・産業の変化
	第3問	＊＊	世界史におけるグローバルな接触や交流
	第4問	＊＊	指導者や君主の言葉
	第5問	＊＊＊	世界史上の国際関係

■2021 ～ 2024年度は「世界史B」からの出題である。

■難易度の表記に用いた記号の意味は次の通りである。

＊　　……やや易

＊＊　……標準

＊＊＊……やや難

共通テストで高得点を目指す学習の指針

共通テストも回数を重ねており，試行調査や過去のセンター試験との対比から，その特徴もだいぶ明らかになった。2024 年度・本試験も前年度と比較して傾向が変化している所があるものの大きな変化ではなく，2022 年度大学入試センター公表令和 7 年度（2025 年度）大学入学共通テスト「歴史総合・世界史探究」試作問題を見る限りでも，設問レベルでは現行の形式からの大幅な変化はなさそうである。これらの過去問の分析から学習の方向性はみえてくるだろう。まず，これまでの共通テスト（試作問題含む）について簡単にふりかえっておく。

< 問題数 >

	試作問題	2024	2021 ～ 23	試行調査
大問	5	4	5	5
小問	33	33	34	34

< 平均点・難易度の傾向分析 >

	共通テスト（本試）				センター試験（本試）		
年度	2024	2023	2022	2021	2020	2019	2018
平均点	60.28	58.43	65.83	64.6	62.97	65.36	67.97

2017 年度と 2018 年度と 2 回に渡って行われた試行調査については，作問や運営の目的が異なると発表されており，2017 年度には実験的な出題が，2018 年度には実際的な出題がなされた。2021 年度からの共通テストはその結果をふまえて実施されたと考えられる。

2021 年度・本試験（第 1 日程）～ 2023 年度・本試験は，2018 年度の試行調査と問題数は同じで，大問が 5 題，設問は 34 問であった（ただし大問ごとの設問数には変化があった）。全体的な分量としては 2018 年度の試行調査と同程度である。「歴史素材」としては資料が多く出題され，図版や地図は少なかった。そのため文章を読むという作業が負担に感じられたかも知れない。出題方法も試行調査に準じていたが，2021 年度～ 2023 年度の本試験においては連動型の設問は見られなかった。また旧センター試験に類似の出題は試行調査・2021 年度～ 2023 年度と経るなかで，完全に旧センター型ではないものの，徐々に多くなってきた。

分析：2022 年度公表令和 7 年度試験 試作問題

大問数 5（第 1 問は「歴史総合」），設問数 33 で大問

数は 2023 年度までと，設問数は後述の 2024 年度・共通テスト本試験と同じである。文章資料や会話文など読まなければならない文章量が多いことも共通している。

大問 5 問中 4 つが「歴史総合」または「世界史探究」の授業を題材としており，うち 2 つの大問で会話文が使用された。大問 4 を除いて，生徒のメモ・パネル・レポートなど生徒による発表内容からの出題が目立った。第 1 問は歴史総合の授業を題材とし，資料・図・表を使用した会話形式で，第 2 問は世界史探究の授業での班ごとの発表の形を取って，図・資料，生徒のメモ・パネル・説明を使用して出題された。なお，第 2 問のリード文がない形式はこれまでの共通テストでは見られないものであった。続く第 3 問は世界史探究の授業の形式で，資料・図を使用して会話文からの出題，第 4 問は資料と資料について述べた文章を使用して，第 5 問は世界史探究の授業の形式で，資料・図を使用した生徒のレポートを用いての出題であった。第 1 問と第 3 問，第 2 問と第 5 問が類似した形式であるので，大きく分類すると授業中の会話から出題されるパターン，授業で行われた生徒の発表から出題されるパターン，および資料とその資料について述べた文章を使用するパターンがあり，これらはこれまでの共通テストでも見られたパターンである。

第 1 問の「歴史総合」では 9 問中 3 問で日本史の知識が正解するために必要であった。世界史の知識のみで解答できる問題も 3 問出題された。文章やグラフの読解でほぼ正解できる問題も出題された。全体を通じて半数強が組合せ問題で，4 文選択問題も文章やグラフの内容と歴史知識の両方から判断を求める問いが多く出題された。中には第 5 問のように大問全体の主題を考察させる問題も出された。文章やグラフ等の読解と歴史知識で判断する問題は共通テストでも多く出題されていることから，新課程となる 2025 年度の本試験でも多く出題されるものと見られる。旧センター試験型の単純な知識問題は「歴史総合」の第 1 問では出題されず，「世界史探究」の第 2 問以降でも 24 問中 3 問にとどまり，これまでの共通テスト同様解答の対象となる語句を隠す形で出題された。なお，こうした出題は 4 文選択問題以外でも見られた。

また，連動式の問題が第 1 問で会話から生徒の発言の正誤を判断する問題が第 1 問で，それと類似した形式の設問が第 2 問で出題された。年代整序問題は単純な事項の整序は出題されず，第 3 問で事項を隠した形式で，第 4 問で資料を使用した形式で出題された。地図問題は第

5問で1題のみ出題された。

全体的に単純な歴史知識を問う問題は少なかった。歴史知識のみで判断できる問題は半数程度であったが，ミッレトを問うた $\boxed{10}$ や中国・南朝の文化を問うた $\boxed{23}$ のように歴史用語の内容を知識として求められる問題が多かった。また歴史知識と文章やグラフ等の読解と組合せて判断する問題（ $\boxed{9}$ ， $\boxed{16}$ など）や思考力を歴史知識と組合せて問う問題（ $\boxed{13}$ ， $\boxed{30}$ など）が各大問で1題以上出題されている。

また，解説と重複するが大問の概要をまとめておく。第1問は歴史総合の問題として「世界の諸地域における人々の接触と他者認識」がテーマの出題であった。資料の内容の推測や資料で触れていない出来事についての問いなど，「歴史総合」の重要テーマである資料の取り扱いを意識させた出題であった。第2問は「世界史上の都市」がテーマ。リード文がないのが新しい点だが，最後の大問で大連の地図・その設計思想と他の都市との比較・分類は，生徒の観点により複数出てくるであろう分類パターンを考察させるという点も，「世界史探究」のテーマに沿った新傾向の出題であった。第3問は「外交や貿易などによって発生する人の移動と移動ルートの選択」が，第4問は「世界の諸地域における国家と宗教の関係」がテーマで，試作問題の中では従来の世界史Bの形式を踏襲した問題が多い大問であった。第5問は「世界史上において反乱や動乱，運動などに関わった人々」をテーマに，生徒が共通の主題から任意に選んだ内容を考察してレポートにする形式で，最後にレポートに共通する主題とその主題を追究するための歴史事項を問うて「生徒が自ら問いを立てる」ことを目指す「世界史探究」の主題そのものが出題されており新傾向と言えよう。

＜地域＞

地域では，「歴史総合」では二十一カ条要求や日中平和友好条約といった中国史と関連する事項を含めると9問中5問で日本に関連する出題があった。他の地域は欧米と中国がやや多いが，インドや周辺地域からも出題があった。「世界史探究」ではロシアを含む欧米史からの出題が半数以上の設問で見られ，次いで中国史，イスラーム関連などの西アジア史が多かった。インド史も3問で出題され，朝鮮史や東南アジア史などの周辺地域からも8問で出題された。全地域から萬遍なく出題されるのは旧センター試験時代から一貫しており，この傾向は「歴史総合・世界史探究」になっても維持されるものと思われる。

＜時代＞

近現代以降を対象としている「歴史総合」では近代・現代・戦後がほぼ同数出題されたが，そのため全体とし

て戦後史のウエイトが大きくなっている。また「世界史探究」では全時代から出題されている。試作問題に関しては近世史・中世史が多く，次いで古代史が続く順となっている。近代史・現代史・戦後史は「世界史探究」では設問数はやや少なかったが，「歴史総合」と合わせると近世史・中世史との差は減り，古代史よりも多かった。時代配分は共通テストでも年度によってばらつきがあるので，古代史の設問がやや少なかった試作問題の時代配分がそのまま本試験で出題される訳ではないだろう。地域同様に時代も各時代からの萬遍ない出題が目指されていると思われる。

分析：2024年度・共通テスト・本試験

今年度も「歴史素材」としてはすべての大問（12パート中7パート）で資料が使用された。図は第4問で2つ使用されたのみだった。グラフが3問で使用された。表を使用した問題は出題されなかった。地図を使用した問題は2023年度に続き1問だった（2022年度は3問）。試行調査で出題された連動型の設問が本試験では初めて出題された。文章選択問題が減少し，組合せ問題が増加した。文章選択問題では解答の対象となる語句を隠したものを含めて旧センター試験型の4文選択の問題が9問出題された。

＜地域＞

ロシアを含む欧米からの出題が半分以上を占め（西欧43%，ロシア・東欧7%，アメリカ14%），ついで中国（19%），西アジア（9%）からの出題が多かった。2023年度は少なかったインド史の出題が増加した。周辺地域分野からの出題は少なく東南アジアが1問出題されたが，その他の地域は出題されなかった。日本に絡めた出題もなかった。

＜時代＞

中世史が減少し，2023年度に減少した戦後史が大幅に増加した。他の時代は昨年並みだった。

＜分野＞

2023年度に減少した政治史が増加し，増加した社会経済史が減少した。文化史は例年よりやや多く，全体の2割程度出題された。

2023年度に大きく下がった平均点は2024年度はやや上昇した。問題は易化したと思われるが，それほど平均点が伸びなかった要因はいくつか考えられる。ひとつは平均点が低かった2023年度と形式や問いかけの内容など出題の傾向が継続し，引き続き難度の高い問題が出題されたことである。2023年度のBRICsの様なやや詳細

な用語の知識を問う問題は見られなかったものの，本来は取り組みやすい4択の文章選択問題で，2023年度に続いて空欄等で解答の対象となる語句を隠していた。特に解答番号 16 のチェコスロヴァキア＝クーデタは戦後史であることも含めて難しく感じた受験生も多かったのではないか。また2023年度に続いて資料（文章・図・グラフ）の読解・分析を前提とした問題が多く出題されたことも平均点が伸びなかった要因であろう。国語的な読解力に加えて資料に記されていない歴史知識を前提としている問題があったことで，特に準備が十分でない受験生にとっては難しい問題となっただろう。読解力そのものも重視されており，サッチャーのインタビューを使用した解答番号 9 などは資料の読み取りに失敗すると正解できない。逆に資料がきちんと読解できれば歴史知識が不足していても正解できる問題もあり，この点では2023年度に比べて易化していたが，それでも中位層以下の受験生はやや苦労したものと見られる。

＜出題動向の分析＞

　共通テストになってからセンター試験と比べて文章を読むという作業の負担が大きくなっているが2023年度に引き続いて2024年度もその傾向が強かった。2024年度は平均点上昇を考慮した出題者側の意図が多く見られたが，それでもまだ読ませる文章の全体量が多すぎるように思える。センター試験の時代には世界史で高得点を取る受験生であれば30分程度で終えられた試験が，そうした受験生でもかなり時間を取られるようになっている。だとするとそうでない受験生の中には時間内に終了できなかったものもそれなりにいると思われる。また時間がなくなって焦って資料や表の読解に失敗した受験生もいるだろう。出題者側は一般的な受験生がこの試験を解くのにかかる時間のシミュレーションを充分に重ねていただきたいと愚考する。

　2023年度から出題されるようになった内容の異なる2つ以上の資料を比較・検討する問題が今年度も複数あったが，こうした史料批判の視点は歴史学を行うものにとっては重要な視点であることは言うまでもないが，共通テストになってから受験生に求められるようになった「考える力」が発展してやや歴史に専門的になりすぎたきらいがあるように感じられる。無論問題の質は向上しており，専門家から見ると工夫を凝らした実に面白い問題が2023年度以上に並んでいるのであるが，この試験が多くの受験生を対象とする共通テストであることを考えると依然問題点として指摘せざるを得ない。世界史Bの共通テスト受験生は年々減少してきた。新課程の「歴史総合・世界史探究」となってその状況が加速しないよ

うに願いたい。生徒に世界史選択を避けるように進路指導する話もよく聞く。このような状況に忸怩たる思いを抱える世界史の先生方も多くいらっしゃるのではないだろうか。以前から世界史が受験生に敬遠される傾向はあったが，それでもセンター試験・共通テストの平均点が60点代中盤以上を維持していたので，しっかりと取り組めば充分に点を取れる科目との認識はされていた。2023年度に60点を割り，2024年度は平均点を上昇させるべくした出題者側の意図が多く見られたものの，受験生全体の力がまだ及んでいないようである。2024年度は日本史の平均点が低かったので世界史の方が取り組みやすいとの印象を受験生や保護者・先生方が持たれたかも知れない。今後60点台中盤以上の平均点を維持してもらえば，新課程となっても「歴史総合，世界史探究」の選択者が増加するのではないだろうか。いつも出題者の先生方には難しい注文になり大変恐縮だが，今後当科目の受験生が増加するよう，内容は現在のように良いままで，分量が適切で，努力してきた受験生が報われるバランスが取れた出題を「歴史総合・世界史探究」になってもお願いしたい。

対策①：共通テストへの基本的構え

＜目標を，明確に設定しよう＞

　まず「自分は何点とりたいのか」から始めよう。「なるべく高い点を」の程度では，長期のやる気の維持に向かないことが多い。また目標と現実の間に生じる差（80点目指して70点台……など）も考慮しておこう。世界史はきちんとした学習を行えば満点を含めて高得点がねらえる科目である。意識して高みを目指す意欲には，それ相応の勉強がついてくるものである。自らを鼓舞する意味でやる気の出る目標を具体的に立てよう。

＜世界史を通史でやりきる学習の構えを重視しよう＞

　どの時代・どの地域から出題されても対応できるような，バランス重視の通史学習が基本となる。選択肢で使用する語（語句）は，現在発行されている教科書（全7冊）の約半数以上に掲載されている用語が用いられている（一部例外もある）。また時代・地域は（本試・追試あわせて）センター試験では4〜5年単位で一周していた。全体として出題されていない時代や地域はないと考えよう。教科書記述が「厚い」西洋史や中国史の出題の比重は確かに大きいが，一方で文化史や周辺地域史を軽視すると高得点を得るのは難しくなる。「出やすいところだけやればよいのでは……」という意識を払拭しておくべし。「どこが出るか」ではなく，「どこから出ても大丈夫」という気持ちで準備しよう。

対策②：攻略の方法 ―教科書から過去問へ―

＜第一段階：歴史の全体像を見渡すアプローチ＞

　最初に短期間での教科書の通読を勧める。歴史の全体像をつかみ、展開の見取り図を作ることで学習計画も立てやすくなる。逆に自作ノートを作りながら読むのは勧めない（時間がかかりすぎて終わらないため）。読みに集中し、覚えられるものはその場で覚えてしまおう。ここでは教科書を一冊読み切った達成感が自信になる。

＜第二段階：「覚え」に徹して、知識を頭の中に定着させる＞

　もちろん、ただ教科書を読むだけでは不十分である。問題を解くために、日本の歴史にまで視野を広げながら、世界史を中心とする知識を何度も反復して頭の中に「ぐっと刻みつける」ような学習作業が必要である。焦って知識をやたら詰め込むと使いものにならない知識が増えることになるので注意しよう。学校や予備校の通史教材などを利用して、歴史的な知識を体系的に構築しながら「覚え」に徹した学習に集中しよう。

＜過去問にどのように取組むか＞

　過去問は、最良の共通テスト対策問題集である。

　過去問を解く目的の１つは「覚えた知識がどの程度有効なのか」の検証にある。教科書の通読で通史学習に自信がついたら過去問を始めてよい。ただし過去問はデータがランダムに問われるので、「覚え」に徹した学習が終わった後の方が取り組みやすい。ただ問題を解いて「○×つけたら終わり」では効果は十分ではない。以下に述べる点に留意しながら、解いた結果を自分の学習方法にフィードバックして、弱点の補強につなげよう。これが高得点への道であり、総じて問題演習は「自分の弱点さがし」とその修正にほかならない。

＜過去問を解きながら、何をやると効果的か＞

①正誤問題（４文・２文）は、消去法に頼らずに解こう

　正誤問題は、選択肢文の一文一文の正・誤をチェックすることが基本である。ここでは誤文を正文に修正できる力（知識）が大事である。４文選択の問題も解答が合ってさえいればよいと言う考え方を捨てて、２文正誤問題を解くように一文一文の正誤チェックで知識の正確さを高めよう。

②普段から地図をチェックする勉強を習慣化しよう

　地図が弱い人は歴史はできるようにならない。「歴史総合，世界史探究」で使用する地図の知識は、都市名や河川名がわかるだけでは不十分であり、そこに歴史の「何か」を読み込むことが大事である。現在の世界のおおよその地理的情報を知識として入れた上で、普段の勉強で常に歴史地図を開いて、地理データをこまめにチェック

する習慣をつけたい。ときには略地図を描いてみるとより有効である。

③時代判断問題には、ズバリ「年号」が有効である

　「何世紀」のデータであるのかは頭に残りづらいことが多い。ここは積極的な「年号覚え」で攻めよう。年号を全部覚える必要はなく、重要な出来事に絞ってよいので、その出来事と関連事項の年号をセットで覚えるようにしよう。年号を多く知ることで歴史の時間的な経緯の理解や異なる地域の出来事を空間的に把握することが可能になり、歴史をより深く正確に理解することが出来るようになる。年号は知らないと損をすることが多いが、知っていれば知っているほど受験で得をする。

④「歴史素材」への対応

　今後も図版、資料、グラフ、表などの「歴史素材」が出題されることは間違いない。しかもおそらくはほぼ初見の素材だろう。難しく感じるかも知れないが、高校の世界史の知識で解答できるように問題は作成されているので、慌てる必要はない。普段から「歴史素材」に触れておいて、落ち着いて対応できるように訓練をしておきたい。

＜本書の使い方＞

　これまでの共通テストの問題は前述のように資料読解と歴史知識の複合的な要素が重視される。歴史知識の確認には旧センター試験の過去問が有効になるので、旧センター試験の問題にもどんどん取り組んでもらいたい。なお、資料読解と歴史知識を組合せた問題は共通テストの過去問および試作問題で練習しながら、そうした形式に慣れてほしい。その際最初に取り組む時は、時間を計りながら１年度分を60分で解いてみてほしい。時間内に解く練習も本番に向けて必要となる。また、共通テストの過去問は数が少ないので、駿台 atama+ 共通テスト模試（５月・７月実施）、駿台・ベネッセ大学入学共通テスト模試（９月・11月実施）、駿台 atama+ プレ共通テスト（12月実施）等も練習の場として利用してほしい。また駿台文庫では本書の他にも青パックを提供する。こちらもぜひ有効に活用してほしい。

　本書の解説冊子は、正解のデータだけでなく、選択肢文ごとの正誤判断のポイント、誤り文の修正の仕方、関連して覚えたいデータ、学習のアドバイスなどで構成されている。一文一文のチェックに利用してほしい。なお、直前チェック総整理は、基本事項をおさえる勉強の参考にしてほしい。

第 1 回
(60 分)

実 戦 問 題

● 標 準 所 要 時 間 ●

第1問	16 分	第4問	11 分
第2問	11 分	第5問	9 分
第3問	13 分		

歴史総合，世界史探究

（解答番号 $\boxed{1}$ ～ $\boxed{33}$ ）

第1問 歴史総合の授業で，近現代の経済について，資料を基に追究した。次の文章A～Cを読み，後の問い（**問1～8**）に答えよ。（配点　25）

A　近代の工業化について，統計資料を基に，生徒と先生が話をしている。

先　生：**表1**は欧米諸国の粗鋼生産を示したものです。**表1**を見て，何か気づいた点はありますか。

表1 欧米諸国における粗鋼の生産量　　　　　（単位：1,000トン）

	イギリス	アメリカ合衆国	ア	イ
1872年	417	145	189	9
1893年	2997	4085	3034	631
1902年	4988	15187	7466	2184
1913年	7787	31803	17609	4918

（B.R.ミッチェル編著『マクミラン　新編世界歴史統計』［1］［3］をもとに作成）

近　藤：1872年の段階では，産業革命を最初に展開したイギリスの生産量が多いですね。でもその後の時代になるとアメリカ合衆国や $\boxed{ ア }$ がイギリスを追い抜いていきます。**表1**の年代は第2次産業革命が起こった時期で，アメリカ合衆国や $\boxed{ ア }$ が急速に工業化を進めたと読めます。

吉　田：そう言えば，$\boxed{ ア }$ は「世界政策」を掲げて海軍を増強し，イギリスに挑戦する姿勢をとりましたよね。

中　村：生産量では他の3国に及ばないものの，$\boxed{ イ }$ の工業化の進み具合もすごいと思います。1890年代から国内の東西を結ぶ鉄道を建設するなど，国家主導の工業化を推し進めた結果が現れていると思います。

先　生：以前学んだことをしっかり覚えているようですね。では次に**表2**を見てください。これは欧米諸国と日本の原綿消費量の推移を示したものです。

表2　欧米諸国と日本の原綿消費量　　　　　　　　　（単位：1,000トン）

	イギリス	アメリカ合衆国	ア	イ	日　本
1892年	702	620	219	164	42
1902年	741	888	336	286	170
1912年	972	1169	507	421	287

（B.R.ミッチェル編著『マクミラン　新編世界歴史統計』[1]・[2]・[3]をもとに作成）

先　　生：表2からどのようなことが読み取れますか。

吉　　田：原綿は種を取り除いた後の綿花ですよね。原綿から綿糸や綿織物がつくられるわけですから，　　　　ウ　　　　していたと考えてよいですか。

先　　生：そうですね。ところで，表2には日本の数値も記載されています。当時の日本について何か意見はありますか。

中　　村：表2の時期は日本でも産業革命が進展していました。通貨制度も清との戦争の賠償金をもとに　　エ　　を採用しました。　　エ　　の採用は，海外からの機械・兵器輸入や外資導入を行いやすくすることにつながりますよね。

先　　生：良いところに気づきましたね。

問1　文章中の空欄　　ア　・　イ　について，(1)及び(2)の問いに答えよ。

(1)　文章中の空欄　　ア　　もしくは　　イ　　に入る国の名として正しいものを，次の①～⑥のうちから一つ選べ。なお，正しいものは複数あるが，解答は一つでよい。　　1

① ア―フランス　　　　　② ア―ドイツ

③ ア―ロシア　　　　　　④ イ―フランス

⑤ イ―ドイツ　　　　　　⑥ イ―ロシア

(2) (1)で選んだ国について述べた文として最も適当なものを，次の①～⑥のうちから一つ選べ。　2

① ビスマルクが宰相として内政・外交に活躍した。

② エジプトを事実上の保護国とした。

③ スペインに勝利し，フィリピンなどを獲得した。

④ ポーツマス条約を結び，鉄道利権を譲渡した。

⑤ 南スーダンのファショダで，イギリスと衝突した。

⑥ ファシスト党が政権を獲得した。

問2　文章中の空欄　ウ　と　エ　に入る語句の組合せとして正しいものを，次の①～④のうちから一つ選べ。　3

① ウ — 重化学工業だけではなく，綿工業も発展　　エ — 金本位制

② ウ — 重化学工業だけではなく，綿工業も発展　　エ — 銀本位制

③ ウ — 重化学工業は発達したが，綿工業は衰退　　エ — 金本位制

④ ウ — 重化学工業が発達したが，綿工業は衰退　　エ — 銀本位制

B　近現代の産業構造の変化について，統計資料を探して，**表3**を作成し，授業で議論をした。

表3　日本・アメリカ合衆国・イギリスの産業別人口構成　（単位：%）

日　　本		1887年	1912年	1920年	1930年
	第1次産業	78	62	55	52
	第2次産業	9	18	22	19
	第3次産業	13	20	23	29

アメリカ合衆国		1880年	1910年	1920年	1930年
	第1次産業	50	31	27	22
	第2次産業	25	31	34	31
	第3次産業	25	38	39	47

イギリス		1881年	1911年	1921年	1931年
	第1次産業	13	8	7	6
	第2次産業	50	47	50	47
	第3次産業	37	45	43	47

（三和良一・原朗編『近現代日本経済史要覧　補訂版』(東京大学出版会)をもとに作成）

先　生：**表3**の第1次産業は農林漁業，第2次産業は鉱工業や建設業，電気・ガス供給業，第3次産業は公益事業その他サービス業となります。

中　村：第2次産業に工業が含まれますから，第2次産業に従事する人口の増加は工業化の進展を意味すると考えてよいのでしょうか。

先　生：工業化の進展をはかる指標には国内生産や貿易の構成などがありますが，産業別の人口構成もそうした指標の一つになると考えられます。

近　藤：早くに産業革命を展開したイギリスは，すでに1881年の時点で第2次産業に従事する人口が50%になっているんですね。

吉　田：アメリカ合衆国は，ⓐ第一次世界大戦前から第3次産業に従事する人口がもっとも多いですね。一方で，日本はⓑ世界恐慌発生後の1930年になっても，第1次産業の人口が50%を超えているんですね。

先　生：その通りです。明治以降，確かに日本は産業革命を展開し，工業化を進めていきました。しかし戦前の日本は，イギリスやアメリカに比べて，農業人口の割合が圧倒的に多かったのです。日本で第2次産業の人口が

第1次産業の人口を上回るのは、1970年頃です。「産業革命」や「工業化」という言葉に振り回されずに、私たちはこうした事実にも目を向けていく必要があります。

中　村：つまり、日本の工業化はイギリスやアメリカに比べて遅れていたということでしょうか。

先　生：総じてそのような傾向にあったと考えられます。しかし、皆さんもご存知のように、戦前の日本は後発ではありましたが、着実に工業化を進めていきました。

問3　下線部ⓐの戦時中の日本の動向について述べた文あ・いと、同時期の西アジアをめぐる情勢について述べた文X・Yの組合せとして正しいものを、後の ① 〜 ④ のうちから一つ選べ。　4

第一次世界大戦中の日本の動向

あ　天皇制や資本主義の否定を図る者を罰する治安維持法が制定された。

い　太平洋に進出し、ドイツの領有する諸島を占領した。

同時期の西アジアをめぐる情勢

X　イギリス・フランス・ロシアが、オスマン帝国領の分割を定めた協定を締結した。

Y　イランの立憲革命に対し、ロシアが干渉した。

① あ ― X　　② あ ― Y　　③ い ― X　　④ い ― Y

問4　下線部ⓑに対する各国の政策について述べた文として最も適当なものを，次の① ～ ④のうちから一つ選べ。　5

① アメリカ合衆国は，新自由主義に基づき民営化を進めた。

② イギリスは，イギリス連邦内の関税を引き下げて，ブロック経済化を進めた。

③ フランスとその周辺国は，石炭・鉄鋼業の共同管理を目的とする組織を発足させた。

④ ドイツでは，首相シュトレーゼマンが通貨改革を断行し，混乱を収拾した。

問5　中村さんのグループは，世界恐慌時の日本について「工業化」の観点から考えることととし，日本の工業生産額を示す表4とその内訳を示すグラフを作成して，そこから考えたことをメモにまとめた。3人のメモの正誤について述べた文として最も適当なものを，後の① ～ ④のうちから一つ選べ。　6

表4：日本の工業生産額

1931年	78.76億円	1937年	210.72億円
1933年	111.65億円	1938年	252.45億円
1936年	162.79億円	1939年	307.31億円

グラフ：日本の工業生産額の内訳　　　（単位：％）

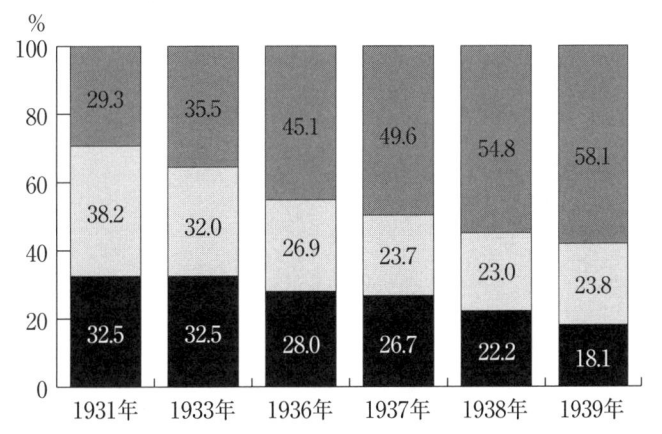

（表4・グラフともに，歴史学研究会・日本史研究会編『講座日本歴史10』東京大学出版会より作成）

近藤さんのメモ

1936年の日本の工業総生産額は1931年と比べて2倍以上に増加しているが，これは高橋是清蔵相の積極的な財政支出などによって実現した。

吉田さんのメモ

プラザ合意を受けて重化学工業に重点的に資金を投入した結果，工業生産額の内訳で繊維工業の割合は30％未満となった。

中村さんのメモ

工業生産額の内訳を見ると，盧溝橋事件を機に日中戦争が勃発した後，重化学工業の割合が50％を超えた。

① 近藤さんのメモのみが正しい。
② 近藤さんと中村さんのメモが正しい。
③ 吉田さんと中村さんのメモが正しい。
④ 全員のメモが正しい。

C　第二次世界大戦後の東南アジアと日本の経済関係について，生徒と先生が話を
している。

先　生：第二次世界大戦後に独立した©東南アジア諸国は，20世紀後半から21世
紀にかけて経済開発を推進し，⒟農業国から工業国へと転換する国も現
れました。その間日本は東南アジア諸国に多額の援助を行い，経済開発
に大きな役割を果たしました。この間に日本と東南アジア諸国に起こっ
た出来事について，関連する資料を図書館で探してみましょう。

（この後，図書館に移動して調査する。）

吉　田：先生，1974年1月の新聞の1面にインドネシアでの反日暴動の記事があ
ります。

（ここで，吉田が新聞記事を提示する。）

近　藤：当時の田中角栄首相がインドネシアを訪問した時に，反日暴動が起こっ
たと書いてあります。焼き打ちされた日本製の車の写真が載っていて，
衝撃的です。なぜこのような事態に陥ったのでしょうか。

先　生：太平洋戦争中の日本は東南アジア各地を占領し，大きな被害をもたらし
ました。そのため戦後の日本は東南アジア諸国との関係を再構築する際
に，賠償の支払いや，賠償に代わる無償援助などの経済協力を行う必要
がありました。

中　村：経済援助は賠償をきっかけに始まったのですね。

先　生：そうです。インドネシアを例に説明すると，賠償金の多くは国内開発に
利用されました。その際に日本の企業が工事を受注するなど，日本に利
益が還元する仕組みになっていました。

近　藤：それって「賠償」というより「ビジネス」ですよね。

先　生：そういう性格が強かったといえます。加えて現地に関わる日本企業や日
本人が経済的利益の追求のみに走り，現地の反感を買った面も見逃せま
せん。

近　藤：当時のインドネシアでは，共産主義に対する反発が高まっていたはずで
すよね。1972年9月の新聞で，田中首相が実現した　オ　の記事を読
んだのですが，このことも日本への反発につながっていたのでしょうか。

先　生：よく気がつきましたね。実はインドネシアの反日暴動のスローガンに
も，田中首相の外交政策を批判するものがあったといわれています。

問6　文章中の空欄　オ　に入る語句として正しいものを，次の①〜④のうち
から一つ選べ。　7

　① 日米安全保障条約の改定　　② 日韓基本条約の調印
　③ 日ソの国交回復　　　　　　④ 日中の国交正常化

問7　下線部ⓒに関連して，次の図中に示したインドネシアの独立と同時期にイギ
リスから独立した国の位置として適当なものあ・いと，後の年表中のa〜cの
時期のうち，その国が独立した時期との組合せとして正しいものを，後の①
〜⑥のうちから一つ選べ。　8

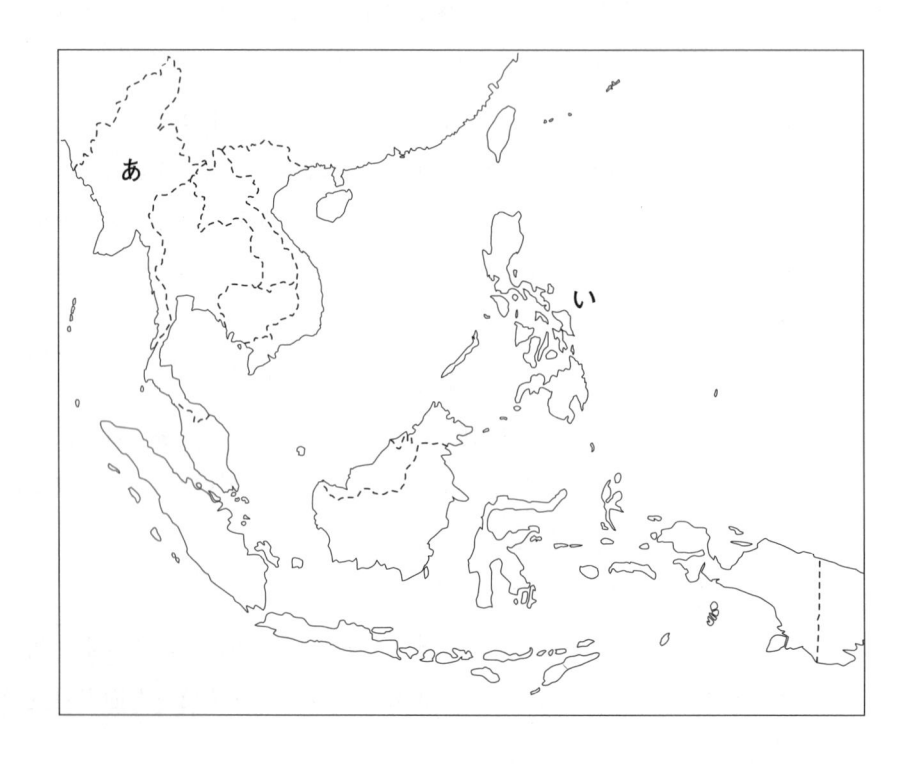

東南アジアの近現代に関する年表

1945年　第二次世界大戦が終結した。

1945年　第二次世界大戦が終結した。

　　　　　　a

アジア・アフリカ会議(バンドン会議)が開催された。

　　　　　　b

東南アジア諸国連合(ASEAN)が結成された。

　　　　　　c

1975年　ベトナム戦争が終結した。

① あ ― a 　　② あ ― b 　　③ あ ― c

④ い ― a 　　⑤ い ― b 　　⑥ い ― c

問8　下線部ⓓに関連して，近現代の世界に見られる農業の形態あ・いと，それを推進した事例として最も適当な歴史的出来事Ｘ～Ｚとの組合せとして正しいものを，後の①～⑥のうちから一つ選べ。　　9

近現代の世界に見られる農業の形態

あ　小規模な自作農が家族で経営する。

い　農民が土地・家畜・農具を共有する農場を建設する。

歴史的出来事

Ｘ　ソ連が，第1次五カ年計画を策定して実行した。

Ｙ　アメリカ合衆国が，農業調整法(AAA)を制定した。

Ｚ　日本が，GHQの指令を受けて農地改革を実施した。

① あ ― Ｘ　い ― Ｙ 　　② あ ― Ｘ　い ― Ｚ

③ あ ― Ｙ　い ― Ｘ 　　④ あ ― Ｙ　い ― Ｚ

⑤ あ ― Ｚ　い ― Ｘ 　　⑥ あ ― Ｚ　い ― Ｙ

第2問 世界史探究の授業で資料や地図を利用しながら，東アジアの都市について，意見を出し合いながら考察した。それぞれの授業における考察に関連した次の文章**A・B**を読み，後の問い(**問1～6**)に答えよ。(資料には，省略したり，改めたりしたところがある。) (配点　18)

A　ある日の授業では，先生が長安と洛陽について記された文章を**資料1**および**資料2**として示した。その上で，中国史においてこれら二つの都市が何度も都となった背景について，生徒たちが意見を出し合った。

先　生：長安や洛陽を都とした中国王朝は多くありますが，長安を都とした王朝として，何が思い浮かびますか。

三　浦：劉邦が建てた前漢は長安を都にしていました。

先　生：そうです。実は，劉邦は当初洛陽を都とすることを考えていました。しかし家臣の進言を受けて，関中の長安に都を置いたのです。

三　浦：**資料1**は家臣の進言を要約したものです。この進言によれば，洛陽は攻撃にさらされやすいとされています。一方で，天然の要害に囲まれて経済的にも豊かな関中は，都を置くのに適していると述べています。

資料1

> 　洛陽には堅固さはありますが，土地が狭くて痩せており，四面より敵を受けます。関中は豊かであり，南・北・西の三面は天然の要害に守られているので，東を制すれば良いのです。これはまさに「鉄のような堅固な城」と「天然の倉庫」の国であります。

橋　本：確かにこの後前漢は　　　　　ア　　　　　います。ということは，洛陽よりも長安のほうが守りが固く，都にふさわしい都市だったのですか。

三　浦：必ずしもそうとは言えないのではないでしょうか。例えば次の**資料2**は班固の『両都賦』という作品の要約ですが，その中では洛陽が賞賛されています。

資料2

> 長安は要害に囲まれた地で防御に専念できるが，洛陽は天下の中心に位置
> しており，内外の隔壁がないことを天下に示せる。洛陽こそが天下の王者に
> ふさわしい都である。

橋　本：単に守りが固ければ良いというわけではないんですね。それに，ｘ長安も黄巣の乱の際に占領されたりしていますから，絶対に安全というわけではないですよね。そうなると，「天下の中心」である洛陽は，都に選ばれやすくなりそうです。

先　生：洛陽が中国の中心であるという意識は根強く，多くの王朝が洛陽に都を置きました。都になれば当然多くの人が集まってきます。例えば，後漢時代に最高教育機関の太学が整備されると，官僚予備軍である太学生になるため，多くの豪族の子弟が洛陽に集まってきました。ｙ党錮の禁が起こった時期の洛陽には，官僚への就職を求める太学生の数が3万人にも達していたようです。党錮の禁では，太学の学生たちも反宦官運動を展開し，逮捕されています。

橋　本：3万人もいたら，官僚への就職は大変だったでしょうね。長安・洛陽はそれぞれに特徴があり，王朝はその時々の政治・経済の状況に応じて，都を選択したということなんですね。

先　生：ちなみに仏教が中国に広まると，長安・洛陽やその周辺には多くの仏教寺院が建てられました。中でも長安の大慈恩寺や北魏の孝文帝が造営を始めた洛陽南郊の　イ　などはよく知られています。

三　浦：長安や洛陽に建設された都城は，他の東アジア諸国の都城に影響を与えていますよね。例えば，中国東北地方から朝鮮半島北部を支配した高句麗は，南進して朝鮮半島南西部の　ウ　と戦い，都を丸都（国内城）から平壌に遷しました。

先　生：その通りです。その後，現在の平壌市街に新たな都城を建設したのですが，これは中国の都城の影響を受けています。ｚ中国の南北をつなぐ大運河を建設した王朝が高句麗に遠征軍を派遣した際も，平壌は攻撃対象となるのですが，これについてはまた別の機会に説明しましょう。

問1 文章中の空欄 ［　ア　］ に入る文として最も適当なものを，次の
①〜④のうちから一つ選べ。 10

① 封建した諸侯の反乱を鎮圧し，事実上の郡県制を確立して
② 匈奴の冒頓単于を破り，毎年貢物を贈らせて
③ 節度使が反乱を起こし都まで攻めてきましたが，守りきって
④ 太平道を信奉する農民たちが起こした反乱を鎮圧して

問2 文章中の空欄 ［　イ　］ と ［　ウ　］ に入れる語の組合せとして正しいものを，
次の①〜④のうちから一つ選べ。 11

① イ―雲崗石窟寺院　　ウ―百　済
② イ―雲崗石窟寺院　　ウ―吐　蕃
③ イ―竜門石窟寺院　　ウ―百　済
④ イ―竜門石窟寺院　　ウ―吐　蕃

問3 会話文中の下線部 x〜z の出来事が，年代の古いものから順に正しく配列さ
れているものを，次の①〜⑥のうちから一つ選べ。 12

① x → y → z
② x → z → y
③ y → x → z
④ y → z → x
⑤ z → x → y
⑥ z → y → x

B　別の日の授業では，先生の指示によって，生徒たちは中国の主要都市について**パネル1〜3**を作成した。

先　生：今日は中国史に登場する主要都市について見ていきましょう。各都市について調べたことをパネルにまとめて下さい。

パネル1　建康

> 現在の南京。
>
> 呉の孫権が都を置き，本格的な開発が始まった(当時の名称は「建業」)。
>
> 西晋時代に開発は一時中断されたが，東晋が建業を「建康」と改称し都としたことで，再び開発が進み，続く南朝でも建康は都となった。
>
> 建康は多くの官吏や軍人が集まる大消費都市となり，商業が発展した。
>
> 東晋・南朝は建康を中心に経済的繁栄を迎え，ⓐ貴族主導の文化が花開いた。

パネル2　臨安

> 現在の杭州。
>
> 大運河の南端に位置する港市で，多くの外国人が居住した。
>
> 五代十国時代の呉越によって本格的に開発され，南宋はこの都市を臨安と改称した。
>
> 南宋は帝都にふさわしい中心路を設けるなど，ⓑ大規模な都市建設を行った。

パネル3　大都

> 現在の北京。
>
> | エ |が，古くから中国で理想とされてきた都市計画に基づいて建設した。
>
> 一方で，運河を経て海につながる積水潭という港を市街の中央に設けるなど，斬新さと機能性を兼ね備えた都市だった。
>
> ユーラシアは大都を中心とする陸海の交通網によって結びつき，人の移動や文化・技術の交流が盛んになった。

問4　下線部ⓐに関連して，東晋・南朝時代の文化人の活動について述べた文として正しいものを，次の①〜④のうちから一つ選べ。　13

①　王羲之は漢字の書体を完成させた。
②　司馬光は歴史書の『資治通鑑』を編纂した。
③　董仲舒は儒学の理論をととのえた。
④　李白は詩人として優れた作品を残した。

問5　下線部ⓑに関連して，次の図は臨安を示したものである。図を参考に南宋の臨安と唐の長安との比較あ・いと，北宋末期から南宋初期の政治状況X・Yとの組合せとして正しいものを，後の①〜④のうちから一つ選べ。　14

図　南宋時代の杭州（臨安）

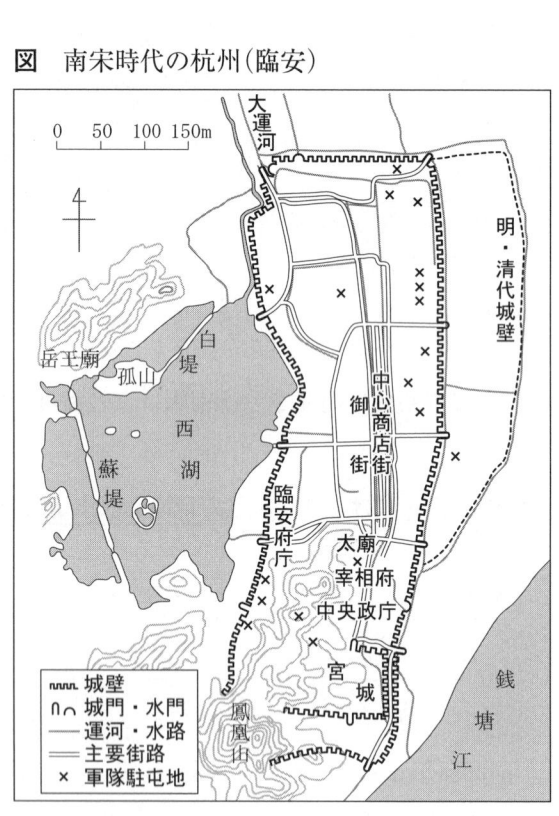

南宋の臨安と唐の長安との比較

あ　宮城が南方に位置した点は，唐の長安城との共通性が見られる。

い　南北に長い城壁の形状は，唐の長安城の形状とは異なっていた。

北宋末期から南宋初期の政治状況

X　女真人の建国した金が，北宋の都である開封を陥落させた。

Y　南宋は和平派の秦檜が主戦派をおさえ，金と澶淵の盟を結んだ。

① あ － X　　② あ － Y　　③ い － X　　④ い － Y

問6　パネル3の空欄　エ　に入れる人物の名あ・いと，その業績について述べた文X・Yとの組合せとして正しいものを，後の① ～ ④のうちから一つ選べ。　15

人物の名

あ　オゴデイ（オゴタイ）　　　　**い**　クビライ（フビライ）

治世中の出来事

X　黄河上流域を支配したタングート人の国を滅ぼした。

Y　チベット仏教の高僧に命じて，新たな文字を作成した。

① あ － X　　② あ － Y　　③ い － X　　④ い － Y

第3問 世界史探究の授業で「＿＿＿＿＿＿ア＿＿＿＿＿＿」という主題を設定して，資料を基に生徒が追及して，その内容をレポートにまとめた。次の文章**A～C**を読み，後の問い（**問1～7**）に答えよ。（資料には，省略したり，改めたりしたところがある。）（配点　22）

A　上野さんの班は，シチリア島の歴史に関する資料を取り上げながら，主題を踏まえて地中海世界における交易・交流について調査を行った。次の文章は，その調査をまとめた**レポート**である。

レポート

> 　9世紀にチュニジアのアグラブ朝により，シチリア島が征服され，チュニジア・シチリアを経由して，イベリア半島やマグリブ地方にイスラーム勢力の進出が活発化した。これによりイスラームが支配する西地中海商業圏と，東ローマ（ビザンツ）帝国が支配する東地中海商業圏が並立した。
>
> 　11世紀頃になるとノルマン人が南イタリアに進出し，シチリア島にはノルマン人の両シチリア王国が成立した。首都パレルモの様子を，当時の地理学者は次のように記録している。
>
> > 　パレルモは，二つの区からなる。一つはアル・カスル地区であり，もう一つは郊外地区である。アル・カスル地区は，いにしえの城塞地区で(中略)この地区には，大きなモスク，(中略)があり，今は昔のようになっている。(中略)郊外地区は，別の町になっていて，(中略)ここにはアル・ハリーサと呼ばれた古くからの町があって，ムスリム支配時代にスルタンや上層の人々が住んでいた。
>
> 　モスクや以前ムスリムの居住区だったという地域が残されていたとするこの記述からは，両シチリア王国は　　**イ**　　であったことがうかがえる。また，ノルマン人の南イタリア進出は，分断されていた地中海商業圏の統一をもたらした。それは，次第にイタリア諸都市の商業活動を活発にした。イタリア諸都市は，ⓐ十字軍の輸送を担ったほか，ⓑ地中海沿岸でムスリム商人との間で香辛料など主に　　**ウ**　　東方貿易で繁栄した。

問1　文章中の空欄　イ　と　ウ　に入れる語句の組合せとして正しいものを，次の①〜④のうちから一つ選べ。　16

① イ ― 宗教的に不寛容　　　ウ ― 奢侈品を取引する

② イ ― 宗教的に不寛容　　　ウ ― 生活必需品を取引する

③ イ ― 宗教的に寛容　　　　ウ ― 奢侈品を取引する

④ イ ― 宗教的に寛容　　　　ウ ― 生活必需品を取引する

問2　下線部ⓐに関連して，いわゆる十字軍運動が行われた期間に起こった次の出来事Ⅰ〜Ⅲが，年代の古いものから順に正しく配列されているものを，下の①〜⑥のうちから一つ選べ。　17

Ⅰ　ヴォルムス協約によって，叙任権闘争が終息した。

Ⅱ　教皇インノケンティウス3世が，イギリス王ジョンを破門した。

Ⅲ　フランス王ルイ9世が，北アフリカ遠征中に病死した。

① Ⅰ ― Ⅱ ― Ⅲ　　　② Ⅰ ― Ⅲ ― Ⅱ　　　③ Ⅱ ― Ⅰ ― Ⅲ

④ Ⅱ ― Ⅲ ― Ⅰ　　　⑤ Ⅲ ― Ⅰ ― Ⅱ　　　⑥ Ⅲ ― Ⅱ ― Ⅰ

問3　下線部ⓑに関連して，地中海沿岸で起こった出来事について述べた文として正しいものを，次の①〜④のうちから一つ選べ。　18

① 北イタリアの諸都市が，ハンザ同盟を結成した。

② アテネのソロンが，陶片追放(オストラキスモス)を実施した。

③ ポエニ戦争の結果，北アフリカのカルタゴが滅亡した。

④ カール大帝が，トゥール・ポワティエ間の戦いでイスラーム教徒を撃退した。

B 古川さんの班は，次の 8 世紀および10世紀の西アジア地域を示した地図（**図1**および**図2**）を基に，主題を踏まえてその様子について考察を行った。次の文章は，その考察をまとめた**レポート**である。

レポート

図1　8世紀

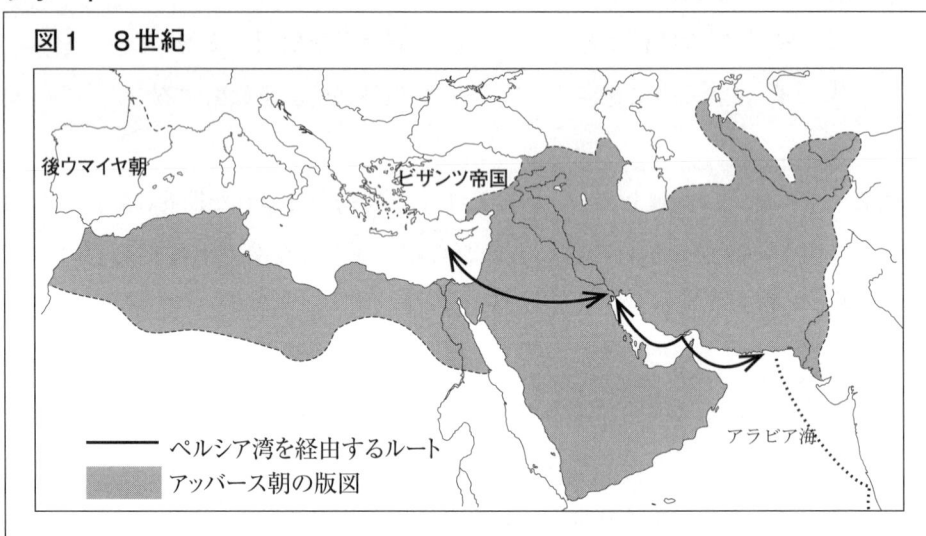

――― ペルシア湾を経由するルート
アッバース朝の版図

図2　10世紀

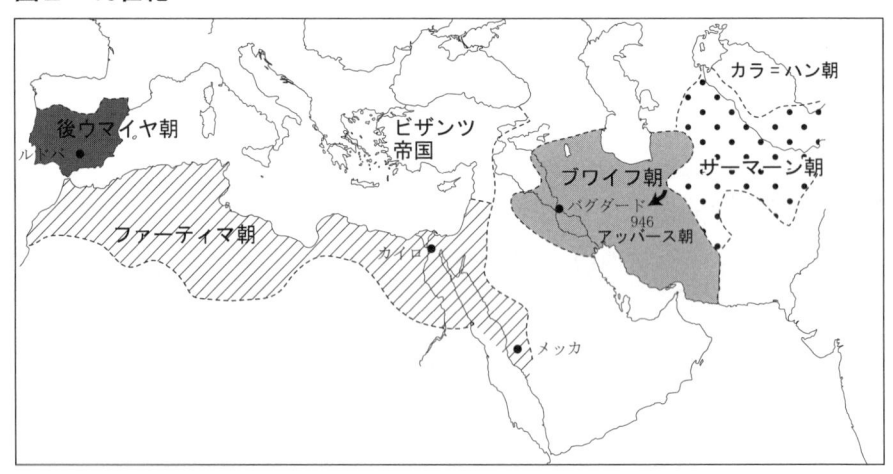

　8世紀ごろのインド洋貿易では，**図1**のようにペルシア湾を経由してインド洋へと至るルートが主に用いられていた。_ⓒ10世紀以降になるとその主要ルートが変わるが，それは**図2**からも分かるようにアッバース朝が衰退し始めたことにより，　エ　ことが関係していると思われる。とはいえ，ペルシア湾岸の貿易港は衰退せず，内陸・インドへ向う経由地として，その後も栄えた。12世紀以降は中国もインド南西岸まで進出し，15世紀の鄭和による

南海大遠征の時代を経て，15世紀末以降ヨーロッパ諸国がアジアへと進出するようになった。スペインやポルトガルが中心となった大航海時代を皮切りとするアジア進出は⒟イギリスのムガル帝国への進出やフランス領インドシナの形成など，アジアの植民地化に結びつくこととなった。

問4　空欄　エ　に入る語句あ・いと下線部ⓒに関連して10世紀以降に主要となったルートを示した図X・Yとの組合せとして正しいものを，後の① ～ ④のうちから一つ選べ。　19

空欄　エ　に入る語句

あ　イスラーム政権が分立した　　　**い**　ビザンツ帝国の領土が最大となった

10世紀以降に主要となったルート

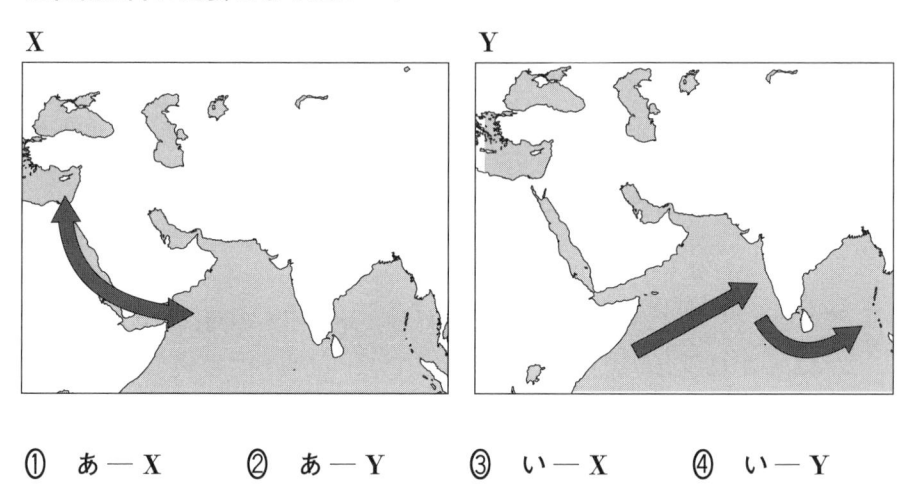

X

Y

① あ － X　　② あ － Y　　③ い － X　　④ い － Y

問5　下線部⒟に関連して，イギリスによるインド植民地化の経過について述べた文として最も適当なものを，次の① ～ ④ のうちから一つ選べ。　20

①　クライヴが，アグラでフランス・ベンガル太守連合軍を破った。

②　マラーター戦争に勝利して，パンジャーブ地方を併合した。

③　インド大反乱が勃発すると，ムガル帝国を滅ぼした。

④　アン女王がインド皇帝を兼任して，インド帝国が成立した。

C 新山さんの班は，東シナ海における人の移住について着目をし，中国人の海外移住の歴史的経緯について，主題を踏まえてその様子について考察を行った。次の文章は，その考察をまとめた**レポート**である。

レポート

【探究における課題】
古くから発達した中国人の海外移住について，各時代における移民輩出の社会的背景はどのようなものだったか。

年　表　中国人の移住の流れ

時　期	移住先
13世紀	日本・東南アジアや中央アジアへ移住
15世紀〜	東南アジアの港市へ移住(小規模・短期間)
16世紀	オ　などヨーロッパ諸国がアジア貿易の拠点として建設した都市を中心に東南アジアの各港市へ移住
17世紀後半	数十万の住民が台湾へ逃亡
18世紀半から18世紀末	東南アジアへ移住(都市だけでなくヨーロッパ諸国の植民地の開発にもたずさわる)

(ギ・リシャール監修『移民の一万年史』より作成)

資　料　1874年にマレー人首長と海峡植民地知事との間に結ばれた協約
(マレー半島西海岸の)ペラクの錫鉱山には，イギリス臣民および英領地の他の居住者により多くの華人が雇用され，多額の金が投資されているが，その鉱山と財産は十分に保護されておらず，この国では海賊，殺人，放火が頻発している。イギリスの交易と権益は大きな損害を受け，近隣の英領植民地の平和と治安が脅かされることもある。

【まとめ】
○　16世紀の中国人の東南アジアへの渡航は海禁が緩和されたためである。
○　17世紀後半の台湾への移動は，反清運動を抑えこむために清が　カ　ことが原因である。
○　18世紀半ばから18世紀末に移住した人々はヨーロッパ諸国の植民地開発にも携わり，19世紀後半の**資料**にもイギリスの植民地であったマレー半島の錫鉱山では中国人が雇われていたことが記されている。

問6　文章中の空欄　オ　に入れる都市の位置を示す次の地図中の**X・Y**と，台湾平定の翌年に空欄　カ　の政策を改めた皇帝との組合せとして正しいものを，下の①〜④のうちから一つ選べ。　21

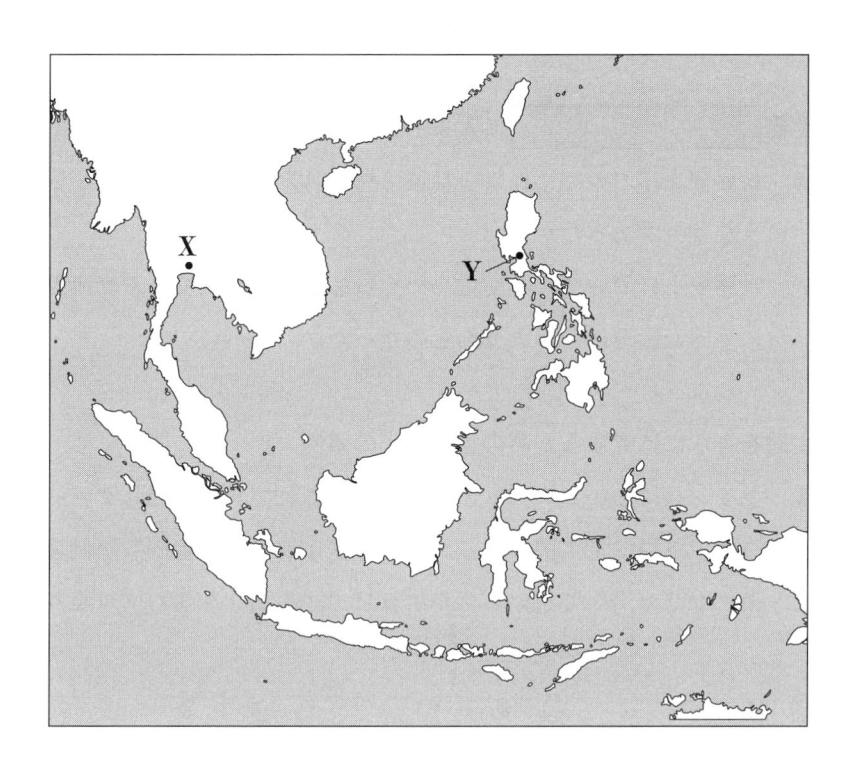

① **オ ― X**　　**カ ―** 康熙帝

② **オ ― X**　　**カ ―** 乾隆帝

③ **オ ― Y**　　**カ ―** 康熙帝

④ **オ ― Y**　　**カ ―** 乾隆帝

問7 三つのレポートの内容を参考に第3問冒頭の空欄 ［　ア　］ に入る主題として適当なもの**あ・い**と，その主題をさらに追究するための世界史上の事例として最も適当なもの**X～Z**との組合せとして正しいものを，次の①～⑥のうちから一つ選べ。 22

空欄 ［　ア　］ に入る主題

あ 世界史上において，様々な地域で見られた異文化間の軋轢や衝突にはどのような背景があったか。

い 世界史上において，各海域をめぐって展開された交易や交流が各地域の社会に与えた影響はどのようなものだったか。

主題をさらに追究するための世界史上の事例

X フランスにおいてナントの王令が発布されて終結したユグノー戦争

Y スマトラ島で宗主国であったオランダが導入した強制栽培制度

Z 東アフリカ沿岸で用いられたアラビア語の語彙を含むスワヒリ語

① **あ**－**X**　　② **あ**－**Y**　　③ **あ**－**Z**

④ **い**－**X**　　⑤ **い**－**Y**　　⑥ **い**－**Z**

第4問　世界史における農業と社会の発展について述べた次の文章**A・B**を読み，下の問い(**問1～6**)に答えよ。(資料には，省略したり，改めたりしたところがある。)(配点　19)

A　次の**資料1**と**表**はメソポタミアの農業に関するものである。

資料1

　「年老いた農夫」がその息子に教えた。お前が畑に灌漑する準備をしなければならないときには，運河の土手や畑のでこぼこを取り除くために調べなければならない。お前が畑に水を入れたとき，その水をあまり高くならないようにせよ。水が引いて畑が出て来たときには，畑の澱んだ地点を調べ，そこに囲いをせよ。ブーツをはいた牛に畑を踏ませよ。雑草を処理した後で畑の輪郭を決め，そこを何度も(中略)犂で均せ。平たい犂で牛の蹄跡を消し，畑をきれいにせよ。

表　　　　　　　　　　　　　　　　　　　　　　　(1グルは300リットル)

耕地カテゴリー	栽培種	種子・役畜飼料(単位グル)	播種方法
A	大　麦	1.5	畜　力
B	大　麦	1.2	人　力
C	小　麦	1.2	人　力
D	小　麦	1.8	畜　力

(川北稔他著『生活の技術・生産の技術』岩波書店より作成)

　資料1はウル第3王朝の頃に原典があると考えられている「農夫の教え」と呼ばれるもので，農業の管理なども担う書記官を育成する学校で使用されたと考えられている。メソポタミアでは，人工的に開削した農業用水路や運河などによって春に発生する洪水を制御し，水を耕地に引き込む方法がとられた。しかし，ナイル川が土壌をもたらし，土壌内の塩分を定期的に洗い流してくれる(a)エジプトに比べると，メソポタミアの耕地には塩害がつきもので，地味の落ちた耕地は塩害に強い　**ア**　の栽培やヒツジやヤギの放牧地などに転用して活用する必要があった。**表**は(b)ウル第3王朝期の農業経営の記録であり，耕地が分類され，種子・

役畜に要した飼料が記録されている。**資料1**と**表**を踏まえると，メソポタミアの農業は，⎾　　イ　　⏌で，これと関連して宗教的な権威に基づいて統治する強力な神権政治が形成された。こうしたウル第3王朝の時代の農政は高い収穫実績をあげていたことで知られている。

問1　文章中の空欄⎾ ア ⏌と⎾　　イ　　⏌に入れる語句の組合せとして正しいものを，次の① ～ ④のうちから一つ選べ。⎾ 23 ⏌

① ア―トウモロコシ　　イ―計画的な管理体制を必要とするもの
② ア―トウモロコシ　　イ―自然環境を改変せずにそのまま利用するもの
③ ア―ナツメヤシ　　イ―計画的な管理体制を必要とするもの
④ ア―ナツメヤシ　　イ―自然環境を改変せずにそのまま利用するもの

問2　下線部ⓐについて，この地域について述べた次の文Ⅰ～Ⅲについて，古いものから年代順に正しく配列したものを，後の① ～ ⑥のうちから一つ選べ。⎾ 24 ⏌

Ⅰ　エジプトを支配していたクシュ王国の勢力が，アッシリアに敗れた。
Ⅱ　アメンヘテプ4世(アメンホテプ4世)が，アテン神信仰を強制した。
Ⅲ　クフ王などで知られる古王国が，メンフィスを中心に栄えた。

① Ⅰ―Ⅱ―Ⅲ　　② Ⅰ―Ⅲ―Ⅱ　　③ Ⅱ―Ⅰ―Ⅲ
④ Ⅱ―Ⅲ―Ⅰ　　⑤ Ⅲ―Ⅰ―Ⅱ　　⑥ Ⅲ―Ⅱ―Ⅰ

問3　下線部ⓑについて，次の**資料2**はこの時代に作られたウルナンム法典であり，**資料3**はのちの時代のハンムラビ法典である。**資料**を読んで，**説明文**の空欄　ウ　の民族に関わりの深い建造物**あ・い**と，空欄　エ　に入れる文**X・Y**との組合せとして正しいものを，後の**①〜④**のうちから一つ選べ。　25

資料2

> もし人が棍棒でほかの人の骨を砕いたならば，一マナの銀を量るべきである。

資料3

> もし人が（ほかの）人の骨を折ったならば，彼は彼の骨を折らなければならない。

説明文

- **資料2**のウルナンム法典は，　ウ　人の王朝で作られたと考えられ，後世に影響を与えた現存する最古の法典とされている。
- **資料3**のハンムラビ法典は，アムル人の王朝で作られ，　エ　という特徴を持っている。

空欄　ウ　の民族に関連する建造物

あ

い

空欄　エ　に入れる文

X　ウルナンム法典と異なり，同害復讐の原則

Y　強大な権力をもつ君主が法と策略により国家の統治を行うべき

①　あ － X　　　②　あ － Y　　　③　い － X　　　④　い － Y

B 次の写真はドイツ人の東方植民によって建設されたリューベックの空撮である。

　12世紀になると，西ヨーロッパでは気候の温暖化や穀物生産の向上による人口増加などの(c)社会変動を背景として，エルベ川以東の(d)スラヴ系やバルト系の人々の居住地域へドイツ人が移住し開墾を開始した。この東方植民は，諸侯や修道院などの勧誘で，まず騎士が移住し，その後ロカトールと呼ばれた請負人に指導され多数の農民が入植した。彼らには定住後，貢租の免除や自由な身分，広い保有地などが保障された。13世紀のモンゴル人の侵攻により東欧諸国が荒廃すると，新たな労働力としてドイツ人の農民の移住が増加した。しかし14世紀には寒冷化やペストの流行による人口減少で植民活動は停滞しはじめた。その後，16世紀以降になると東ヨーロッパでは有力な騎士らによるグーツヘルシャフト(農場領主制)が広がったことで，農民の地位は悪化した。

　一方，西ヨーロッパでは，人口減少を受けて多くの領主が荘園での労働力を確保するために，農民の身分的束縛をゆるめた。この結果，農奴身分からの解放が進み，たとえばイギリスでは　オ　と呼ばれる独立自営農民が現れたが，経済的に困窮した領主が再び束縛を強めようとすると，(e)それに対する反発も起こった地域もあった。

問4　下線部ⓒに関連して，農業生産と社会変動の事例1・2について述べた文として最も適当なものをを，次の①～④のうちから一つ選べ。　26

事例1

　ローマでは安価な穀物が流入して市民の没落が進み，有力者たちは無産市民を集めて私兵を形成した。

事例2

　佃戸と呼ばれる宋代の地主層は，形勢戸と呼ばれる小作人を用いて経済力を伸ばしていった。

① 　事例1のみ正しい。　　② 　事例2のみ正しい。

③ 　二つとも正しい。　　④ 　二つとも誤っている。

問5　下線部ⓓに関連して，この民族が住む地域の歴史について述べた文として最も適当なものを，次の①～④のうちから一つ選べ。　27

① 　ポーランド王国は，マジャール人の国と合体してヤゲウォ（ヤゲロー）朝を成立させた。

② 　キエフ公国では，イヴァン3世がギリシア正教に改宗した。

③ 　ベーメン（ボヘミア）王国では，ウィクリフが教会改革を進めた。

④ 　クロアティア人は，フランク王国の影響でカトリックを受容した。

問6 空欄 オ に入る語**あ・い**と下線部ⓔの反発として起こった事件**X・Y**との組合せとして正しいものを，下の①〜④のうちから一つ選べ。 28

空欄 オ に入る語

あ ヨーマン

い ユンカー

下線部ⓓの反発として起こった事件

X イギリスでは，ワット＝タイラーを指導者とするフロンドの乱が起きた。

Y フランスの農民らが，重い税負担に反発してジャックリーの乱を起こした。

① あ — X ② あ — Y ③ い — X ④ い — Y

第5問　世界史探究の授業で，世界各地の長距離の移動や輸送に用いられたさまざまな手段について，資料をもとに議論を行った。次の文章**A・B**を読み，後の問い（**問1～5**）に答えなさい。（配点　16）

A　2つの海戦の**図**を見比べながら先生と生徒が議論をしている。

図1

図2

↓「ANGLIAE」

↑「FLANDRIA」

先　生：次の**図1**と**図2**は，いずれもスペインが戦った海戦です。2つの図を見比べて，何か違いがありますか。

生　徒：**図1**の船は帆が張っている船が少ないのに対して，**図2**の船は帆を張っているものが多いですね。

先　生：そうです。いいところに気づきましたね。**図1**はスペインとオスマン帝国が戦ったレパントの海戦，**図2**は　ア　とスペインの海戦を描いています。**図1**は，風の不安定な　イ　で行われたので，大型の櫂を持つガレー船同士の戦いになっています。

生　徒：ペルシア戦争の時のサラミスの海戦も　イ　が舞台ですが，それとあまり変わらないのですね。

先　生：そうとも言えますね。次に**図2**ですが，図の上の陸地部分に「ANGLIAE」，図の下の部分にフランドル地方（FLANDRIA）の名が書かれていて，　ア　とヨーロッパ大陸の間にあるドーヴァー海峡が戦場であったと読み取れます。

生　徒：「ANGLIAE」は，(a)ゲルマン人の大移動の時に，この地にアングロ・サクソン人が移動してきたことに由来していました。

先　生：よく覚えていましたね。この頃の　ア　は，ドレークなど民間船の船長に許可を与えて，スペインが新大陸で獲得した　ウ　を本国に運ばせる輸送船を襲わせており，ドレークらは波風の強い海域でも動ける帆船を主力に戦いました。一方のスペインは**図1**で活躍したガレー船を主力としており，この海域ではうまく動けず，敗れました。

問1　文章中の空欄　ア　～　ウ　に入れる語の組合せとして正しいものを，次の①〜⑥のうちから一つ選べ。　29

	①	②	③	④	⑤	⑥
ア	フランス	イギリス	イギリス	フランス	イギリス	イギリス
イ	大西洋	地中海	大西洋	地中海	大西洋	地中海
ウ	香辛料	銀	香辛料	銀	銀	香辛料

問2　下線部ⓐに関連して，ゲルマン人が建てた国家について述べた文として最も
適当なものを，次の①〜④のうちから一つ選べ。　30

図

①　東ゴート人が建国し，図中の **a** の地域を支配した。

②　東ゴート人が建国し，図中の **b** の地域を支配した。

③　ヴァンダル人が建国し，図中の **a** の地域を支配した。

④　ヴァンダル人が建国し，図中の **b** の地域を支配した。

B あるクラスの世界史探究の授業で，世界の鉄道に関連した学習を行っている。以下は，授業中の先生と生徒の会話である。

写真X

写真Y

写真Z

先　生：**写真X**はアラビア半島のヒジャーズ鉄道の写真です。この鉄道は当時のオスマン帝国のスルタンが，メッカへの巡礼に便利にあるよう建設を命じ，スルタンは建設を通じて権威と求心力を高めようとしました。しかし残念ながらこの鉄道の開通式典が開かれた時に，スルタンは出席しませんでした。

生　徒：それはなぜですか？

先　生：この頃いつ⒝クーデタが起こるかわからない状況だったので，君主は心配で出席できなかったのです。現にこの年には憲法復活を求める革命が

起こり，翌年この君主は退位させられます。

生　徒：そうだったのですね。この綺麗な景観の**写真Y**はなんですか？

先　生：これはウィーンとトリエステをつなぐゼメリング鉄道の写真です。世界遺産にもなっているこの鉄道は，当時 [　エ　] オーストリアが，国内統一と雇用創出を目的に建設したものでした。

生　徒：重要な国家政策の一つとして進められたのですね。

先　生：その通りです。この鉄道が開通した約10年後にオーストリアはプロイセンに敗れ，ドイツでの覇権を失ってしまいますが，ゼメリング鉄道はその後も南北をつなぐ交通路として重要な役割を果たしました。

生　徒：現在の人々の生活にも影響を残しているのですね。

先　生：一方で**写真Z**のロシアのバム鉄道は，建設当時の政権が自らの卓越性を誇示するため，無理に計画を進めたものでした。鉄道建設への反対者や政府の意見にそぐわない調査を行った者を次々と処刑したのです。しかも開通後には費用に見合った収支を得ることはできず，やがて建設当時の指導者の1人がタイトルに含まれた『ブレジネフの愚行』という作品まで執筆されました。

問3　下線部ⓑに関連して，歴史上のクーデタや革命について述べた次の文**あ**と**い**の正誤の組合せとして正しいものを，下の①〜④のうちから一つ選べ。
　　　　[31]

　　あ　モサデグが，イラン革命（イラン＝イスラーム革命）で失脚した。
　　い　大院君が，甲申政変で政権奪取に失敗した。

　①　あ―正　　い―正
　②　あ―正　　い―誤
　③　あ―誤　　い―正
　④　あ―誤　　い―誤

問4 先生の発言中にある空欄 エ に入れる語句として最も適当なものを，次の①〜④のうちから一つ選べ。 32

① 民族問題をかかえながらも，産業革命を進めていた

② 民族自決の原則に基づいて，領土を割譲した直後だった

③ 永世中立国として，主権を回復した直後だった

④ 神聖ローマ帝国の再編のため，内部の引き締めを図っていた

問5 写真X〜Zの鉄道が，開通した年代順に正しく配列されているものを，下の①〜⑥のうちから一つ選べ。 33

① X→Y→Z

② X→Z→Y

③ Y→X→Z

④ Y→Z→X

⑤ Z→X→Y

⑥ Z→Y→X

第 2 回

(60分)

実 戦 問 題

標 準 所 要 時 間

第1問	16分	第4問	11分
第2問	15分	第5問	11分
第3問	7分		

歴史総合，世界史探究

（解答番号　1　〜　33　）

第1問　歴史総合の授業で，世界史上における接触や交流について資料を基に学習した。次の文章**A**〜**C**を読み，後の問い（**問1〜9**）に答えよ。（資料には，省略したり，改めたりしたところがある。）（配点　25）

A　あるクラスで日本の「鎖国」について先生と生徒が話している。

野　村：18世紀の日本って，「鎖国」をしていたのですよね。たしか長崎の出島
　　　　でだけ，貿易をしていたと思います。

先　生：出島では，　ア　や@中国の清と交易をしていたのは間違いないけれ
　　　　ど，当時の日本は，他にも交易をしていました。

野　村：そうなのですか？

先　生：四つの窓口と言って，江戸幕府直轄の長崎の他には対馬藩を通じて朝鮮
　　　　と交易を行っていたし，他にも薩摩藩を通じて琉球と，松前藩を通じて
　　　　アイヌとも交易をしていました。

野　村：アイヌとも？　どんなものを扱っていたのかな。朝鮮といえば，⑥朝鮮
　　　　通信使が派遣されていますよね。

先　生：アイヌからは蝦夷地の昆布や海産物を手に入れていたし，他にも蝦夷錦
　　　　というものも扱っていましたよ。

野　村：「エゾニシキ」……どんなものなのだろう？

先　生：中国製の官服や絹織物のことです。アムール川流域から©サハリン，つ
　　　　まり樺太を経由してもたらされました。

野　村：全然，知らなかったな。国を閉じて外国とまったく交流していないわけ
　　　　ではないのですね。「鎖国」という言葉のイメージに引きずられないよ
　　　　うにしないとですね。

問１　文章中の空欄　ア　に入れる語あ〜うと，下線部ⓑについての説明 **X・Y** との組合せとして正しいものを，後の ① 〜 ⑥ のうちから一つ選べ。　1

空欄　ア　に入れる語

あ　イギリス　　　　　**い　オランダ**　　　　**う　ポルトガル**

下線部ⓑについての説明

X　将軍の代がわりを慶賀することを名目に派遣された

Y　朝鮮と江戸とを一年おきに往来することが義務づけられた

① あ ― X　　　② あ ― Y　　　③ い ― X

④ い ― Y　　　⑤ う ― X　　　⑥ う ― Y

問２　下線部ⓐに関連して，次の図は18世紀末にイギリスの使節が貿易問題解決のために清の皇帝に謁見した際のものである。次の図中に描かれた皇帝の名あ・いと，当時のイギリスと清の貿易の様子について述べた文 **X・Y** の組合せとして正しいものを下の ① 〜 ④ のうちから一つ選べ。　2

図

皇帝の名

あ　康熙帝　　　　　い　乾隆帝

当時のイギリスと清の貿易の様子

X　清は，イギリス船の来港を広州(広東)一港に制限していた。

Y　イギリスは清から綿製品を輸入し，清へ茶を輸出していた。

① あ一X　　② あ一Y　　③ い一X　　④ い一Y

問3　下線部ⓒに関連して，サハリン(樺太)について述べた文として最も適当なものを，次の①～④のうちから一つ選べ。　3

① 樺太・千島交換条約で日本領となった。

② 日清戦争後の三国干渉の結果，日本がロシアに返還した。

③ 日露戦争に勝利した日本は，サハリン(樺太)全域を獲得した。

④ 第二次世界大戦中，ヤルタ会談でソ連領となることが認められた。

B　資料を見ながら近代国家化を進める日本と清の接触について先生が生徒に説明
　をしている。

　　先　生：今日は19世紀における日本と中国の関係について考えていきましょう。
　　　　　　19世紀に近代国家化を進める日本では，清朝や周辺諸国との関係が次第
　　　　　　に変わっていきました。

　　西　村：その時期は，欧米諸国のアジア進出にともなって，アジアにも主権国家
　　　　　　が拡大するのですよね。

　　中　山：日本も主権国家体制に合わせるため，国境を明確にしようとして，領土
　　　　　　をめぐる対立などが生じた時期ですよね。

　　先　生：その通りです。次の**資料**を見てください。日本が国境を画定していく過
　　　　　　程で，1878年に清朝側から日本に対して送られた質問状です。

資　料

> 　　琉球国は中国海〔東シナ海の清国側呼称〕に浮かぶ小島であり，（中略）今日
> まで海上の一国という地位を保ってまいりました。明朝の洪武五年〔1372年〕，
> 中国に服属し，朝貢することになり，以来ずっと藩属国の一つに列せられて
> おります。（中略）また琉球国が咸豊年間〔1851～61〕にアメリカ及びフラン
> スと結んだ条約で清朝の暦日を用いていることも同国が清朝に服属している
> 事実を欧米各国が承知していることを示すものです。
>
> 　　ところが最近，突然，貴国が琉球国に対し我が国に朝貢することを禁止し
> たとの報に接しました。（中略）もし琉球を欺いて旧来の儀礼をみだりに変更
> させたりすれば，我が国に対しどう説明するのでしょうか。また，琉球が外
> 交関係を結んでいる国々に対しどう説明するのでしょうか。

　　白　木：**資料**からは，清が琉球を属国と考えていたことが分かりますね。

　　西　村：だけど，琉球は薩摩藩にも服属していたから日清に両属状態だったのだ
　　　　　　よね。

　　先　生：日本と清に両属状態だった琉球を，日本が自国の領土として組み込もう
　　　　　　とした時に，**資料**に示された問題が生じました。

　　白　木：東アジアの国際関係が変わるということですね。たしかに，この後に日

本では福沢諭吉が［　イ　］を提唱するなど，日本は外国との新しい関係を模索している時期でもありますよね。

中　山：**資料**が出たころの日本は「殖産興業」をめざし，経済的には［　ウ　］時期ですよね。

問4　文章中の空欄［　イ　］に入れる語句についての説明**あ・い**と，空欄［　ウ　］に入れる文**X・Y**との組合せとして正しいものを，後の①〜④のうちから一つ選べ。［　4　］

空欄［　イ　］に入る語句についての説明

あ　アジア諸国と連帯をやめ，欧米と同じように行動すること

い　アジアを欧米の植民地支配から解放すること

空欄［　ウ　］に入れる文

X　南満州鉄道株式会社を設立して，鉄道経営や鉱山開発などを進めている

Y　欧米から機械を購入し，生糸を輸出して外貨獲得を進めている

①　あ─X　　②　あ─Y　　③　い─X　　④　い─Y

問5　**資料**から読み取れる琉球の状況**あ・い**と，下の**年表**中の**a〜c**の時期のうち，**資料**の出来事が起こった時期との組合せとして正しいものを，後の**①〜⑥**のうちから一つ選べ。　5

資料から読み取れる琉球の状況

あ　琉球は，清の元号を用いてフランスと条約を締結した。

い　琉球は，清への朝貢を自ら取りやめた。

年　表

1853年　ペリーが日本に初めて来港

　　　　　a

清朝が外交官庁として総理各国事務衙門を設置

　　　　　b

日本で明治政府が発足

　　　　　c

1895年　下関条約で清朝が朝鮮の独立を承認

①　あ ― a　　　②　あ ― b　　　③　あ ― c
④　い ― a　　　⑤　い ― b　　　⑥　い ― c

問6 先生の話の後，西村さんたちのグループは東アジア以外の地域における近代国家形成の動きについて**メモ**を作成した。3人の**メモ**の正誤について述べた文として最も適当なものを，後の① 〜 ⑥のうちから一つ選べ。　6

中山さんのメモ

> 第一次世界大戦後のパリ講和会議では，民族自決の理念に基づいて，ポーランドやチェコスロヴァキアなどの独立が承認された。

白木さんのメモ

> ムスタファ＝ケマルはスルタン制を廃止してオスマン帝国を滅ぼし，トルコ共和国を樹立した。

西村さんのメモ

> タイではチュラロンコンが軍事・行政・教育などの近代化を成功させて植民地化を回避した。

① 中山さんのメモのみが正しい
② 白木さんのメモのみが正しい
③ 西村さんのメモのみが正しい
④ 中山さんと白木さんのメモが正しい
⑤ 白木さんと西村さんのメモが正しい
⑥ 全員のメモが正しい。

C　第二次世界大戦後の接触と交流について先生と生徒が話をしている。

　先　生：第二次世界大戦後の世界において，敵対していた国家との関係を改善し，
　　　　　交流を進めた事例について，考えていきましょう。図1と図2の写真を
　　　　　見てください。

図1

図2

エ

　先　生：2枚の写真はともにポーランドのワルシャワで撮影されたものです。図
　　　　　1は第二次世界大戦中の1943年に，ゲットーと呼ばれる居住区を強制的
　　　　　に追い出されるユダヤ人を写しています。図2は，ユダヤ人犠牲者の慰
　　　　　霊碑の前で西ドイツの　エ　首相が謝罪の意を表している場面です。
　赤　松：ポーランドといえば，アウシュヴィッツ強制収容所がよく知られていま
　　　　　すよね。ポーランドには多くのユダヤ人がいたのですね。

先　生：そうです。ただ，**図2**の行為には，西ドイツ国内から反発もありました。

内　山：なぜですか。

先　生：ドイツは第二次世界大戦に敗れ，領土の一部をポーランドに割譲しました。そこにはドイツ系住民も暮らしていたので，ドイツへの復帰を望む人々も少なからずいました。けれどもこの**図2**の行為によって，復帰をあきらめることになると考えた人々がいたようです。このような国内からの批判もありましたが，　エ　は東西の和解をすすめていったのです。

村　木：難しい事情があるのですね。和解という観点では，私は1972年にアメリカ大統領ニクソンが訪中する直前に，大統領補佐官キッシンジャーが中国を訪ねて交渉を行ったエピソードが好きです。

中　本：ⓓニクソン訪中後の歴史展開を考えても，東西の緊張緩和において重要な役割を果たした人といえるよね。マスコミなどに知られないように，秘密裏に訪問を実現したという話を聞いたことがあるけれど，国際政治が大きく変わる瞬間の緊張感のようなものを象徴している気がするな。

先　生：そうですね。ⓔアメリカと中国の当時の政治や経済の状況を考えると，対立している国と交流することは，簡単なことではありませんでした。だからこそ，両国の接触は時代の転機となったのでしょうね。

問7　文章中の空欄　エ　に入る人物の名前あ・いと，この人物が図2のような謝罪をした背景について述べた文X・Yの組合せとして正しいものを，後の① ～ ④のうちから一つ選べ。　7

空欄　エ　に入る人物の名前

あ　アデナウアー　　　　　い　ブラント

図2のような謝罪をした背景

X　東方外交と呼ばれる，東欧諸国との関係改善や外交関係樹立に着手していた。

Y　ヨーロッパ共同体(EC)に加盟するため，東欧の加盟国との関係改善を求めていた。

① あ ― X　　　② あ ― Y　　　③ い ― X　　　④ い ― Y

問8　下線部ⓓの中本さんの発言の根拠として推測される事柄について述べた文として最も適当なものを，次の① ～ ④のうちから一つ選べ。　8

① 田中角栄が訪中し，日中国交正常化が実現した。
② 部分的核実験禁止条約(PTBT)が，締結された。
③ ジュネーヴで，四巨頭会談が実現した。
④ バンドンで，アジア＝アフリカ会議が開催された。

問9　下線部ⓔについて述べた文として最も適当なものを，次の① ～ ④のうちから一つ選べ。　9

① アメリカは，ベトナム戦争により国際的な威信を低下させていた。
② アメリカは，「双子の赤字」により財政難が深刻化していた。
③ 中国ではプロレタリア文化大革命が行われ，儒学的な教養が尊重されるようになった。
④ 中国は改革・開放路線を推進するため，欧米の技術や資本を必要としていた。

第2問　世界史上の政治組織や政治体制について述べた次の文章 **A ～ C** を読み，後の問い(**問 1 ～ 8**)に答えよ。(資料には，省略したり，改めたりしたところがある。)（配点　25）

A　次の**資料 1** は，ローマ帝国の皇帝が行った政治改革について書かれたものである。

資料 1

> 　(中略)メナピイ族の出であるカラウシウスは，明らかな功績で際立っていた。(中略)増長した彼は，(中略)皇帝を僭称してブリタンニアを奪取した。同じ頃，ペルシア人がオリエンス〔東方諸州〕を，(中略)ひどく騒がせていた。さらに，エジプトの ┃ ア ┃ では，アキッレウスという名の者が支配の標章を〔勝手に〕纏(まと)っていた。これらの理由から，彼ら〔 ┃ イ ┃ とマクシミアヌス〕は，ユリウス・コンスタンティウスと……ガレリウス・マクシミアヌスとを副帝に選任し，婚姻により義理の息子とした。(中略)そして，前述したような諸々の戦争の重大さが強く求めていたので，帝国は四分されて，アルプスの向こう側のガリア全域はコンスタンティウスに，アフリカとイタリアはヘルクリウスに，黒海に至るまでのイッリュリクム地方はガレリウスに委ねられ，ウァレリウス〔・ ┃ イ ┃ 〕は残りの地域を保持した。

　┃ イ ┃ 帝は即位すると**資料 1** のように帝国の統治を改め，帝国を立て直すための改革を進めた。┃ ウ ┃ こともその一環であった。こうしてドミナトゥスと呼ばれる政治体制が開始された。

問1　文章中の空欄　ア　に当てはまる都市についての説明として最も適当なものを，次の①～④のうちから一つ選べ。　10

①　建設された当時はネアポリスという名だった。

②　王立の研究所としてムセイオンが建設された。

③　ランカシャー地方にあり，産業革命期以降，綿工業の中心地として栄えた。

④　ウマイヤ朝が都をおき，ウマイヤ＝モスクを建設した。

問2　文章中の空欄　イ　に入る皇帝の名あ・いと，空欄　ウ　に入る語句X・Yの組合せとして正しいものを，次の①～④のうちから一つ選べ。　11

皇帝の名

あ　ディオクレティアヌス

い　オクタウィアヌス

空欄　ウ　に入る語句

X　キリスト教を国教化して，異教の信仰を禁止した

Y　古来の神々への信仰を徹底し，キリスト教を弾圧した

①　あ－X　　②　あ－Y　　③　い－X　　④　い－Y

問3　資料1中の時期よりも後のこととして最も適当なものを，次の①～④のうちから一つ選べ。　12

①　スパルタクスの反乱が，クラッススらによって鎮圧された。

②　トラヤヌス帝が，ダキアを征服して属州とした。

③　カラカラ帝が，帝国内のすべての自由民にローマ市民権を与えた。

④　コンスタンティヌス帝が，ビザンティウムに遷都した。

B　中国人留学生の浩然さんと，日本人大学生が，中国の国家体制についての会話をしている。

岩　崎：中国では隋唐時代に，刑法である律と行政法である令に基づいて運営される国家体制が整備され，日本はこれに学んで中央集権的な律令国家体制を整備したと学びました。

浩　然：日本ではこの体制を律令国家体制と呼んでいるようですが，中国では，ⓐ隋唐の国家体制の特色を律令国家体制と呼ぶ習慣はありません。これはなぜだと思いますか。

中　村：中国で律令を制定するのは皇帝ですよね。そして皇帝は律令に制限されるものではなかったといいますから，そのような存在がいたということがその理由の１つではないでしょうか。

浩　然：刑罰の名称や律全体を通ずる通則を集めた名例律に，非常の場合には皇帝が自由にものごとを裁断できる，とあります。一度ⓑ官僚に任せた場合は律令によって運営されましたが，中村さんの言うとおり皇帝は律令を超越した存在だったといってよいでしょう。

岡　田：結局は，皇帝による専制政治が行われる国家だったということですか。

浩　然：そう捉えることができると思います。また，律令は隋唐時代に限った制度ではありませんでした。律令は古くから整備されており，祖形は秦漢時代にもあったとされています。律令やそれに基づく制度は，中国の各王朝に受け継がれ，時代や社会の発展に応じて整備されたのです。

岡　田：隋唐の統治体制は，それまでの中国歴代王朝が長年整備してきたものの集大成とも言えるのですね。

問4　下線部ⓐに関連して，隋と唐の歴史について述べた文として最も適当なものを，次の① ～ ④のうちから一つ選べ。　13

① 隋を建国した煬帝は，官吏登用制度として科挙制を創始した。
② 唐を建国した高祖は，『五経大全』を編纂させた。
③ 唐の則天武后は皇帝として即位し，国号を秦とした。
④ 唐では，夏と秋に徴税する両税法が施行された。

問5　下線部ⓑに関連して，中国史における官僚について述べた文として最も適当なものを，次の①〜④のうちから一つ選べ。　14

① 楚に仕えた法家の商鞅は，楚の強国化に貢献した

② 元に仕えた郭守敬は，授時暦を作成した。

③ 北宋に仕えた司馬光は，新法とよばれる改革をすすめた。

④ 清に仕えた張居正は，検地を行い財政の再建を試みた。

問6　浩然さんの話を聞いた大学生たちは，中国以外の異なる地域の国家がとった政治体制に興味を持って，メモを作成した。学生たちがまとめた次のメモの正誤について述べた文として最も適当なものを，後の①〜④のうちから一つ選べ。　15

岩崎さんのメモ

> 　南米のインカ帝国では，皇帝が太陽の子を自称し，象形文字を利用して行政文書を作成した。

中村さんのメモ

> 　アテネでは，両親ともアテネ人の生まれである成年男性からなる市民によって直接民主政が展開された。

岡田さんのメモ

> 　スマトラ島では，マレー人などの港市国家が連合し，シュリーヴィジャヤ王国が成立した。

① 岩崎さんのメモのみ正しい。

② 岩崎さんと中村さんのメモが正しい。

③ 中村さんと岡田さんのメモが正しい。

④ 全員のメモが正しい。

C　次の**資料2**は，622年にイスラーム教の預言者ムハンマドがメッカから移住し，新しい共同体を建設した際に作成した統治のための文書である。

資料2

慈悲ふかく慈愛あまねき神の名において。

〔一〕　これは，預言者ムハンマドによる書である。すなわちクライシュ族と　エ　の信者と信徒と，彼らに従い，行動を共にし，〔神の道に〕戦う者たちのための〔書である〕。

〔二〕　これらの人々は，他の人々とは異なる，ひとつの　オ　をなす。

（中略）

〔一八〕　ⓒユダヤ教徒のなかでわれわれに従う者は，援助が与えられ，同等に扱われる。不当に扱われることも，彼らの敵に援助が与えられることもない。

〔二八〕　(前略)ユダヤ教徒は彼らの宗教を，信徒は信徒の宗教を保持する。これは，彼らのマウラー(注)と彼ら自身に適用される。ただし，悪をなす者，罪を犯す者は除く。そのような者は，自らと家族を破滅させる。

　　（注）　解放奴隷などの従属民を指す。

問7　文章中の空欄　**エ**　に当てはまる都市の位置を示す次の図中の **a・b** と，空欄　**オ**　に入れる語の組合せとして正しいものを，下の ① ～ ④ のうちから一つ選べ。　16

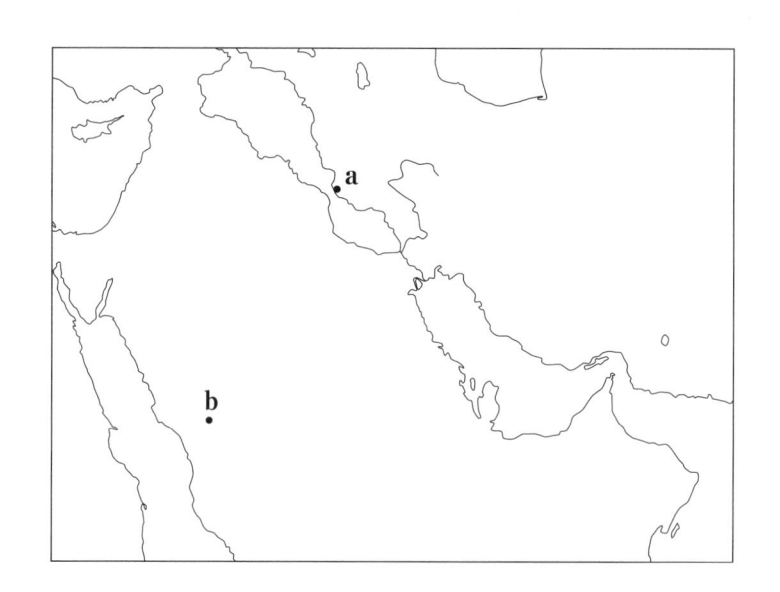

① エ― **a**　　オ―ウンマ　　　② エ― **a**　　オ―カタコンベ

③ エ― **b**　　オ―ウンマ　　　④ エ― **b**　　オ―カタコンベ

問8　下線部ⓒに関連して，**資料2** から読み取れる内容 **あ・い** と，ヘブライ人およびユダヤ教に関する説明 **X・Y** との組合せとして正しいものを，後の ① ～ ④ のうちから一つ選べ。　17

資料2から読み取れる内容

あ　ユダヤ教徒の信仰を認めている。

い　ユダヤ教徒の財産に課税することを定めている。

ヘブライ人およびユダヤ教に関する説明

X　ユダ王国は新バビロニア王国によって滅ぼされた。

Y　ユダヤ教はマニ教の影響を受けて成立した。

① あ― **X**　　　② あ― **Y**　　　③ い― **X**　　　④ い― **Y**

第3問 世界史探究の授業で，中国周辺地域とその地に居住する民族を取り上げて班別学習を行い，各班で興味を持った地域や民族について，資料を基に探究した。それぞれの班の発表に関連した後の問い（**問1〜4**）に答えよ。（資料には，省略したり，改めたりしたところがある。）（配点　13）

問1　1班は，古くから中国と関係が深い朝鮮に興味を持ち，**メモ1**と古代の朝鮮半島を示す**図1**を作った。**図1**中の三国時代の国家**あ〜う**と，それぞれの国の事績について述べた文**X・Y**の正誤の組合せとして正しいものを，後の**①〜⑥**のうちから選べ。　18

メモ1

> 古代の朝鮮半島は，中国による支配を退け，次の**図1**のように4世紀に高句麗・百済・新羅の三つの国が並立する時代となった。7世紀になると，唐の援助を受けた新羅がその他の二国を滅ぼして，7世紀後半に古代三国時代を統一した。

図1

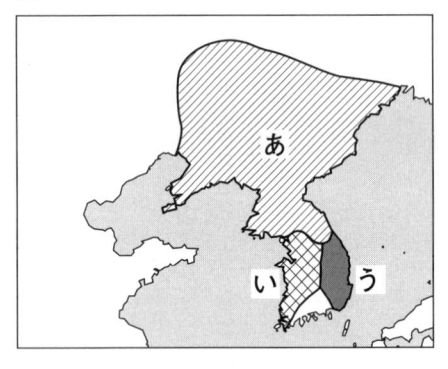

X　都の平城近郊に石窟寺院を造営した。

Y　楽浪郡を滅ぼした。

①　あ—**X**　　　②　あ—**Y**　　　③　い—**X**

④　い—**Y**　　　⑤　う—**X**　　　⑥　う—**Y**

問2　2班は，中央アジアを経由して他の地域に進出した民族に興味を持ち，そうした民族についての**メモ2**と進出した地域を示した**図2**を作った。空欄 ア の民族が大帝国を築く拠点とした地域にあてはまる次の**図2**中の地域**a・b**と ア ・ イ に入れる語の組合せとして正しいものを，次の① 〜 ⑥のうちから一つ選べ。 19

メモ2

> アジア系の遊牧民 ア は中央アジアを経由してヨーロッパに進出したとされている。アッティラ王のもとで，最盛期を迎え，パンノニアを中心に大帝国を築いた。また，モンゴル帝国の イ は中央アジアを経由して西アジアに侵入して，1258年にバグダードを占領した。その後，現在のイランを中心にイル＝ハン国(イ ＝ウルス)を建国した。

図2

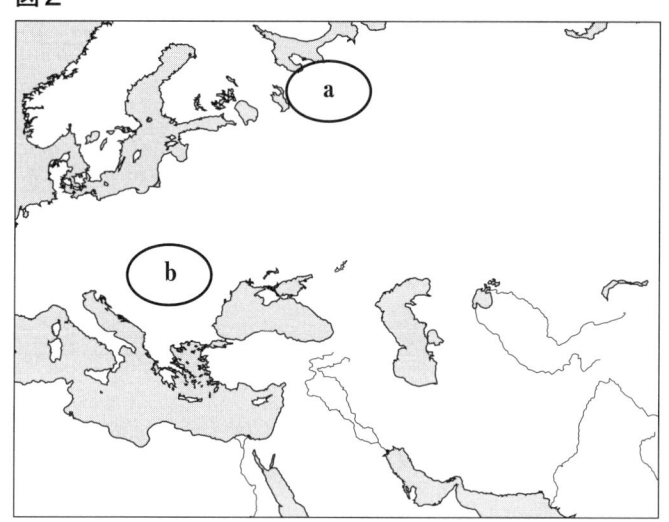

	図2中の地域	ア	イ
①	a	ケルト人	バトゥ
②	a	ケルト人	フレグ(フラグ)
③	a	フン人	フレグ(フラグ)
④	b	ケルト人	バトゥ
⑤	b	フン人	バトゥ
⑥	b	フン人	フレグ(フラグ)

問3 3班は中国の史書に記された遊牧民族に興味を持ち，**資料1・2**を見つけて，**メモ3**を付けたパネルを作った。パネル中の空欄　ウ　・　エ　に入れる語の組合せ**あ・い**と，下線部ⓑの人物の事績について述べた文**X・Y**との組合せとして最も適当なものを，後の①～④のうちから一つ選べ。　20

パネル

> **資料1**　『史記』匈奴列伝
>
> > 是に於いてか匈奴，寛を得て復た稍く河南を度り，中国と故塞に界す。　ウ　，太子あり，ⓑ冒頓と名く。後，愛する所の閼氏あり，少子を生む。
>
> **資料2**　『旧唐書』玄宗本紀上
>
> > 突厥　エ　黙啜 九 姓抜曳固の殺す所と為り，〔抜曳固〕其の首を斬り京師に送りたり。黙啜の兄の子小殺継いで立ちて　エ　と為りたり。

メモ3

・**資料1**中の下線部ⓑの人物は，前3世紀末に全モンゴルを統一して広大な国家を形成した指導者を指している。

・**資料2**中の突厥は6世紀頃から強大化して，モンゴル高原から中央アジアの広大な地域を支配した。

空欄　ウ　・　エ　に入れる語の組合せ

あ　ウ―可 汗　エ―単 于

い　ウ―単 于　エ―可 汗

下線部ⓑの人物の事績

X　遊牧民族の風俗を中国的なものに改めた。

Y　漢の高祖を破って，漢に貢納を課した。

①　あ―X　　②　あ―Y　　③　い―X　　④　い―Y

問4　各班の発表後，先生が中国とその周辺民族との関係について記された**資料3**
　　～資料5を配布した。**資料3～資料5**が古いものから順に正しく配列をされて
　　いるものを，後の①～⑥のうちから一つ選べ。　21

資料3

　　3月1日，皇帝〔欽宗〕は青城におられた。7日，金人は張邦昌を擁立し
て楚の皇帝とした。10日，金人がやって来て皇族をとらえた。……27日，
金人が上皇〔徽宗〕を脅して北方へ連行した。
　　夏4月1日，大風が石を吹き飛ばし，木々を居った。金人は欽宗皇帝及
び皇后・皇太子を拉致して北方へ帰った。

資料4

　　永徽5〔654〕年12月，〔倭国＝日本は〕遣使して琥珀・瑪瑙を献ず。（中略）
高宗は書を降して之れを慰撫す。乃りて云く，「王国は新羅と接近す。新
羅は素より高麗(注1)・百済の侵す所と為る。若し危急有らば王宜しく兵
を遣わして之れを救うべし」，と。
　　（注1）　高句麗を指す。高句麗は漢代には高句驪，その後は高句麗・高麗と
　　　　　も表記された。

資料5

　　オイラト人は道を分けて土木のそば近くの麻峪口から侵入した。（中略）
壬戌の日〔15日〕，〔英宗の〕お車が出発しようとしたが，オイラト人の騎兵
が陣を取り巻いて様子をのぞきうかがっていたので，再びとどまって行か
なかった。オイラト人がいつわって撤退したので，王振(注2)は命令をいつ
わって陣を動かし水辺に行った。オイラト人は，我が陣が動いたのを見て
四面より突撃して来た。我が軍はついに多いに潰え，オイラト人は〔英宗の〕
お車を迎えて北に行った。
　　（注2）　正統帝（英宗）の側近の宦官

①　資料3→資料4→資料5　　　②　資料3→資料5→資料4

③　資料4→資料5→資料3　　　④　資料4→資料3→資料5

⑤　資料5→資料3→資料4　　　⑥　資料5→資料4→資料3

第4問 世界史探究の授業で，資料を利用しながら近現代史における女性の活動について，意見を出し合いながら考察した。次の文章**A・B**を読み，後の問い（**問1～6**）に答えよ。（配点　18）

A ある日の授業で，先生がオランプ＝ドゥ＝グージュが発表した「女性および女性市民のための権利宣言」の抜き書きを**資料**として示した。その上で，女性と政治について，生徒が意見を出し合った。

資料

> 法律は，一般意思の表明でなければならない。すべての女性市民と男性市民は，みずから，またはその代表者によって，その形成に参与する権利をもつ。法律は，すべての者に対して同一でなければならない。すべての女性市民および男性市民は法律の前に平等であるから，その能力にしたがって，かつ，その徳行と才能以外の差別なしに，等しく，すべての位階，地位および公職に就くことができる。

ゆたか：この宣言を表明したオランプ＝ドゥ＝グージュは女性解放運動の先駆的存在とされている人物ですね。この**資料**には(a)女性参政権の要求が含まれていると思います。

しほり：女性参政権獲得運動は女性解放運動と結びつく形で，19世紀のヨーロッパで展開したのですよね。徐々にではありましたが，その権利は実現され，現在では主要国のほとんどで認められており，女性の首相や大統領も誕生しています。

ユーリ：1970年代末にイギリス最初の女性首相となった　**ア**　党のサッチャーは，10年以上政権を担当しましたし，近年では東西統一後のドイツでもキリスト教民主同盟のメルケルが16年という長期に渡って首相をつとめていますよね。

しほり：アジア諸国でも1960年代に，(b)セイロン（スリランカ）のバンダラナイケ，インドのインディラ＝ガンディーなどが女性の首相となっています。韓国の朴槿恵や台湾（中華民国）の蔡英文らが国家の指導者をつとめたという例もみられますが，日本ではいまだ女性の首相は生まれていません。

問1　下線部@に関連して，その実現について各国の状況を述べた文として最も適当なものを，次の① 〜 ④のうちから一つ選べ。　22

①　アメリカ合衆国では，ジャクソン大統領の下で白人男女平等の普通選挙制度が実現した。

②　ソ連では，スターリン憲法で初めて男女平等の普通選挙が定められた。

③　第一次世界大戦後に成立したドイツのヴァイマル憲法では，男女平等普通選挙が規定された。

④　日本では，治安維持法の制定直後に男女平等の普通選挙制度が確立した。

問2　文章中の空欄　ア　に入れる語あ・いと，サッチャーの業績について述べた文X・Yの組合せとして正しものを，下の① 〜 ④のうちから一つ選べ。　23

空欄　ア　に入れる語

あ　保　守　　　　　　い　労　働

サッチャーの業績

X　産業の民営化など，新自由主義的な改革を進めた。

Y　国民投票の結果，ヨーロッパ連合(EU)から離脱した。

①　あ ― X

②　あ ― Y

③　い ― X

④　い ― Y

問3 下線部ⓑに関連して，南アジアで起こった出来事について述べた文 I ～ III を年代の古いものから順に正しく配列しているものを，下の① ～ ⑥のうちから一つ選べ。 24

I　パキスタンが核実験を行った。
II　インドとパキスタンが分離・独立した。
III　バングラデシュが独立した。

① I － II － III　　② I － III － II　　③ II － I － III
④ II － III － I　　⑤ III － I － II　　⑥ III － II － I

B　別の日の授業では，生徒と先生が**図**を基に，近現代の中国の政治や経済に影響を与えた女性について話している。

図

先　生：この**図**は，中国の近現代史において重要な人物と結婚をした三姉妹の写真です。姉妹の一人宋慶齢は，「中国革命の父」と称された孫文と結婚しました。

しほり：では，**図**の写真に写る男性は孫文でしょうか。妻の宋慶齢は，後に(c)中華人民共和国の副主席にもなったと先日の授業で学習しました。

ゆたか：孫文は清朝打倒をめざして，東京で　イ　を結成して，その後，中国で辛亥革命が起きると，中華民国の初代臨時大総統となった人物でした。残りの二人はどんな人たちなのでしょうか？

先　生：孫文についてはその通りですが，残念ながら写真の人物は孫文ではなく蔣介石です。蔣介石は宋慶齢の妹である宋美齢と結婚しました。

しほり：ということは，孫文と蔣介石は義兄弟なのですね。蔣介石は第二次世界大戦前には中国の統一を目ざして　ウ　けど，戦後は国共内戦に敗れて台湾に逃れたんですよね。

先　生：二人のうち長女は，宋靄齢といい，(d)実業家の孔祥熙と結婚した人です。孔祥熙は金融界の要職を歴任しましたが，腐敗体質も指摘されています。また，三女の宋美齢は蔣介石の妻になりました。この三姉妹の運命は数奇で「一人は金を愛し，一人は権力を愛し，そして一人は国を愛した」とも言われました。

ゆたか：宋慶齢は中華人民共和国の副主席にもなって要職を歴任して，共産主義

の立場だったんですよね？　それに対して宋美齢は蒋介石とともに台湾に渡って国民政府側に立っていて，対照的でとても興味深いです。

問4　下線部ⓒに関連して，中華人民共和国の初代首相となった人物**あ・い**と，中華人民共和国の歴史について述べた文**X・Y**の組合せとして正しいものを，下の① 〜 ④のうちから一つ選べ。　25

中華人民共和国の初代首相

あ　周恩来　　　　　**い**　毛沢東

中華人民共和国の歴史

X　ソ連の援助を受けた「大躍進」政策は，最終的に中国の経済を成長させた。

Y　ダライ＝ラマ14世が亡命したことを契機に，中印国境紛争が発生した。

①　**あ**—**X**　　　　②　**あ**—**Y**　　　　③　**い**—**X**　　　　④　**い**—**Y**

問5　空欄　**イ**　に入れる語**あ・い**と，空欄　**ウ**　に入れる語句**X・Y**の組合せとして正しいものを，下の① 〜 ④のうちから一つ選べ。　26

空欄　**イ**　に入れる語

あ　興中会　　　　　**い**　中国同盟会

空欄　**ウ**　に入れる語句

X　北伐を行って，軍閥政府を打倒した

Y　八・一宣言を発して，国共合作を実現した

①　**あ**—**X**　　　　②　**あ**—**Y**　　　　③　**い**—**X**　　　　④　**い**—**Y**

問6　下線部ⓓに関連して，世界史における財閥・実業家について述べた文として
最も適当なものを，次の①～④のうちから一つ選べ。　27

① ドイツでは，ロックフェラーが石油精製事業を独占した。

② 日本では，第二次世界大戦後に財閥が解体された。

③ 中国では浙江財閥の支持を背景に，五・三〇運動が起こった。

④ ヴェネツィアの金融業者メディチ家は，ルネサンス文化を保護した。

第5問

第5問 世界史探究の授業で，世界史上における経済政策や商業活動をテーマに，資料を基に生徒が追及して，その内容をレポートにまとめた。次の文章**A・B**を読み，後の問い(**問1～6**)に答えよ。(資料には，省略したり，改めたりしたところがある。)(配点 19)

A 山口さんの班は，イギリスの財政政策について二つの資料を基に考察を行った。次の文章は，その考察をまとめた**レポート**である。

レポート

【探究における課題】
イギリスが覇権国家となった背景にはどのような財政政策があったのだろうか。

グラフ　イギリスの税収

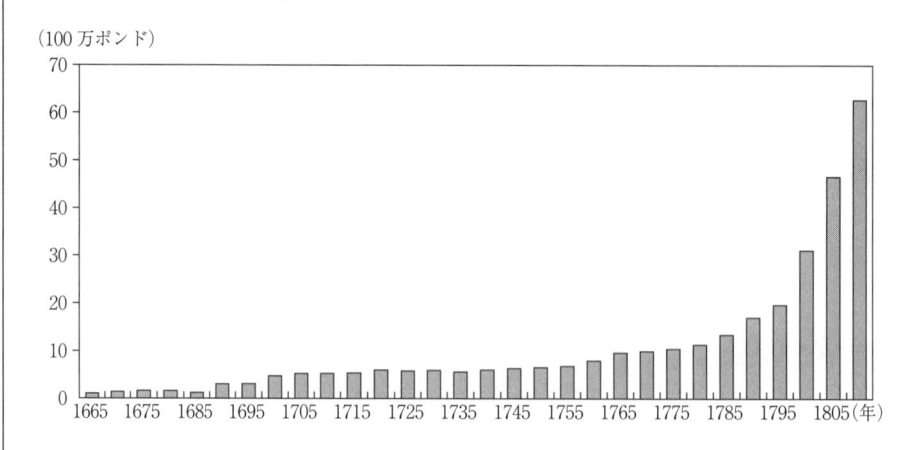

(100万ポンド)

(R. Floud and P. Johnson (eds.), *The Cambridge Economic History of Britain, vol. I*, Cambridge UP, 2004より作成)

表　イギリスとフランスの直接税・間接税比率(単位：%)

年度	直接税		間接税		その他	
	イギリス	フランス	イギリス	フランス	イギリス	フランス
1715	27	61	69	34	4	5
1745	32	57	66	39	2	4
1770	18	50	75	45	7	5
1790	17	38	75	51	8	11

(玉木俊明著『近代ヨーロッパの形成　商人と国家の近代世界システム』より作成)

○　17世紀末，ⓐフランスとの植民地戦争が始まった時期から税収が増加傾向を示し，1790年代後半から急増する。

○　1770年の段階で　ア　税の比率が増えているのは，地主が増税に反発したためではないか。

○　1800年頃から税収が急増したのは，　イ　多額の戦費が必要となったためだろう。

【まとめ】

○　イギリスは　ウ　ことにより，17世紀末から税収を増やすための政治的基盤を形成し，またフランスよりも　ア　税の比率が高く，それにより戦費を確保しやすかったことが，イギリスが覇権国家となった背景と考えられる。

問1　下線部ⓐの結果，イギリスが獲得した領土や利権について述べた文として最も適当なものを，次の①〜④のうちから一つ選べ。　28

①　ミシシッピ川以東のルイジアナを獲得した。

②　ニューアムステルダムを占領した。

③　アルザス・ロレーヌを併合した。

④　キューバを事実上の保護国とした。

問2　文章中の空欄　ア　と　イ　に入れる語句の組合せとして正しいものを，次の①〜④のうちから一つ選べ。　29

①　ア―直　接　　イ―ナポレオンとの戦争が激化したため

②　ア―直　接　　イ―ヴィルヘルム2世が進める世界政策に対抗するため

③　ア―間　接　　イ―ナポレオンとの戦争が激化したため

④　ア―間　接　　イ―ヴィルヘルム2世が進める世界政策に対抗するため

問3 文章中の空欄 　　ウ　　 に入れる文として適当なものを，次の ① 〜 ④ のうちから一つ選べ。 30

① 東インド会社が創設されて，多額の納税を行ったこと

② 名誉革命が起きて，議会主導で税制を整備できるようになったこと

③ 第1次囲い込みが進んで，富裕となった地主の納税額が増えたこと

④ 産業革命が進んで，産業資本家などの高額納税者が増えたこと

B　大岡さんの班は，大航海時代にいたるまでのヨーロッパ・アジア間における遠隔地交易について調査を行った。次の文章は，その結果をまとめた**レポート**である。

レポート

　ローマ帝国の時代の交易は，征服された諸都市が街道で結ばれ，属州間の⑥経済的交流が活性化した他，帝国の政治的安定を背景にアジアとの貿易も拡大した。季節風を利用したインド洋貿易がさかんに行われ，1世紀中ごろにエジプトを拠点に活動していたギリシア系商人が著したとされる　エ　から，インドと取引をしていた様子が読み取れる。さらにこの記録には，その先の東南アジアや中国に至るまでの次のような話が記されている。

　　この地方(マレー地方)の後ろに既に全く北に当ってある場処へと外海がつきると，其処にはティーナイと呼ばれる内陸の大きな都があり，此処からセーレス(中国から中央アジア一帯)の羊毛と糸と織物とがバリュガサ(インド西岸の拠点港)へとバクトゥラ〔バクトリア〕を通じて陸路で運ばれ，またリミュケー (インド西岸の港)へとガンゲース河〔ガンジス川〕を通じて運ばれる。

　　当時のインドは　オ　で，この王朝の遺跡からは大量のローマの金貨が発見されている。

　4世紀以降ローマ帝国の衰退とともに，交易もいったん衰退するが，大モンゴル国が覇権を握る時代になると，再びヨーロッパ・アジア間の貿易は活発化した。当時の主要商品の一つに香辛料があるが，アジア産の香辛料を取り扱う薬種商が描かれている大航海時代以前の絵も残っている(**図**参照)。これ以降も香辛料の需要は増加し続け，大航海時代の到来へと結びついたと考えられる。

図　15世紀のパリの市場

問4 文章中の空欄 **エ** に入れる書名**あ・い**と，空欄 **オ** に入れる文**X・Y**との組合せとして正しいものを，後の ① 〜 ④ のうちから一つ選べ。 31

エ に入れる書名

あ 『三大陸周遊記』

い 『エリュトゥラー海案内記』

オ に入れる文

X マウリヤ朝がインドの大部分を支配していた時代

Y デカン高原を中心にサータヴァーハナ朝が栄えていた時代

① あ — X

② あ — Y

③ い — X

④ い — Y

問5 下線部ⓑに関連して，世界史上の経済的交流について述べた文として**誤って**いるものを，次の ① 〜 ④ のうちから一つ選べ。 32

① 突厥やウイグルの保護を受けたアラム人は，唐と中央アジアを結ぶ内陸交易で活躍した。

② リューベックを盟主とするハンザ同盟の諸都市は，北海とバルト海を結ぶ交易で繁栄した。

③ 日本と宋を結ぶ日宋貿易では，日本に銅銭がもたらされ，日本の貨幣経済の進展をうながした。

④ オリエント世界との交易を背景に，クノッソス宮殿を中心とするクレタ島の文明が繁栄した。

問6　薬種商が描かれた**図**の時期の，アジア産の香辛料の来歴はどのようなものと
　　推測できるか。考えられることとして最も適当なものを，次の ① ～ ④ のうち
　　から一つ選べ。　33

　① 　ヨーロッパから大モンゴル国におくられた使節が，東南アジアで手に入
　　れて持ち帰ったものを転売したのであろう。

　② 　西北インドから中央アジアを支配したクシャーナ朝の商人の手を経て，
　　ヨーロッパにもたらされたものであろう。

　③ 　ダウ船を用いたムスリム商人がインド洋を西へ横断して運び，その後，
　　マムルーク朝の商人などの手を経てヨーロッパにもたらされたのであろう。

　④ 　後漢が西域に進出した影響で，パルティアなどを経て，ヨーロッパにも
　　たらされたのであろう。

第 3 回
(60分)

実 戦 問 題

第 3 回 実戦問題

標 準 所 要 時 間

第1問	16分	第4問	11分
第2問	11分	第5問	13分
第3問	9分		

歴史総合，世界史探究

（解答番号 1 ～ 33 ）

第1問 歴史総合の授業で，世界各地で産出された地下資源や農産物が果たした役割について資料を基に追究した。次の文章A～Cを読み，後の問い（**問1～8**）に答えよ。（資料には，省略したり，改めたりしたところがある。）（配点　25）

A　あるクラスで，近現代における地下資源について，生徒と先生が話をしている。

　先　生：産業革命以降，主なエネルギー源として石炭が用いられてきました。次の**グラフ**は，19世紀末から20世紀半ばまでの欧米における石炭の産出量を国別に示しています。**グラフ**の変化からどのような特徴や歴史的事象が浮かび上がってくるか考えてみましょう。

グラフ　19世紀末から20世紀半ばの欧米における石炭の国別産出量

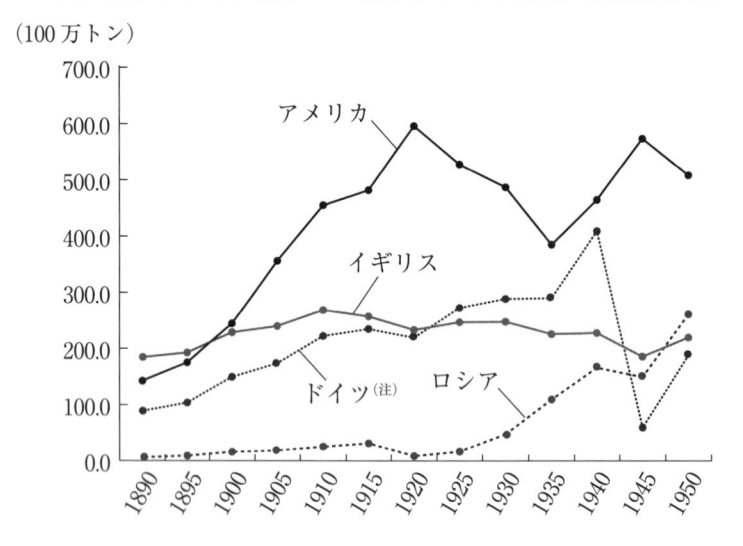

（注）　1945年以降のドイツは西ドイツ

（『マクミラン世界歴史統計Ⅰ』及び『同Ⅲ』より作成）

　秋　田：1890年代までは産業革命の発祥国であるイギリスが1位でしたが，20世紀に入るとアメリカが生産量を伸ばす一方，イギリスは停滞しています。

長　野：1920年にドイツの数値が減少しているのは第一次世界大戦の敗戦が要因
　　　　ですか。

先　生：そうですね。とくに石炭を産出する ⓐドイツとフランスの国境地帯をめ
　　　　ぐる第一次世界大戦後の処遇 が大きいですね。

香　川：ロシアは他国に比べると生産量は少なく，1920年にはさらに減少してい
　　　　るのですが，1930年代以降は急速に増加しています。

秋　田：これらの背景には｜　　　　ア　　　　｜と思うのですが。

先　生：よく勉強していますね。そのとおりです。

長　野：ただ第二次産業革命の進展で石油が新たなエネルギー源となったと習い
　　　　ましたが，20世紀以降も石炭の生産はさかんですね。

先　生：石炭は蒸気機関の稼働以外にも，コークス化して製鉄や火力発電の燃料
　　　　に用いられるなど現在まで需要が高く，けっして過去のエネルギー源で
　　　　はないのです。

長　野：エネルギーといえば最近，電気やガスの料金が上昇しましたが，これは
　　　　ロシアのウクライナ侵攻の影響ですか？

先　生：そうですね。日本はエネルギー源のうち石油は中東諸国から，石炭と天
　　　　然ガスはオーストラリアや東南アジア諸国から多くを輸入しています。
　　　　しかしそれらをロシアから多く輸入していたヨーロッパ諸国がウクライ
　　　　ナ侵攻以降，供給元をロシア以外の国々に求めたことで国際価格が高騰
　　　　しました。

秋　田：天然ガスはロシアがソ連だった時代からパイプラインが西欧との間に建
　　　　設されたそうですね。

香　川：えっ，冷戦の最中なのに？

先　生：1972年に建設が始まった西シベリアとフランス・西ドイツを結ぶ全長
　　　　5,500kmのパイプラインが，1984年に完成し稼働を始めました。アメリ
　　　　カは天然ガスの収益がソ連の軍事費に使われることを恐れて建設に反対
　　　　しましたが，西欧諸国が全消費量の30％以内に輸入を抑えることで妥協
　　　　しました。

長　野：冷戦が終結するとその制限は緩和されたんですね。

先　生：はい。EU諸国の天然ガスの消費量は，2022年から始まるウクライナ侵
　　　　攻以前，ロシアからの輸入が約40％を占めていました。

問1 下線部ⓐに関連して，ドイツとフランスの国境地帯の地域名**あ・い**とその処遇として述べた文**X・Y**との組合せとして正しいものを，後の①〜④のうちから一つ選べ。 1

ドイツとフランスの国境地帯の地域名

あ ルール地方 **い** アルザス・ロレーヌ地方

下線部ⓐの具体的な事象

X 賠償金の不払いを理由に，フランスなどに占領された。

Y ヴェルサイユ条約により，フランスに割譲した。

① あ ― X ② あ ― Y ③ い ― X ④ い ― Y

問2 文章中の空欄 ア に入れる文として最も適当なものを，次の①〜④のうちから一つ選べ。 2

① 1920年の産出量の減少はニコライ2世の改革による混乱が，1930年代の増加は独ソ戦争の勃発による軍需品の確保があげられる

② 1920年の産出量の減少はロシア革命後の対ソ干渉戦争による混乱が，1930年代の増加は新経済政策（ネップ）の成果があげられる

③ 1920年の産出量の減少は戦時共産主義の導入による混乱が，1930年代の増加は五カ年計画による工業化の進展があげられる

④ 1920年の産出量の減少はスターリンの大粛清による混乱が，1930年代の増加は世界恐慌の影響を社会主義国のため受けなかったことがあげられる

問3　前の文章を参考にしつつ，ソ連と西欧諸国との間にパイプラインが建設され
た背景について述べた文として最も適当なものを，次の①〜④のうちから一
つ選べ。　3

① ソ連のブレジネフによりスターリン批判が行われた。

② 西ドイツ（ドイツ連邦共和国）のブラント首相が，東方外交を進めた。

③ ソ連のゴルバチョフが「新思考外交」を展開し，西側諸国に接近した。

④ 東ドイツ（ドイツ民主共和国）が建設したベルリンの壁が崩壊した。

B 日本の産業革命と地下資源の関係について，資料を見ながら生徒と先生が話を
　している。

先　　生：日本の産業革命は軽工業から始まり，当初，生糸の生産が中心でしたが，
　　　　　日清戦争後には綿糸も輸出するようになりました。

杉　　田：日清戦争といえば，賠償金の一部で設立された官営八幡製鉄所が，その
　　　　　後の日本の重工業の発展を牽引しました。

先　　生：そうですね。しかし綿花は中国やインドからの，鉄鉱石は中国の大冶鉄
　　　　　山からの輸入に頼るなど日本の産業革命の進展は，原料の地下資源や農
　　　　　産物を海外から調達することを条件としました。それでは**資料1**を見て
　　　　　ください。

資料1

> 第1号　第1条
> 　支那国政府ハ，独逸国ガ山東省ニ関シ条約其他ニ依リ支那国ニ対シテ有ス
> ル一切ノ権利利益譲与等ノ処分ニ付，日本国政府ガ独逸国政府ト協定スル一
> 切ノ事項ヲ承認スベキコトヲ約ス。
> 第2号　第4条
> 　支那国政府ハ，南満州及東部内蒙古ニ於ケル鉱山ノ採掘権ヲ日本臣民ニ許
> 与ス。其採掘スベキ鉱山ハ別ニ協定スベシ。
> 第3号　第1条
> 　両締約国ハ，将来適当ノ時期ニ於テ漢冶萍公司ヲ両国ノ合弁トナスコト（以
> 下略）。
> 第5号
> 　1．中央政府ニ政治財政及軍事顧問トシテ有力ナル日本人ヲ傭聘セシムル
> コト。

上　　野：これは第一次世界大戦中に(b)第二次大隈重信内閣が中国の袁世凱政権に
　　　　　突きつけた二十一カ条要求の一部ですね。第3号にある漢冶萍公司とは
　　　　　何ですか。

先　生：漢陽製鉄所，大冶鉄山，萍郷炭鉱（ひょうきょう）を併せ持つ中国の民間製鉄会社のことです。

近　藤：あっ，大冶鉄山は八幡製鉄所が輸入していた鉄鉱石の採掘地ですね。

先　生：よく授業を聞いていましたね。要求からは鉱山の採掘権の譲渡など日本の産業革命とのつながりが見て取れます。次に二十一カ条要求に対する反応を記した資料を見てみましょう。

資料2

> ……これらの条項は，一つでも認めれば，国が国でなくなる。ましてやその全部を差し出せと人を責め，その内容は秘密にせよと迫り，兵を出して威嚇し，直接交渉を強いるのは，わが国体を辱めるものである。そして世論が激高すれば言い訳をして冤罪をつくり，国民が憤慨すれば止めるためにデマを流す……（中略）
>
> ……ああ，同胞よ！　いま滅ぼされた国の痛みが分かるだろう！　ポーランドが滅ぶと，ロシア人はかの国の貴族を家族ごとシベリアの荒涼とした大地に移した。インドが滅ぶと，　イ　はインド人を兵卒に用い，彼らを各地に駆り立てて敵と戦わせ，インド人の血肉を　ウ　のために犠牲にした。ベトナムは　ウ　に亡きものとされ，朝鮮は日本に併合された。このように天地に避けるところがない悲劇は，見る者の胸をしめつけ，聞く者の怒りをかきたてる。……

先　生：**資料2**はのちに新文化運動の指導者の一人となった李大釗が留学中の日本で表した文書です。また当時のアメリカ合衆国の　エ　大統領も，日本の要求が中国の主権をおびやかす脅威として反発しました。

杉　田：李大釗の文書は，当然ですが日本の行動を激しく糾弾しています。

近　藤：アメリカ大統領の反応は，　オ　を踏襲しています。

先　生：そうですね。日本の最後通牒を受けて当時の袁世凱政権は第5号を除き，二十一カ条要求を受諾しましたが，その後の中国の反発は五・四運動や中国国民党の結成など第一次世界大戦後の民族運動に影響を与えました。

問4　下線部ⓑに関連して，大隈重信は1898年に第一次の内閣を成立させていたが，この内閣について説明した文として最も適当なものを，後の①〜④のうちから一つ選べ。　4

①　日露戦争に勝利して，ポーツマス条約を調印した。

②　満25歳以上の男性に選挙権を認める普通選挙法を制定した。

③　この内閣の時代に，大日本帝国憲法（明治憲法）が発布された。

④　閣僚の多くを憲政党が占める最初の政党内閣となった。

問5　文章中の空欄　イ　・　ウ　について，(1)及び(2)の問いに答えよ。

(1)　文章中の空欄　イ　もしくは　ウ　に入る国の名として正しいものを，次の①〜⑥のうちから一つ選べ。なお，正しいものは複数あるが，解答は一つでよい。　5

①　イ―イギリス　　　　②　イ―オランダ

③　イ―フランス　　　　④　ウ―イギリス

⑤　ウ―オランダ　　　　⑥　ウ―フランス

(2) (1)で選んだ国について述べた文として最も適当なものを，次の①〜⑥のうちから一つ選べ。　6

① 世界恐慌後にエチオピアを併合した。
② アメリカとともに不戦条約の締結を主導した。
③ クリミア戦争後に農奴解放令を発布した。
④ 南アフリカ戦争に勝利し，ブール人国家を併合した。
⑤ 長崎の出島で，日本と貿易を行った。
⑥ 再軍備宣言を行い，ヴェルサイユ条約を破棄した。

問6　文章中の空欄　エ　に入れる人名あ・いと，空欄　オ　に入れる文X・Yとの組み合わせとして正しいものを，後の①〜④のうちから一つ選べ。　7

エ に入れる人名
あ　セオドア＝ローズヴェルト　　い　ウッドロー＝ウィルソン

オ に入れる文
X　孤立主義を唱えたモンロー大統領の宣言の趣旨
Y　ジョン＝ヘイ国務長官による門戸開放宣言の趣旨

① あ—X　　② あ—Y　　③ い—X　　④ い—Y

C 植民地時代のアジアについて，先生と生徒たちが会話をしている。

先　生：20世紀前半のインド・東南アジアは欧米に政治的に分割される中，経済
　　　　的には宗主国以外の近隣地域との関係が強かったようですが，これに関
　　　　係する興味深い統計資料を見つけました。

図　1913年のアジアにおける米の輸出入に関する統計資料

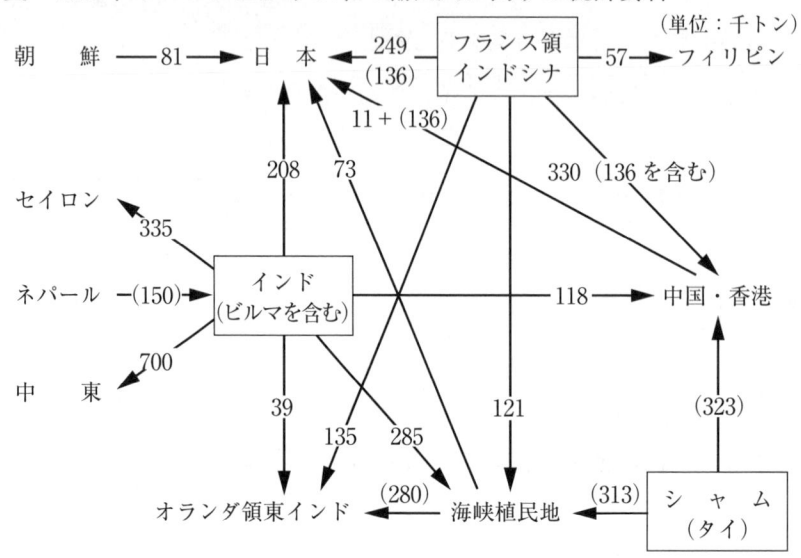

　　　(注)　(　)内は再輸出を含む。

(桐山昇，栗原浩英，根本敬著『東南アジアの歴史　人・物・文化の交流史』より作成した)

松　田：この図から多くの米がフランス領インドシナから輸出されていることが
　　　　分かりますね。
鈴　木：この図を見ると，フランス領インドシナだけでなくインドやタイからも
　　　　周辺の東南アジアや日本，中国などに多くの米が輸出されていますが，
　　　　これにはどのような背景があるのでしょうか。
先　生：輸出の背景にはまずアジア地域の人口増加に伴う米の需要拡大があげら
　　　　れます。例えばオランダ領東インドの人口は1905年に3,771万人だった
　　　　のが，1920年には4,935万人に増加しています。東南アジアでは欧米に
　　　　よる分割支配の枠を超えてそれぞれの地域的特性を生かし，互いを補完
　　　　する形で開発が進められました。米を輸入していた地域ではどのような
　　　　特産品がつくられていたか思い出してください。

本　田：オランダ領東インドの中心となる島ではオランダにより強制栽培制度が
　　　　導入されて，コーヒーやサトウキビ，タバコが盛んに栽培されていました。

鈴　木：イギリスの海峡植民地に隣接するマレーでは錫や天然ゴムを生産してい
　　　　ました。

先　生：そうですね。砂糖はアメリカ植民地のフィリピンでも生産が盛んでした。

松　田：産業構造や特産品などの違いを相互に補完して結びつきを強める特徴
　　　　は，現在の©東南アジア諸国連合(ASEAN)にも受け継がれているよう
　　　　に思います。

先　生：よい視点だと思います。

問7　図および文章から読み取れる内容を説明した文として最も適当なものを，次
　　の①〜④のうちから一つ選べ。　　8

①　フランス領インドシナから輸出される米の総量は，ビルマを含むインド
　　からの輸出の総量よりも多い。

②　マレーでは，コーヒー，サトウキビ，タバコが強制的に栽培された。

③　オランダ領東インドの人口は，1905年から1920年にかけて2倍増加した。

④　フィリピンでは，フランス領インドシナから米が輸入される一方，砂糖
　　が輸出された。

問8　下線部©のように第二次世界大戦後に成立した地域協力のための組織や協定
　　について述べた文として最も適当なものを，次の①〜④のうちから一つ選べ。
　　9

①　アジア太平洋経済協力(APEC)会議には，結成時から日本も参加した。

②　フランスの提唱で，ヨーロッパ自由貿易連合(EFTA)が成立した。

③　スイスで結ばれたマーストリヒト条約により，ヨーロッパ連合(EU)が発
　　足した。

④　カナダ，アメリカ，キューバの三国により北米自由貿易協定(NAFTA)が
　　成立した。

世界史探究の授業で，資料を利用しながら歴史の中の君主像について意見を出し合いながら考察した。それぞれの授業における考察に関連した次の文章A・Bを読み，後の問い(問1～6)に答えよ。(資料には，省略したり，改めたりしたところがある。)(配点　18)

A あるクラスで，先生がヨーロッパの政治思想について資料を提示した。その上で，その思想の特徴について，生徒が意見を出し合った。

先　生：次の**資料1・2**は，フィレンツェの外交官であったマキャヴェリが16世紀初頭に著した『君主論』の一部で，彼が注目した"新しい君主"について述べています。

資料1

> 君主，特に新しい君主は，人間が良いと考える事柄に従ってすべて行動できるものではなく，権力を維持するためには信義にそむき，慈悲心に反し，人間性に逆らい，宗教に違反した行為をしばしばせざるを得ない，ということを知っておかなければならない。

資料2

> (現今のイタリアにおいて)私には万事が新しい君主にとって非常に好都合に進行しているように見え，新しい君主にとってかつてこれほど望ましい時勢があったとは思われないほどである。…(中略)…今日人々が期待をかけているのは高貴なるあなたの一門以外にはない。

神　田：新しい君主とは，どのような存在を指すのですか。

先　生：『君主論』では，それまでの安定した世襲的な君主に対し，新しい君主は自ら権力を打ち立て，大衆の信用を得て地位を保つとされています。**資料1**は，新しい君主がいかに行動すべきかを説いた部分で，この直前に権謀術数の代名詞となった「狐の狡知と獅子の力」の話が出てきます。

神　田：確か，そのような彼の考えは，当時，厳しい批判を浴びたんですよね。

平　岡：それならば，**資料2**にあるように，彼はなぜ新しい君主に期待をかけたのでしょうか。

先　生：そのことについて，14世紀初頭，同じフィレンツェの(a)ダンテが，『帝政論』で統一と平和をもたらす存在として皇帝の介入を望んだことと比較して，考えてみてください。

平　岡：ダンテの時代，混乱は　ア　など主にイタリア半島内部の動向を背景としていましたから，それがドイツの皇帝への期待につながったのではないでしょうか。

先　生：そうですね。当時はイタリアが神聖ローマ帝国の一部であるという認識が残っていたため，皇帝の存在はまだ大きな意味を持っていました。しかし，　イ　など，16世紀初頭のフィレンツェを取り巻く内外の状況は大きく変化していました。彼が新しい君主の出現を望んだ一因として，そうした変化を指摘できると思います。

問1　文章中の空欄　ア　に入れる語句として最も適当なものを，次の① ～ ④のうちから一つ選べ。　10

① 国土回復運動(レコンキスタ)の本格化

② ランゴバルド人の侵入

③ ローマ教会の大分裂

④ 教皇党(ゲルフ)と皇帝党(ギベリン)の対立

問2　文章中の空欄　イ　に入れる文として最も適当なものを，次の① ～ ④のうちから一つ選べ。　11

① フランス王のイタリア侵入を機に始まったイタリア戦争が続いている

② 実質的に皇帝が不在の「大空位時代」が続いている

③ 新旧両派の宗教戦争であるユグノー戦争が激しさを増す

④ ノルマン人が進出して両シチリア王国(ノルマン = シチリア王国)を建てる

問3 下線部ⓐのダンテについて述べた文**あ・い**と，ダンテやマキャヴェリの出身地であるフィレンツェについて述べた文**X・Y**との組合せとして正しいものを，後の①〜④のうちから一つ選べ。 12

ダンテについて述べた文

あ トスカナ地方の言葉で『神曲』を著した。

い 「人曲」とも称される『デカメロン』を著した。

フィレンツェについて述べた文

X ハンザ同盟の盟主であった。

Y 毛織物業や金融業で栄えた。

① あ — X ② あ — Y ③ い — X ④ い — Y

B　あるクラスで，中国における王朝交替についての授業が行われている。

表　220年における禅譲儀礼の経緯

Ⅰ　10月初～（準備）	Ⅱ　10月28日	Ⅲ　10月29日
前王朝の皇帝による勅令と臣下による上奏 ↓ 曹丕は即位の要請を拒絶（数度繰り返す）	前王朝の皇帝による勅令と臣下による上奏 ↓ 曹丕は即位の要請を受諾	曹丕による登壇受禅と祭天儀式の挙行 ↓ 新制実施の詔勅（王朝交替）

（尾形勇『中国古代の「家」と国家』により作成）

資料　10月29日に関する記録

> 魏王は壇に登って禅譲を受けた。公卿・列侯・諸将，匈奴の単于，参朝した四方の蛮族数万人が陪席し，煙をあげて天地と五岳・四瀆(注1)を祭った。祭文にいう，「皇帝臣丕はあえて玄き牡(くろおうし)を用いて，皇皇なる后帝(おおい)(こうてい)(天帝)にはっきりと報告いたします。」…（中略）…かくて三公に対して詔勅を下した，「…（中略）…今，朕は帝王の緒業を継承した。よって延康元年をもって黄初元年となし，正朔(せいさく)(注2)を改め，服色を変え，称号を異にし，音律・度量を統一し，土徳(注3)の五行に従うことを論議せよ。」
>
> （注1）　神聖な5つの山と4つの川
> （注2）　暦のこと
> （注3）　魏に与えられた五行の一つである土の徳

先　生：古代から中国では，禅譲と放伐という二つの王朝交替の在り方が区別されました。禅譲形式による王朝交替は，王莽が　ウ　を建てた際にも見られますが，表は初めて儀礼化された220年における禅譲の経緯をまとめたものです。

山　口：表のⅠで，なぜ曹丕は何度も即位要請を拒絶したのですか。

先　生：前王朝の皇帝や臣下の求めで，やむを得ず即位したことを強調するためです。

山　口：無駄な演出に思えるんですが。

先　生：禅譲では，有徳者が乞われて帝位を引き継いだという体裁が大切だった

んですよ。さて，**資料**は，**表**の**Ⅲ**について記述したものです。

河　野：**資料**の祭文を見ると，曹丕は既に皇帝となっていたと思われますが，それならば祭天儀式は，禅譲儀礼としてどんな意味を持っていたのですか。

先　生：君主と言っても，統治者である皇帝と⒝天命を受けて宗教儀礼などを司る天子とでは役割が異なります。曹丕は**表**の**Ⅱ**で皇帝には即位したと推測されますが，さらに**表**の**Ⅲ**の祭天儀式により天子となる必要があったのです。

三　上：だから，儀式終了後に，宗教思想とも関わる新制度実施の詔勅を出せたんですね。

先　生：その通りです。禅譲形式の王朝交替は10世紀後半まで続きましたが，それ以降は行われなくなりました。

問4　文章中の空欄　**ウ**　の王朝について述べた文として最も適当なものを，次の①～④のうちから一つ選べ。　13

① 郡県制と封建制を併用する郡国制が実施された。

② 朝貢した倭の奴国王に金印を与えた。

③ 赤眉の乱をきっかけとする混乱で滅亡した。

④ 官吏任用制度である九品中正が行われた。

問5　下線部⑥に関連して，世界史上の君主と宗教との関係について述べた文として最も適当なものを，次の①〜④のうちから一つ選べ。 14

① アメンヘテプ4世は，アメン神のみを崇拝する改革を行った。

② ユスティニアヌス帝が，聖像を禁止する法令を発布した。

③ アクバル帝は，非ムスリムへの人頭税（ジズヤ）を廃止した。

④ 太武帝は，寇謙之を重用して仏教を国教とした。

問6　授業の後，生徒たちは授業の内容を基にメモを作成した。前の文章を参考にしつつ，生徒たちがまとめた次のメモの正誤について述べた文として最も適当なものを，後の①〜⑥のうちから一つ選べ。 15

山口さんのメモ

すでに劉秀が建てた後漢は力を失っていたため，最後の皇帝は曹丕に帝位を継ぐよう求める勅令を出した。

河野さんのメモ

曹丕は祭天儀式を通じて天子としての地位を得た後，新制度の実施を命じた。

三上さんのメモ

禅譲の形式は隋から唐への王朝交替の際まで続いたが，これ以後，途絶えた。

① 山口さんのみ正しい。

② 河野さんのみ正しい。

③ 三上さんのみ正しい。

④ 山口さんと河野さんの二人のみが正しい。

⑤ 山口さんと三上さんの二人のみが正しい。

⑥ 河野さんと三上さんの二人のみが正しい。

第3問 覇権国家の興亡について述べた次の文章**A・B**を読み，下の問い(**問1～5**)に答えよ。(資料には，省略したり，改めたりしたところがある。)(配点　16)

A　あるクラスで，世界史の授業が行われている。

先　　生：次の**資料**は，13世紀半ばに「草原の道」を通ってモンゴル帝国(大モンゴ
　　　　　ル国)を訪れたあるフランチェスコ会修道士の旅行記の一節です。

資　料

　　わたしどもの世話をする男を一人あてがってくれ，わたしどもは例のアル
メニア人修道僧のところへ行きました。そこから出て，宿舎へ帰ろうとして
いると，……通訳がわたくしどもをむかえに来て，こう言いました。
　　マング＝カン(注1)はお前たちを大変あわれみ，ここに二ヶ月のあいだ
滞在する許しを与えられる。それまでには酷寒も去るだろう。そしてマン
グ＝カンはつぎのように告げられるのだ。ここから10日行程離れたところ
に　**ア**　という立派な都市がある。もしそこに行きたいと思うなら，要
るものは何でもマング＝カンが用立ててくれよう。しかし，ここにとどま
りたいなら，いても良いし，必要なものは得られよう。だが，本営といっ
しょに乗馬の旅をするのは，お前たちにはほねだろうぜ(注2)。
(注1)　モンケのこと
(注2)　苦労をするだろう

白　　川：モンケは，モンゴル帝国の第4代君主ですね。モンケは，弟のフレグを
　　　　　西アジアに遠征させる一方，東方では高麗を服属させ，南宋を圧迫した
　　　　　んですよね。
先　　生：そうです。この時点で，モンゴル帝国は首都であった　**ア**　を中心に
　　　　　東は日本海沿岸から西は黒海・西アジアに至る領域に広がりました。この
　　　　　広大な帝国を維持するため，モンゴル帝国では　**イ**　を整備しました。
白　　川：この修道士は，フランス王ルイ9世の命で，イスラーム勢力に対する十
　　　　　字軍への協力を求めて派遣されたんですよね。
先　　生：そうです。しかし結局，協力は得られませんでした。その後，モンケが

急死すると，帝位継承の争いはありましたが，次弟のクビライが勝利し，支配の重心を南方に移して国号を元と定めました。

白　川：クビライの帝国は(a)大元ウルスと呼ばれ，ユーラシア大陸の各地にはその他のチンギスの孫たちの支配するウルス(国家)が形成されたんですよね。

先　生：そうです。各ウルスは，クビライ家の大元皇帝を大ハンとしていただき，緩やかに連合しました。とはいえ，クビライ家に対する反抗もありましたね。何か知っていますか。

白　川：中央アジアで起こったカイドゥの反乱が有名ですね。クビライとカイドゥの争いは2人の代では決着がつきませんでしたけど，反乱が収まった後は，ユーラシア大陸は「タタールの平和」と呼ばれる安定期を迎えるんですよね。

問1　文章中の空欄　ア　に入れる語と，　ア　について述べた文との組合せとして正しいものを，次の①〜④のうちから一つ選べ。　16

① サマルカンド ― ソグド人の交易の拠点として発展した
② サマルカンド ― オゴデイ(オゴタイ)の命で建設された
③ カラコルム　― ソグド人の交易の拠点として発展した
④ カラコルム　― オゴデイ(オゴタイ)の命で建設された

問2　文章中の空欄　イ　に入れる制度について述べた文として最も適当なものを，次の①〜④のうちから一つ選べ。　17

① 軍人や官僚に国家所有の分与地の徴税権を与えた。
② 貴族層に対し軍役奉仕の代償として国有地の管理権を給付した。
③ 主要街道に宿駅を設け宿泊施設や交通手段を提供した。
④ 「王の目」「王の耳」と呼ばれる巡察官に帝国各地を巡察させた。

問3 下線部ⓐの拡大について述べた文**あ・い**と，その支配下の社会について述べた文**X・Y**との組合せとして正しいものを，後の①〜④のうちから一つ選べ。

18

下線部ⓐの拡大について述べた文

あ トルコ系イスラーム王朝のホラズム＝シャー朝に遠征した。

い ベトナムの陳朝に対し遠征を行ったが，撃退された。

その支配下の社会について述べた文

X 歴代の大ハン（カアン）がチベット仏教を保護し，国家の財政難を招いた。

Y 交易で銀が流入し，銀で納税する一条鞭法が施行された。

① **あ** ― **X**　　② **あ** ― **Y**　　③ **い** ― **X**　　④ **い** ― **Y**

B　あるクラスで，17世紀のオランダの発展に関する授業が行われている。

山　本：16世紀まで，オランダはハプスブルク家領としてスペイン王の支配を受けていたんですよね。それが17世紀には世界最大の海運国に成長して，著しい発展をしたんですね。

先　生：この時期のオランダの発展については，「オランダの奇跡」と評する歴史家もいますね。17世紀初頭から，オランダは積極的な海外進出を進めました。1602年には東インド会社を設立して，　ウ　のバタヴィアを拠点にアジア貿易を始めました。香辛料がとれるモルッカ諸島にも進出し，1623年には　エ　でイギリス商館員を虐殺し，この地からイギリス勢力を排除することに成功しました。その後，特に　ウ　を中心とした現在のインドネシアは，オランダ領東インドとしてオランダにとって最も重要な植民地となりましたね。

吉　村：　エ　の事件を機に，イギリスは東南アジアからの撤退を余儀なくされ，進出の矛先をインド方面に切り替えることになったんですよね。

先　生：そうです。さらに17世紀前半には，オランダはアジアだけではなく，南北アメリカにも進出し，ニューネーデルラント植民地をつくるなど，環大西洋経済でも重要な位置を占めました。

吉　村：首都のアムステルダムは，ヨーロッパの商業や金融の中心として繁栄したんですよね。

先　生：その通りです。ⓑこの時期には，オランダに優れた文化人が現れました。

吉　村：この間オランダは，1609年にスペインと停戦条約を結んで事実上独立しましたが，1648年のウェストファリア条約で国際的にも独立が承認されたんですよね。

問4　文章中の空欄　ウ　と　エ　に入れる地域の位置と，その位置を示す次の図中の **a** ～ **c** の組合せとして正しいものを，後の ① ～ ⑥ のうちから一つ選べ。　19

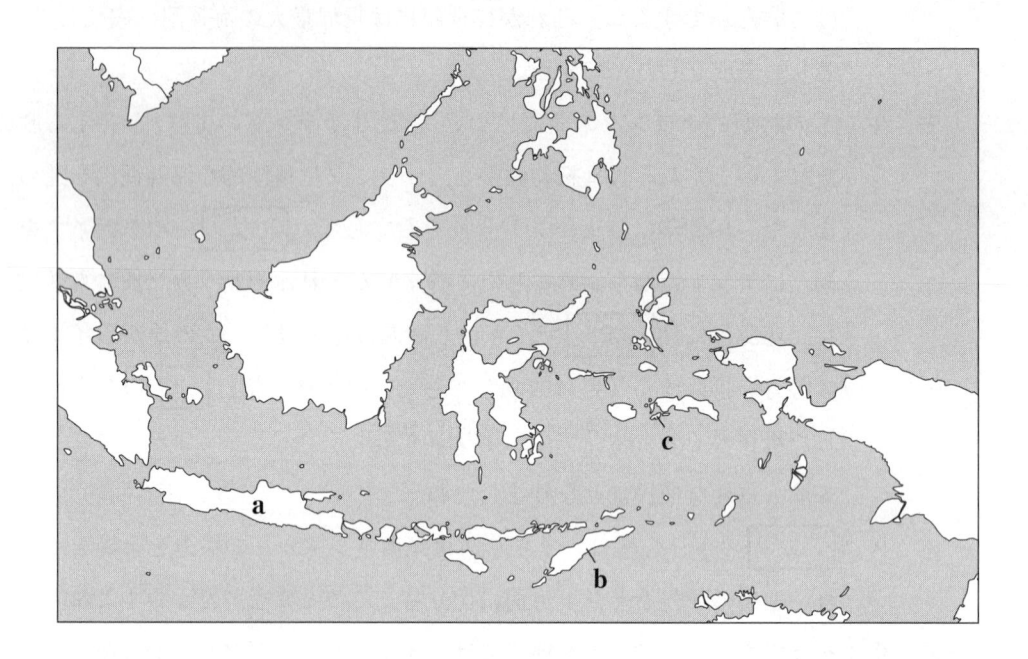

① ウ— **a**　　エ— **b**
② ウ— **a**　　エ— **c**
③ ウ— **b**　　エ— **a**
④ ウ— **b**　　エ— **c**
⑤ ウ— **c**　　エ— **a**
⑥ ウ— **c**　　エ— **b**

問5　下線部ⓑに関連して，17世紀前半のオランダの文化人について述べた文として最も適当なものを，次の ① ～ ④ のうちから一つ選べ。　20

① グロティウスが，『海洋自由論』を著して公海自由の原則を唱えた。
② エラスムスが，『愚神礼讃』を著して教会の腐敗を批判した。
③ スウィフトが，『ガリヴァー旅行記』で社会や政治を風刺した。
④ ホッブズが，『リヴァイアサン』を著して絶対王政を正統化した。

第4問　世界史上において制定されたさまざまな法について述べた次の文章A・Bを読み，後の問い（問1～6）に答えよ。（配点　19）

A　学生たちが資料を見ながらアメリカ合衆国の憲法について話し合いをしている。（引用文には，省略したり，改めたりしたところがある。）

資料1

一条　すべての人は生まれながらに相等しく自由かつ独立であり，また一定の固有の権利を有する。その権利は，人が社会を組織するに際してもいかなる契約をもってしても後世から奪うことのできないものである。すなわち，その権利とは生命と自由を享受することであり，財産を獲得保持して幸福と安全を追求達成する手段が保障されていることである。（中略）

三条　政府は人民，国家，社会に共同の利益，保護および安全を保つために設立されるのであり，またそうでなければならない。（中略）また，政府がこうした目的の達成に不十分であったり，あるいは反したりするものとなった場合，社会の半数を超える者は，公共の福祉に最もかなうと判断される方法によって政府を改革し改変し廃止する権利を有する。

図

ふ　み：アメリカの憲法の一つとして，前の**資料1**を見つけました。ヴァージニア憲法といいます。

ゆ　う：独立宣言によく似ていますね。独立宣言は何人かの起草委員がまとめたのですよね。独立宣言を起草した人びとを描いた絵を見つけてあります。それが前の**図**です。絵に描かれている人物のうち左端は　ア　したフランクリンです。　イ　ともう1人の合わせて2人は後に(a)大統領になりました。

と　も：ヴァージニア憲法も　イ　が起草したのですか？

ふ　み：いいえ。独立宣言が起草されていた頃に，この憲法は制定されています。この憲法を起草したのはジョージ＝メイソンという人ですが，彼は　イ　と連絡を取り合っていたそうです。だから両者には共通した部分があるのです。

ゆ　う：この憲法に何か問題点はなかったのですか？

ふ　み：　イ　は『ヴァージニア覚書』で次のように批判しています。それが次の**資料2**です。

資料2

> 　一　ヴァージニアを支えるために税金を納め兵役につく人民の半数を超える者が議会に代表されていない。(中略)
>
> 　四　立法権，行政権，司法権というすべての政府権力が，結局立法府に依存，帰属してしまっている。これら諸権力が単一機関の手に集中することは間違いなく専制政治である。この諸権力の行使が一個人の手によるのではなく多人数の手によるものであるとしても，事態を何ら緩和するものではない。

と　も：なるほど。だから，アメリカ合衆国憲法では　ウ　のですね。

問1　文章中の空欄 ア に入れる語句あ・いと，空欄 イ に入れる人物の名 **X**・**Y** の組合せとして正しいものを，後の① ～ ④のうちから一つ選べ。 21

ア に入れる語句

あ　外交官としてフランスとの同盟を実現

い　科学者として電信機を発明

イ に入れる人物の名

X　トマス＝ジェファソン　　　　**Y**　ワシントン

①　あ － X　　②　あ － Y　　③　い － X　　④　い － Y

問2　下線部ⓐに関連して，世界史における大統領について述べた文として最も適当なものを，次の① ～ ④のうちから一つ選べ。 22

①　反アパルトヘイト運動の指導者マンデラは，南アフリカ共和国の大統領となった。

②　民主党のリンカンが大統領に当選したことがきっかけになって，南北戦争が始まった。

③　ヒトラーはヒンデンブルクが死去すると，大統領となった。

④　ルイ＝ナポレオンは，フランス第三共和政の大統領となった。

問3　前の文章を参考にしつつ，文章中の空欄 ウ に入れる文として最も適当なものを，次の① ～ ④のうちから一つ選べ。 23

①　フランス人権宣言の影響を受けて，所有権の不可侵が規定されている

②　モンテスキューの影響を受けて，三権分立が規定されている

③　ラス＝カサスの影響を受けて，インディオの保護が規定されている

④　ロックの影響を受けて，革命権(抵抗権)が規定されている

B 　シャリーアという言葉は，元々，「水場に至る道」という意味で，そこから転じて「正しい道」，すなわちイスラーム法を指すようになった。シャリーアとは「人間の正しい生き方」の具体表現であり，すべてのムスリムが守るべき生活規範という役割を持っている。これは『コーラン』や預言者の言行・慣行「スンナ」そしてその記録である「ハディース」などに基づいて生まれたもので，9世紀のアッバース朝の時代に成立した。

　シャリーアは，礼拝や断食，貧しい人々への寄付といった五行など信仰に関わる「イバーダート」と呼ばれる儀礼的規範と世俗的生活に関わる「ムアーマラート」と呼ばれる法的規範に分かれる。後者は，婚姻，相続，契約，訴訟，非ムスリムの権利義務，刑罰，戦争など，イスラーム社会における相互の権利や義務に関わる規範で，民法や刑法に当たる事柄である。

　近代以前のイスラーム王朝，とりわけ　エ　派イスラームの盟主となったオスマン帝国ではシャリーアによる統治を目指し，これが法体系の根幹とされた。しかし，現実は支配者の定めた⒝世俗法（カーヌーン）や地方的慣習（アーダまたはウルフ）も広く使われた。近代に入ると西洋の法体系の影響によりシャリーアの運用範囲が狭められてきたが，今日のイスラーム世界では，国によって大きな相違がみられる。⒞トルコ共和国のように徹底した世俗主義を標榜してシャリーアによる統治を完全に廃止した国もあるが，他方サウジアラビア，イランのようにシャリーアそのもの，もしくはシャリーアの強い影響下にある法律・憲法による統治が行われている国もある。

問4　文章中の空欄　エ　派を信奉する国家や王朝について述べた文として最も適当なものを，次の①〜④のうちから一つ選べ。　**24**

　① 首都イスファハーンは「世界の半分」と呼ばれた。

　② アナトリアへの進出が十字軍遠征を招くきっかけになった。

　③ チュニジアに成立して，エジプトに進出し首都カイロを建設した。

　④ バグダードを占領して大アミールの称号を用い，イラク・イランを統治した。

問5　下線部ⓑに関連して，カーヌーンを整備して「カーヌーニー（立法者）」と称えられたオスマン帝国の最盛期を現出した君主について述べた文として最も適当なものを，次の①〜④のうちから一つ選べ。　25

①　ハンガリーを征服して，さらにウィーンを占領した。

②　フランスのルイ14世と提携して，神聖ローマ皇帝カール5世を圧迫した。

③　プレヴェザの海戦でスペインやヴェネツィアの艦隊に勝利した。

④　マムルーク朝を征服し，メッカとメディナの保護権を獲得した。

問6　下線部ⓒに関連して，現在，これら三国がこのような体制をとるようになった理由について述べた次のあ〜うの正誤について述べた文として最も適当なものを，後の①〜⑥のうちから一つ選べ。　26

あ　トルコ共和国を樹立したムスタファ＝ケマルが，カリフ制を廃止して政教分離政策を推し進めたから。

い　サウジアラビア王国はイブン＝サウードによって，ワッハーブ王国の再興を目指して建設されたから。

う　イランでは革命によって，カージャール朝が打倒されてホメイニを最高指導者とするイラン＝イスラーム共和国が成立したから。

①　あのみ正しい。

②　いのみ正しい。

③　うのみ正しい。

④　あといのみ正しい。

⑤　あとうのみ正しい。

⑥　いとうのみ正しい。

第5問 宗教は歴史において様々な場面で大きな役割を果たしてきた。世界史上の聖地・聖人・宗教施設について述べた次の文章**A〜C**を読み，後の問い（**問1〜7**）に答えよ。（配点 22）

A ある大学で，南アジアの聖地についてのゼミが行われている。

図1

図2

教　授：これらは南アジアにおける宗教の聖地です。建築物が写っていますが，皆さんが調べてきたことを報告してください。

田　中：**図1**はインド北部のサールナートにあるダーメーク゠ストゥーパです。サールナートは，出家したガウタマ゠シッダールタが悟りを開いた後，最初の説法を行った場所として，生地ルンビニーや入滅の地クシナガラなどとともに仏教の八大聖地に数えられるところです。このダーメーク゠ストゥーパは，6世紀頃に建てられたとされており，ガウタマ゠シッダールタの遺骨が納められています。

中　村：**図1**が建てられた場所には中央アジアを通ってヴァルダナ朝期のインドにやって来た玄奘も訪れたようで，僧院や塔がたくさん建てられ，多くの僧が学んでいると記録しています。その後，13世紀以降，偶像崇拝を厳禁する　　**ア**　　によって廃墟となりました。19世紀以降になって発掘が始まり，現在は遺跡公園として整備されているそうです。

井　上：**図2**はインド南部，マドラスの北西にあるティルパティのヴェンカテーシュワラ寺院です。ティルパティ近郊の山岳信仰において，ヒンドゥー教の三大神のひとつヴィシュヌ神が休息した場所として，『プラーナ』と呼ばれるヒンドゥー教の文献に名前が登場していますが，寺院は12世

紀以降に建てられたようです。壁や回廊には現在でも南インドで広く使われる　イ　で書かれた碑文がいたるところに並んでいます。

教　授：『プラーナ』はヒンドゥー教の聖典の一つですが，これ以外の重要な聖典とされるものにインド2大叙事詩があります。その中に登場する主人公などはヴィシュヌ神の化身とされていますよ。

問1　文章中の空欄　ア　に入れる語句あ・いと，空欄　イ　に入れる言語の名称X～Zとの組合せとして正しいものを，後の①～⑥のうちから一つ選べ。

　27

　ア　に入れる語句

あ　イスラーム教徒による破壊

い　ポルトガル人による略奪

　イ　に入れる言語の名称

X　タミル語

Y　ウルドゥー語

Z　サンスクリット語

① あ―X　　　② あ―Y　　　③ あ―Z

④ い―X　　　⑤ い―Y　　　⑥ い―Z

問2　講義の後，学生たちはゼミの内容を基にメモを作成した。前の文章を参考にしつつ，学生たちがまとめた次のメモの正誤について述べた文として最も適当なものを，後の ① ～ ⑥ のうちから一つ選べ。　28

田中さんのメモ

　ガウタマ＝シッダールタは，ジャイナ教を創始したヴァルダマーナとは異なり，バラモンを最高位とするヴァルナ制度を肯定した。

中村さんのメモ

　7世紀，往復で海路を用い，ハルシャ王統治下のインドを訪れた玄奘は，旅行記として『大唐西域記』を著した。当時のインドを正確に記録していたため，現在でも重要な史料となっている。

井上さんのメモ

　ヴィシュヌ神は，ヒンドゥー教の三大神のひとつであり，多くの化身をもつとされている。『ラーマーヤナ』に登場する主人公ラーマもそのひとつである。

① 田中さんのみ正しい。
② 中村さんのみ正しい。
③ 井上さんのみ正しい。
④ 田中さんと中村さんのみ正しい。
⑤ 中村さんと井上さんのみ正しい。
⑥ 三人とも正しい。

B　次の文章は，聖ヤコブとサンチャゴ＝デ＝コンポステーラについて述べたものである。

　イエスの十二使徒のひとり，聖ヤコブは，現在，スペインのキリスト教徒の間で広く崇敬を集めている聖人である。先に弟子となったペテロと同様，ガリラヤ湖のほとりで漁師をしていたヤコブは，イエスの弟子となり行動を共にした。イエスの処刑後，一時期ローマ帝国から自立し事実上のユダヤ王となっていたヘロデス＝アグリッパス1世の迫害によって十二使徒の中で最初に殉教した。

　処刑の経緯や墓所どころか，聖ヤコブが生前どこで布教していたのかさえ，聖書中にも記されていなかったが，6世紀末頃から，聖ヤコブが西ゴート王国のあった　ウ　に伝道したと語られ，聖ヤコブと　ウ　に関連性がもたされはじめた。9世紀に入ると，イベリア半島で突然聖ヤコブの墓なるものが発見された。当時は　エ　を中心としたフランク王国と同盟し，イスラーム勢力と対抗していたスペイン北西部のキリスト教国アストゥリアス王国がこの地を支配していた。星に導かれた発見時のエピソードから，この地はサンチャゴ＝デ＝コンポステーラ(聖ヤコブの星の野)と名付けられ，10世紀以降，都市として繁栄しはじめた。当時は国土回復運動(レコンキスタ)の最中であったということもあり，イスラーム勢力によって襲撃され，初代のサンチャゴ教会の扉が持ち去られたという記録が残っている。やがて，11世紀になると，イタリア，イングランド，フランドル，ⓐ北欧や東欧からも多くの巡礼者が訪れ，ローマ，イェルサレムと並ぶ三大巡礼地のひとつとなった。

問3 文章中の空欄 ウ と エ に入れる語句と，10世紀のヨーロッパについて述べた文**あ・い**との組合せとして正しいものを，後の①〜④のうちから一つ選べ。 29

10世紀のヨーロッパについて述べた文

あ 皇帝と教皇の間でヴォルムス協約が結ばれ，叙任権闘争が終結した。

い パリ伯であったユーグ゠カペーがカペー朝を樹立した。

	ウ	エ	10世紀のヨーロッパについて述べた文
①	ガリア	ヒスパニア	あ
②	ヒスパニア	ガリア	あ
③	ガリア	ヒスパニア	い
④	ヒスパニア	ガリア	い

問4 下線部ⓐについて述べた文として最も適当なものを，次の①〜④のうちから一つ選べ。 30

① スウェーデンを中心として，カルマル同盟が結成された。

② マジャール人は，オットー1世に撃退された後，ブルガリア王国（帝国）を建国した。

③ キエフ公国のウラディミル1世が，ローマ゠カトリックを受容した。

④ リトアニア大公国とポーランド王国が合同してヤゲウォ朝が成立した。

C　あるクラスで，中国における学問の神についての授業が行われている。

生徒A：先日，天満宮に合格祈願に行ってきました。

生徒B：天満宮は，学問の神様として菅原道真が祀られているのですよね。

先　生：実は中国にも菅原道真のような神がいるのを知っていますか。

生徒B：長い間，試験で官吏登用を行う　オ　が行われていたことからも，そのような存在はあっても不思議ではないのでしょうが，知りません。

先　生：老荘思想や神仙思想などを源流に持つ道教の神のひとつで，文昌神，もしくは文昌帝君といいます。下の**図**は，北京にある文昌帝君の像です。

図

生徒A：神像の服装やひげから，やはり中国のものという印象を受けます。

先　生：もともと道教は，太平道のような地域的な治病集団のようなものがやがて組織化され，後付けされる形で儀礼や規範が整えられたとされています。そこで，民衆の生活に根差した神から，ⓑ知識人たちが崇敬する哲学的・瞑想的存在に近い神まで，様々な神が信仰されるようになったのです。考え方があまりにも中国的であるために，中国人の民族宗教にとどまっていますね。

生徒B：なぜか三国志に登場する関羽を商いの神として神格化した関帝廟などは，日本にも見られますよね。

先　生：そうですね。ただ関帝廟は，横浜や神戸など基本的には華僑の多いとこ

ろに建てられている印象ですね。さて，文昌帝君の話に戻りますが，中国ではもともと北斗七星の主星以外の六星を文昌府と呼んで神格化されていました。これが寿命などを司っており，漢代には神像が作られていたようですが，やがて寿命を司るのは他の神に委ねられました。

生徒A：寿命と学問，関係がありそうでなさそうで……

先　生：そうなのです。実はもう一つの神と，後の時代に融合したことで学問の神様とされるようになったのです。その神は梓潼神（しどうしん）といいます。

生徒B：梓潼は三国時代の蜀の国にあった地名でしたか。

先　生：よく知っていますね。梓潼神は，もともとこの国のあった四川省の地方神で，その神が何度も転生するうちに，唐代には皇帝を助けたとして，王号まで与えられています。宋代に入ると四川では梓潼神が試験の成績を予言するとされ，合格祈願のために信仰されるようになったのです。

生徒A：むしろ梓潼神の方が学問の神様っぽいですね。

先　生：そうですね。そして，14世紀初め頃の元の皇帝が梓潼神を「輔元開化文（ほげんかいか）昌司禄宏仁帝君（しょうしろくこうじんていくん）」に封じたことで，ついに文昌帝君と梓潼神の信仰が合わさることになったのです。

問5　文章中の空欄　オ　について述べた文として最も適当なものを，次の①～④のうちから一つ選べ。　31

① 前漢の武帝が，有能な人物を登用しようとこの制度を創始した。

② 20世紀初め頃，光緒新政の下で清朝がこの制度を廃止した。

③ 儒学を重視しなかった元では，一度も実施されなかった。

④ 中国文化を積極的に受け入れた新羅では，骨品制に代わってこの制度が導入された。

問6　下線部⑤に関連して，中国の知識人について述べた文として最も適当なものを，次の①～④のうちから一つ選べ。　32

① 康有為は，洋務運動を推進して清朝の近代化を図ろうとした。

② 陳独秀は，中国共産党の初代委員長となった。

③ 朱熹は，知行合一を唱えた。

④ 孔穎達は，唐の太宗の命で『五経大全』を編纂した。

問7　前の文章を参考にしつつ，道教や学問の神について述べた文として最も適当なものを，次の①～④のうちから一つ選べ。　33

① 道教は，孔子の考えを源流としている。

② 唐の皇帝が文昌帝君を「学問の神様」とした。

③ 梓潼神は，三国時代に蜀があった地方の神である。

④ 道教はさまざまな人々に受け入れられて，世界宗教となった。

第 4 回

(60分)

実 戦 問 題

標 準 所 要 時 間

第1問	16分	第4問	11分
第2問	9分	第5問	13分
第3問	11分		

歴史総合，世界史探究

$$\left(\text{解答番号}\ \boxed{1}\ \sim\ \boxed{33}\ \right)$$

第1問 歴史総合の授業で，20世紀前半の国際状況について，資料を基に追究した。次の文章**A**〜**C**を読み，下の問い(**問1** 〜 **9**)に答えよ。(配点　25)

A　第二次世界大戦前後の時期のヨーロッパ諸国の関係について，ミュンヘン会談の風刺画を見ながら生徒と先生が話をしている。

先　生：次の**図1**はミュンヘン会談の風刺画です。ここでは，実際の会談には参加していない人物**A**が会談に呼ばれなかったことに対して不満を持つ様子が描かれています。

図1

山　田：この会談をしている人物らの後ろの壁には地図が掲げられているようです。どこの地図でしょうか。

河　村：会談の前年にヒトラーはオーストリアを併合しており，更に　**ア**　領の　**イ**　の割譲を要求したことでがミュンヘン会談が開かれました。そう考えるとこの背後の地図には　**ア**　が描かれているのではないですか。

先　生：その通りです。当時英仏はこれ以上の領土拡大の要求はしないというヒトラーの要求を認める宥和政策を取りました。 しかし，更に会談の翌年にはヒトラーは　ア　を解体して侵略を拡大し，その背後では日本・イタリアとの防共協定を軍事同盟とするための交渉も進めていました。

山　田：この風刺画にはヨーロッパ諸国の不安定な関係がうまく表されているようで面白いですね。

問1　図1の時期と，第一次世界大戦から第二次世界大戦勃発までの時期の歴史について述べた次の文あ〜うとが，年代の古いものから順に正しく配列されているものを，下の①〜⑥のうちから一つ選べ。　1

あ　満洲国が独立を宣言した。

い　サライェヴォ事件が発生した。

う　アメリカ合衆国で，世界恐慌につながる株価の暴落が起こった。

① 図1→あ→い→う

② い→図1→う→あ

③ あ→い→図1→う

④ い→う→あ→図1

⑤ 図1→う→あ→い

⑥ う→あ→図1→い

問2 前の図1中のAの人物の名あ・いと，その人物について説明した文X・Yとの組合せとして正しいものを，下の①〜④のうちから一つ選べ。 2

人物の名

あ　スターリン　　　　　　い　ウッドロー＝ウィルソン

説　明

X　シベリア出兵において日本とともに多国籍軍を主導した。

Y　一国社会主義をとり，五カ年計画による成長を図った。

① あ ― X

② あ ― Y

③ い ― X

④ い ― Y

問3 文章中の空欄 ア と イ に入れる語句の組合せとして正しいものを，次の①〜④のうちから一つ選べ。 3

① ア ― チェコスロヴァキア

　　イ ― ドイツ系の住民が多く居住しているズデーテン

② ア ― チェコスロヴァキア

　　イ ― イタリア系の住民が多く居住しているフィウメ

③ ア ― ユーゴスラヴィア

　　イ ― ドイツ系の住民が多く居住しているズデーテン

④ ア ― ユーゴスラヴィア

　　イ ― イタリア系の住民が多く居住しているフィウメ

B　日中戦争期の中国およびその隣接地域への日本の進出について，生徒たちは次の**図２**の地図を作成した。

図２

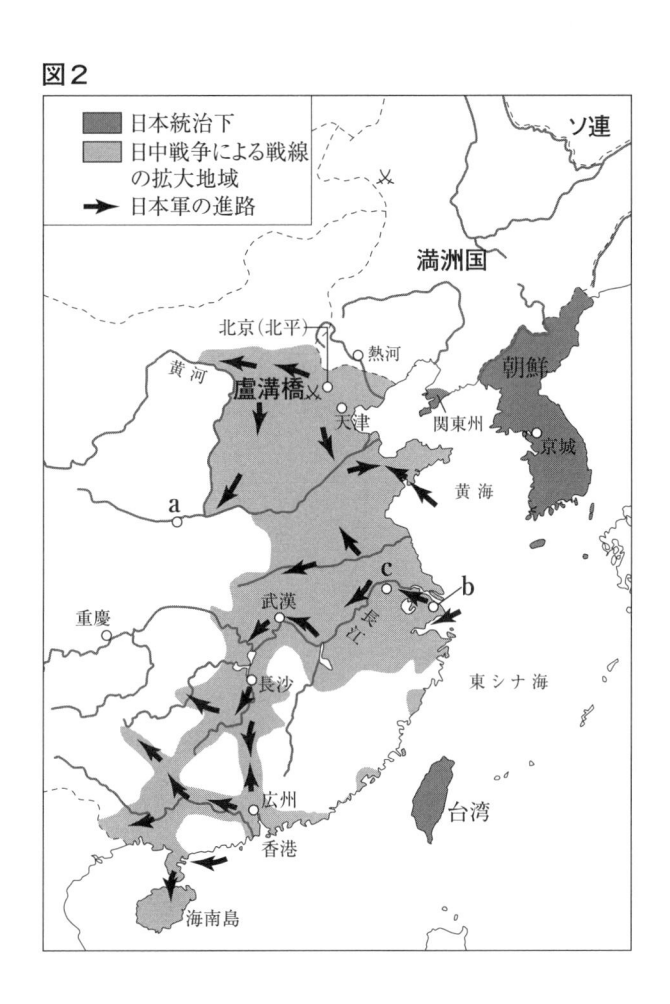

問4　図2中の都市 **a** ～ **c** で起こった出来事について，生徒たちが次のような**パネル1・2**を作成した。この**パネル1・2**の内容と都市の組合せとして正しいものを，下の①～⑥のうちから一つ選べ。　4

パネル1

> 張学良が蔣介石を監禁し，国民党と共産党の内戦の停止と一致抗日を求める事件が起こった。

パネル2

> 日本が国民党の汪兆銘を首班とする親日政権を樹立させ，蔣介石政権の切り崩しを図った。

① パネル1 — a　　パネル2 — b
② パネル1 — a　　パネル2 — c
③ パネル1 — b　　パネル2 — a
④ パネル1 — b　　パネル2 — c
⑤ パネル1 — c　　パネル2 — a
⑥ パネル1 — c　　パネル2 — b

問5　図2に示された時期の日本の国際関係について述べた文として最も適当なものを，次の①～④のうちから一つ選べ。　5

① 日本とドイツはイタリアに先駆けて，国際連盟を脱退した。
② フランスは日独伊三国軍事同盟に対して，人民戦線内閣を樹立した。
③ イギリスは戦争を避けるため，日本と中立条約を結んだ。
④ アメリカ合衆国は日中戦争をきっかけに，対日戦争に参戦した。

問6　アユムさんのグループは日本が中国以外に進出した地域に注目しながら，「アジア解放」を名目にした日本の東南アジア進出に関する次の**図3**の地図を作成し，**図3**に示した地域における解放運動について**メモ**にまとめた。3人の**メモ**の正誤について述べた文として最も適当なものを後の**①**～**④**のうちから一つ選べ。　6

図3

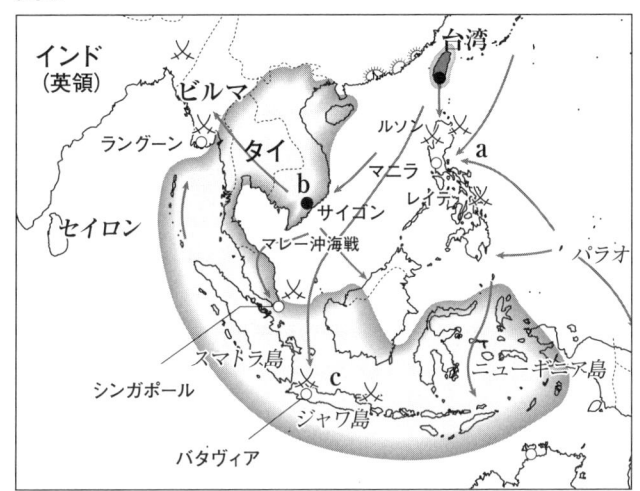

アユムさんのメモ

> **図3**中の**a**では日本の圧政に反発して，スハルトらが独立運動を展開した。

ジュンさんのメモ

> **図3**中の**b**ではホー＝チ＝ミンがベトナム独立同盟会を結成して，抗日運動を展開した。

クインさんのメモ

> **図3**中の**c**ではスカルノが，オランダと協力して日本からの解放を達成した。

①　アユムさんのメモが正しい。　　**②**　ジュンさんのメモが正しい。

③　クインさんのメモが正しい。　　**④**　全員のメモが正しい。

C 第二次世界大戦後の国際体制について，生徒と先生が話している。

先　生：第二次世界大戦後の国際体制示す言葉に「冷戦体制」があります。その始まりを示したのが次の**資料**です。そして，**資料**の演説で指摘された「鉄のカーテン」をおおよその境界線とする二つの軍事同盟である ウ （▨▨）と エ （▨）に属する国家を示す地図が**図4**です。また冷戦の影響は全世界的に波及しています。冷戦に関連する他の資料を図書館で探してみましょう。

資　料

> バルト海のシュテッティンからアドリア海のトリエステまで，欧州大陸を横切る鉄のカーテンが下ろされた。この線の背後に中欧並に東欧の，古い国々の首府すべてが存在する。

図4

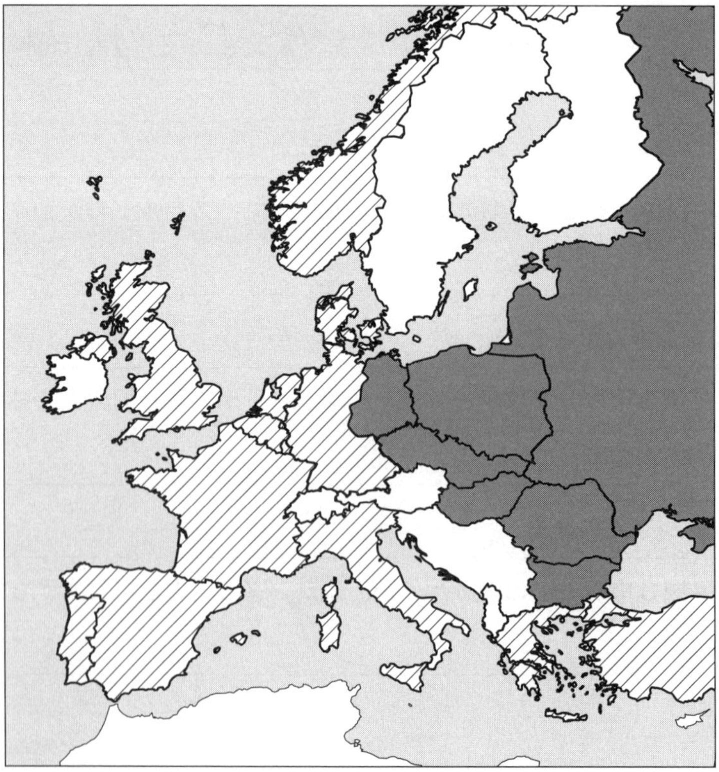

（この後，図書館に移動して調査をする。）

七　海：1949年に発行された日本の新聞の中に，冷戦による影響が戦後の日本に
　　　　も及んでいたことがわかる記事を見つけました。

（ここで，高橋が <u>1949年の日本の新聞記事</u>を提示する）
　　　　　　　　　ⓐ

八　木：当時アメリカ合衆国では，戦後の対日政策をめぐって，冷戦体制下の国
　　　　際状況もあり，各省庁・軍部の中で意見が割れていたようです。

先　生：そうですね。冷戦はアメリカ合衆国を中核とする西側陣営と，ソ連を中
　　　　核とする東側陣営に各国を組み込んでいきました。戦後まもなくの日本
　　　　はアメリカの占領下に置かれていましたから，日本の処遇にもこうした
　　　　情勢が影響したと考えられます。一方で冷戦の進展とともに次第にこの
　　　　二つのいずれの陣営にも属さない<u>第三勢力</u>を目指す国も台頭してくる
　　　　　　　　　　　　　　　　　　ⓑ
　　　　ことになります。

問7　次の年表に示した **w〜z** の時期のうち，文章中の空欄　ウ　と　エ　に
　　　入れる同盟の結成時期の位置が適当なものの組合せとして正しいものを，後の
　　　①〜④のうちから一つ選べ。　7

1947年 マーシャル＝プラン（ヨーロッパ経済復興援助計画）の発表

　　　w

1948年 西側占領地区で通貨改革を開始

　　　x

1953年 スターリンの死去

　　　y

1954年 西ドイツがパリ協定で主権回復と再軍備が認められる

　　　z

---

①　ウ―w　　エ―y　　　　②　ウ―w　　エ―z

③　ウ―x　　エ―y　　　　④　ウ―x　　エ―z

問8　下線部ⓐに示された記事の内容を会話文から推測する場合，記事の内容として最も適当なものを，次の①〜④のうちから一つ選べ。　8

① ソ連がベルリン封鎖を行ったのは，アメリカが日本を再武装させた事に反発した結果ではないか。

② 共産圏の拡大を阻止するためには，アメリカは日本の占領政策を長く続けるべきである。

③ 日本にアメリカの基地を置くことは，再び朝鮮戦争が勃発した時に，補給などの問題から現実的ではないか。

④ 高度経済成長を達成した日本の再武装に対して，アメリカは講和条約の締結を拒否するべきである。

問9　下線部ⓑに関連して，1950年代のアジア・アフリカ諸国における三つの陣営の区分について述べた文あ〜うの正誤について述べた文として最も適当なものを，後の①〜④のうちから一つ選べ。　9

あ　イランは東側陣営に含まれる。
い　インドは第三勢力に含まれる。
う　エジプトは西側陣営に含まれる。

① あのみ正しい
② いのみ正しい
③ うのみ正しい
④ 三つとも正しい。

第2問　世界史探究の授業で，宗教上の建造物や聖地について意見を出し合いながら考察した。それぞれの授業における考察に関連した次の文章**A・B**を読み，後の問い（**問1～5**）に答えよ。（資料には，省略したり，改めたりしたところがある。）（配点　16）

A　ある日の授業では，先生が，各地の宗教上の建造物の写真を**図1**と**図2**として示した。その写真を見ながら世界各地で建立されたピラミッド状の建造物について生徒が議論を行った。

図1

図2

田　中：**図1**はメソポタミア文明のジッグラトでしょうか。でも，ジッグラトであれば，日干しレンガを積み重ねているので，見た目が少し違う気がします。

木　村：もしかして，これはピラミッドですか。図説で見たギザのピラミッドとは少し違いますが，マスタバ様式とよばれる階段状のピラミッドだと思います。

先　生：**図1**は第3王朝のジュセル王の時代に建造されたもので，最初のピラミッドと呼ばれています。ギザにある有名な「三大ピラミッド」に先立って建造されました。実はこうした階段状のピラミッドはエジプト以外の地域にもあります。**図2**を見てください。

村　井：これ，博物館の特別展で見たことがあります。確かユカタン半島のチチェン＝イッツァ遺跡にある　　ア　　のピラミッドですよね。エジプトのものとその性格は同じなのでしょうか。

先　生：いえ，異説もありますが，エジプトのピラミッドは王の墓とされています。

一方，ラテンアメリカのピラミッドは，一部の例外を除いて，祭祀の場で
　　　ある神殿を支える基壇という性格が強かったと言われています。

田　中：同じようなピラミッド状の建造物でも地域によって性格が異なるのです
　　　ね。そういえば，以前テレビでチャンディ＝スクーという寺院にあるピ
　　　ラミッドのような建造物を見たことがあります。　　　イ　　　
　　　マジャパヒト王国の時代に建設されたと言っていました。

木　村：ピラミッド状の建造物であれば，　　　ウ　　　ボロブドゥール
　　　も当てはまりまるのではないでしょうか。そう考えるとピラミッド状の
　　　建造物は世界各地にあるものなんですね。

問1　図1の建設時期と，エジプトの歴史について述べた次の文**あ〜う**が，年代の
　　古いものから順に正しく配列されているものを，後の①〜⑥のうちから一つ選べ。
　　　10

　　　あ　アッシリアの支配下に入った。
　　　い　アテンを唯一神とする信仰が強制された。
　　　う　王立研究所のムセイオンが建設された。

　　①　あ→図1→い→う　　　　　②　あ→い→図1→う
　　③　図1→い→あ→う　　　　　④　い→う→図1→あ
　　⑤　図1→う→い→あ　　　　　⑥　う→図1→あ→い

問2　文章中の空欄　ア　に入れる文明について述べた文として最も適当なもの
　　を，次の①〜④のうちから一つ選べ。　11

　　①　王は亀甲・獣骨を用いて占いを行った。
　　②　大河の流域に発達し，稲作を中心とする農業が行われた。
　　③　二十進法による数の表記法や精密な暦法が発達した。
　　④　公共広場を中心に水道橋・円形闘技場・神殿などの建築物がつくられた。

問3　文章中の空欄 ┃ イ ┃ に入れる文あ・いと，空欄 ┃ ウ ┃ に入れる文X・Yとの組合せとして正しいものを，後の ①～④のうちから一つ選べ。 ┃ 12 ┃

┃ イ ┃ に入れる文

あ　アユタヤ朝を滅ぼした

い　元軍を撃退して成立した

┃ ウ ┃ に入れる文

X　クメール人の王朝がヒンドゥー教寺院として建設した

Y　シャイレンドラ朝の時代に建設された大乗仏教遺跡である

① あ － X　　② あ － Y　　③ い － X　　④ い － Y

B 別の日の授業では，現在のイラクにある都市の歴史についての資料を基に，その都市が聖地化された歴史的背景について話している。

資料1

> クーファは，かつてはイラク地方の主邑の一つであり，優れた深い由緒・因縁を持つことで特に名高く，また預言者の教友たちや真の後継者たちの居所，学識者たちや善行に勤しむ人たちの住家，そして敬虔信徒たちの指導者（カリフ＝）アリー・ブン・アブー・ターリブの首都でもあった。……町にある最大の金曜大モスクは，飾り付きの太い石柱によって支えられ，七つの身廊を備えた威風堂々の大モスクである。そのモスクの石柱は部分ごとに分かれて，一方の上にさらに別のものを順に重ね合わせ，[その隙間に]鉛を流し込んで繋いで造られた計り知れぬほどの雄大さである。……そのミフラーブ(注1)は，他ならずアリー・ブン・アブー・ターリブ ── 彼に，神の祝福あれ！ ── のミフラーブである。そして，そのところであの凶漢イブン・ムルジャムがアリー(注2)の命を奪ったのであり(注3)，従って人々はそこを参詣の場所として[各地から]集まって来る。
>
> （注1）　モスクの礼拝室の奥にある「くぼみ」。メッカの方向を示している。
> （注2）　アリー・ブン・アブー・ターリブのこと。
> （注3）　西暦661年の出来事である。

資料2

> クーファの民よ。そなたたちはわれらの愛の赴くところ，友情の留まるところである。そなたたちはこの期待を裏切ることは決してなく，圧政に耐え抜いてわれらの時代をもたらした。神はそなたたちに「われらの勝利のとき」（ダウラ）をもたらされたのである。われらはそなたたちの俸給を100ディルハムずつ引きあげた。さあ，数えてみるがよい。余は「惜しみなく注ぐ者」（サッファーフ(注4)）である。
>
> （注4）　「血を注ぐ者」という解釈もある。

先　生：**資料1・2**は現在のイラク中部，ユーフラテス川の支流に面した都市
　　　　クーファについて記されたものです。

木　村：クーファは７世紀にこの地域に進出したアラブ人によってつくられたミスル（軍営都市）のひとつでしたね。**資料１**が伝えるところによると，第４代正統カリフであるアリーの治世に，この都市はウンマ（イスラーム共同体）の中心となったようです。

田　中：アリーの暗殺後，ウンマの中心はシリアのダマスクスに移りますよね。しかし，クーファにはアリーとその家系の支持者が多いこともあり，　エ　派の中心地であったのだと思います。**資料１**から大モスクが建てられ巡礼地として人々が集まってきていたことが読み取れます。

先　生：一方で，**資料２**は８世紀半ばにクーファで反乱を起こしてカリフに推戴され，後世「サッファーフ」と呼ばれるようになった人物が，蜂起に際して行ったと伝えられる演説の一節です。

木　村：この演説からは彼が当時の支配に不満をもつ人々の思いをくみ取る形で反乱に成功したことがうかがえますね。

問４　文章中の空欄　エ　に当てはまる宗派を国教とした王朝の説明として最も適当なものを，次の①〜④のうちから一つ選べ。　13

①　常備歩兵軍のイェニチェリを組織した。

②　クトゥブ゠ミナールと呼ばれる塔を建設した。

③　西アフリカのガーナ王国に侵攻した。

④　都のイスファハーンの繁栄は「世界の半分」と称された。

問5　資料2の「われら」が建てた国と，「圧政」を行った王朝との組合せとして正しいものを，後の①～④のうちから一つ選べ。　14

① 「われら」が建てた国 ― ウマイヤ朝
　 「圧政」を行った王朝 ― アッバース朝

② 「われら」が建てた国 ― アッバース朝
　 「圧政」を行った王朝 ― ウマイヤ朝

③ 「われら」が建てた国 ― アッバース朝
　 「圧政」を行った王朝 ― ファーティマ朝

④ 「われら」が建てた国 ― ファーティマ朝
　 「圧政」を行った王朝 ― ウマイヤ朝

第3問　世界史上の文化・経済の交流における中継地について述べた後の文章**A**・**B**を読み，下の問い（**問1 ～ 6**）に答えよ。（配点　18）

A　友人とヨーロッパを旅行した杉山さんは，帰国後，訪れた地域の歴史を調べて，旅行記を書いた。以下は，杉山さんが訪れた**地域1・2**についての，旅行記からの抜き書きである。

地域1

　この地域は西欧の内陸に位置しており，中世には内陸の中継交易で発達し，北ヨーロッパの経済圏と地中海の経済圏を結ぶ大市の主要な開催地域であった。隣接地に複数の都市があったことが，この地域の大市が活性化する背景でもあったようだ。14世紀頃から大市は衰退したが，中心的な都市のトロワでは近世以降，毛織物産業などが台頭しているようだ。現在では，この地方で製造された発泡酒が世界的に有名である。

地域2

　この地域は，スヘルデ川の下流域にあって，北海にも面しているため，交通の要衝である。中世は毛織物業で栄え，大航海時代にはヨーロッパの商業の中心的地位にあった。一方で，ルネサンス時代からは　　ア　　などの芸術活動でも有名な地域であることが分かった。名犬パトラッシュで知られる児童文学では，同じくこの地域で活躍したルーベンスの絵画が作中に登場している。16世紀になると，　　　イ　　　。

問1　**地域1**を支配した国家の歴史について述べた文として最も適当なものを，次の①～④のうちから一つ選べ。　15

① フィリップ4世は，聖職者課税問題を理由に三部会の招集を停止した。

② シャルル7世の時代に，百年戦争が勃発した。

③ 国民議会が人権宣言を採択し，所有権の不可侵や基本的人権の理念が確認された。

④ ルイ14世はナントの王令を定め，カトリックへの統一を図った。

問2　**地域2**の文章中の空欄　ア　に入れる人物の代表作**あ・い**と，空欄　イ　に入れる文**X～Z**との組合せとして正しいものを，後の①～⑥のうちから一つ選べ。　16

ア　に入る人物の代表作

あ　　　　　　　　　　　　　　い

イ　に入れる文

X　新たにペテルブルクが建設されて西欧との交流が進んだ

Y　君主の圧政に反発して蜂起したが，この地方の多くの州はスペインにとどまった

Z　統一法が定められ，独自の教会体制が確立された

①　**あ**－**X**　　　　②　**あ**－**Y**　　　　③　**あ**－**Z**

④　**い**－**X**　　　　⑤　**い**－**Y**　　　　⑥　**い**－**Z**

問3　**地域1**と**地域2**の歴史には共通性がみられる。その共通点について述べた文として最も適当なものを，次の①～④のうちから一つ選べ。　17

①　キャラヴァンサライを利用して，奴隷や香辛料の交易などに従事した。

②　遠隔地交易の発達を背景に，世界史上初めて紙幣が使用されるようになった。

③　ギルドと呼ばれる同業組合が大きな勢力を持ち，都市の自治にあたった。

④　中世の両地域では，知識人がギリシア語を用いて交流した。

B　次の図はソグド人が拠点としたウズベキスタンのサマルカンドの写真である。

　チンギス＝ハンは破壊し，　ウ　は再建したと言われるサマルカンドは，中央アジアを代表する経済都市であった。現在のサマルカンドは美しい青のタイルを基調としたモスクなどの壮麗なイスラーム建築が立ち並び，世界遺産にも登録されているが，これはモンゴル軍による破壊を受けて廃墟となった旧サマルカンドの近郊に，14世紀後半に帝国を樹立した　ウ　が新たに建設した街である。旧サマルカンドは，古くからソグディアナ地方の中心として発展し，遅くともアケメネス朝の時代には，ソグド人が東西を結ぶ交易で活躍していた。(a)数多くの民族や王朝の支配を受けながらもソグド人は商業民族として長く活躍し，活動も広範囲に及んだ。しかしその後，ソグディアナ地方ではイスラーム化・トルコ化が進むなかで，ソグド人独自の言語や(b)文字は廃れ，民族としての独自性が失われていった。

問4　空欄　ウ　に入る人物の事績について述べた文として最も適当なものを，次の①〜④のうちから一つ選べ。　18

① アンカラの戦いでオスマン帝国に勝利した。

② コンスタンティノープルを占領し，ビザンツ帝国を滅ぼした。

③ アッバース朝の子孫をカリフとして擁立した。

④ スルタン制とカリフ制を廃止した。

問5　下線部ⓐに関連して，サマルカンドを直接支配・統治したことがある国や王朝として誤っているものを，次の①〜④のうちから一つ選べ。　19

① 前　漢　　　　　　② ウマイヤ朝

③ カラハン朝　　　　④ ブハラ＝ハン国

問6　下線部ⓑに関連して，前2000年紀のメソポタミアで広く用いられていた文字の名あ〜うと，その文字を示す図版**X・Y**との組合せとして正しいものを，下の①〜⑥のうちから一つ選べ。　20

あ　神聖文字　　　　い　楔形文字　　　　う　アラム文字

X　　　　　　　　　　　**Y**

① あ ― X　　　② あ ― Y　　　③ い ― X

④ い ― Y　　　⑤ う ― X　　　⑥ う ― Y

第４問　世界史上の民主政治について述べた次の文章**A・B**を読み，後の問い（問 1〜6）に答えよ。（配点　19）

A　次の**資料1・2**はトゥキディデスの『歴史』（『戦史』）からの抜粋である。（引用文には，省略したり，改めたりしたところがある。）

資料1　アテネにおける戦没者に対する葬送演説

> われらの政体は他国の制度を追従するものではない。ひとの理想を追うのではなく，ひとをしてわが範に習わしめるものである。その名は，少数者の独占を排し多数者の公平を守ることを旨として，ⓐ民主政治と呼ばれる。わが国においては，個人間に紛争が生ずれば，法律の定めによってすべての人に平等な発言がみとめられる。だが一個人が才能の秀でていることが世にわかれば，輪番制に立つ平等を排し世人のみとめるその人の能力に応じて，公の高い地位を授けられる。またたとえ貧窮に身を起こそうとも，国に益をなす力をもつならば，貧しさゆえに道を閉ざされることはない。

資料2　トゥキディデスの指摘

> その名は民主主義と呼ばれたにせよ，実質は秀逸無二の一市民による支配がおこなわれていた。これに比べて，ⓑかれ以後のものたちは，能力においてたがいにほとんど優劣の差がなかったので，みなおのれこそ第一人者たらんとして民衆に媚び，政策の指導権を民衆の恣意にゆだねることとなった。

問1 トゥキディデスの『歴史』(『戦史』)がテーマとした戦争の名称**あ・い**と**資料**
1の演説を行ったペリクレスの業績**X・Y**との組合せとして正しいものを，後
の①〜④のうちから一つ選べ。 21

戦争の名称

あ ペルシア戦争

い ペロポネソス戦争

ペリクレスの業績

X パルテノン神殿を再建した。

Y サラミスの海戦を勝利に導いた。

① あ — X ② あ — Y ③ い — X ④ い — Y

問2 下線部ⓐに関連して，アテネの民主政治確立の背景について述べた文として
最も適当なものを，次の①〜④のうちから一つ選べ。 22

① ヘイロータイは，重装歩兵として発言力を高めた。

② ソロンの財産政治により，無産市民が政治に参加できるようになった。

③ ドラコンは，中小農民の保護政策を進めた。

④ クレイステネスは，陶片追放を制定した。

問3 下線部ⓑに関連して，ペリクレスの死後におけるギリシア世界の歴史につい
て述べた文として最も適当なものを，次の①〜④のうちから一つ選べ。 23

① スパルタではリュクルゴスが軍国主義体制をととのえた。

② アテネはペルシアと結んだスパルタに敗れた。

③ オリンピアで，四年ごとに開かれる女人禁制の祭典が始まった。

④ マケドニアに敗北し，デロス同盟の支配下に置かれた。

B　世界史探究の授業で，先生と生徒が会話をしている。

先　　生：今日は，議会政治の生みの親であるイギリスの政治について学習しましょう。イギリス議会といったら，どんなことを思い浮かべますか。

光太郎：まず13世紀の「マグナ＝カルタ」です。これによって国王の権力が制限されました。それから，同じ世紀ですがイギリス議会の起源といわれるシモン＝ド＝モンフォール議会，模範議会が設立されました。

萌　　：14世紀の百年戦争を始めた国王の時代には，イギリス議会は二院制になってます。

邦　　彦：光太郎さんや萌さんの指摘する歴史の動きはもちろん無視できませんが，僕は，イギリスの議会政治の発展に決定的だったのは，やはり中産市民層が主体となった二つの⒞革命だと思います。

先　　生：どうしてそう思いますか。

邦　　彦：議会，広く国民の側には王権を規制できる，あるいは打倒できるという心理，逆に王侯貴族の側に下手をすると自分の身が危いという恐怖が刻み込まれたことが，議会政治発展の重要なテコになっているような気がするんです。

先　　生：なるほど，重要な指摘ですね。確かにイギリスの歴史において二つの市民革命が政治状況を前進させるテコになったことは，邦彦さんの言うとおりかもしれません。一方，歴史には，取るに足らない，あるいは偶然とでもいうような事柄が，事態を動かすような結果になることもあるんじゃないでしょうか。次の**資料**が面白いので目を通してみましょう。

資料　モンタギュー夫人の国王評

　彼は金を愛したが，自分の金を確保するだけで，他人の金に対して貪欲だったことはない。節約によって富を築けたはずだが，計画性に欠けていた。怠惰というより鈍感で，ハノーファの小さい街にいて充分満足していた筈だった。（中略）彼の気質が根っから正直であり，それに教養の低さによる視野の狭さが加わったため，自分が王位についたことを簒奪行為であったかのように考えたが，それは彼にとって常に心地悪いものであった。彼は人生のすべての面において周りの人々に流されて生きた。英語を話さず，それを習得するに相応しい年齢をとっくに過ぎていた。

麻　佑：先生が面白いというのは，もしかして，モンタギュー夫人が言う「英語
を話さず」という箇所ですか。

先　生：その通りです。国王が英語がしゃべれないのなら，官僚や臣下を自由自
在にあやつって政治を行うなんて不可能ですよね。自然と(d)政治の実権
は内閣に移り，やがては「国王は君臨すれども統治せず」という状況が
生まれることになります。その点が，歴史の教師として実に興味深いこ
とのように思うのです。

問4　下線部ⓒに関連して，次のカリブ海地域を示す次の図中の国家**あ・い**は，と
もに革命を経験している。この二つの国家**あ・い**の位置と，そこで見られた革
命についての説明文**X・Y**との組合せとして正しいものを，後の①〜④のう
ちから一つ選べ。 24

図

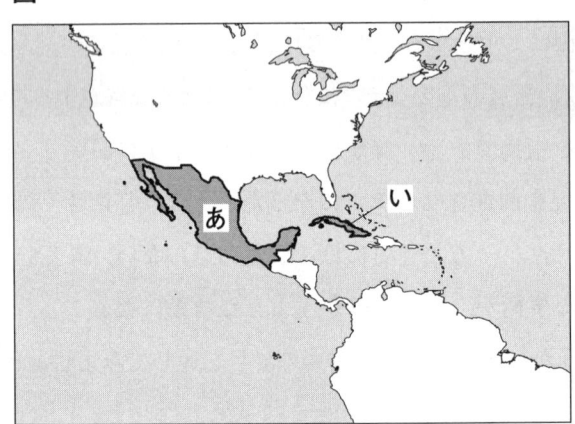

革命についての説明

X　社会主義者のアジェンデが大統領に選出された。

Y　親米のバティスタ独裁政権が打倒された。

①　**あ**ー**X**　　②　**あ**ー**Y**　　③　**い**ー**X**　　④　**い**ー**Y**

問5　下線部ⓓの指摘する政治状況の説明と，それを実現したとされる政治家の名，および，その政治状況の実現に大きな影響を及ぼすことになったと思われる，**資料**でモンタギュー夫人が評した国王の名の組合せとして正しいものを，次の①〜⑥のうちから一つ選べ。　25

	政治状況の説明	政治家の名	国王の名
①	責任内閣制の確立	ウォルポール	ジョージ1世
②	下院の上院に対する優越の確立	ウォルポール	ウィリアム3世
③	責任内閣制の確立	ディズレーリ	ジョージ1世
④	下院の上院に対する優越の確立	ディズレーリ	ウィリアム3世
⑤	責任内閣制の確立	グラッドストン	ジョージ1世
⑥	下院の上院に対する優越の確立	グラッドストン	ウィリアム3世

問6　光太郎さんは授業の後に，授業で学んだことを踏まえてイギリスの議会について調べて**メモ1・2**を作成した。前の文章を参考にしつつ，**メモ1・2**の正誤について述べた文として最も適当なものを，次の①〜④のうちから一つ選べ。26

メモ1

　14世紀，プランタジネット朝のエドワード3世の治世に，イギリスでは上院・下院にわかれた二院制議会が成立した。

メモ2

　17世紀，ステュアート朝のチャールズ1世が課税のために議会を招集すると，議会は国王に改革を迫り，対立したため，ピューリタン革命が起こった。

① メモ1のみ正しい。　② メモ2のみ正しい。

③ 二つとも正しい。　④ 二つとも誤っている。

第5問 産業革命で国力を高めたヨーロッパ諸国の動向は世界各地に大きな影響をもたらした。次の文章A〜Cを読み，後の問い（**問1 〜 7**）に答えよ。（配点　22）

A あるクラスで，近代のイギリスの貿易についての授業が行われている。

先　生：今日は，近代のイギリスの貿易から歴史を考えてみましょう。次の**グラフ1**は18世紀半ばから20世紀初めにかけてのイギリスの総輸入額に占める綿花と穀物の割合を，**グラフ2**はアジアとヨーロッパ，特にイギリスとの間の綿布の流れを示したものです。この間にいち早く産業革命を実現したのがイギリスでしたね。では2つのグラフから，どのようなことが読み取れますか。

グラフ1　イギリスの総輸入額に占める品目別割合

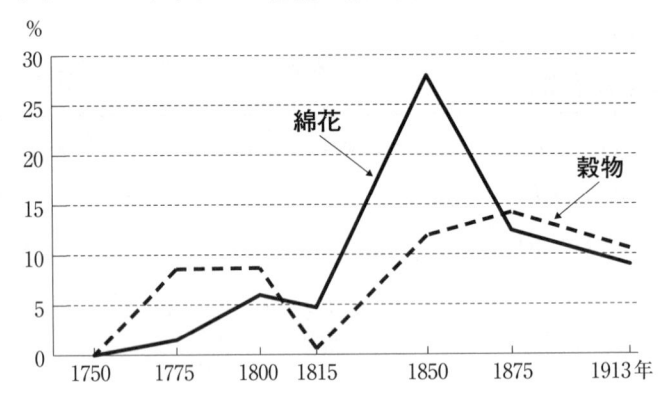

グラフ2　東西間の綿布の流れ

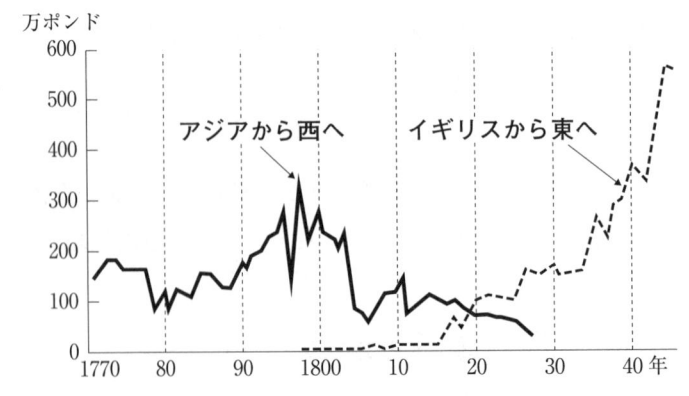

明　石：1815年以降，輸入に占める綿花の割合が一気に高くなりますね。

先　生：そうですね。**グラフ２**と合わせて考察できることはありませんか。

成　瀬：同じ頃，イギリスから東へ輸出する綿布が増えています。そのために綿布の生産を増やしたことで，原料の綿花の輸入が増えたんですね。

先　生：では，1815年頃から増えたイギリスの綿布輸出は，具体的にはどこに向けたものが多いと思いますか。

北　野：やはり人口が多いので中国ではないでしょうか。

明　石：でも，清朝では　ア　ので，輸出を増やすのは難しかったと思います。むしろ，少しずつ植民地化を進めていたインドの方が多かったのではないですか。

先　生：そうですね。インドでは，イギリス製品に有利な関税が設定されたこともあって，イギリス製品の流入が急増しました。安いイギリス製品の流入でインドの木綿工業は衰退してしまったんですね。他に気付いたことはありますか。

成　瀬：1800年から1815年にかけて穀物輸入が減ったのはどうしてなんですか。

先　生：誰か，理由に気づいた人はいませんか。

明　石：　イ　からじゃないでしょうか。

先　生：その通りですね。

問１　明石さんは先生の問いに対して正しい歴史的要因を答えている。明石さんの発言中の空欄　ア　と　イ　に入れる文 **a**〜**d** の組合せとして正しいものを，後の①〜④のうちから一つ選べ。　27

　a　特許商人である行商（公行）が，貿易を管理していた

　b　義和団が，欧米列強に対する排外運動を進めた

　c　外国船を排除するため，航海法が制定された

　d　ナポレオン戦争によって，ヨーロッパとの交易が阻害された

① ア— **a**　　イ— **c**　　　② ア— **a**　　イ— **d**

③ ア— **b**　　イ— **c**　　　④ ア— **b**　　イ— **d**

問2 前の**グラフ1**から読み取れる事項**あ**と**い**の正誤の組合せとして正しいものを，後の①〜④のうちから一つ選べ。 28

あ クロンプトンがミュール紡績機を発明した時期に，総輸入に占める割合で綿花が穀物を超えた。

い ロンドンで第1回万国博覧会が開催された時期に，綿花と穀物の2品目だけで，イギリスの総輸入のほぼ40パーセントを占めていた。

① **あ**―正　**い**―正　　② **あ**―正　**い**―誤
③ **あ**―誤　**い**―正　　④ **あ**―誤　**い**―誤

問3 前の**グラフ2**で東西間の綿布輸出入の関係が逆転した時期のイギリスの植民地政策について述べた文として最も適当なものを，次の①〜④のうちから一つ選べ。 29

① シンガポールを領有して，貿易港の建設をはじめた。
② ジャワ島で，強制栽培制度（政府栽培制度）を導入した。
③ プラッシーの戦いで，フランスと結んだベンガル太守を破った。
④ ベトナムとカンボジアを合わせて，インドシナ連邦を成立させた。

B　次の**資料1**は，アジアにおいていち早く西洋的な近代化を実現した日本に対し，
同時代の中国人がどのような見方をしていたかを示したものである。（引用文に
は，省略したり，改めたりしたところがある。）

資料1　1898年に起草された「講義遊学日本章程片」

> 　思うに，日本の変法・立学には，確実な成果があった。わが中華が留学し，
> すぐに成果をおさめたいのであれば，日本よりはじめなければならない。
> ⓐ政治・風俗・文字が同じで学びやすく，渡航・飲食費も安く，費用がか
> からないからである。
> 　近頃聞くところによると，日本人はロシア人による鉄道の脅威を憂え，
> 日中両国が互いに助けあい，補いあう間柄にあると改めて考えているよう
> だ。…（中略）…彼らはわれわれに知識をさずけ，自立を支援しようと，
> 留学をもちかけている。

明　石：**資料1**の前半部分は，中国の近代化は日本に学ぶべき，という考えが同
　　　　時代の中国人にあったことがうかがえます。

北　野：後半は，逆に日本側が中国人に日本への留学を促していた意図について
　　　　ふれています。

先　生：この**資料1**が書かれたのは明治30年代のことですが，このころ日本は清
　　　　朝政府から派遣された留学生13名を受け入れて教育しています。このと
　　　　き窓口となったのが，柔道家として名高い嘉納治五郎でした。

成　瀬：そうなんですね。柔道部だけど知りませんでした。

先　生：嘉納治五郎は，清朝が近代化して国力を高めなければ，日本にも影響が
　　　　及ぶとして，清朝の近代化を手助けするべきだと考えていました。

成　瀬：先生，いま気づいたんですが，最初に「日本の変法」とありますが，**資
　　　　料1**が書かれた1898年は，中国でも変法が行われた時期ですよね。

先　生：そうです。中国で変法を指導した人たちも，運動が挫折すると日本に亡
　　　　命して活動を続けました。

問4 下線部ⓐは，日本と中国との交流が歴史的にも古くから行われていたことを念頭においているものと考えられる。日本と中国の交流について述べた文として最も適当なものを，次の①〜④のうちから一つ選べ。 30

① 邪馬台国の卑弥呼が，「漢委奴国王」の称号と金印を得た。
② 遣唐使がもたらした中国文化の影響で，天平文化が栄えた。
③ 豊臣秀吉が「日本国王」に封じられ，朝貢貿易を始めた。
④ 江戸幕府が日清修好条規を結んで，清と対等な国交を樹立した。

問5 資料1に関して議論する場合，異なる見方あ・いと，それぞれの根拠となり得る出来事として最も適当な文W〜Zとの組合せとして正しいものを，後の①〜④のうちから一つ選べ。 31

異なる見方
あ 清朝側が日本に近代化を学ぶために留学生を派遣した。
い ロシアの脅威に対抗するために日本側が留学生を積極的に誘致した。

それぞれの根拠となり得る出来事
W 孫文が，東京で中国同盟会を結成した。
X 梁啓超が，立憲君主政の樹立を目指した。
Y 日本が，南満洲鉄道の経営を開始した。
Z ロシアが，東清鉄道の敷設権を獲得した。

① あ — W　　い — Y
② あ — W　　い — Z
③ あ — X　　い — Y
④ あ — X　　い — Z

C　授業で先生が，独立を果たしたアメリカ合衆国の初代大統領ワシントンが引退を表明した演説の一部を**資料2**として提示した。

先　生：この**資料2**は，ワシントンが合衆国の政治における重要な原則を打ち出したものです。特に後半では，ヨーロッパ諸国との関係について言及されていて，連邦の統合を妨害する様々な原因が存在することが読み取れます。

資料2

　　……わが連邦を動揺させるさまざまな原因を考えると，どの原因も，北部と南部，大西洋岸と西部といった地理的な分断によって特徴づけられる党派がもたらしてきた，真剣に考えるべき問題でしょう。……ⓑ連邦の有効性と恒久性にとって，全体のための政府は不可欠であります。……この重大な真理に気づいたからこそ，みなさんは親密な連邦のため，共通の問題に有効に対処するために，最初のものよりもよいものにしようと意図した憲法を採択し，条文を修正してきたのであります。

　　……ⓒどうしてわれわれの運命をヨーロッパのどこかの国の運命と絡み合わせ，われわれの平和と繁栄とをヨーロッパの野心，敵対関係，利害，気まぐれ，予知できぬ急変といった争いに巻き込むことがありましょうか。諸外国のいずれの国とも恒久的な結びつきを避けること，これこそがわれわれのとるべき政策であります。

問6 下線部⑥について，合衆国ではここで述べられたものとは異なる意見を主張する人々が，後の時代まで存在した。連邦の在り方についての意見**あ・い**と，その意見から生じたと思われる出来事**W～Z**との組合せとして正しいものを，後の①～⑥のうちから一つ選べ。 32

連邦の在り方についての意見

あ 連邦の統合を重視し，中央政府の権限強化を主張した。

い 州の自立性を強調し，中央政府の権限拡大に反対した。

生じたと思われる出来事

W リンカンがアメリカ連合国を認めなかった。

X ジョン＝ヘイが門戸開放宣言を発表した。

Y カンザス・ネブラスカ法が制定された。

Z カリフォルニアでゴールドラッシュが起きた。

① あ ― W，い ― Y   ② あ ― X，い ― W

③ あ ― Y，い ― Z   ④ あ ― Z，い ― X

⑤ あ ― W，い ― Z   ⑥ あ ― X，い ― Y

問7 次の文**う～お**は，下線部ⓒに示された考え方に基づく出来事である。これらが年代の古いものから順に正しく配列されているものを，後の①～⑥のうちから一つ選べ。 33

う ナポレオン3世が主導したメキシコ出兵に反対した。

え イギリスが主導する対仏大同盟に参加しなかった。

お モンロー教書(宣言)を発し，ラテンアメリカ諸国の独立を支持した。

① う→え→お   ② う→お→え   ③ え→う→お

④ え→お→う   ⑤ お→う→え   ⑥ お→え→う

第 5 回

(60分)

実 戦 問 題

● 標 準 所 要 時 間 ●

第1問	16分	第4問	13分
第2問	13分	第5問	9分
第3問	9分		

歴史総合，世界史探究

（解答番号 $\boxed{1}$ ～ $\boxed{33}$ ）

第1問 歴史総合の授業で，統計・資料を用いて移民や人口の歴史上の変化について探究した。次の文章A～Cを読み，後の問い（**問1～9**）に答えよ。（資料には，省略したり，改めたりしたところがある。）（配点　25）

A あるクラスでアメリカ合衆国への移民に関する統計・資料をもとに，生徒たちが議論をしている。

グラフ1

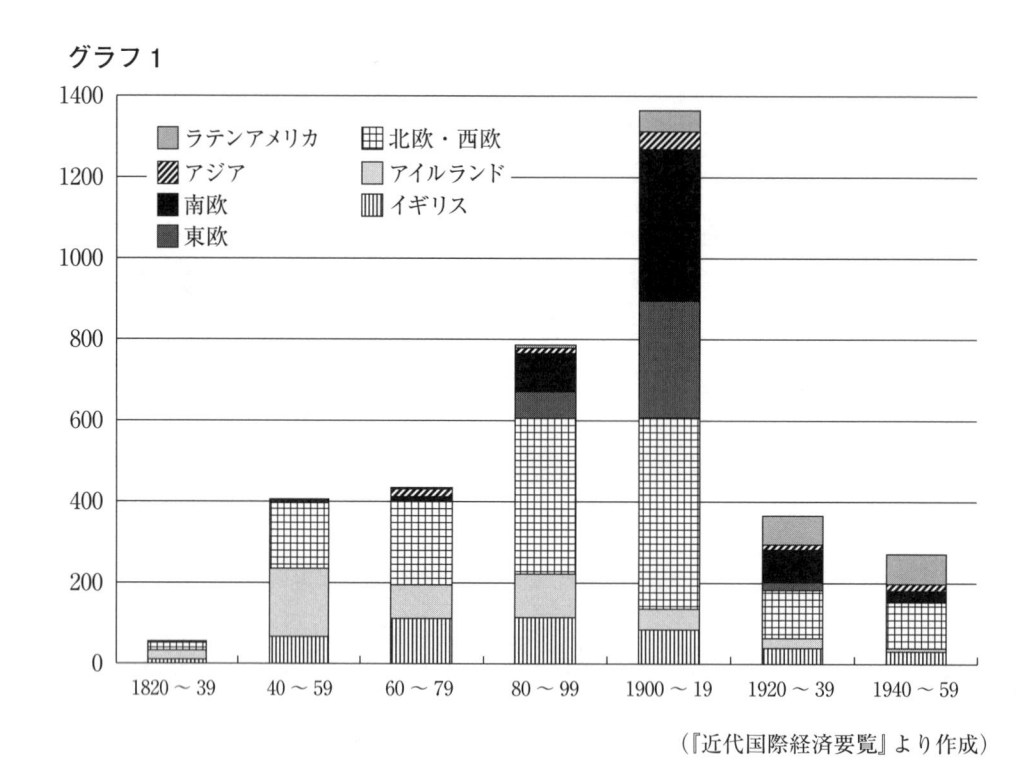

（『近代国際経済要覧』より作成）

> 林　：この**グラフ1**を見ると19世紀半ばから移民が増え始めて1900～19年にピークを迎えているね。
>
> 塚　原：特に東欧や南欧から移民が増えているね。
>
> 鈴　木：1860年代からはアジア系も増えたけど，後にまた減少したみたいだ。1920年代に移民が減少したのは，移民法が制定されて移民の受け入れが

― 2 ―

すごく制限されたからだろうね。

杉　下：この法律の背景には，ⓐ当時のアジアの人々に対する人種差別もあるように思います。

林　　：日本人移民はこの影響で，その後は中南米や中国東北地方に建てられたⓑ満洲国などに向かうことになるんだ。ところで19世紀は，アメリカ合衆国だけではなく世界規模で移民が増加したと言われているよ。

塚　原：19世紀は蒸気船や鉄道が世界各地で普及した時期だろ。輸送手段の発達が移民の増加につながったのだね。

鈴　木：同じころ，欧米列強によるアジアやアフリカへの進出が激しさを増しているよね。これによって生活基盤を失うなどした人々が移民となるケースもあったのではないかな。

問1　下線部ⓐに関連して，次の**資料1**は，20世紀前半のある国際会議に日本代表として参加した牧野伸顕が行った提案である。しかし**資料1**に書かれた日本の提案は，否決された。この時の経緯について記した**資料2**を参考に，この提案が行われた会議の名称**あ・い**と，**資料2**から読み取れる否決された理由について述べた文**X・Y**の組合せとして正しいものを，後の**①**～**④**のうちから一つ選べ。　　1

資料1　国際連盟規約の修正案

> 余は最初2月13日国際連盟委員会に，文化の程度進み連盟員として十分資格を有するものと認めらるる人民に対しては，その人種あるいは国籍の如何（いかん）を論ぜず均等公平の待遇を与えることの主義を包含せる連盟規約修正案を提出せり。

資料2　牧野伸顕の『回顧録』

> 吾々も懇切に聯盟の根本精神等から，これまで述べたようなことを語り，次いで人種平等主義を唱えたところで直ちに国内の法律を改正しようとか，国内の制度に立入ってこれを動かそうとかいう企てではない，主義としてこれを認め，聯盟として人種間の協調気分を養うことが眼目であると説いたのであるが，豪州は移民のことについては非常に神経過敏で，イギリス

本国からの移民でも制限をするというような，自国の労働者保護を以て国策としている国柄である。随って少しでもそういう問題に触れるようなことは極端にこれを忌避するというわけであるから，内政に干渉せずとの点を特に注意し，色々安心するように話して見たが，ヒューズ(注)は動かない。…（中略）…

それでこの種の手入れは断念し，続いて開会となった委員会において，人種平等主義の案文を提議したのである。然るにイギリス側がこれに簡単に反対した。今まで内々同意して居って表面反対したのは，改めて言うまでもなく，ヒューズの内面運動に余儀なくされたのだった。…（中略）…

このイギリスの表面的な反対が，今度はアメリカにも波及した。イギリスが，しかも濠州の方面から反対が起ってそれで反対に転じたとすれば，アメリカも太平洋沿岸に類似の事情が存在し，神経過敏の方面があるから，濠州が反対したに拘らずアメリカが同意するということになると，太平洋沿岸に非常な反感を起して大統領の立場が困難になるというのである。…（中略）…

この問題の決を採ったところが，吾々の主張に多数を得た。…（中略）…しかし委員長ウィルソンは，こういう問題は全会一致でないと決定するわけに行かぬと宣告してそのままになり，遂に不採用ということになってしまった。

（注）　当時，イギリスの自治領であったオーストラリアの首相

会議の名称

あ　パリ講和会議　　　　い　サンフランシスコ講和会議

資料2から読み取れる否決された理由

X　アメリカ合衆国と同様の移民問題をかかえるオーストラリアが，アメリカ合衆国が日本の提案に反対していたことに同調した。

Y　日本の提案は賛成多数を得たが，アメリカ合衆国の代表が，全会一致でないことを理由に否決した。

① あ―X　　　② あ―Y　　　③ い―X　　　④ い―Y

問2　下線部ⓑに関連して，満洲国の建国をあらわした次の**図**の特徴を説明した文として適当なもの**あ・い**と，後の日本の対外関係に関する**年表**中の**a～c**のうち満洲国の成立時期との組合せとして正しいものを，後の**①～⑥**のうちから一つ選べ。　2

図

あ　図の**X**の５人が示すのは日本人，モンゴル人，満洲人，朝鮮人，漢人の協力による，民族・民権・民生の三民主義の実現である。

い　図の**Y**に示す遼東半島南部が右隣の朝鮮と同じ色に塗られているのは，日露戦争後のポーツマス条約で日本の租借地とされたためである。

日本の対外関係に関する年表

1915年　二十一カ条要求を中国に受諾させた。
a
居留民の保護を名目に，山東出兵を行った。
b
国際連盟を常任理事国として初めて脱退した。
c
1937年　盧溝橋事件を契機に，日中戦争が勃発した。

① あ―a　　　② あ―b　　　③ あ―c

④ い―a　　　⑤ い―b　　　⑥ い―c

鈴木さんは，19世紀の移民に関する世界各地での動向について調べ，**メモ**に まとめた。**メモ**中の空欄 | ア |・| イ | に入る国について，それぞれの位 置を示す地図中の **a ～ d** の組合せとして正しいものを，後の①～⑥のうちか ら一つ選べ。 | 3 |

（国境は現在のものである）

メ　モ

> 農村の困窮や飢饉が多発した | ア | では，移民が多数発生し，マレー半 島のゴムプランテーションやシンガポールで労働者となった。また19世紀 半ばの金鉱発見後，大量に流入した移民への反発から， | イ | では有色 人種の移民を制限し，白人優先の政策を実施した。

① ア － a 　　イ － c 　　　② ア － a 　　イ － d

③ ア － b 　　イ － c 　　　④ ア － b 　　イ － d

⑤ ア － c 　　イ － a 　　　⑥ ア － c 　　イ － b

B　第二次世界大戦後の世界各国の国内総生産(GDP)に関する**表1**を見ながら，生徒と先生が話をしている。

表1　一人当たりのGDPの成長(年平均複利成長率)

	1950 - 73年	1973 - 90年	1990 - 2003年
アメリカ	2.45	1.96	1.74
イギリス	2.42	1.85	2.02
フランス	4.04	1.91	1.47
イタリア	4.95	2.55	1.24
ドイツ	5.02	1.70	1.42
ロシア	3.35	0.99	-1.59
日　本	8.06	2.96	0.94
中　国	2.76	4.84	7.52
インド	1.40	2.55	3.93
イラン	5.06	-2.54	3.53

アンガス゠マディソン『世界経済史概観』(政治経済研究所監訳，岩波書店)により作成

先　生：この**表1**から何が読み取れるでしょうか。国ごとの変化に注目してみてください。

鈴　木：第二次世界大戦で大きな被害を受けた国は，戦後の復興が進んだためか，1950 〜 73年の成長率が高いように思います。

加　藤：確かに敗戦国のイタリア・ドイツ・日本はおおむね数値が高いです。

前　野：とくに日本のすごい成長は，　　　　**ウ**　　　　ことがその理由の一つなんじゃないかなぁ。

先　生：マイナス成長になっている箇所は何が理由か分かりますか？

鈴　木：イランが1973 〜 90年にマイナスになっているのは，1979年のイラン゠イスラーム革命やその後のイラン゠イラク戦争によるところが大きいと思います。

住　吉：ロシアは1991年の(c)ソ連(ソヴィエト社会主義共和国連邦)の崩壊とその後の経済の混乱でしょうか。

先　生：そうですね。ロシアは1973 〜 90年の時期も成長が鈍化しているのは，そのソ連の崩壊の遠因となったアフガニスタンへの侵攻が長期化したことが大きいです。

前　野：それにしても多くの国で成長率の増減が見られる中で，(d)中国の成長は注目すべき点ですね。1950 〜 73年の時期に比べると1990 〜 2003年の時期には3倍近い伸びを示しています。

加　藤：現在，中国のGDPは，アメリカに次いで世界第2位になりました。

問4　文章中の空欄　　　ウ　　　に入れる文として最も適当なものを，次の①〜④のうちから一つ選べ。　4

① プラザ合意を受けてドル安政策に誘導した
② 朝鮮戦争の時に特需があった
③ 高橋是清が蔵相として積極財政を行った
④ マーシャル＝プランによる援助を受けた

問5　下線部ⓒに関連して，ロシア二月革命(三月革命)以後のソヴィエト政権及びソ連の歴史について述べた文として最も適当なものを，次の①〜④のうちから一つ選べ。　5

① 血の日曜日事件が起こった。
② アメリカ合衆国と不可侵条約を結んだ。
③ コミンテルンを組織し，後に人民戦線戦術を展開した。
④ 第1回非同盟諸国首脳会議を主宰した。

問6　下線部ⓓに関連して，次の**グラフ2**は中華人民共和国の建国から1970年代初期までの国民総生産(GNP)をあらわしている。また，下の**資料2**は，**X**または**Y**の期間にとられた政策についての高官の発言である。この発言がなされた時期を**X・Y**のどちらか判断し，その時期の政治・経済の動向について述べた文として正しいものを，下の①〜④のうちから一つ選べ。　6

グラフ2

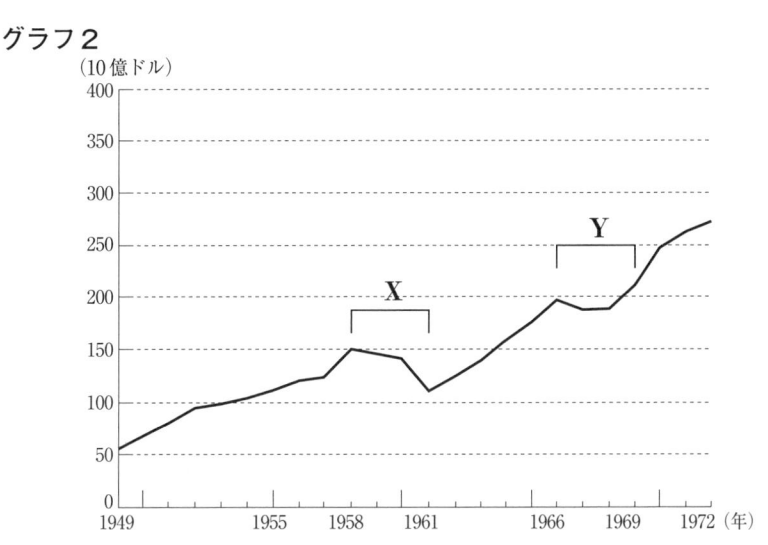

(Ashbrook, Jr. A. G., China: Shift of Economic Gears in Mid-1970's,Joint Economic Committee, *Chinese Economy Post-Mao*, Washington, 1978, p. 208.により作成)

資料2　彭徳懐国防部長による発言

> 　　われわれは当面の具体的状況を研究し，工作を積極的かつ穏当着実な基礎のうえで調整することに注意を払わず，一部の指標を次第に引き上げ，数字をつぎつぎに上積みし，本来なら数年あるいは数十年かかってやっと達成できる要求を，一年あるいは数カ月で達成できる指標にしてしまいました。……これが多分，一連の問題を生み出す原因となり物事をむやみに誇大化する風潮が，各地に広まったのです。

① 中ソ友好同盟相互援助条約が結ばれた。

② 「大躍進」政策が展開された。

③ 紅衛兵が動員された。

④ 改革・開放政策が着手された。

C　あるクラスで，主な国・地域の人口の推移に関する統計・資料を基に，生徒たちが議論をしている。

グラフ3

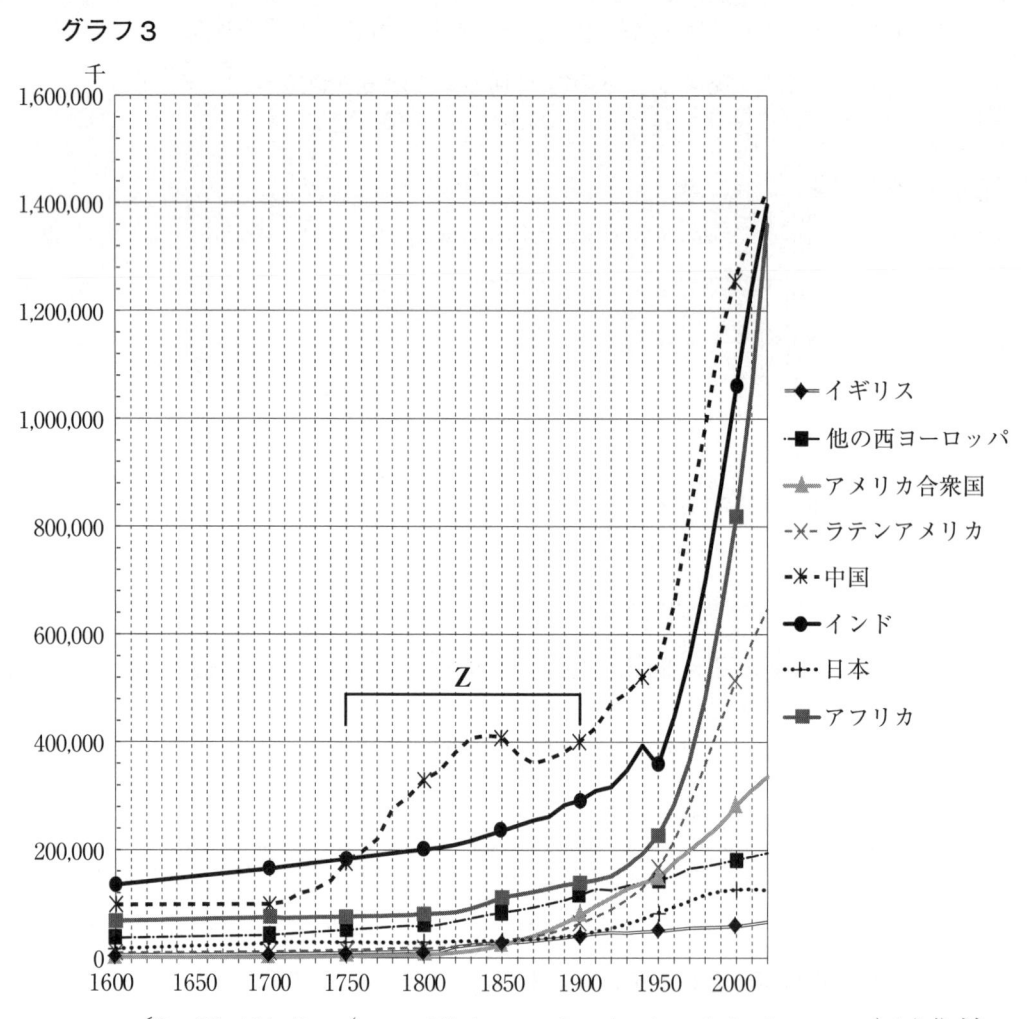

〔Our World in Data（ourworldindata. org/grapher/population-by-century）より作成〕

鎌　田：グラフ3のZの時期は，他の地域でも人口は増加してるけど(e)中国での人口増加がひときわ目立ってるね。

野　田：でもその後は，一時的に減少してるわよ。どうしてかしら。

今　西：近年は中国やインドに加え，(f)アフリカやラテンアメリカでの増加ぶりがすごいね。アフリカは1950年と比べると2000年には約4倍に人口が増加してるね。

問7　下線部⑥に関連して，鎌田さんたちは，**Z**の時期の中国の人口の増減の要因について調べ，パネル**あ**〜**え**を作成した。適当なパネルの組合せとして正しいものを，後の①〜⑥のうちから一つ選べ。　**7**

あ

> 康熙帝が台湾を征服して領土を拡大した。

い

> トウモロコシやサツマイモなどの作物の栽培が普及した。

う

> 洪秀全を指導者とする大規模な動乱が発生した。

え

> 華僑とよばれる移民の流入が中国で起こった。

① あ・い　　　② あ・う　　　③ あ・え
④ い・う　　　⑤ い・え　　　⑥ う・え

問8　下線部①に関連して，1950年以降のアフリカの歴史に関して述べた文 I 〜 III について，古いものから年代順に正しく配列したものを，後の①〜⑥のうちから一つ選べ。　**8**

I　南アフリカでアパルトヘイトが廃止された。

II　アフリカ統一機構(OAU)が結成された。

III　エンクルマ(ンクルマ)を指導者としてガーナが独立した。

① I － II － III　　② I － III － II　　③ II － I － III
④ II － III － I　　⑤ III － I － II　　⑥ III － II － I

— 11 —

問9　この授業のあと，今西さんの班は近年急速に進んでいる世界規模での人口増加の影響について調べようと，**表2**を用意して議論した。下の会話文中にある空欄　**オ**　に入れる語句として最も適当なものを，次の①〜④のうちから一つ選べ。　9

表2　世界の森林面積の変化(地域別)　(単位：万ha／年)

	1990〜2000年	2000〜2010年
世界計	−832	−521
アジア	−60	+224
アフリカ	−407	−341
ヨーロッパ	+88	+68
北中米	−29	−1
南　米	−421	−400
オセアニア	−4	−70

(FAO「世界森林資源評価2010」より作成)

今　西：近年になって急速に人口増加が進んでいるアフリカや南米で特に森林面積の減少が目立っているね。

小　林：それは，人口の増加に対応するため食糧を増産しようと，森林を農地に転用する動きが広まっているためだよ。

杉　岡：でも同じように人口が増加している中国やインドを含むアジアでは，逆に増加してるよ。

田　中：これらの地域では，近年になって植林活動が活発に行われているらしいよ。その影響じゃないかな。

川　西：あと，温暖化からくる猛暑を原因とする森林火災もかなり多くなっているのよ。それも森林面積が減少している要因じゃない？

高　橋：世界も環境問題への取り組みを進めているみたいだよ。例えば**表2**の時期だと　**オ**　があるよ。

① マーストリヒト条約の締結　　② 京都議定書の採択

③ 日本の環境庁設置　　　　　　④ 国際連合でのSDGsの採択

第2問　世界史上の宗教について述べた次の文章**A**〜**C**を読み，後の問い(問1〜7)に答えよ。(配点　21)

A　古代ギリシアは，多神教の世界である。詩人　ア　は，その著『神統記』において，原初にカオス(混沌)という神が存在し，そこからガイア(大地)が生まれ，そしてガイアの息子であり夫でもあるウラノス(天)との間に，様々な神々が誕生した。その後，神々の間で激しい戦闘がくり返されるが，最終的にゼウスが勝利したと，伝えている。ギリシア北方にあるオリンポス山は，ゼウスを最高神とするオリンポス12神が居住する所とされ，古代ギリシア人は神々に対して畏敬の念を持って接してきた。

　ゼウス神殿のあるペロポネソス半島西部のオリンピアでは，4年に一度，神々への奉納としてオリンピアの祭典が開催され，ギリシア各地のポリスから選手団が集まりスポーツ大会が挙行された。この祭典は，ヘレネスとしての同胞意識を確かめる場ともなり，祭典の間は「神聖な休戦」とされてポリス同士の戦争は中止された。オリンピアの祭典は前8世紀に始まり，ローマ帝国時代に　イ　まで続けられた。

　また神託で有名なデルフォイのアポロン神殿は，人々が政治や外交などの助言を求めた所で，ギリシア世界でおおいに崇敬を受けた。ペルシア戦争におけるマラトンの戦いの勝利の際には，戦勝記念としてアテネから宝物庫が寄贈され，また，(a)アレクサンドロス大王が東方遠征を計画する際には，その助言を求めるために大王自らがここを訪れている。

問1　文章中の空欄　ア　に入る人物の説明として最も適当なものを，次の①〜④のうちから一つ選べ。　10

① 勤労の尊さを内容とする『労働と日々』をまとめた。

② トロイア戦争に題材を採った『イリアス』や『オデュッセイア』を作った。

③ ペルシア戦争を主題とする歴史書をまとめ，「歴史の父」と称される。

④ ミレトスの出身で，万物の根源を水だと考えた。

問2　文章中の空欄　イ　に入れる語句として最も適当なものを，次の①〜④のうちから一つ選べ。　11

① パンテオン(万神殿)が建設される

② キリスト教が国教化される

③ ホルテンシウス法が成立する

④ ローマ市民権が全属州に拡大する

問3　下線部ⓐの結果，西アジア・南アジアで起こった出来事として最も適当なものを，次の①〜④のうちから一つ選べ。　12

① エジプトにカイロが建設された。

② イランで，マニ教が成立した。

③ ギリシア語のコイネーが共通語とされた。

④ インドに，グプタ朝が成立した。

— 14 —

B　次の**資料**は，1598年にフランス国王が発布した文書の抜粋である。(引用文には，省略したり，改めたりしたところがある。)

資　料

第一条	1585年3月の始めより余が即位するまで，さらにこれに先立つ争乱の間に起こったすべての出来事に関する記憶は，双方とも，起こらなかったこととして消し去り，鎮めること。また，主席検査官であれ誰であれ，公にも私的にも，いかなる時，いかなる機会であろうと，これを陳述，起訴，訴追することは，いかなる裁判所であれ許されない。
第二十七条	余が望むように，余の臣民の気持ちをいっそう和解させ，今後の不満の種を取り除くために，以下のように命じる。現在もしくは今後，いわゆる改革派信仰を表明するものは誰でも，これに反するいかなる誓約があろうとも，余の王国，余に服する地方，領地，所領における王，領主，都市のいかなる地位，要職，官職，公務であれ，これを保持し行使し，また差別されることなく受け入れられるものとする。
第九十一条	(前略)この勅令は，余の法官，官職保有者，臣民たちによって遵守されるべき，確固たる不可侵の勅令であり，廃止することも，抵触することいっさいを斟酌することもないと，宣言する。

　条件付きではあるものの，プロテスタントにはじめて個人の信仰の自由を認めたこの法令によって，「これに先立つ」宗教戦争は終結した。しかし，「廃止をすることも，抵触することいっさいを斟酌することもない」と述べられているにも関わらず，後に(b)この王令は廃止されることになる。

問4 資料中の「余」が行ったことについて述べた文として最も適当なものを，次の①〜④のうちから一つ選べ。 13

① ヴォルムス帝国議会を開き，ルター派を禁止した。

② 東方の遊牧民国家にルブルックを派遣した。

③ サンバルテルミの虐殺を起こした。

④ ブルボン朝を創始した。

問5 下線部ⓑに関連して，この王令が，廃止されたことによるフランスへの影響について述べた文として最も適当なものを，次の①〜④のうちから一つ選べ。 14

① 宗教対立が強まり，三十年戦争が発生した。

② 高等法院を中心に，貴族が反乱を起こした。

③ 国内の産業発展が阻害されることになった。

④ ピューリタン革命が起こり，共和政が樹立された。

C　都内の高校に通う生徒の裕介さんと，担任で世界史教師の大林先生が，中国の宗教について話をしている。

裕　介：日曜日に，家族と横浜の中華街に食事に行ったら，黄色い瓦屋根のお寺がありました。

大　林：それは，関帝廟ですね。ほら，先日，中国の ⓒ後漢から三国時代にかけての授業をした時，劉備とともに義兄弟の契りを交わした関羽の話をしたでしょう？　その関羽将軍を祀っている道教のお寺ですよ。

裕　介：道教は，中国の宗教なのですか？

大　林：道教は，無病息災や家内安全，商売繁盛といったご利益を求める傾向が強い宗教で，後漢末の太平道や五斗米道が源流となって生まれたとされています。

裕　介：確か太平道は，お祈りやおまじないで病気を治して農民から多くの信者を集め，教祖の張角が黄巾の乱を起こしたという新興宗教ですよね。でも，なぜ関羽が祀られているのですか？

大　林：ホォー，よく覚えていますね。関羽は武芸のみならず経済にも通じた人物だったので，商売の神様として，商業が発展していく中国で多くの人々から信仰を集めるようになったのです。横浜の中華街では，毎年夏に，関羽の生誕を祝う関帝誕というお祭りがあって，関羽の像を乗せた御輿をくりだすにぎやかなパレードをやっていますよ。

裕　介：楽しそうですね。一度見に行ってきます。

問6　下線部ⓒについて述べた文として最も適当なものを，次の① ～ ④のうちから一つ選べ。　15

① 邪馬台国の卑弥呼が，後漢に朝貢した。

② 党錮の禁によって，宦官が弾圧された。

③ 呉は，洛陽を都に建国した。

④ 魏は，九品中正を採用した。

問7 会話文にある中国の商業発展に関連して，明代に商人たちによって，相互扶助を目的に都市に建設されたものの名称**あ・い**と，明代に商業が発展する要因となった事柄について述べた文**X・Y**との組合せとして正しいものを，後の①〜④のうちから一つ選べ。 16

相互扶助を目的に建設されたものの名称

あ　行　　　　　　　　い　会　館

明代に商業が発展する要因となった事柄

X　長江下流地域で，綿花や桑の栽培が広まった。

Y　占城稲の栽培が始まり，農業生産が増大した。

① あ ― X　　　　　　② あ ― Y
③ い ― X　　　　　　④ い ― Y

第3問　世界各地にある世界遺産に登録されている宗教施設について，述べた次の文章**A・B**を読み，後の問い(**問1〜5**)に答えよ。(配点　16)

A　先生と山田さんがイスラーム世界のモスクについて話をしている。

先　生：この写真はアフリカのニジェール川流域に位置する@トンブクトゥのジンガリベリ＝モスクです。

山　田：モスクというとイスファハーンに　ア　が建設させた「王のモスク」のようなものを想像してしまいますが，このモスクはとても原始的ですね。

先　生：このモスクは，煉瓦と粘土で造られていて，⑥13世紀にはじまったマリ王国のもとで，トンブクトゥが最盛期を迎える14世紀に創建されたと言われています。ちょうどマンサ＝ムーサ王の治世ですね。

山　田：マンサ＝ムーサ王はマリ王国の全盛期の王ですよね。この前の授業で聞いたメッカ巡礼の話がとても印象に残っています。

先　生：そうですね。メッカ巡礼の話はとても有名ですが，このマンサ＝ムーサ王はイスラーム文化の導入にも努め，この王の時代にこのモスク以外にも多くのモスクやマドラサが建設されました。

問1　下線部@の町が栄えた経済的な理由として最も適当なものを，次の①〜④のうちから一つ選べ。　17

①　綿花栽培がさかんに行われて，イスラーム商人がこの地を訪れた。

②　銀山の採掘により，この地域の銀の集散地となった。

③　香辛料の原産地であり，ヨーロッパ人が来航した。

④　塩と金の交換を行うサハラ縦断貿易の拠点となった。

問2 空欄 ア に入れる語**あ・い**と，その人物が属する王朝について述べた文 **X・Y**との組合せとして正しいものを，下の①～④のうちから一つ選べ。 18

空欄 ア に入れる語

あ アッバース1世 **い** イスマーイール（1世）

王朝についての説明

X この王朝のもとでシーア派が国教となった。

Y ホルムズ島をオランダから奪った。

① **あ**－**X**　　② **あ**－**Y**　　③ **い**－**X**　　④ **い**－**Y**

問3 下線部⑥に関連して，13世紀においてイスラーム世界では大きな変化が起った。その変化について説明した文**あ・い**と，その変化に関係すると考えられる事柄について述べた文**W**～**Z**の組合せとして正しいものを，後の①～⑥のうちから一つ選べ。 19

イスラーム世界の変化

あ カリフ制が一時的に消滅した。

い カイロがイスラーム世界の中心地になった。

その変化と関係すると考えられる事柄

W ティムール朝がバグダードを占領した。

X セルジューク朝がマドラサ（学院）を設立した。

Y フレグ（フラグ）がアッバース朝を滅ぼした。

Z カーリミー商人が活躍した。

① **あ**－**W**　　② **あ**－**Y**　　③ **あ**－**Z**

④ **い**－**W**　　⑤ **い**－**X**　　⑥ **い**－**Y**

B　あるクラスで，次の**図1**〜**3**を基に授業が行われている。

図1

図2

図3

先　生：今日は世界遺産に登録されたインドの宗教施設について見ていきましょ
　　　　う。まず**図1**を見てください。これはシヴァ神を祀ったヒンドゥー教の
　　　　ブリハディーシュワラ寺院といいます。チョーラ朝全盛期の君主ラー
　　　　ジャラージャ1世によって建設されたものです。

星　　：チョーラ朝は南インドを支配して，10世紀にはスリランカ北部をも支配
　　　　下に置き，さらには(c)スマトラ島に進出したんですよね。

先　生：そうです。こうした遠征はラージャラージャ1世と彼を継いだ息子の下
　　　　で行われ，中国の北宋にも使節を送っています。続いて**図2**を見てくだ
　　　　さい。こちらは北東インドのブッダガヤにあるマハーボディ寺院です。

町　田：仏教の聖地の一つであるブッダガヤに建立されたということは，**図2**は
　　　　仏教寺院ですか。

先　生：その通りです。ダルマに基づく統治をめざしたアショーカ王が建立した
　　　　仏塔を起源としていると言われていわれています。この寺院が創建され

たのは，アジャンターの石窟寺院に見られる純インド的な仏教美術が完成した時期でした。マハーボディ寺院もこの建築様式でつくられています。次に**図3**を見てください。

三　上：これは教科書で見たことがあります。奴隷王朝を開いたアイバクによって建てられたクトゥブ＝ミナールではないですか。

先　生：よく覚えていましたね。このミナレットはアイバクが，デリー近郊に創建したクトゥブ＝モスク（クワットゥル＝イスラーム＝モスク）の付属として建てられました。モスクにはヒンドゥー様式とイスラーム様式が混在した様式が見られ，インド最古のイスラーム建築物と言われているんですよ。

問4　下線部ⓒに興味をもった生徒たちは，スマトラ島について**メモ**にまとめた。生徒たちがまとめた次の**メモ**の正誤について述べた文として正しいものを，後の①～⑥のうちから一つ選べ。　20

星さんのメモ
シャイレンドラ朝の下で，大乗仏教の遺跡であるボロブドゥールが建てられた。

町田さんのメモ
シュリーヴィジャヤはパレンバンを中心にマレー人によって建国された。

三上さんのメモ
イスラーム王国のアチェ王国は，対オランダ武力闘争を行った。

① 星さんのみ正しい
② 町田さんのみ正しい
③ 三上さんのみ正しい
④ 星さんと町田さんの二人のみが正しい
⑤ 星さんと三上さんの二人のみが正しい
⑥ 町田さんと三上さんの二人のみが正しい

問5　図1～3が，創建した年代の古いものから順に正しく配列されているものを，次の①～⑥のうちから一つ選べ。　21

①　図1→図2→図3

②　図1→図3→図2

③　図2→図1→図3

④　図2→図3→図1

⑤　図3→図1→図2

⑥　図3→図2→図1

第4問 世界史における接触と交流について述べた次の文章**A～C**を読み，後の問い(**問1～7**)に答えよ。(配点　22)

A 次の**地図**は，インド洋とその周辺地域を表したものである。

地　図

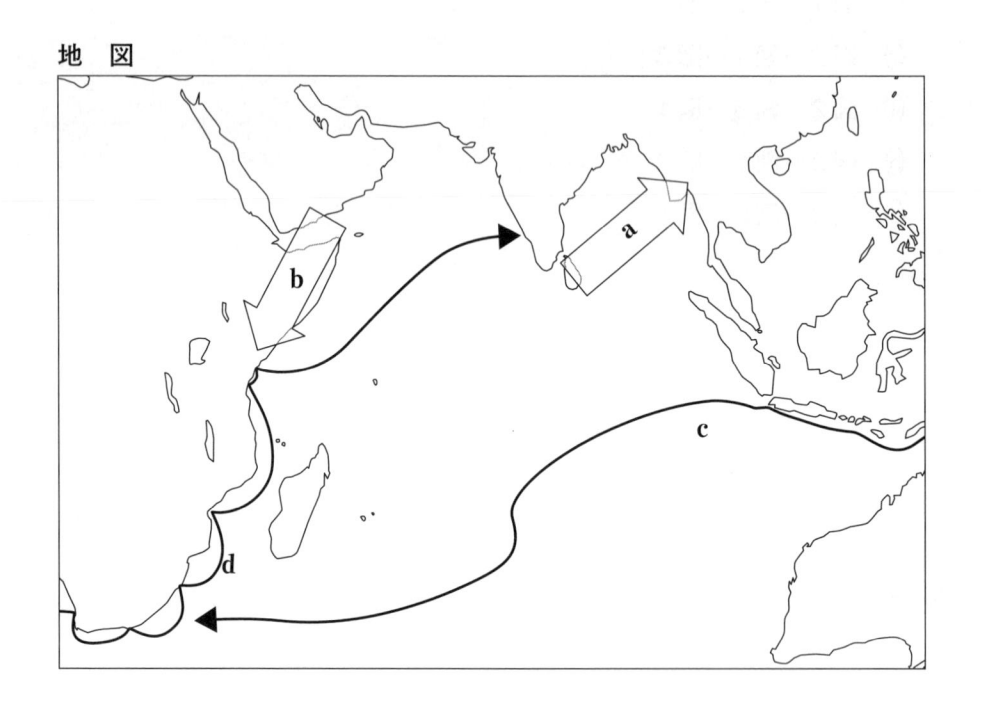

　「海の道」が通るこの地域では，紀元前後から交易や交流が行われインド洋交易圏が形成されていた。ローマ帝国が最盛期を迎えた五賢帝の時代には，前漢の武帝が設置した日南郡まで，ローマ皇帝の使者が到ったとされている。また，メコン川下流域に成立した扶南の外港オケオの遺跡からはローマの金貨や各地の(a)宗教的遺物が出土しており，東西交易がさかんだったことを示している。イスラーム教が成立して以降は，ムスリム商人も東西交易に進出し，10世紀頃からは，カイロやアレクサンドリアを拠点とするイスラーム教徒の商人たちによる交易が活発になった。

　15世紀後半からの欧米諸国では大航海時代が幕を開け，各国は香辛料を求めてインド航路の開拓に乗り出すこととなった。

問1　下線部ⓐに関連して，**地図**中の矢印**a**と矢印**b**は宗教の伝播の始点と終点およびその方向を示すが，宗教の伝播の事例**あ〜え**と，それについて説明した文**X・Y**との組合せとして正しいものを，後の**①〜④**のうちから一つ選べ。

　　22

　　事　例

あ　矢印**a** ― 上座部仏教　　　　**い**　矢印**a** ― 儒教

う　矢印**b** ― イスラーム教　　　**え**　矢印**b** ― キリスト教

　　説　明

X　この伝播にともない，スワヒリ語文化も成立した。

Y　この宗教を受容したパガン朝は，西山(タイソン)の乱で滅亡した。

①　あ ― X　　　　**②**　い ― Y　　　　**③**　う ― X　　　　**④**　え ― Y

問2　**地図**中の矢印**c**または矢印**d**が示すこの地を経由した航海者の動きについて述べた文として最も適当なものを，次の**①〜④**のうちから一つ選べ。　　23

①　矢印**c**は，太平洋を探検したアムンゼンの航海を表している。

②　矢印**c**は，アフリカに到達した鄭和が率いる遠征隊の航海を表している。

③　矢印**d**は，カリカットに到達したヴァスコ＝ダ＝ガマの航海を表している。

④　矢印**d**は，『後漢書』に記された大秦王安敦の使者の航海を表している。

問3　**地図**で表された地域での交易活動と中国との関わりについて述べた文として誤っているものを，次の**①〜④**のうちから一つ選べ。　　24

①　漢代に，初めてムスリム商人が中国に到来した。

②　明代に，海上交易を通じて大量の銀が中国に流入した。

③　唐代に，広州に海上貿易を管理する機関が設けられた。

④　宋代以降，「海の道」を通じて陶磁器が中国から輸出された。

B ヨーロッパからはオリエント（"日の昇るところ"）と呼ばれた古代の西アジア地域では，古くから様々な形の国家が生まれた。次の**地図1〜3**は，古代の西アジア地域で興起した諸国家の発展を表したものである。

地図1の ア はメソポタミア南部の都市国家を征服して初めてメソポタミアを統一したセム語系民族の王国，**地図2**の イ は外部から進出してきたインド＝ヨーロッパ語系民族が築いた王国のそれぞれ最盛期の大まかな支配領域を示している。**地図1**の段階では， ア に匹敵する国家はエジプトしか見えないが，**地図1**の時代から約1000年後にあたる**地図2**の時代には イ を含む大国が割拠しており，諸国の間での同盟や戦争が活発であったことがエジプトで出土したアマルナ文書などから分かっている。

地図3はメディアから独立したイラン人の ウ 朝の版図を示している。この大帝国は，エジプト・アナトリア・メソポタミア・イランなどを支配下に収め，オリエント世界の統一を，約200年間に渡って維持した。

地図1 前三千年紀後半の西アジア

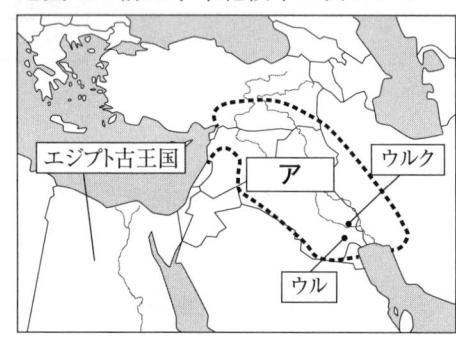

地図2 前二千年紀後半の西アジア

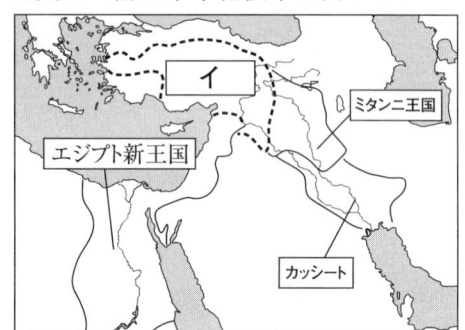

地図3 前6世紀後半

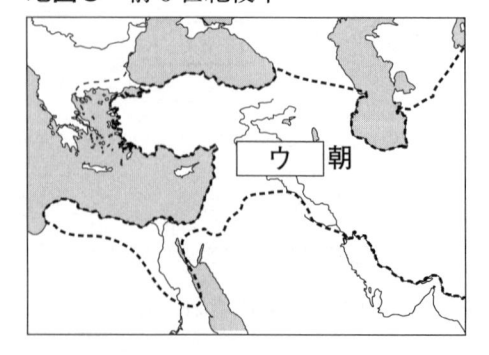

問4　前の文章中の空欄　ア　を建てた民族名あ〜うと，空欄　イ　の民族に
関する**説明X・Y**との組合せとして正しいものを，後の① 〜 ⑥のうちから一
つ選べ。　25

民族名

あ　ヒッタイト人　　　い　シュメール人　　　う　アッカド人

説　明

X　この民族は，ダマスクスを都として内陸交易で活躍した。

Y　この民族の王国では鉄製武器を活用した。

①　あ ― X　　　　　②　あ ― Y　　　　　③　い ― X

④　い ― Y　　　　　⑤　う ― X　　　　　⑥　う ― Y

問5　前の文章中の空欄　ウ　朝による政策について述べた文として最も適当な
ものを，次の① 〜 ④のうちから一つ選べ。　26

①　ミレトスの反乱を支援したギリシアを攻撃した。

②　帝国を州に分けて，「王の目」に管理させた。

③　ペルセポリスを起点とする「王の道」を整備した。

④　支配下に置いた諸民族の風習を否定した。

C 古来，南アジアとアフガニスタンは密接なつながりをもってきた。**地図**はアフガニスタンからインド亜大陸へと進出する勢力が頻繁に利用したコース（矢印）とそれに関わる二つの都市を表し，**メモ**はその2都市の歴史についての説明である。

地　図

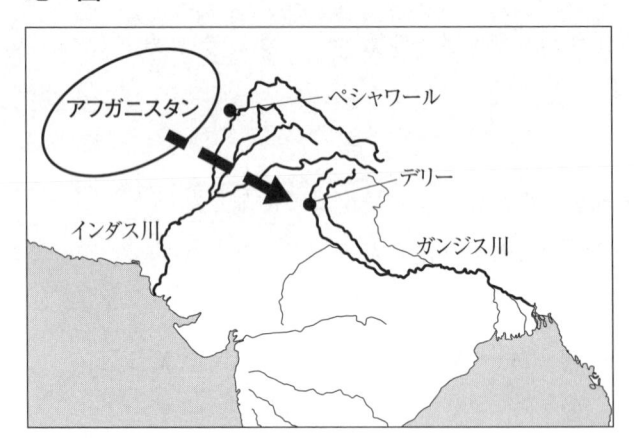

メ　モ

ペシャワール

- 古くからガンダーラと呼ばれた地方に位置する。

- この都市はかつてプルシャプラと呼ばれ，1世紀頃，アフガニスタン方面から進出した勢力が建てた王朝の都が置かれた。この王朝の時代に　　エ　　が発展した。

- 第二次世界大戦後にインドとパキスタンが分離・独立すると，パキスタンの北西部辺境州の州都となった。

デリー

- デリー（オールド＝デリー）はアフガニスタンから進出したゴール朝の将軍アイバクが建てた奴隷王朝以降，諸王朝の都として発展したが，　　オ　　を行ったことで知られるムガル帝国の皇帝が都をアグラへ遷した。

- イギリスはインド帝国の中心を当初のカルカッタ（コルカタ）からデリーに移し，ニュー＝デリーが建設された。

- 分離・独立後，デリーはインド連邦（共和国）の首都となった。

問6　メモ中の空欄 エ と オ に入る語句の組合せとして正しいものを，次の①〜④のうちから一つ選べ。 27

① エ ― ヘレニズム文化の影響を受けた仏教美術
　 オ ― 人頭税（ジズヤ）の廃止

② エ ― ヘレニズム文化の影響を受けた仏教美術
　 オ ― タージ＝マハルの建設

③ エ ― 中国絵画の影響を受けた細密画（ミニアチュール）
　 オ ― 人頭税（ジズヤ）の廃止

④ エ ― 中国絵画の影響を受けた細密画（ミニアチュール）
　 オ ― タージ＝マハルの建設

問7　ペシャワールやデリーが属する南アジアは近・現代史において大きな変動を経験し，それは両都市に住む人々の社会にも影響をもたらした。次のグラフは，近代以降のデリーの人口の推移を示すものである。グラフ中の時期W〜Zにおける南アジアについて述べた文として最も適当なものを，次の①〜④のうちから一つ選べ。 28

グラフ　デリーの人口の推移

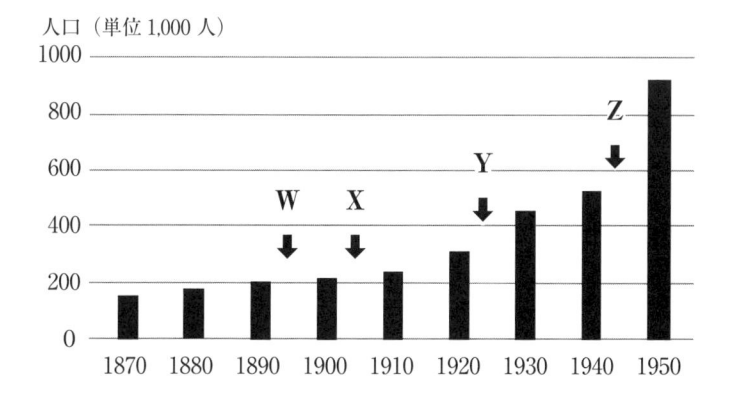

人口（単位 1,000 人）

① Wの時期にヴィクトリア女王を皇帝としてインド帝国が建てられた。

② Xの時期に全インド＝ムスリム連盟がカルカッタ大会を開いた。

③ Yの時期に国民会議派のジンナーが非暴力・不服従運動を展開した。

④ Zの時期にネルーを指導者としてインド連邦が独立した。

第5問 世界史上の征服と反抗について述べた次の文章**A・B**を読み，下の問い（**問**1〜5）に答えよ。（配点　16）

A

図

あ

い

　セルジューク朝のビザンツ帝国領進出に対し，ビザンツ皇帝から救援要請を求められたローマ教皇ウルバヌス2世は，｜　**ア**　｜の回復を目指してクレルモン教会会議で十字軍を提唱した。11世紀〜13世紀にかけて数次にわたって派遣された十字軍は，第1回で聖地を回復したが，1187年にアイユーブ朝のサラーフ=アッディーンによって再び奪回されていた。

　上の**図**は，再度聖地回復を目指した第3回十字軍を描いた絵画であり，19世紀の歴史画家によるもので「アッコンの征服」をテーマとしている。ヨーロッパからはるばると第3回十字軍に参加した君主2人が，**図**の左右で馬上の人として描かれている。2人の王の間には捕らえられたアッコンの民が集められ，手にしていた武器を捨てている者も見られる。イスラーム王朝との間では人質となった彼らの身代金が協議されていたが，支払われることはなく，のち2,000名以上が処刑され，その様子も絵画に描かれた。

問1　文章中の空欄　ア　に入る都市について述べた文として最も適当なものを，次の①〜④のうちから一つ選べ。　29

① フェニキア人が貿易の拠点とし，のちにカルタゴを建設した。

② サイクス・ピコ協定では，国際管理地域の中に含まれた都市である。

③ 新バビロニアに滅ぼされたユダヤ人が強制連行された都市である。

④ メディナに移住する以前にムハンマドが居住しており，迫害された都市である。

問2　図中のあはイングランド王，いはフランス王であるが，彼らについて述べた文として最も適当なものを，次の①〜④のうちから一つ選べ。　30

① 図のあは国内で貴族の反乱に悩まされ，大憲章（マグナ＝カルタ）を承認した。

② 図のあはバラ戦争に勝利して，テューダー朝を開いた。

③ 図のいはアルビジョワ十字軍に成功し，南フランスを王領に加えた。

④ 図のいはジョン王を破って，フランスの領土を拡大した。

B 次の**資料1・2**は，中国の王朝とその周辺地域との関係に関するものである。(資料には，一部省略したり，改めたりしたところがある。)

資料1 『史記』大宛伝

> 漢から向かった使者は，「大宛(フェルガナ)にはよい　イ　がありますが，我々には隠してしまい，与えてくれないのです」と報告した。それを聞いた漢の皇帝はなんとか手に入れようとしたが，「漢は遠く，遠征軍を送ってきても，いつも失敗しておられる。我々をどうすることもできないのではないですか。何より，我らの　イ　は大宛の宝であります」と言われ，結局売ってもらえなかった。(中略)漢の皇帝は李広利を派遣して大宛を討たせた。

資料2 『旧唐書』廻紇伝

> ウイグルは(安史の乱における)功を頼りに，しばしば使者を送ってきて，　イ　と絹を合法的な交換を求めてきた。(中略)ウイグルからの絹の要求はますます増加したが，これと引き換えに我々が　イ　を入手しても，使い道に困るほどであった。あまりに　イ　を持ち込もうとするので，皇帝は　イ　と絹の取引に上限を設けるようになった。

先　生：**資料1**は前漢の武帝の時代に将軍李広利が大宛に遠征したことついての記述です。この遠征は匈奴を挟撃するために大月氏へと派遣された張騫によってもたらされた西域の情報に基づいて行われたものです。

菊　地：**資料1**でははじめは交渉に失敗していますが，最後は李広利が大宛を討っています。結局，目的は達成されたのでしょうか。

先　生：対外遠征が多かった時代，武帝は大宛産の　イ　に非常に執心していたといいます。大宛へは二度遠征して，最終的に目的は実現しました。次に**資料2**を見てみましょう。

菊　地：**資料2**には武帝の時代にあれほどまでに入手したかったものが，安史の乱後の唐代には「使い道に困る」と書かれています。

先　生：この時代は絹と交換する交易によって　イ　は中国にもたらされていました。このような交易はもともと古来から行われていましたが，一時中断して，唐代に復活して，突厥，そしてそれに続くウイグルとの間で

さかんに行われました。通貨の代わりになったり納税手段として用いられたりする絹は非常に価値のあるもので，安史の乱の鎮圧に協力して唐に恩を売ったウイグルが絹を大量に求めたことで，当時の皇帝が制限をかけたことが**資料2**からわかりますね。

問3　文章中の空欄　イ　に当てはまる語**あ・い**と，**資料1**と**資料2**から読み取れる**事柄X・Y**との組合せとして正しいものを，後の**①**～**④**のうちから一つ選べ。　31

　イ　に当てはまる語

あ　鉄　　　　　**い**　馬

読み取れる事柄

X　中国王朝は，理藩院を設置して周辺地域を間接統治しようとしている。

Y　周辺地域の人々は，中国王朝のことをあなどっている。

①　**あ**ー**X**　　　**②**　**あ**ー**Y**　　　**③**　**い**ー**X**　　　**④**　**い**ー**Y**

問4　**資料1**は司馬遷によって著された歴史書の一部である。司馬遷は皇帝から厳しい刑罰を受けた後も著述を続け，その皇帝の治世中に歴史書を完成させた。この皇帝について述べた文として最も適当なものを，後の**①**～**④**のうちから一つ選べ。　32

①　半両銭を鋳造し，貨幣を統一した。

②　都を平城から洛陽に遷都した。

③　中書省を廃止し，皇帝独裁体制を確立した。

④　衛氏朝鮮を滅ぼし，朝鮮半島にも郡を置いた。

問5　資料2は，後晋の宰相劉昫らの編による唐代の歴史をまとめた正史である。唐の征服活動を受けた中国の周辺国家・周辺民族についての資料を，後の①〜④のうちから一つ選べ。　33

① オイラトのエセンが使者を遣わし，手紙と，貢物として貂の皮などを差し出した。(中略)手紙には，(エセンは)，国土と人民，伝国の王宝をことごとく手に入れた。天の道に従って仲良くするのがよいであろう，と書かれていた。

② この国は，その昔，北扶余出身の始祖鄒牟王が創基した。(中略)その後，十七世孫の国罡上広開土境平安好太王に至った。十八歳で即位し，(中略)その恵み，威光や武力は広く四海を覆ったが，やがて崩御された。

③ 安息国の王は番兜城からこの地を治めている。長安からは一万一千六百里の距離にあり，都護の支配は受けていない。(中略)前漢の武帝が初めて使者を遣わした時，王は国境に二万騎を派遣した。

④ 行兵〔兵を動かすこと〕すれば則ち称して猛安・謀克と曰い，其の多寡に従い以て号を為す。猛安とは千夫長なり，謀克とは百夫長なり。(中略)部卒の数は，初め定制なく，太祖即位の二年に至り，(中略)始めて命じて三百戸を以て謀克と為し，謀克十もて猛安と為す。

2022年度大学入試センター公表

令和7年度大学入学共通テスト

試 作 問 題

●標 準 所 要 時 間●

第1問	16分		第4問	13分
第2問	8分		第5問	14分
第3問	9分			

歴史総合，世界史探究

第1問　歴史総合の授業で，世界の諸地域における人々の接触と他者認識について，資料を基に追究した。次の文章A〜Cを読み，後の問い（**問1〜8**）に答えよ。（資料には，省略したり，改めたりしたところがある。）（配点　25）

A　19世紀のアジア諸国と欧米諸国との接触について，生徒と先生が話をしている。

先　　生：19世紀はアジア諸国と欧米諸国との接触が進んだ時期であり，アジア諸国の人々と欧米諸国の人々との間で，相互に反発が生じることがありました。例えば日本の開港場の一つであった横浜の近郊では，薩摩藩の行列と馬に乗ったイギリス人の一行との間に，**図**に描かれているような出来事が発生しています。それでは，この出来事に関連する他の資料を図書館で探してみましょう。

　　　　（この後，図書館に移動して調査する。）

高　　橋：横浜の外国人居留地で発行されていた英字新聞の中に，この出来事を受けて書かれた論説記事を見つけました。

　　　　（ここで，高橋が⒜英字新聞の論説記事を提示する。）

中　　村：この記事は，現地の慣習や法律に従わなかったイギリス人の行動を正当化しているように見えます。また，この出来事が，イギリス側でも，日本に対する反発を生んだのだと分かります。

先　　生：そのとおりですね。一方で，アジア諸国が欧米諸国の技術を受容した側面も大事です。⒝19世紀のアジア諸国では，日本と同じく欧米の技術を導入して近代化政策を進める国が現れました。

問1　文章中の**図**として適当なもの**あ・い**と，後の**年表**中の a～c の時期のうち，図に描かれている出来事が起こった時期との組合せとして正しいものを，後の①～⑥のうちから一つ選べ。　1

図として適当なもの
あ

い

日本の対外関係に関する年表

1825 年　異国船を撃退するよう命じる法令が出された。

　　　　　　　a

　　　上記法令を撤回し，異国船への燃料や食料の支給を認めた。

　　　　　　　b

　　　イギリス艦隊が鹿児島湾に来て，薩摩藩と交戦した。

　　　　　　　c

1871 年　清との間に対等な条約が締結された。

① あ — a　　　② あ — b　　　③ あ — c

④ い — a　　　⑤ い — b　　　⑥ い — c

問2　下線部ⓐに示された記事の内容を会話文から推測する場合，記事の内容として最も適当なものを，次の①〜④のうちから一つ選べ。　　2

① イギリス人は，日本の慣習に従って身分の高い武士に対しては平伏すべきである。

② イギリス人は，日本においてもイギリスの法により保護されるべきである。

③ イギリス人は，日本の許可なく居留地の外に出るべきではない。

④ イギリス人は，日本が独自に関税率を決定することを認めるべきではない。

問3　下線部ⓑについて述べた文として最も適当なものを，次の①〜④のうちから一つ選べ。　　3

① ある国では，計画経済の建て直しと情報公開を基軸として，自由化と民主化を目指す改革が進められた。

② ある国では，「四つの現代化」を目標に掲げ，市場経済を導入した改革・開放政策が行われた。

③ ある国では，儒教に基づく伝統的な制度を維持しつつ，西洋式の兵器工場や造船所を整備する改革が進められた。

④ ある国では，労働者に団結権が認められるとともに，失業者対策と地域開発を兼ねて，ダム建設などの大規模な公共事業が行われた。

B　戦争の際のナショナリズムや他者のイメージについて，絵を見ながら生徒と先生が話をしている。

先　生：以前の授業では，一つの国民あるいは民族から成る国家を建設する動きをナショナリズムという用語で説明しました。それは異なる言葉や生活様式を持つ人々を均質な国民として統合しようとする動きと言えますね。

まさき：島国として地理的なまとまりが強い日本には，わざわざナショナリズムによって国民を統合するような動きは見られないですよね。

ゆうこ：そんなことはないでしょう。日本は，昔も今も一つの民族による国家だと思う人はいるかもしれませんが，そうではなく，異なった言語や文化を持った人々によって構成されていたのです。近代において，そういった人々を，ナショナリズムによって統合していった歴史があったはずです。

まさき：その際，抑圧の側面も存在したと考えてよいのでしょうか。

先　生：そのとおりです。

さて今回は，20世紀の戦争に目を向けてみましょう。そこでは，敵対する他者が戯画化されて，表現されることがよくあります。次の絵を見てください。これは第一次世界大戦が始まった際に，フランスのある新聞に掲載された絵です。解説には，フランスを含む5つの国の「文明戦士がドイツとオーストリアというモン

スターに立ち向かう」と書かれています。5つの国には，フランスのほかに　　ア　　などが当てはまると考えられますね。どちらも，三国協商を構成した国です。

ゆうこ：交戦相手を怪物として描いてその恐ろしさを強調することで，敵に対する
　　　　国民の憎悪をかきたてて団結させようとしているのですね。

まさき：このように敵対意識を表現することや，他の国と比べて自国を良いものだ
　　　　と考えることで自国への愛着を促すこと，これらもナショナリズムと言え
　　　　るのでしょうか。

先　生：そのとおりです。ほかにも，植民地支配からの独立を目指す動きもナショ
　　　　ナリズムに基づいていると言えます。

ゆうこ：ⓒナショナリズムには多様な現れ方があるのですね。

問4　文章中の空欄　ア　について，(1) 及び (2) の問いに答えよ。

(1)　文章中の空欄　ア　に入る国の名として正しいものを，次の①〜⑥のうち
　　から一つ選べ。なお，正しいものは複数あるが，解答は一つでよい。　4

①　アメリカ合衆国　　　②　イギリス
③　イタリア　　　　　　④　チェコスロヴァキア
⑤　日　本　　　　　　　⑥　ロシア

(2)　(1)で選んだ国について述べた文として最も適当なものを，次の①〜⑥のう
　　ちから一つ選べ。　5

①　血の日曜日事件が起こった。
②　サルデーニャ王国を中心として統一された。
③　奴隷解放宣言が出された。
④　ズデーテン地方を割譲した。
⑤　チャーティスト運動が起こった。
⑥　中国に対して，二十一か条の要求を行った。

問 5　下線部ⓒに関連して，ナショナリズムの現れ方として考えられることあ・い
と，その事例として最も適当な歴史的出来事X〜Zとの組合せとして正しいも
のを，後の①〜⑥のうちから一つ選べ。　6

ナショナリズムの現れ方として考えられること

あ　国内で支配的位置にある多数派の民族が，少数派の民族を同化しようとす
　　ること。

い　外国による植民地支配から脱して，自治や独立を勝ち取ろうとすること。

歴史的出来事

X　ロシアとの戦争が迫る情勢の中で，幸徳秋水が非戦論を唱えた。

Y　明治期の日本政府が，北海道旧土人保護法を制定した。

Z　ガンディーの指導で，非暴力・不服従運動が行われた。

①　あ — X　　い — Y

②　あ — X　　い — Z

③　あ — Y　　い — X

④　あ — Y　　い — Z

⑤　あ — Z　　い — X

⑥　あ — Z　　い — Y

C　1970年に開催された日本万国博覧会（大阪万博）について，生徒たちが，万博に関わる当時の新聞記事（社説）を探して，記事から**抜き書き**を作成した。

社説の抜き書き

- 万博に参加した77か国のうち，初参加のアジア・アフリカなどの発展途上国が25か国に上っていた。
- アジア・アフリカなどの発展途上国のパビリオン（展示館）では，一次産品の農産物・地下資源や民芸品・貝殻などが展示されていた。
- こうした発展途上国のパビリオンからは，GNP（国民総生産：国の経済規模を表す指標の一つ）は低くとも，自然と人間が関わり合う生活の中に，工業文明の尺度では測れない固有の文化の価値体系を知り得た。
- 高度工業文明とGNP至上主義の中で，「物心両面の公害」に苦しめられている今日の日本人にとって，発展途上国のパビリオンから知り得た文化と風土の多様性こそ，人間の尊厳と，人間を囲む自然の回復を考える手掛かりである。

（『読売新聞』1970年9月13日朝刊（社説）より作成）

問6　センリさんのグループは，社説が発展途上国のパビリオンの特徴に注目しながら，同時代の日本の状況を顧みていることに気付いた。その上で，当時の世界情勢で社説が触れていないことについても，議論してみようと考えた。社説が踏まえている当時の日本の状況について述べた文**あ・い**と，当時の世界情勢で**社説が触れていないこと**について述べた文**X・Y**との組合せとして正しいものを，後の**①**〜**④**のうちから一つ選べ。　7

社説が踏まえている当時の日本の状況

あ　第1次石油危機（オイル=ショック）により，激しいインフレが起こっていた。

い　環境汚染による健康被害が問題となり，その対策のための基本的な法律が作られた。

当時の世界情勢で社説が触れていないこと

X　アジアでは，開発独裁の下で工業化を進めていた国や地域があった。

Y　アラブ諸国では，インターネットを通じた民主化運動が広がり，独裁政権が倒された国があった。

① あ ― X
② あ ― Y
③ い ― X
④ い ― Y

問7　センリさんのグループでは，発展途上国が万博に積極的に参加した背景について調べ，**メモ**にまとめた。**メモ**中の空欄　**イ**・**ウ**　に入る語句の組合せとして正しいものを，後の①～④のうちから一つ選べ。　**8**

メ　モ

> 　1960年に　**イ**　で17か国が独立を果たすなど，1960年代には独立国の誕生が相次いだ。新たに独立した国々の中には　**ウ**　する国もあるなど，発展途上国は国際社会において存在感を高めていた。

① イ ― アフリカ　　ウ ― 非同盟諸国首脳会議に参加
② イ ― アフリカ　　ウ ― 国際連盟に加盟
③ イ ― 東南アジア　ウ ― 非同盟諸国首脳会議に参加
④ イ ― 東南アジア　ウ ― 国際連盟に加盟

グラフ　日本の 2 国間 ODA の地域別配分割合の推移

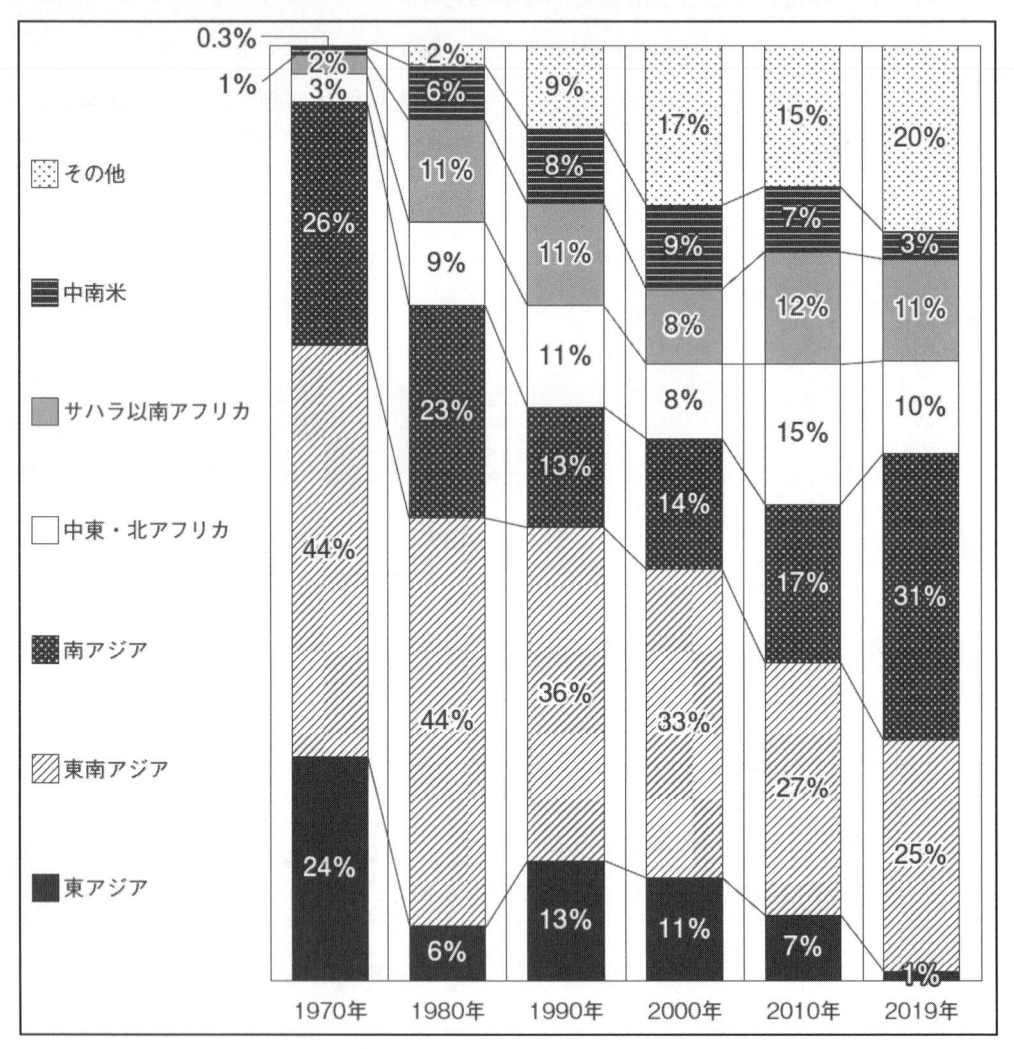

（外務省国際協力局「2020 年版開発協力参考資料集」より作成）

（注）四捨五入のため，合計は必ずしも 100%にならない。

ユメさんのメモ

> 1970 年に東アジアの割合が 24%に達していたのは，中華人民共和国への援助が開始されていたためである。

テルさんのメモ

> 2010 年までは，どの年についても，東南アジアの割合が最も大きかった。東南アジアの中には，日本が賠償を行った国々が含まれていた。

アインさんのメモ

> 1970 年から 2019 年にかけて，南アジアの割合は一貫して減少し，日本の援助先としての重要性が，他地域と比べて低下している。

① ユメさんのメモのみが正しい。

② テルさんのメモのみが正しい。

③ アインさんのメモのみが正しい。

④ 全員のメモが正しい。

第2問 世界史探究の授業で，世界史上の都市を取り上げて班別学習を行い，各班で興味を持った都市について，資料を基に探究した。それぞれの班の発表に関連した後の問い（**問1〜4**）に答えよ。（資料には，省略したり，改めたりしたところがある。）（配点　13）

問1　1班は，オスマン帝国時代のイスタンブルに興味を持ち，17世紀の各宗教・宗派の宗教施設の分布を示した**図1**を基に，**メモ1**を作った。**メモ1**中の空欄　　ア　　に入る文**あ・い**と，空欄　　イ　　に入る文**X・Y**との組合せとして正しいものを，後の**①〜④**のうちから一つ選べ。　10

図1

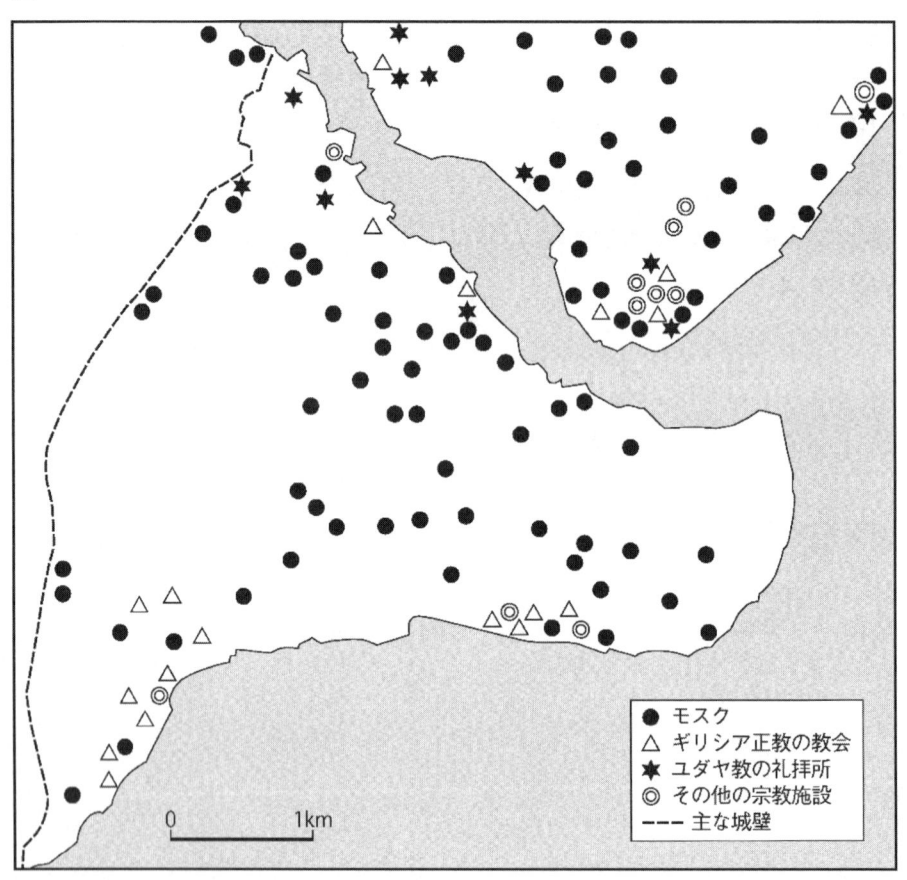

- ● モスク
- △ ギリシア正教の教会
- ★ ユダヤ教の礼拝所
- ◎ その他の宗教施設
- --- 主な城壁

0　　　　1km

— 12 —

メモ1

> 　図1の時代のオスマン帝国は，非ムスリム臣民を庇護民（ズィンミー，ジンミー）として遇して，　ア　　。イスタンブルにおいては，住民は，それぞれの宗教施設の近隣に居住していたと考えられるので，図1の宗教施設の分布から，　イ　　ことが推測される。

　ア　　に入る文

あ　人頭税の支払いと引き換えに，一定の自治を認めた

い　人頭税を廃止し，ムスリムと平等に扱った

　イ　　に入る文

X　キリスト教徒とユダヤ教徒が，分散して居住していた

Y　キリスト教徒とユダヤ教徒が，それぞれ同じ教徒だけで一箇所に集中して居住していた

① 　あ － X

② 　あ － Y

③ 　い － X

④ 　い － Y

問2 2班は，北京に興味を持ち，清代の北京の地図である**図2**と，18世紀に北京を訪れた宣教師の記録である**資料**とを見つけ，**メモ2**を付けた**パネル**を作った。この**パネル**について，**パネル**中の空欄　**ウ**　・　**エ**　に当てはまると考えられる**資料**中の語句の組合せ**あ・い**と，そのように考える理由として最も適当な文**X～Z**との組合せとして正しいものを，後の**①**～**⑥**のうちから一つ選べ。　11

パネル

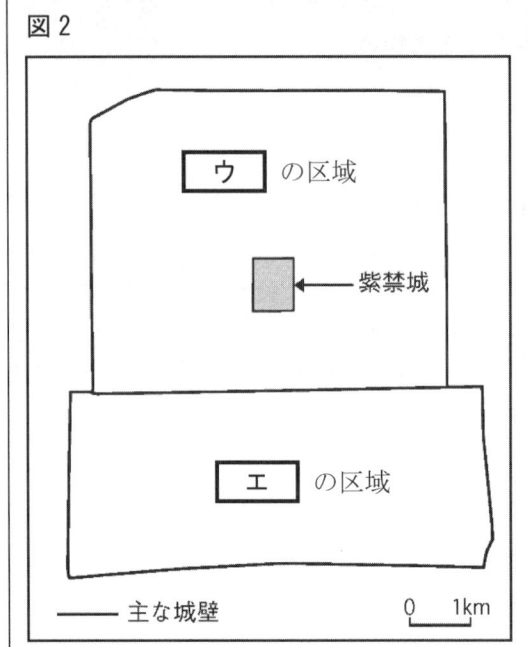

図2	資料
ウ　の区域 ←紫禁城 **エ**　の区域 ── 主な城壁　　0　1km	北京は二つの区別された区域からなっていた。一つは韃靼人の区域，もう一つは漢人の区域であった。韃靼人の区域には，韃靼人たちと，韃靼人ではないが，韃靼人の軍隊を構成する八つの部隊に登録された者たちとが住んでいた。漢人の区域は，漢人だけが住んでいた。

メモ2

・**図2**中の「紫禁城」は，皇帝の宮殿区画を指している。

・**資料**中の「韃靼人」は，清を建てた民族を指していると思われる。

ウ ・ エ に当てはまる語句の組合せ

あ　ウ ― 漢　人　　エ ― 韃靼人

い　ウ ― 韃靼人　　エ ― 漢　人

そのように考える理由

X　この王朝は，漢人の服装や言語を採用する積極的な漢化政策を採ったので，彼らを皇帝の近くに置いたと考えられる。

Y　この王朝は，皇帝と同じ民族を中心とした軍事組織を重用したので，彼らを皇帝の近くに置いたと考えられる。

Z　この王朝は，奴隷軍人を軍隊の主力として重用したので，彼らを皇帝の近くに置いたと考えられる。

① あ ― X
② あ ― Y
③ あ ― Z
④ い ― X
⑤ い ― Y
⑥ い ― Z

問3 3班は，南アフリカ共和国の都市ケープタウンに興味を持ち，1991年のケープタウンにおける使用言語の分布を示した**図3**と，それぞれの言語話者の構成を示した**表**を見つけて，**メモ3**を作った。**図3**，**表**，及び**メモ3**から読み取れる事柄や，歴史的背景として考えられる事柄を述べた後の文**あ〜え**について，正しいものの組合せを，後の**①〜④**のうちから一つ選べ。 12

図3

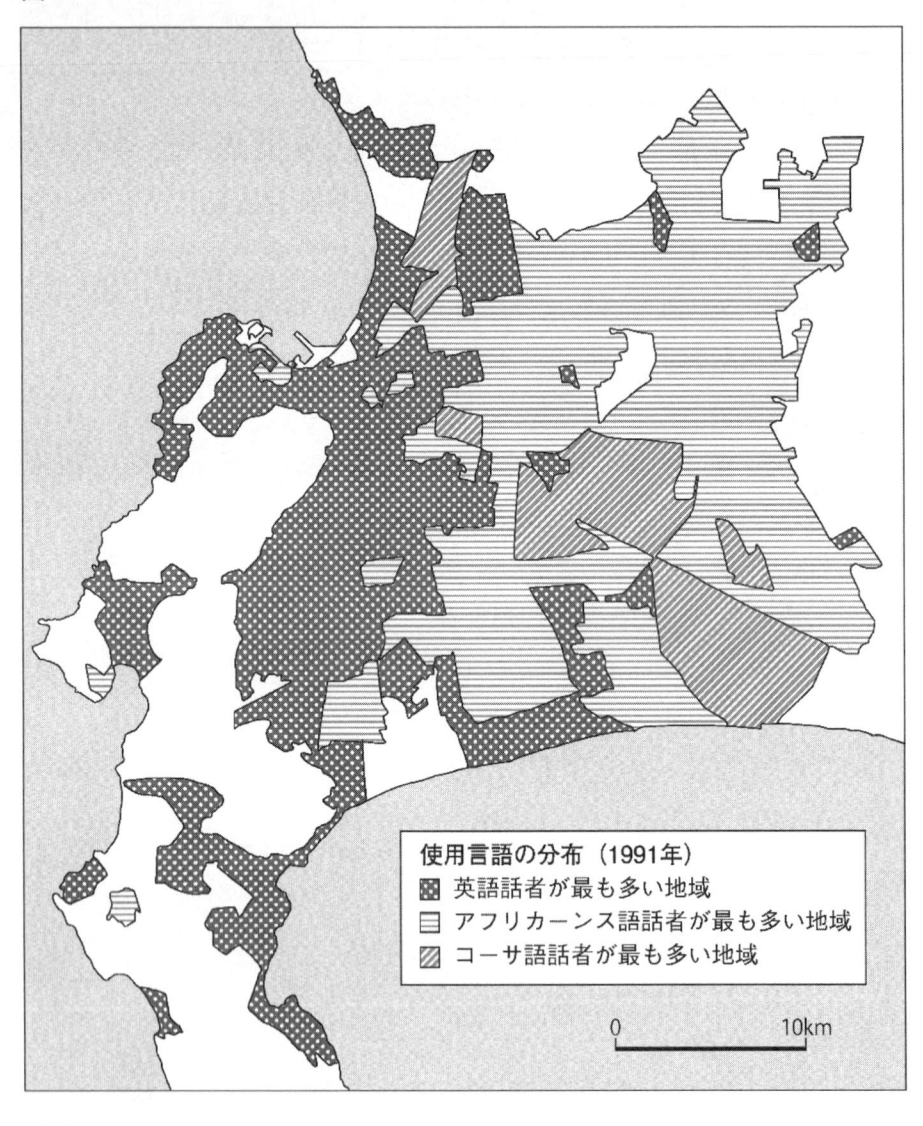

使用言語の分布（1991年）
- ▨ 英語話者が最も多い地域
- ▤ アフリカーンス語話者が最も多い地域
- ▨ コーサ語話者が最も多い地域

0　　　10km

表　それぞれの言語話者の構成（1991 年）

	英語話者	アフリカーンス語話者	コーサ語話者
白　人	49.9%	19.7%	0.02%
黒　人	0.5%	0.2%	99.80%
カラード	46.3%	79.6%	0.10%
インド人	3.3%	0.5%	0.10%
計 (注)	100%	100%	100%

(I. J. van der Merwe, The Urban Geolinguistics of Cape Town, *GeoJournal* 31-4, 1993 より作成)

(注) 四捨五入のため，合計は必ずしも 100%にならない。

メモ3

> ・アフリカーンス語は，オランダ語に現地語が混合してできた言語である。
> ・コーサ語は，アフリカ南部の言語の一つである。
> ・カラードは，「有色」という意味で，初期の白人移民と奴隷や先住民などとが混血して形成された集団である。
> ・アパルトヘイト期のケープタウンでは，法律によって，白人，黒人，カラード，インド人の4つの集団ごとに居住区が指定されていた。

あ　英語話者が最も多い地域は，18 世紀までに**図3**に見られる範囲に広がっていたと考えられる。

い　英語話者の中には，アパルトヘイトによる隔離の対象になっていた人々が含まれていると考えられる。

う　アフリカーンス語話者のほとんどが白人であり，コーサ語話者のほとんどが黒人である。

え　コーサ語話者が最も多い地域は，英語話者及びアフリカーンス語話者が最も多い地域よりも狭い。

① あ・う　　② あ・え　　③ い・う　　④ い・え

問 4 各班の発表後，先生が，日露戦争前にロシアが作成した大連の都市計画を表した**図4**とその**説明**を示した。それを基にして，生徒の渡辺さんと菊池さんが，**図4**の大連の特徴について**図1**〜**図3**と比較し，分類を試みた。**図4**の大連をどのように分類するかについて述べた文として最も適当なものを，後の①〜④のうちから一つ選べ。 13

図4

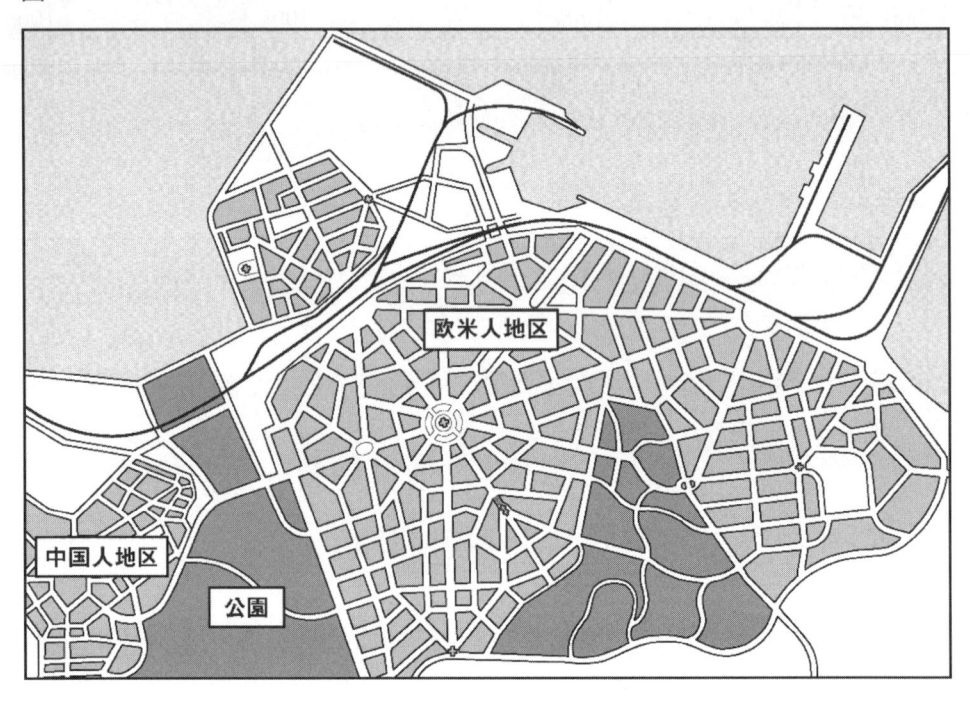

説　明

　大連は，パリの都市計画を模範にして，大きな広場から放射状に大通りが延びるよう設計された。広場のある中心部には欧米人の居住区が，公園を挟んで中国人の居住区が，それぞれ設けられる予定だった。

渡辺さんによる分類

あ　イスタンブル　　　　　い　北京，ケープタウン

菊池さんによる分類

う　イスタンブル，北京　　え　ケープタウン

① 渡辺さんは，住民ごとに居住地域が区分されていたかどうかで分類しているので，大連は**あ**に入る。

② 渡辺さんは，住民ごとに居住地域が区分されていたかどうかで分類しているので，大連は**い**に入る。

③ 菊池さんは，王朝の首都と列強の国外拠点とに分類しているので，大連は**う**に入る。

④ 菊池さんは，王朝の首都と列強の国外拠点とに分類しているので，大連はいずれにも該当しない。

第3問 世界史探究の授業で，地図を利用しながら，外交や貿易などによって発生する人の移動と，移動ルートの選択とについて，意見を出し合いながら考察した。それぞれの授業における考察に関連した次の文章**A・B**を読み，後の問い（**問1〜5**）に答えよ。（資料には，省略したり，改めたりしたところがある。）（配点 15）

A ある日の授業では，先生が，1123 年に高麗に派遣された宋の使節員が記した見聞録に基づき，宋の使節がたどった海上航路を資料として示した（**図1**）。その上で，移動ルートの特徴と背景について，生徒が意見を出し合った。

あつし：宋の都から高麗の都へ向かうには，北回りで陸路をたどった方が近くて簡単そうに見えます。しかし宋の使節は，遠回りをして，中国南部の明州から船を出し，東シナ海を渡ったわけですね。

図1

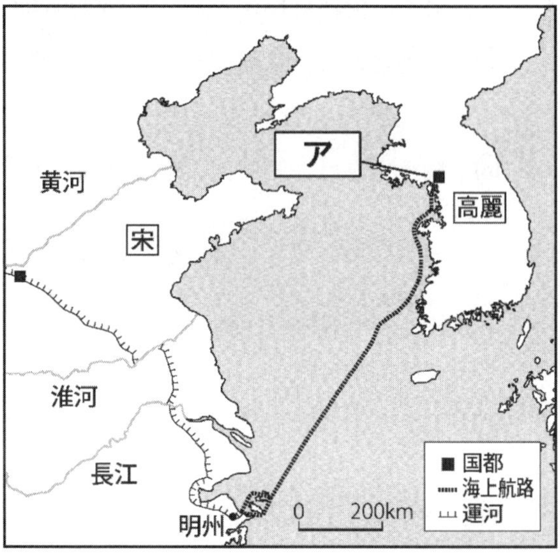

すみれ：当初から両国の使者が陸路で行き来することはなかったようですが，それは@建国以来の宋の北方情勢が関連しているのではないでしょうか。

スンヒ：宋の都と明州は大運河で結ばれていたので，大量の荷物を運ぶ外交使節にとっては内陸水運を利用する方が好都合だったかもしれません。

すみれ：以前の授業で，大運河は ┃ **イ** ┃ の時代に完成し，その工事の負担が ┃ **イ** ┃ の滅亡の一因になったと学びました。しかし大運河自体は，その後の時代にも利用されていたのですね。

みのる：当時，宋の使節が高麗に向かう航海で使用した船に関して，宋側の記録
　　　　である**資料1**と**資料2**を見つけました。海上交通の安全性や安定性は，ど
　　　　のような人々が運航を担っていたかが重要であると思います。

資料1

> 従来，朝廷が高麗に使者を送る際には，出立日に先立ち，福建・両浙^(注)の長官に
> 委託して，現地の商人の商船を募集して雇い入れてきた。
>
> （注）両浙：おおむね現在の浙江省と江蘇省南部に相当する地域。

資料2

> 皇帝より詔があり，「高麗王の逝去を弔問する使節の船を運行した船主・船頭であっ
> た商人に対し，褒美としてそれぞれ下級の官職を与える」とのことであった。

　　先　生：皆さんよい着眼点ですね。様々な要因が重なり合って利用ルートが決ま
　　　　　　っていくと考えられそうです。

問1　図1中の　ア　に入る都市の名**あ～う**と，文章中の空欄　イ　に入る王
　　朝について述べた文**X・Y**との組合せとして正しいものを，後の①～⑥のうち
　　から一つ選べ。　14

　　　ア　に入る都市の名
　　あ　漢城　　　**い**　開城　　　**う**　開封

　　　イ　に入る王朝について述べた文
　　X　土地税，人頭税，労役などを一括して銀で納める税制を導入した。
　　Y　地方に置かれた推薦担当官が人材を推薦する制度を廃止し，試験による人
　　　　材選抜方式を創設した。

　　① あ － X　　　　② あ － Y　　　　③ い － X
　　④ い － Y　　　　⑤ う － X　　　　⑥ う － Y

問2　すみれさんが下線部@のように考えた根拠として最も適当なものを，次の①
　　〜④のうちから一つ選べ。　15

　　① 宋と高麗の間の地域は，スキタイの活動範囲に入っていた。
　　② 宋と高麗の間の地域には，フラグの率いる遠征軍が侵入していた。
　　③ 宋と高麗の間の地域では，契丹（キタイ）が勢力を広げていた。
　　④ 宋と高麗の間の地域には，西夏の支配が及んでいた。

問3　資料1・2を踏まえ，宋が高麗に使節を送る際，船舶がどのように運航されて
　　いたかについて述べた文として最も適当なものを，次の①〜④のうちから一つ
　　選べ。　16

　　① 貿易商人の中には倭寇として知られる者もいたため，彼らの護衛を受けて
　　　使節が派遣されたと考えられる。
　　② 皇帝直属の軍隊が強化されたため，その軍船と軍人が使節の派遣に利用さ
　　　れたと考えられる。
　　③ 軍艦の漕ぎ手として活躍していた都市国家の下層市民が，使節の船にも動
　　　員されていたと考えられる。
　　④ 民間商人の海外渡航が広く許され，彼らの貿易活動が活性化していたので，
　　　航海に習熟した商船とその船乗りが使節の派遣に利用されたと考えられる。

B　別の日の授業では，生徒と先生が，ヨーロッパの人々がアジアを目指す試みについての資料を基に，15世紀末から16世紀中頃のイングランド商人によるアジア航路の開拓について話をしている。

先　生：イングランドは15世紀の末から，既にあるルートを使わずにアジアを目指そうとしました。なぜそのような航路の開拓を試みたのでしょうか。

みのる：当時，ヨーロッパの諸勢力は，地中海東岸を経由する貿易を通して，アジアの物産を手に入れていました。その後，アジアとの直接貿易を目指し，喜望峰経由でのアジア航路を開拓したと，先日の授業で学びました。

あつし：こうしたアジア航路の開拓に後れを取ったイングランドにとっては，いずれの航路の利用も既存の諸勢力から阻まれていたため，新規の航路開拓を行う必要があったのではないでしょうか。

先　生：そうですね。このような時期に，⒝地理学者たちは，イングランド商人たちに様々な地理情報を提供していました。次の**図2**は，1538年にネーデルラントのメルカトルが作成した世界地図の一部を抜粋したもので，**記録**は，イタリアのヨヴィウスという人物によるものです。

図2

記　録

> 北極海から右岸に沿って航行すると，（中略）船はカタイ[注]に到達する。
>
> （注）カタイ：現在の中国北部に相当すると考えられる地域。

すみれ：なるほど。このような情報があったのなら，一見突飛に思われるルートが考案されたことにもうなずけますね。

先　生：宋の使節もイングランド商人も，当時の国際環境のなか，様々な事情の下で航路を考案し，選択していたことが分かります。

問 4　下線部ⓑに関連して，新航路開拓の背景には，地理学的知識の発展が大きく寄与していたことが知られている。そのことに関して述べた文 I 〜 III について，古いものから年代順に正しく配列したものを，後の①〜⑥のうちから一つ選べ。　17

I　ある人物は，中国で初めて，アメリカ大陸や大西洋を含む世界地図を作成した。

II　ある人物は，本格的に極地探検が競われるなか，初めて北極点に到達した。

III　ある人物は，地球球体説に基づいて，大西洋を西に向かうことでアジアへ到達できると主張した。

① I － II － III
② I － III － II
③ II － I － III
④ II － III － I
⑤ III － I － II
⑥ III － II － I

問5　前の会話文と図2及び記録を参考にしつつ，イングランド商人による既知の
　　ルート利用を阻んだ国**あ・い**と，次の図中に示した**X〜Z**のうち，1550年代の
　　イングランド商人たちが試みた新ルートとして最も適当なものとの組合せとし
　　て正しいものを，後の①〜⑥のうちから一つ選べ。　18

阻んだ国

あ　ポルトガル　　　**い**　セルジューク朝

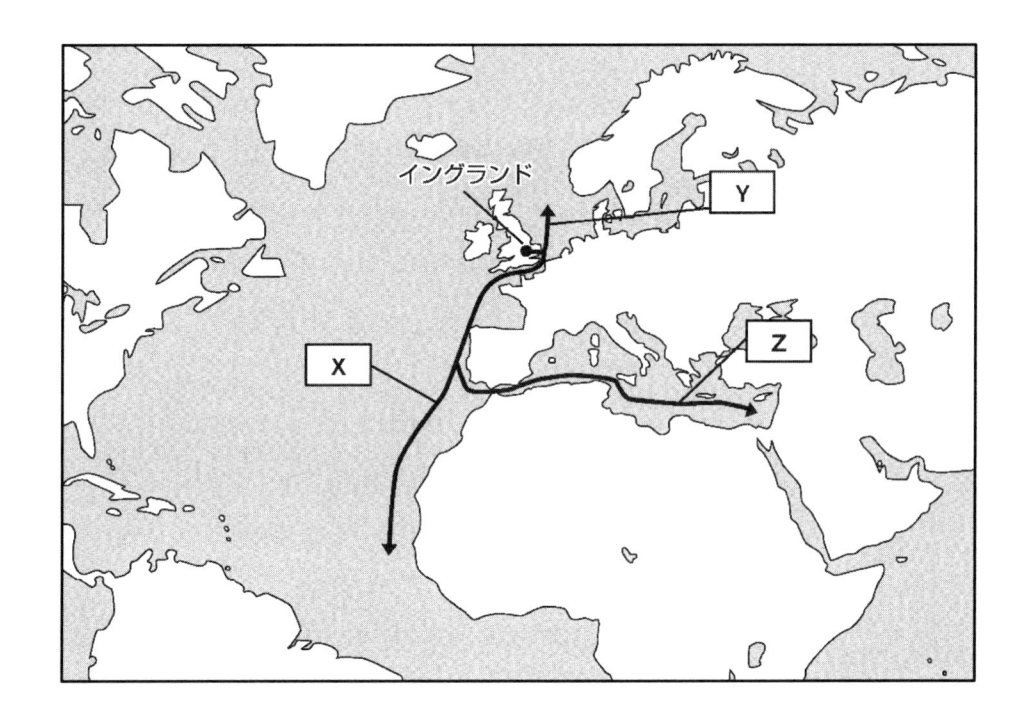

① **あ** － X

② **あ** － Y

③ **あ** － Z

④ **い** － X

⑤ **い** － Y

⑥ **い** － Z

第 4 問

世界の諸地域における国家と宗教の関係に関する資料について述べた次の文章A〜Cを読み，後の問い（**問1〜8**）に答えよ。（資料には，省略したり，改めたりしたところがある。）（配点　25）

A　次の**資料1**は，ローマ帝国において，告発されたキリスト教徒への対応をめぐり属州総督と皇帝との間で交わされた書簡である。

資料1

> （皇帝に宛てた属州総督の書簡）「私はキリスト教徒裁判には全く関わったことがありませんでした。したがって何が，どの程度罰せられるのか，あるいは審問されるのが常なのか，私は知りません。（中略）私は急いであなたに相談することにしました。なぜならば特に裁判を受ける人々が多数に及ぶため，私にはこれが相談に値することであるように思われたからです」
> （皇帝の回答）「キリスト教徒として訴えられた者たちの件を審理するに当たり，君はなすべきことを正しく行った。なぜならば，これに関しては，いわば確定した形式を持つようなあるものを，一般に制定することはできないからである。彼らは捜索されるべきではない。（中略）署名なしに提出された告発状は，いかなる犯罪についても受理されるべきではない」

　この書簡のやり取りは，ローマ帝国の最大版図を達成した　**ア**　の時代のものである。告発されたキリスト教徒への対応に苦慮した属州総督は，彼らの行状を調査した上で，皇帝に対応策を問い合わせた。この**資料1**に見られるような皇帝の姿勢もあってキリスト教徒は次第にその数を増し，4世紀末には，⒜当時ローマ帝国内で見られた他の宗教を抑えて，事実上，国教の地位を獲得した。その結果，⒝ローマ帝国による地中海支配の終焉後も，キリスト教はヨーロッパを中心に大きな影響を持ち続けることになった。

問1　文章中の空欄　　ア　　に入る皇帝の名**あ・い**と，**資料1**から読み取れる皇帝のキリスト教徒に対する姿勢**X・Y**との組合せとして正しいものを，後の①～④のうちから一つ選べ。　19

皇帝の名

あ　アウグストゥス　　　　　　　**い**　トラヤヌス帝

資料1から読み取れる皇帝の姿勢

X　皇帝は，キリスト教徒に対する告発を抑制しようとしている。

Y　皇帝は，キリスト教徒を徹底的に弾圧するよう命じている。

①　あ ― X
②　あ ― Y
③　い ― X
④　い ― Y

問2　下線部ⓐのいずれかについて述べた文として最も適当なものを，次の①～④のうちから一つ選べ。　20

①　ゾロアスター教・仏教・キリスト教の要素を融合した。
②　ナーナクが創始した。
③　ボロブドゥール寺院を造営した。
④　六信五行が義務とされた。

問 3 下線部⑥について議論する場合，異なる見方**あ・い**と，それぞれの根拠となり得る出来事として最も適当な文**W～Z**との組合せとして正しいものを，後の①～④のうちから一つ選べ。 ☐ 21

異なる見方

あ ローマ帝国による地中海地域の統一は，ゲルマン人の大移動で終焉を迎えた。

い ローマ帝国による地中海地域の統一は，イスラームの勢力拡大で終焉を迎えた。

それぞれの根拠となり得る出来事

W タキトゥスが，『ゲルマニア』を著した。

X オドアケルが，西ローマ皇帝を廃位した。

Y イスラーム勢力が，西ゴート王国を滅ぼした。

Z イスラーム勢力が，ニハーヴァンドの戦いで勝利した。

① あ ― W　　い ― Y
② あ ― W　　い ― Z
③ あ ― X　　い ― Y
④ あ ― X　　い ― Z

B　次の**資料2**は，中国にある仏教石窟の写真である。

資料2

　この仏教石窟は，5世紀の末，華北を支配した北魏の文成帝の時代に造られたものである。北魏では，5世紀中頃に廃仏が断行されたが，文成帝は廃仏を停止し，仏教を復興させた。その際，皇帝を崇拝の対象とするため，文成帝は，北魏の歴代皇帝になぞらえた巨大な石仏群を造らせた。これは政治的には，

　　　　イ　　　　ことにつながった。

　その頃，江南を支配していた南朝では，いくつかの王朝が興亡を繰り返すなかで，門閥貴族が主体となって文化が栄えた。ⓒ南朝の文化は，その後も中国文化の基層となった。

問 4 文章中の空欄 **イ** に入る文として最も適当なものと，それに相当する世界史上の事例との組合せとして正しいものを，後の**①**～**⑥**のうちから一つ選べ。 **22**

イ に入る文

あ 立憲君主政を樹立する

い 宗教を利用して君主権力を強化する

世界史上の事例

X イラン革命を経て，ホメイニ（ホメイニー）が最高指導者となった。

Y イングランドで，ウィリアム 3 世とメアリ 2 世が即位した。

Z インカ帝国では，皇帝は太陽の化身とされた。

① あ ― X   **②** あ ― Y

③ あ ― Z   **④** い ― X

⑤ い ― Y   **⑥** い ― Z

問 5 下線部ⓒについて述べた文として最も適当なものを，次の**①**～**④**のうちから一つ選べ。 **23**

① 自然現象を，神話的解釈ではなく，合理的な思考で理解しようとする思想が発展した。

② 旧来の倫理・道徳を批判する，白話を用いた文学作品が登場した。

③ 天文学や医学など諸学問が発達し，数学の分野ではゼロの概念が生み出された。

④ 対句を駆使する華麗な文体の文章が流行し，詩文集が編纂された。

C　次の**資料3**は，フランス第三共和政期の国家と宗教の関係を描いた風刺画である。

フランスでは，18世紀末の革命で非キリスト教化の動きが見られたが，その後もカトリック教会は影響力を持ち続けた。ナポレオンが宗教協約を結び，ローマ教皇と和解したことは，その要因の一つである。それ以降も，政治体制の転換とともに，国家による宗教の扱いは変化した。そして改めて共和政が敷かれたこの時期に，<u>(d)国家と宗教の新たな関係</u>の構築が模索された。ドレフュス事件は，その重要な契機であった。この事件の過程で，教皇を至上の権力とみなす一部のカトリック勢力が，共和派の政治家たちから問題視されたのである。この風刺画は，そうした時代状況を映し出している。

資料3

風刺画の中央左には，斧（おの）を振りかざす共和派の政治家エミール=コンブが描かれている。<u>(e)『哲学書簡』の著者として知られる人物</u>によって上空から光で照らされたコンブは，カトリック教会（左手前の冠をかぶった人物）とフランス（腰をかがめている女性）との錯綜（さくそう）した関係を表すロープを一刀両断しようとしている。

こうした展開を経て，フランスでは，1905年に政治と宗教の分離に関する法律が定められた。

問6　下線部⓪に関連して，次の**資料4・5**は，世界史上の国家と宗教の関係について
の資料である。前の文章中の**宗教協約**の成立時期を含めて，これらの出来事
が古いものから年代順に正しく配列されているものを，後の**①**〜**⑥**のうちから
一つ選べ。　24

資料4

> ローマ皇帝並びに神聖なる帝国の選帝侯，諸侯らは，帝国のいかなる身分の
> 者に対しても，アウクスブルク信仰告白のゆえに，また，その教義，宗教，
> 信仰のゆえに，迫害をしてはならない。多くの自由都市と帝国都市において，
> 旧教とルター派が以前から行われているので，今後もそのことはこれらの都
> 市において維持されるべきである。

資料5

> イタリア政府は，現在既に設定されている，ヴァチカン地区における教皇庁
> の所有権及び排他的かつ絶対的な権限と裁判権を，同庁の付属物や施設とと
> もに承認する。また，本条約の目的とそこに定められた条項に基づき，ヴァ
> チカン市国が創出される。

①　資料4 ― 資料5 ― 宗教協約
②　資料4 ― 宗教協約 ― 資料5
③　資料5 ― 資料4 ― 宗教協約
④　資料5 ― 宗教協約 ― 資料4
⑤　宗教協約 ― 資料4 ― 資料5
⑥　宗教協約 ― 資料5 ― 資料4

問7　下線部ⓔの人物が風刺画に描かれている理由について述べた文として最も適当なものを，次の①〜④のうちから一つ選べ。　25

① この人物が，キリスト教信仰を論理的に体系化しようとした，中世ヨーロッパの学問を代表する一人であるから。

② この人物が，禁欲的な修行によって神との一体感を求めようとした，中世に盛んになった宗教思想を代表する一人であるから。

③ この人物が，理性を重んじて古い偏見や権威を打破しようとした，18世紀に隆盛した思想を代表する一人であるから。

④ この人物が，人間心理の中の無意識に着目した，19世紀後半に登場した学問を代表する一人であるから。

問8　前の文章中の1905年に定められたフランスの法律と類似する原則は，他の地域や時代においても見られた。そのような事例について述べた文として最も適当なものを，次の①〜④のうちから一つ選べ。　26

① イングランドで，国王至上法が定められた。
② ムスタファ=ケマルが，カリフ制を廃止した。
③ インドで，ベンガル分割令が出された。
④ アルタン=ハンが，チベット仏教に帰依した。

第 5 問 世界史探究の授業で，「　ア　」という主題を設定し，資料を基に生徒が追究して，その内容をレポートにまとめた。次の文章A〜Cを読み，後の問い（問1〜7）に答えよ。（資料には，省略したり，改めたりしたところがある。）（配点　22）

A　牧さんの班は，中世ヨーロッパで起こった，ある農民反乱に関する二つの年代記を基に，主題を踏まえて考察を行った。次の文章は，その考察をまとめた**レポート**である。

レポート

○　**一つ目の年代記**：（農民反乱の指導者の演説）「農民も貴族も存在せず，全ての人々が一つになるまでは，この国で世の中がうまくいくことはないだろう。領主と呼ばれる彼ら貴族は，いかなる点を根拠に，我々の同類ではなく偉大な支配者であるということになっているのか。アダムが耕し，イヴが紡いだ時，誰が領主であったか。彼らが恵まれた状態を維持できているのは，我々と我々の労働のおかげにほかならない。我々は隷農と呼ばれており，一瞬でも彼らへの奉仕を怠れば打ち叩かれる。国王の下へ行こう！　彼に我々の隷属状態を示し，事態が変更されることを望んでいると伝えよう」

○　**二つ目の年代記**：「農民反乱の指導者は国王の面前に現れ，民衆は彼らが望むような証書を得るまでは解散しないと告げた。民衆の希望とは，いかなる領主も領主権を保持しないこと，唯一の領主権は国王のものだけであること，イングランドの教会の動産は聖職者の手に置かれず，教区民の間で分配されること，全国にただ一人の司教しか置かれず，高位聖職者たちの保有地は全て国庫に没収され民衆の間で分配されること，であった。農民反乱の指導者はさらに，この国には以後いかなる隷農身分もなく全て自由人であり，その身分は均一であることを求めた」

○　**まとめ**：これらの年代記に出てくる「隷農」は，当時　イ　。この農民反乱は，　ウ　と考えられる。

問 1　文章中の空欄　　イ　　に入る文として最も適当なものを，次の①〜④の
うちから一つ選べ。　27

① 領主直営地で，賦役に従事していた
② プランテーションで，サトウキビの栽培に従事していた
③ 租・調・庸を課されていた
④ 高率の小作料を納めるシェアクロッパーであった

問 2　レポートで扱っている農民反乱の名として適当なもの**あ・い**と，文章中の空
欄　　ウ　　に入る文として適当なもの**X・Y**との組合せとして正しいもの
を，後の①〜④のうちから一つ選べ。　28

農民反乱の名
あ ワット=タイラーの乱　　　　　**い** プガチョフの乱

　ウ　に入る文
X　君主政の廃止を要求している
Y　身分制度の改変を要求している

① あ ― X
② あ ― Y
③ い ― X
④ い ― Y

B 佐々木さんの班は，近代アジアの女性に関する資料を基に，主題を踏まえて考察を行った。次の文章は，その考察をまとめた**レポート**である。

レポート

　　カルティニ（1879〜1904年）は，ジャワ島中部で貴族の家庭に生まれ育った女性である。現地のヨーロッパ人小学校で学んだ後に，書籍や雑誌を通じて思索を深めていった。彼女は，ジャワや宗主国で発行された　エ　語雑誌への記事執筆や文通などを通じて，女性の地位向上などジャワ社会の変革を目指して活動したが，その道のりは平坦（へいたん）なものではなかった。次に引用する手紙からは，彼女の思想の持つ複雑さと重層性を読み取ることができる。

　　雑誌社が何度も私の書簡を掲載させてくれと頼んできたのも，なぜかと言えば，宣伝のためですよ。生粋の東洋の娘，"本物のジャワ人少女"からの手紙，ヨーロッパ文明になじみつつある東洋人の考えがヨーロッパ語の一つで書かれてあるなんて，ああ，なんて彼らにとって魅力的ではありませんか。

　　この皮肉に満ちた一節は，彼女が，自身の言論活動が宗主国の人々からどのように認識されていたのかを自覚していることと，それに対する彼女の強い嫌悪感とを示している。にもかかわらず，カルティニが　エ　語での言論活動を続けたのは，彼女が生きた時代に見られた植民地支配の変化によって，彼女の言論活動が可能になったことを認識しており，これを続けることが，女性の地位向上などを達成するのに最良だと考えたからであろう。

　　私たちはここから，様々な制約や困難に直面しながらも，よりよい方法を見つけ出して最大限に利用しようとする彼女のしたたかさを学ぶことができる。

問3　文章中の空欄　　エ　　に入る言語を推測する根拠となる事柄について述べた文として最も適当なものを，次の①〜④のうちから一つ選べ。　29

① 多くの中国系労働者が，東南アジアに流入していた。
② インドネシアでは，イスラーム教徒が最大多数だった。
③ ヨーロッパの宮廷では，フランス語が広く用いられていた。
④ ジャワ島は，オランダが支配していた。

問4　レポートを参考にしつつ，カルティニの言論活動を可能とした植民地支配の変化あ・いと，カルティニが宗主国の人々の認識に嫌悪感を抱いた背景X・Yとの組合せとして正しいものを，後の①〜④のうちから一つ選べ。　30

植民地支配の変化

あ　宗主国が，植民地住民の福祉や教育を重視するようになった。
い　宗主国が，植民地での重化学工業の発展を重視するようになった。

カルティニが嫌悪感を抱いた背景

X　宗主国の人々が，支配地域における人々の文明化を責務と考えていたこと。
Y　宗主国の人々が，農業の集団化や工業の国有化によって，社会主義の実現を目指したこと。

① あ － X
② あ － Y
③ い － X
④ い － Y

C　サンチェスさんの班は，1960年代のアメリカ合衆国で盛り上がりを見せた反戦運動に着目し，**表**や**グラフ**などの資料を準備して，主題を踏まえて考察を行った。次の文章は，その考察をまとめた**レポート**である。

レポート

【探究における課題】
当時のアメリカ合衆国において，　オ　で行われた戦争に対する反対運動に参加した人々の意見は，政治にどのような影響を与えたのだろうか。

表　オ　への米軍派遣に対する支持率の推移　　　　　　　　（単位：％）

世論調査時期	1965年8月	1966年9月	1967年10月	1968年8月	1969年9月	1970年5月	1971年5月
賛成	61	48	44	35	32	36	28
反対	24	35	46	53	58	56	61

(Gallup, November 17, 2000 の記事より作成)

グラフ　オ　での米軍の年間死傷者数　　　　　　　　　　（単位：人）

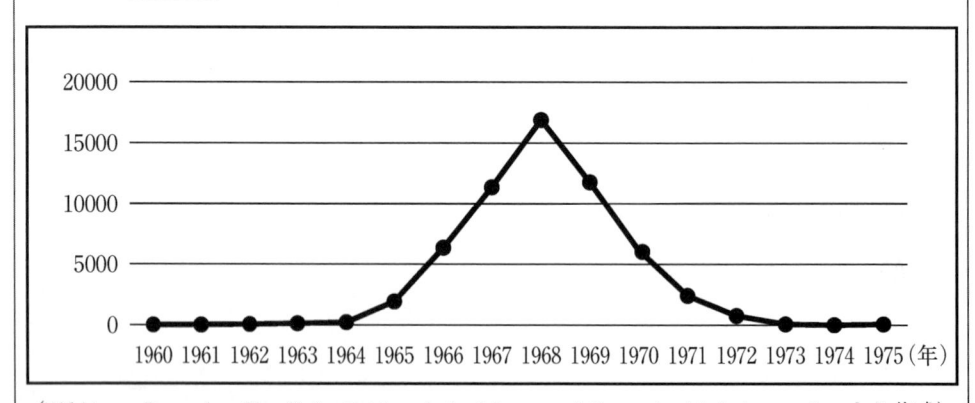

(Military Records, The U.S. National Archives and Records Administration より作成)

【まとめ】

○　戦争の激化や長期化により米軍の死傷者が増加したことと，この戦争への米軍派遣に対する支持率の推移とは，一定の関連があると考えられる。

○　平和を希求する世論や，この戦争に対する国際的な非難の高まりなどを背景に，その後，アメリカ合衆国はパリで和平協定を結び，この戦争から撤退することとなった。

○ⓐ同じ時期のアメリカ合衆国では，市民が世論の形成を通じて社会の変革を促しており，それも　オ　反戦運動の盛り上がりに影響したと考えられる。

問5　次の図中に示したa〜dのうち，文章中の空欄　オ　の地域の位置として最も適当なものを，後の①〜④のうちから一つ選べ。　31

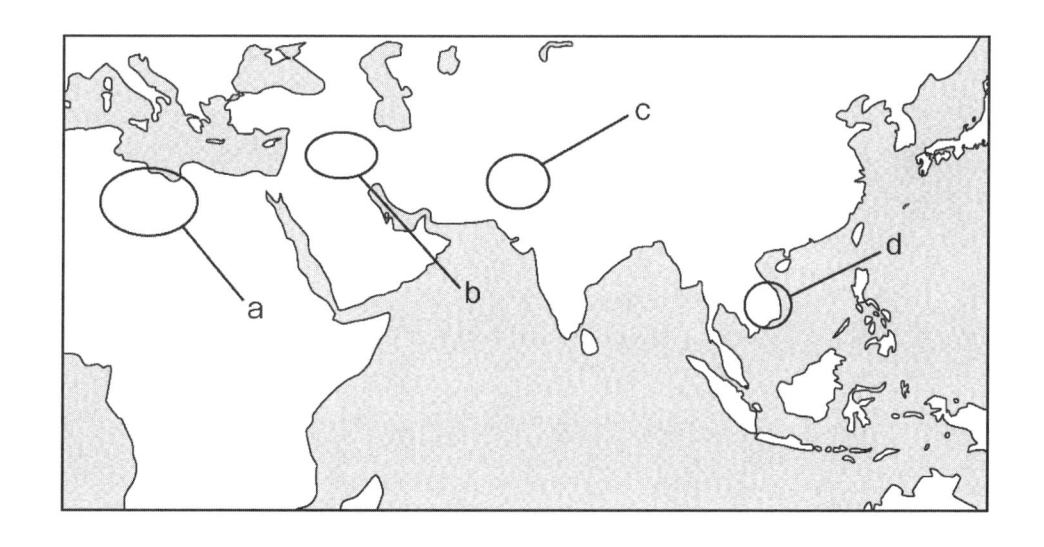

① a

② b

③ c

④ d

問 6　レポートを基に判断できる内容**あ・い**と，下線部ⓐの事例として最も適当な
　　　もの**X・Y**との組合せとして正しいものを，後の①〜④のうちから一つ選べ。
　　　　32

レポートを基に判断できる内容

あ　米軍の年間死傷者数が 10000 人を超えてから，北爆が開始された。

い　世論調査で反対が賛成を初めて上回った時期より後に，米軍の年間死傷者
　　　数がピークに達している。

下線部ⓐの事例

X　黒人差別に反対する公民権運動が起こった。

Y　女性参政権を求める運動が起こった。

①　**あ** ― X
②　**あ** ― Y
③　**い** ― X
④　**い** ― Y

問7　三つの**レポート**の内容を参考に，**第5問**冒頭の空欄 　　ア　　 に入る主題

として適当なもの**あ・い**と，その主題をさらに追究するための世界史上の出来

事として最も適当なもの**X～Z**との組合せとして正しいものを，後の①～⑥の

うちから一つ選べ。　33

　　　ア　　 に入る主題

あ　世界史上において，反乱や動乱，運動などに関わった人々は，どのような

　　社会を望んだのだろうか

い　世界史上において，君主や統治者は，どのような意図で，様々な改革を行

　　ったのだろうか

主題をさらに追究するための世界史上の出来事

X　フランスとオーストリアが，従来の外交政策を転換した外交革命

Y　秦の始皇帝が行った，度量衡の統一

Z　「独立万歳」を叫ぶ民衆のデモが，朝鮮全土に広がった運動

① あ ― X

② あ ― Y

③ あ ― Z

④ い ― X

⑤ い ― Y

⑥ い ― Z

2024年度

大学入学共通テスト
本試験

● 標 準 所 要 時 間 ●

第1問	16分		第3問	13分
第2問	14分		第4問	16分

世 界 史 B

第1問 世界史上，様々な地域や時代に見られた体制と制度について述べた次の文章A～Cを読み，後の問い（問1～9）に答えよ。（配点 27）

A 中国では，王や皇帝の一族を，制度上どのように位置づけるか，たびたび議論された。次の**資料1・2**は，始皇帝の御前で，周の統治制度の是非をめぐって行われた議論について記した『史記』の一節，**資料3**は，清の初めの史論『読通鑑論（どくつがんろん）』の一節の概要である。（引用文には，省略したり，改めたりしたところがある。）

資料1

> 李斯は，「周王朝を開いた文王と武王は，一族や功臣の多くに，封土を分け与えて諸侯としましたが，その後疎遠となって攻撃し合い，周王は制御できませんでした。今天下は陛下のお力により，皆中央から官僚を派遣するようになりました。一族や功臣は制御しやすいように，国家に収められる租税によって厚く手当てするのが，太平をもたらす方策です。諸侯を置くのは良くありません」と，言った。始皇帝は，「天下は諸侯や王がいたため，争乱に苦しんだ。李斯の意見が正しい」と，言った。

資料2

> 博士の一人が進み出て，「私が聞くところによると，周王朝が長く続いたのは，一族や功臣に封土を分け与えて諸侯とし，王室を補佐する枝葉としたためです。今陛下は天下を領有していますが，一族は一介の庶民にすぎません。反逆を企てる臣下が現れた場合，帝室を補佐する者もいないのに，どうして救い合うことができるでしょうか」と，述べた。

資料3

> 西晋では一族を王として，肉親同士が争い合った。天下の兵は皆皇帝に統率されていたのに，西晋が諸王に兵を授け，争乱の火種としたのはなぜか。魏が一族をないがしろにし，実権を握る臣下がそれに乗じたのに懲りたためである。

　中国では，**資料1・2**と同様の議論がその後も見られる。例えば，**資料3**では，臣下であった　ア　に魏が皇帝の位を奪われたことに鑑みて採られた方策の弊害について述べる。しかし，別の箇所では，わずか三代で滅びた魏に対して，晋が江南に逃れた後，百年存続したことを挙げて，その方策の「優劣は明らかである」とも述べる。

　また，@明の初めの官僚には，一族の諸王を目下の重大な問題としてとらえ，「古を引いて今を証する」と述べながら，前漢と西晋の先例を挙げて警鐘を鳴らす者もいた。

　中国では，現実の問題に対処するため，様々な権力を一族に分与することもあった。ただし，それが後に争乱の火種となり，分権の弊害が現れることもあった。このように，一族に対する分権は，利害両面のある「諸刃の剣」であった。

問1　**資料1・2**の内容について述べた文として最も適当なものを，次の①～④のうちから一つ選べ。　1

① **資料1**で，李斯は，封建制の下で，周の一族や功臣が互いに疎遠になり，周王が制御できなくなったことを，戦乱の原因として挙げている。

② **資料1**で，李斯は，郡県制の下で，周が一族や功臣を国家の租税により手厚く養ったことを，戦乱の原因として挙げている。

③ **資料2**で，博士の一人は，一族に政治上の権力を持たせないことを，封建制の利点として挙げている。

④ **資料2**で，博士の一人は，一族が帝室を補佐する担い手となることを，郡県制の利点として挙げている。

― 3 ―

問 2　文章中の空欄　ア　に入れる人物の名と，**資料**3で説明されている争乱の名との組合せとして正しいものを，次の①～④のうちから一つ選べ。　2

①　アー呉三桂　　　　**争乱の名**— 三藩の乱
②　アー呉三桂　　　　**争乱の名**— 八王の乱
③　アー司馬炎　　　　**争乱の名**— 三藩の乱
④　アー司馬炎　　　　**争乱の名**— 八王の乱

問 3　下線部ⓐに関連して，前の文章を参考にしつつ，明の初めの官僚が先例として挙げたと考えられる争乱の名あ～うと，一族に対する分権の弊害が現れた出来事について述べた文**X・Y**との組合せとして正しいものを，後の①～⑥のうちから一つ選べ。　3

争　乱
あ　黄巾の乱
い　赤眉の乱
う　呉楚七国の乱

出来事
X　朱元璋が頭角を現し，皇帝として即位するに至った争乱
Y　建文帝に反発した永楽帝が，皇帝として即位するに至った争乱

①　あ — **X**
②　あ — **Y**
③　い — **X**
④　い — **Y**
⑤　う — **X**
⑥　う — **Y**

B　次の**資料1・2**は，イングランドの国王エドワード(証聖王)の死後に，イング
ランドあるいはノルマンディーで見られた政治的動きに関して，それぞれの地域
で書かれた記録である。(引用文には，省略したり，改めたりしたところがあ
る。)

資料1

> 　イングランド人の誉れ，平和をもたらす王エドワードは，23年間と6か
> 月の統治の後，ロンドンで死去した。その翌日，エドワードが葬られると，
> 副王であるハロルド(注1)が，イングランド中の最有力の貴族たちによって
> 国王に選ばれた。彼は，エドワード王が死の前に，王国の継承者として指名
> していた人物であった。そして葬儀と同じ日に，ハロルドは，ヨーク大司教
> によって，国王にふさわしく正式に聖別(注2)された。王国の統治を開始す
> るとすぐに，ハロルドは，不正な法を廃止して正しい法の制定に取り掛かっ
> た。また教会の保護者となり，敬虔で慎ましく，悪しき者を憎み，陸と海で
> 祖国の防衛に努めた。
>
> (注1)　ハロルド ― イングランド国王ハロルド2世のこと。
> (注2)　聖別 ― 国王の即位に際して，聖職者が執り行う塗油の儀式のこと。

資料2

> 　ⓑノルマンディー公は，道理にかなったやり方で遠征の準備を進めたい
> と望んだ。彼は聖職者をローマ教皇のもとに送り，ハロルドがどのように彼
> に仕えたか，そして自ら行った宣誓を破り，嘘をついたかを説明させた。と
> いうのもハロルドは彼の娘を娶らず，またエドワードが彼に与えた王国を譲
> らなかった，ハロルドもそのことを認めて宣誓していたにもかかわらず，で
> ある。それゆえ聖なる教会の見解に従って，この偽証者を罰する許可を与え
> 給え。もしノルマンディー公がイングランドを征服することを神がお望みな
> ら，彼は聖ペテロからイングランドを受け取り，その結果，神以外のいかな
> る者に仕えることもないであろうと。それで教皇はノルマンディー公に征服
> の許可を与え，旗を送った。

資料1・2からは，イングランドとノルマンディーとの間で，ハロルド2世の王位継承に対する認識の違いがあったことが分かる。このことが，ノルマンディー公による1066年のイングランド征服の一因となった。これは後世まで語り継がれる歴史的大事件として，人々の記憶に深く刻まれることになる。しかしこの事件が起こるよりも前からすでに，王国の政治は，ブリテン島の海の向こうの諸勢力と連動しつつ展開していた。そもそも彼よりも半世紀前にイングランドの王位を奪取した，デンマーク出身の人物がいた。また，イングランドを統一したウェセックス王家は，積極的に北西ヨーロッパの家門と婚姻関係を作り上げていた。例えば10世紀の王エセルスタンの異母妹は　 イ 　の最初の妻であったが，　 イ 　は後にローマ教皇から戴冠され，これが神聖ローマ帝国の起源とされる。さらに証聖王とノルマンディー公は，証聖王の母を通じて血縁に当たり，証聖王自身も若い頃にノルマンディーに亡命した過去を持つ。これらの事実が示すのは，ⓒイングランド王国の歴史を，ヨーロッパ史という広い文脈のなかで理解する必要があるということである。

問4　文章中の空欄　 イ 　の人物について述べた文として最も適当なものを，次の①〜④のうちから一つ選べ。　 4

① メロヴィング家の王を廃位した。

② レオ3世によって戴冠された。

③ カタラウヌムの戦いに勝利した。

④ マジャール人を撃退した。

問 5　下線部ⓑの人物の名**あ・い**と，**資料1・2**から読み取れる内容について述べた文**X～Z**との組合せとして正しいものを，後の**①～⑥**のうちから一つ選べ。

　　　　5

下線部ⓑの人物の名

あ　ウィリアム　　　　　　　　　　　**い**　クヌート(カヌート)

資料1・2から読み取れる内容

X　**資料1**によれば，ハロルド2世は，証聖王によって後継者に指名されることなく，また王国の有力者によって選出されることもないままに，国王の座についた。

Y　**資料2**によれば，証聖王がノルマンディー公に王位を譲る約束をしていたにもかかわらず，ハロルドが宣誓を破って即位したことから，ハロルドの王位継承は許されない。

Z　**資料1**はノルマンディー側の認識を示し，**資料2**はイングランド側の認識を記述したものである。

①　あ－X　　　　　　**②**　あ－Y　　　　　　**③**　あ－Z
④　い－X　　　　　　**⑤**　い－Y　　　　　　**⑥**　い－Z

問 6　下線部ⓒに関連して，イングランドとヨーロッパの他地域との関係について述べた文として最も適当なものを，次の**①～④**のうちから一つ選べ。　　6

①　エリザベス1世が，フェリペ2世と結婚した。

②　羊毛(原羊毛)が，イングランドからフランドル地方へ輸出された。

③　ジョン王が，フィリップ4世と争って敗れ，フランスにおける領地の大半を失った。

④　共和政期のイングランドで出された大陸封鎖令は，英蘭戦争の引き金になった。

C 次の文章は，イギリスにおける福祉制度の改革の歴史について述べたものである。（引用文には，省略したり，改めたりしたところがある。）

　19世紀後半に入りイギリスでは，公的な年金制度の導入が本格的に議論されるようになった。その際，(d)重要な先例と考えられたのが，ドイツの老齢年金制度であった。ドイツでは，後に「世界政策」の名の下に海軍を増強した皇帝の治世下で，同制度が導入されている。

　こうしたドイツの先例を踏まえて，イギリスでは1908年に老齢年金法が成立した。このことによって，公的な年金制度が開始された。この年金制度の導入を主導したのは，かつて首相グラッドストンが率いた政党であった。

　第二次世界大戦以降も，イギリスではその時々の経済的，社会的状況に鑑みて，年金制度を含めた福祉制度に対して様々な改革が行われた。次の**資料**は，20世紀に国営企業の民営化を推し進めた首相が，社会保障費などに関わる福祉制度の改革を行った後に，インタビューに答えた時のものである。

資　料

> 　あまりにも多くの子どもや大人たちが，自分たちの問題を社会に転嫁しています。でも社会とは誰のことを指すのでしょうか。社会などというものは存在しないのです。存在するのは，個々の男と女ですし，家族です。そして，最初に人々が自分たちの面倒を見ようとしない限りは，どんな政府だって何もできはしないのです。自分で自分の世話をするのは私たちの義務です。それから，自分たちの隣人の面倒を見ようとするのも同じように義務です。最初に義務を果たさないならば，権利などというものは存在しないのです。

問 7 下線部ⓓに関連して，前の文章を参考にしつつ，次の年表に示した **a ～ d** の時期のうち，ドイツでの老齢年金制度の導入時期として正しいものを，後の①～④のうちから一つ選べ。 7

a

1834 年　ドイツ関税同盟が発足した。

b

1871 年　ビスマルクが文化闘争を開始した。

c

1912 年　ドイツ社会民主党が，帝国議会選挙で第一党に躍進した。

d

① **a**
② **b**
③ **c**
④ **d**

問 8 前の文章を参考にしつつ，イギリスで公的な年金制度の導入を主導した政党について述べた文として最も適当なものを，次の①～④のうちから一つ選べ。 8

① アイルランド自治法案を議会に提出した。
② マクドナルドが率いる保守党とともに，連立政権を成立させた。
③ スエズ運河会社の株を買収した。
④ フェビアン協会を基盤の一つとして結成された。

問 9 前の文章を参考にしつつ，インタビューで**資料**のように答えた首相の名**あ・**
いと，その人物が行った改革の内容として推測できることについて述べた文
X～Zとの組合せとして正しいものを，後の**①～⑥**のうちから一つ選べ。

| 9 |

首相の名
あ　アトリー

い　サッチャー

改革の内容
X　「ゆりかごから墓場まで」と言われた福祉制度を充実させた。

Y　貧民を救済するための救貧法を制定した。

Z　「小さな政府」を実現すべく，社会保障費を見直した。

① 　あ ― X

② 　あ ― Y

③ 　あ ― Z

④ 　い ― X

⑤ 　い ― Y

⑥ 　い ― Z

第2問 世界史における諸勢力の支配や拡大について述べた次の文章**A～C**を読み，後の問い（**問1～8**）に答えよ。（配点　23）

A 高町さんは，アレクサンドロス大王のアジア支配をゼミで発表することにした。古代の著作家の作品を調べていくと，アジアの人々や文化に対してアレクサンドロス大王が異なる態度をとっていたことが分かった。次の**資料1～4**は，それらの態度について触れている作品の一部を要約したものである。

資料1

> アレクサンドロスはバビロンに入ると，かつての支配者によって破壊された諸神殿，なかでもバビロンの人々が他の神々よりも尊崇するメソポタミアのある神の神殿を再建するよう指示した。彼はその神の神官たちに会い，この都市の祭祀に関しては彼らの指示どおりに実施した。

資料2

> アレクサンドロスによる征服の後，ペルシアの諸地域の子どもたちはソフォクレスやエウリピデスの劇作品を歌うことを学んだ。また彼は，70以上の都市を異民族の土地に建設した。こうして，東方の未開で野蛮な生活習俗を克服した。

資料3

> アレクサンドロスは，ペルセポリスの宮殿を焼き払った。その理由として，およそ150年前にペルシア人がギリシアを攻撃し，アテネの神殿を焼き払った報復だと，彼は主張した。

資料4

> アレクサンドロスは次第にペルシア風の衣装をまとい，その宮廷儀礼を採り入れるようになった。そのことに不満を抱いていた部下の一人が，宴会の席でアレクサンドロスはその父フィリッポス2世の功績に劣ると発言した。アレクサンドロスはその発言に怒り，酒に酔った勢いもあって，彼を刺殺してしまった。

問 1　**資料**1～4について述べた文として最も適当なものを，次の①～④のうちから一つ選べ。　10

① 　アレクサンドロス大王は，自身が滅ぼした王朝によるバビロン捕囚に対抗して，バビロンで**資料**1に見られる宗教的に寛容な政策を採った。

② 　**資料**2によれば，アレクサンドロス大王による征服の後，アテネで上演されていた悲劇作家の作品がペルシアでも学ばれた。

③ 　アレクサンドロス大王がペルセポリスの宮殿を破壊したのは，**資料**3によれば，ペロポネソス戦争でのギリシアの被害に対する報復であった。

④ 　**資料**4によれば，デロス同盟を率いた自らの父に劣ると言われ，アレクサンドロス大王は激怒した。

問 2　高町さんは発表の準備を進めていくうちに，**資料**1～4がアレクサンドロス大王に対する後世の様々な評価の根拠になっていることに気付いた。次の**評価Ⅰ・Ⅱ**は，そうしたアレクサンドロス大王に対する評価の一例である。それぞれの評価がなされた時代背景について述べた後の文**あ**と**い**の正誤の組合せとして正しいものを，後の①～④のうちから一つ選べ。　11

評　価

> Ⅰ　共和政末期のローマの知識人は，「アジアの風習で堕落した暴君」と否定的に評価した。
> Ⅱ　19世紀後半のヨーロッパのある歴史家は，「アジアを文明化した使徒」と肯定的に評価した。

時代背景

あ　**評価Ⅰ**の時代には，アジアで成立したマニ教がローマ領内で広がった。

い　**評価Ⅱ**の時代には，帝国主義によるヨーロッパ列強の植民地獲得が「文明化の使命（文明的使命）」の名目で正当化された。

① 　あ—正　い—正　　　　② 　あ—正　い—誤
③ 　あ—誤　い—正　　　　④ 　あ—誤　い—誤

B 次の**資料**1〜3は，19世紀におけるアメリカ合衆国の領土に関する法律の一部である。（引用文には，省略したり，改めたりしたところがある。）

資料1

> ⓐミシシッピ川以西のルイジアナの中で，本法令によって規定された ア 州の領土を除く，北緯36度30分以北の部分においては奴隷制度や意に反する労役を，正当な宣告を受けたものの犯罪に対する罰則を除いては，ここに未来永劫にわたって禁止する。

資料2

> 大統領は，いずれの州または準州（注）にも含まれず，所有権が消滅している土地を幾つかの地域に区分し，インディアンの部族が現在居住している土地の代替地を選択して移住させることができる法を定める権限を有する。
>
> （注） 準州 — 白人男性人口5千人で準州とされ，6万人で州に昇格し，連邦加盟が可能になった。

資料3

> ネブラスカ準州の名で暫定的な行政区を構成する本法の真の意図と目的は，州及び準州に奴隷制度を法的に確立するものでも，逆に禁止するものでもなく，住民が，自らの政府を自らの意志に基づいて統制するために，完全なる自由な状態に置かれることにある。

問 3 下線部ⓐの地域をアメリカ合衆国に譲渡した国の名と，文章中の空欄 ア に入れる語との組合せとして正しいものを，次の①〜④のうちから一つ選べ。 12

① 国の名 — スペイン　　ア — テキサス
② 国の名 — スペイン　　ア — ミズーリ
③ 国の名 — フランス　　ア — テキサス
④ 国の名 — フランス　　ア — ミズーリ

問 4 次の**あ・い**は，それぞれ**資料** 2・3 の法律の名である。**あ・いと，それぞれ**が作られた理由や背景として考えられることを述べた文 **X〜Z** との組合せとして正しいものを，後の①〜⑥のうちから**一つ選べ。なお，正しいものは複数あ**るが，**解答は一つでよい。** 13

法律の名

あ 先住民の強制移住法（インディアン強制移住法）

い カンザス゠ネブラスカ法

法律が作られた理由や背景として考えられること

X 北緯 36 度 30 分以北に奴隷州を作らないという規制を廃止するため。

Y 西部出身のジャクソンが大統領に当選した。

Z 一定の条件を満たす入植者に，国有地を無償で与えるため。

① あ ― X   ② あ ― Y   ③ あ ― Z

④ い ― X   ⑤ い ― Y   ⑥ い ― Z

問 5 **問 4 で選んだ解答に基づき，**それぞれの法律が施行されたことがきっかけとなって起こった事柄について述べた文として最も適当なものを，次の①〜⑥のうちから一つ選べ。 14

① 「涙の旅路（涙の踏みわけ道）」として知られる悲劇を生んだ。

② ホームステッド法（自営農地法）が制定された。

③ アメリカ労働総同盟が結成された。

④ 棍棒外交が展開された。

⑤ 共和党が結成された。

⑥ 連邦派と反連邦派が対立した。

C　次の**資料**は，朝鮮戦争における休戦交渉に先立って，スターリンが毛沢東に宛てて発した電報の一部である。（引用文には，省略したり，改めたりしたところがある。）

資　料

> 　我々の見解では，休戦交渉を行うため，　イ　の代表らと会うのに同意するということを，その最高司令官に早く回答する必要がある。この回答は，　ウ　の司令官及び朝鮮民主主義人民共和国軍の最高司令官によって署名されなければならない。もし，　ウ　の司令官が署名しなければ，アメリカは，我々の回答文に対して，いかなる意義も付与しないであろう。会談場所については，38度線上で行われるべきことを主張しなければならない。現在，我々が休戦問題で主導権を取っているのをいかして，会談場所の問題に関して，　イ　側が譲歩するように仕向けるべきであろう。

　この戦争は，　ウ　が派遣されて戦闘に加わることとなった結果，実質的に中国とアメリカ合衆国との間の「熱い戦争」へとその性格が変わっていった。開始される休戦交渉が実質を伴う協議であることを，まずは敵にきちんと示すべきだとして，スターリンは，**資料**の前半に見えるような指示を毛沢東に与えたと理解される。

　ヨーロッパでくすぶりだした東西勢力の対立は，1948年2月に　エ　で共産党のクーデタが起こって同党が政権を掌握したこと，及び同年にソ連がベルリンを封鎖したことなどによって決定的となった。そして朝鮮戦争をきっかけに，それはついに世界化してしまったのである。こうした状況を受けて，アメリカ合衆国は，アジア圏で社会主義国がさらに増加することを阻止しようとして，ⓑアジア・太平洋地域においても安全保障体制の構築を目指したのである。

　一方，この戦争は中国の社会主義化を加速させる契機ともなった。毛沢東は中華人民共和国建国当初から「ソ連一辺倒」の外交方針を打ち出していたが，内政面においてもソ連に倣って社会主義国家の建設を急ぐようになった。経済政策においては，ⓒソ連をモデルにして，第1次五か年計画が立案され，朝鮮戦争の休戦協定が成立した年に実行された。

問 6　文章中の空欄 イ と ウ に入れる語と，下線部ⓑのためにアメリカ合衆国も参加して結成された国際組織の名との組合せとして正しいものを，次の①〜④のうちから一つ選べ。 15

	イ	ウ	国際組織
①	国連軍	人民義勇軍	東南アジア諸国連合（ASEAN）
②	国連軍	人民義勇軍	東南アジア条約機構（SEATO）
③	人民義勇軍	国連軍	東南アジア諸国連合（ASEAN）
④	人民義勇軍	国連軍	東南アジア条約機構（SEATO）

問 7　文章中の空欄 エ の国の歴史について述べた文として最も適当なものを，次の①〜④のうちから一つ選べ。 16

① スターリン批判が伝わると，ポズナニで暴動が起こった。

② 独裁体制を敷いていたチャウシェスクが処刑された。

③ 社会党のブルムを首相とする人民戦線政府が成立した。

④ ドプチェクの指導の下，自由化（民主化）を推進する運動が展開した。

問 8　下線部ⓒに関連して，次の**グラフ**は，中国の第1次五か年計画における各部門に対する投資額の割合を表したものである。この**グラフ**から読み取れる内容**あ・い**と，ソ連の第1次五か年計画について述べた文として最も適当なもの**X〜Z**との組合せとして正しいものを，後の**①**〜**⑥**のうちから一つ選べ。　17

グラフ

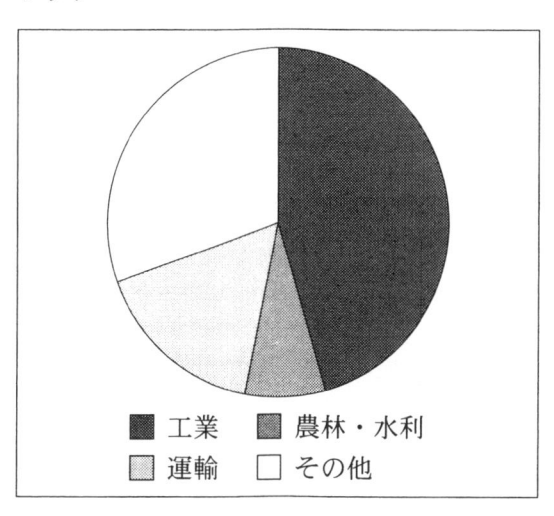

■ 工業　▨ 農林・水利
▨ 運輸　□ その他

（中華人民共和国国家統計局編『中華人民共和国経済・文化統計』より作成）

グラフから読み取れる内容

あ　農林・水利と運輸への投資額を合わせると，全体の5割を超えている。

い　農林・水利と工業への投資額を合わせると，全体の5割を超えている。

ソ連の第1次五か年計画について述べた文

X　戦時共産主義の下で，穀物を強制的に徴発した。

Y　重工業の発展を目指した。

Z　農業調整法（AAA）を制定し，農産物の生産量を調整した。

① あ ― X　　　**②** あ ― Y　　　**③** あ ― Z

④ い ― X　　　**⑤** い ― Y　　　**⑥** い ― Z

第3問 交通の発達は，社会のあり方に大きな影響を与えてきた。このことについて述べた次の文章**A〜C**を読み，後の問い（**問1〜7**）に答えよ。（配点 22）

A インド亜大陸における交通の歴史について，陸路をテーマに，ゼミで学生と教授が会話をしている。（図には，省略したり，加工したりしたところがある。）

図1

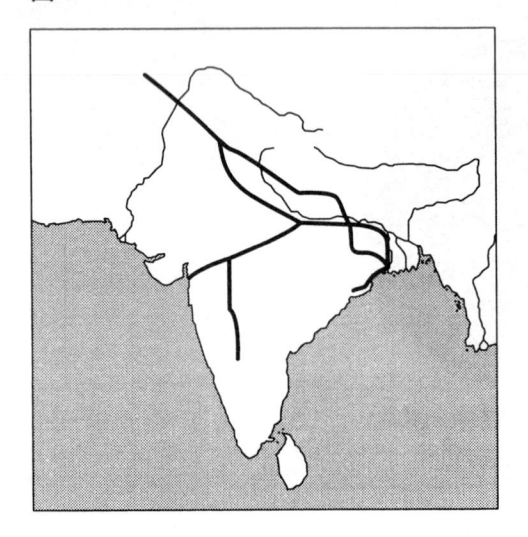

図2

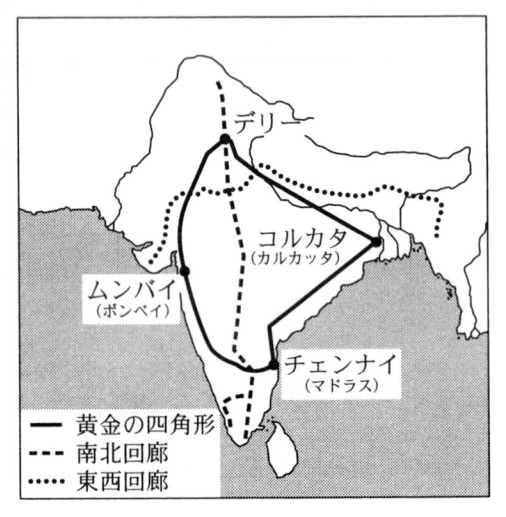

教　授：**図1**はマウリヤ朝の ┃ **ア** ┃ 治世下における主要道を再現した略図です。何か気付くことはありますか。

本　間：北インドと南インドは歴史や文化面で違いがあると高校の時に学びました。すでにこの時代に両地域を結ぶ陸路があったのですね。

石　塚：農業生産性の高い北インドの平原を結ぶ道は，ここからさらに中央アジアまで延びていましたよね。

教　授：二人とも良い着眼点です。**図1**で示した主要道は当時のマウリヤ朝のおおよその範囲を表しています。 ┃ **ア** ┃ は自らの統治理念を刻ませた磨崖碑や石柱碑の多くを，主要道の終点付近の境界域や主要道沿いの重要拠点に置きました。

池　野：なるほど，人の目に付くところに碑文があったのですね。ところで，古代の主要道はそのまま現在も使われているのでしょうか。

教　授：参考に，現在のインドの主要な高速道路網を描いた**図2**と見比べてみましょう。

本　間：**図1**と異なって，**図2**の高速道路網は，インド亜大陸を囲んでいるように見えます。

教　授：「黄金の四角形」と呼ばれる高速道路で，主要な大都市圏を結んでいます。

池　野：内陸の⒜デリーは13世紀頃から近世にかけての中心都市でしたが，その後，新たに開発された沿岸の都市の方が重要になりましたよね。確か沿岸の都市を起点に鉄道が内陸に延びていきました。

石　塚：港や鉄道や道路が発展する背景に，物量が格段に増えたこともありますよね。デリーが再びインドの中心になったのは，内陸の交通網の整備が進んだことも関係しているように思います。

教　授：1911年以降デリーがインド帝国の首都になったことで，政治的な重要性を増しました。さて，今日の話の内容をまとめてみましょう。

問1　文章中の空欄　**ア**　の人物の治世に起こった出来事について述べた文として最も適当なものを，次の①〜④のうちから一つ選べ。　18

① デカン高原に成立したサータヴァーハナ朝と交流した。

② 中央アジアから遊牧民エフタルの侵入があった。

③ 仏典結集が行われた。

④ 東晋から法顕が訪れた。

問2　下線部⒜について述べた文として最も適当なものを，次の①〜④のうちから一つ選べ。　19

① この地で第1回インド国民会議が開催された。

② この地で開催されたインド国民会議で，4綱領が決議された。

③ この地にタージ゠マハルが建造された。

④ この地に奴隷王朝の首都が置かれた。

問 3 学生たちがまとめた次の**メモ1・2**の正誤について述べた文として最も適当なものを，後の①〜④のうちから一つ選べ。　20

メモ1

　図1の南部に延びる主要道をたどっていくと，マウリヤ朝の支配領域がインド亜大陸の南端にまで及んでいたことが分かる。

メモ2

　図2に見られる「黄金の四角形」は，かつてのイギリス植民地の拠点として発展した沿岸の大都市をつないでいることが分かる。

① **メモ1**のみ正しい。

② **メモ2**のみ正しい。

③ 二つとも正しい。

④ 二つとも誤っている。

B　アメリカ合衆国では，20世紀に入って，交通手段の変化が進行した。1910年代には，農村部の道路建設を促進するため，連邦政府が各州政府を援助できるようにする法律が制定された。この法律は冷戦下で改正され，国防政策の一環として全国に幹線道路網を整備することを目的としたものとなり，その結果として，高速道路の整備が進んだ。また，第二次世界大戦中に発達した航空技術は，戦後には民間航空の成長を促し，アメリカ合衆国では長距離の国内移動の手段として，航空機の利用が増加した。

　次の**グラフ**は，1912年から1970年までのアメリカ合衆国における鉄道を利用した旅客輸送量及び貨物輸送量の変化を示したものである。この**グラフ**からも，交通手段の変化が鉄道の輸送量に及ぼした影響が読み取れる。

グラフ

旅客輸送量（単位：100万人）　　　　　　　貨物輸送量（単位：100万トン）

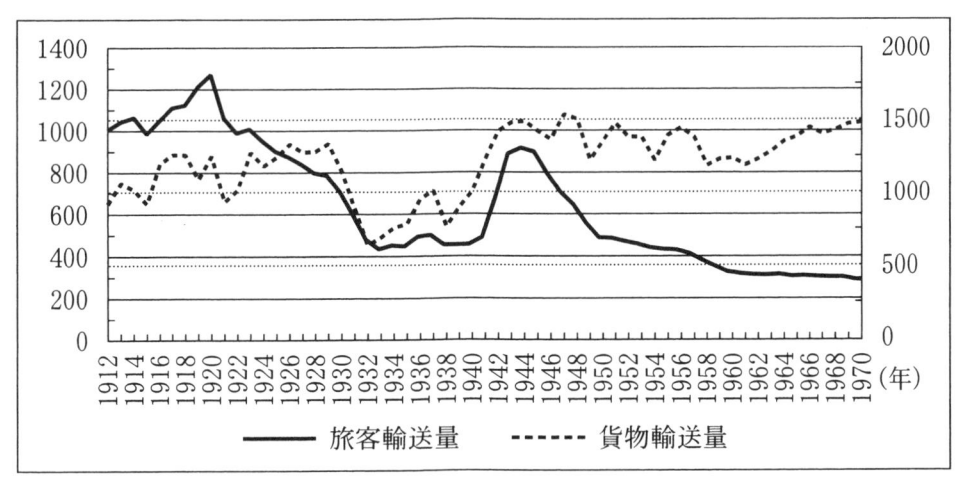

（『アメリカ歴史統計』より作成）

問 4　次の文あ～うは，**グラフ**で示された時期にアメリカ合衆国で起こった出来事である。これらが年代の古いものから順に正しく配列されているものを，後の①～⑥のうちから一つ選べ。 21

あ　債務国から債権国に転じた。
い　イギリスへの支援を目的とする武器貸与法が成立した。
う　テネシー川流域開発公社(TVA)が設立された。

① あ → い → う　　　② あ → う → い　　　③ い → あ → う

④ い → う → あ　　　⑤ う → あ → い　　　⑥ う → い → あ

問 5　前の文章と**グラフ**からは，アメリカ合衆国の鉄道の旅客輸送量及び貨物輸送量の変化について，次のような**仮説**を導き出すことができる。次の**仮説**中の空欄 イ に入れる語句え・おと，空欄 ウ に入れる文**X・Y**との組合せとして正しいものを，後の①～④のうちから一つ選べ。 22

仮　説

　　1920 年代前半に入って鉄道旅客輸送量が減少傾向を示している要因としては， イ が考えられる。また，1940 年代後半から 1960 年代後半までの期間には， ウ 。その要因としては，高速道路の整備に加えて，航空機の普及が考えられる。

イ に入れる語句
え　戦時経済への移行　　　　　　お　自動車の普及

ウ に入れる文
X　貨物輸送量とは異なり，旅客輸送量は減少傾向が続いている
Y　貨物輸送量と同様に，旅客輸送量も減少傾向が続いている

① え ― X　　　② え ― Y　　　③ お ― X　　　④ お ― Y

C あるクラスで，ロシアの歴史と文化についての授業が行われている。（引用文には，省略したり，改めたりしたところがある。）

先　生：次の**資料1**及び**資料2**は，19世紀ロシアの作曲家であるチャイコフスキー宛に，彼のパトロンだったナジェージダ＝フォン＝メックが書いた手紙です。気が付いたことを指摘してください。

資料1

> 私たちのロシア政府は再び方針転換して，　エ　，オーストリアとの同盟という古くからの政策にまた戻りました。これは道理にかなっているかもしれませんが，全然好感が持てませんし，脆弱なものに思えます。こうした友好は，ヴィルヘルム帝が存命の間しか続かないでしょうし，彼が亡くなれば，ロシアは　エ　から痛い目に遭わされることになります。もちろん，フランスは自国の事情から，ロシアとの同盟がなくてもロシアを助けてくれるでしょうが，フランスと仲良くした方が良いのは確かです。（1884年2月25日）

資料2

> 実際物分かりの悪いフランスは，助かるためにはロシアと同盟するしかないということを，理解していません。フランスの大手の新聞『フィガロ』紙は，ブルガリアの問題でロシアの政策に反対する記事を載せています。何たる愚かな！（1886年9月22日）

藤　井：**資料1**の冒頭で触れられている同盟は1873年に締結されたと世界史の授業で学びましたが，この手紙が書かれたのは1884年ですね。

先　生：この同盟は事実上一度失効した後，1881年に再締結され，1884年に更新されます。**資料1**は1884年の更新を指しています。

西　原：**資料2**では，ⓑフォン＝メックはすごくいら立っていますね。でも本当に，当時のフランスの世論が彼女の言うとおりだったか，調べてみると面白そうだと思いました。

藤　井：彼女の夫は1860年代の鉄道建設で，巨万の富を築いたそうですね。当時のロシアで，鉄道はどの程度建設されていたのでしょうか。

先　　生：では，1861 年から 1905 年にかけてのロシアの鉄道の年平均建設距離数を示した**グラフ**を見てみましょう。ここから何か読み取れますか。

西　　原：1890 年代後半に大きな山がありますが，これはフォン＝メックが望んでいたこととも，関係していますよね。

先　　生：そのとおりです。1890 年代，ロシアには多くの外国資本が流入しましたが，特に露仏同盟を締結した，フランスからの流入が目立っていました。こうした資本が鉄道建設を支えます。

藤　　井：私は，1860 年代後半から 1870 年代前半にかけても，山ができているのが意外でした。この時期に，ロシアが鉄道建設を進めたのはなぜなのでしょうか。

先　　生：ヒントは，この時期モスクワから黒海北岸にかけて，鉄道建設が進んでいることです。付け加えると，1860 年代後半にロシアは領土の一部をアメリカ合衆国に売却していますが，売却で得た資金も鉄道建設に使われました。これらの情報と授業で学んだことを基に，19 世紀後半のロシアの鉄道建設について調べて，分かったことをまとめてください。

グラフ　ロシアにおける鉄道の年平均建設距離数　　　　　（単位：キロメートル）

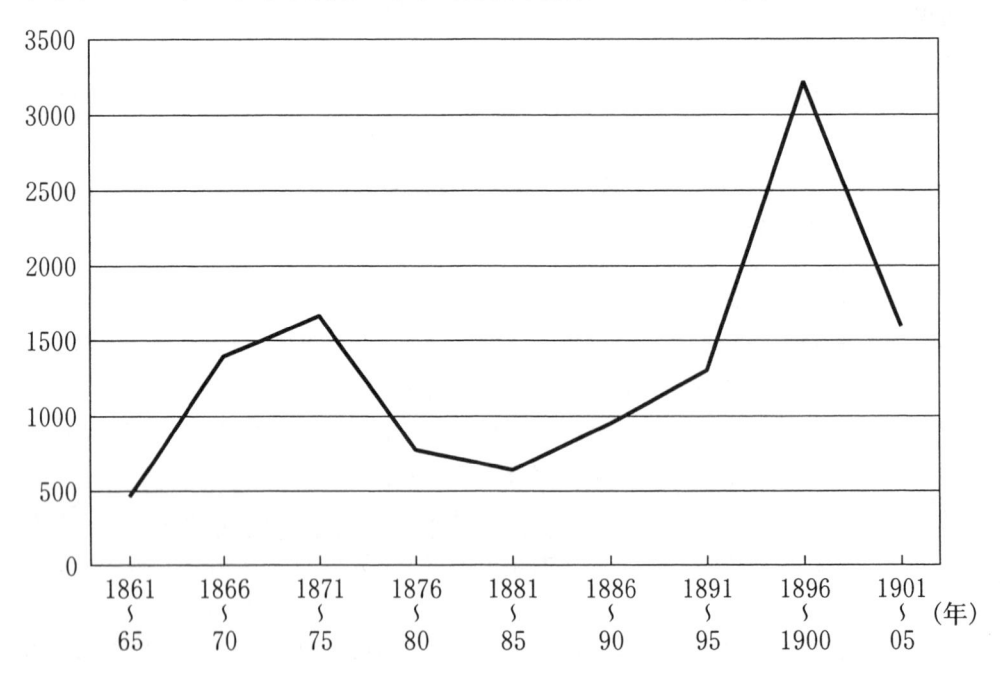

（マルコム＝フォーカス『ロシアの工業化 1700～1914』より作成）

問 6 前の文章を参考にしつつ，文章中の空欄 エ に入れる国の名**あ・い**と，下線部ⓑの理由と考えられる文**X・Y**との組合せとして正しいものを，後の①～④のうちから一つ選べ。 23

エ に入れる国の名

あ ドイツ   **い** イタリア

下線部ⓑの理由

X フォン＝メックは，フランスがロシアとの同盟を望むと期待していたが，フランスのメディアが，ロシアに批判的な記事を書いているから。

Y フォン＝メックは，フランスとロシアの同盟の締結はやめた方が良いと考えているが，フランスがロシアとの同盟を希望しているから。

① **あ**ー**X**   ② **あ**ー**Y**   ③ **い**ー**X**   ④ **い**ー**Y**

問 7 前の文章を参考にしつつ，生徒たちがまとめた次の**メモ**の正誤について述べた文として最も適当なものを，後の①～④のうちから一つ選べ。 24

藤井さんのメモ

　1860 年代から 1870 年代にかけて，鉄道の年平均建設距離数が伸びているのは，ロシアがクリミア戦争で得た黒海北岸地域において，鉄道建設が進んだためである。一方，1890 年代に年平均建設距離数が伸びているのは，シベリア鉄道の建設のためだと考えられる。

西原さんのメモ

　1860 年代から 1870 年代にかけて，ロシア政府は鉄道建設を推進するために，アラスカ売却で得た資金も利用した。一方，1890 年代の鉄道建設を支えたのは，露仏同盟の締結により関係が強化されたフランスをはじめとする外国資本である。

① 藤井さんのみ正しい。   ② 西原さんのみ正しい。
③ 二人とも正しい。   ④ 二人とも誤っている。

第4問 世界史上の様々な言語や文字と，それを用いた人々の文化やアイデンティティについて述べた次の文章**A～C**を読み，後の問い(**問1～9**)に答えよ。

(配点　28)

A 教室でタブレットを使って調べ物をしながら，生徒と先生が会話をしている。

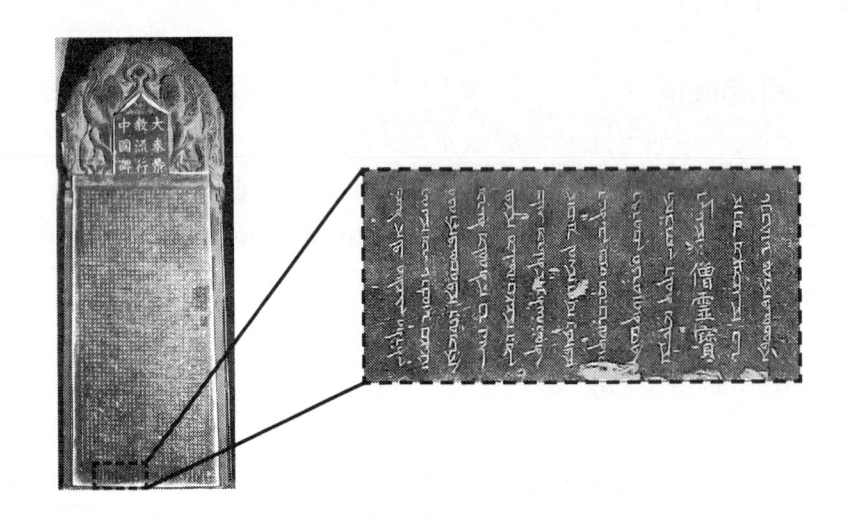

近　藤：インターネットで検索して，唐代の長安で作られた碑の写真を見ていたら，漢字ではない文字が書かれているようです。これは何でしょうか。

先　生：これはシリア文字ですね。シリア語を書き記すのに使われる文字です。シリア語は，アラム語から派生して，西暦1世紀頃から用いられ始め，その後メソポタミア地方一帯においてキリスト教徒によって用いられる言語として広がりました。

相　田：ということは，この碑の制作に関わったキリスト教徒が，シリア語を使っていたということでしょうか。

先　生：そのとおりです。ローマ皇帝　**ア**　による公認以降，ローマ帝国の領域内でキリスト教の教義が議論されていきましたが，ローマ帝国と対立していたササン朝の下では，ローマ帝国内の教会からは独立した教会が形成されていました。それによってキリスト教徒はイラン各地へと広がっていき，その後，中国へも到達していました。彼らの多くが教会で用いる言語としてシリア語を使っていたため，シリア文字が使われたと考えられます。

近　藤：シリア語は，ほかにはどのような時に使われたのでしょうか。

先　生：例えば，8世紀後半のイラクでは，キリスト教徒が，ギリシア語で書かれた論理学の書物をシリア語に翻訳し，カリフの依頼により，それらをさらにアラビア語へと翻訳しました。このシリア語を経由した翻訳活動は，9世紀には，ギリシア語から直接アラビア語に翻訳するという形が広がっていく学術的基盤となりました。

相　田：それでは，ギリシア語からアラビア語への翻訳が普及してしまうと，シリア語は使われなくなったのでしょうか。

先　生：いいえ，シリア語はその後も使われ続け，逆にアラビア語による学術的成果を取り入れるようになりました。11世紀から13世紀には，シリア語でも再び多くの書物が記されるようになり，モンゴル支配下の西アジアにおいて，様々な学術分野の著作がシリア語で書き残されました。

近　藤：ⓐ地域や王朝を越える文化の伝達に，シリア語は大きな役割を果たしていたのですね。

問 1　文章中の空欄　　ア　　の人物の事績あ・いと，その人物が開催した公会議について述べた文X～Zとの組合せとして正しいものを，後の①～⑥のうちから一つ選べ。　25

事　績

あ　外敵の侵入に対応するため，軍管区制(テマ制)を導入した。

い　徴税強化のため，コロヌスの移動を禁止した。

公会議について述べた文

X　単性論が異端とされた。

Y　アリウス派が異端とされた。

Z　ネストリウス派が異端とされた。

① あ―X　　　　② あ―Y　　　　③ あ―Z
④ い―X　　　　⑤ い―Y　　　　⑥ い―Z

問 2　下線部ⓐに関連して，地域や王朝を越えて伝えられた文化や制度について述べた文として最も適当なものを，次の①〜④のうちから一つ選べ。　26

① ゼロの概念が，ローマからイスラーム世界に伝わった。

② アマルナ美術の影響を受けた細密画(ミニアチュール)が，イスラーム世界で発展した。

③ 教育機関であるマドラサが，イスラーム世界各地で建設された。

④ マムルーク朝で開始されたイクター制が，その後のイスラーム王朝の下でも用いられた。

問 3　前の文章を参考にしつつ，シリア語とそれを用いた人々の歴史について述べた文として最も適当なものを，次の①〜④のうちから一つ選べ。　27

① シリア語の表記に使われたシリア文字は，シュメール時代のメソポタミアで用いられた。

② パルティアの下では，シリア語を使っていた西アジアのキリスト教徒からジズヤが徴収された。

③ シリア語を使っていたキリスト教徒が，アッバース朝における学術の発展に寄与した。

④ 第1回十字軍の到来までに，西アジアのキリスト教徒にとって，シリア語の学術言語としての地位は失われていた。

B　コロンブスはイタリアのジェノヴァ人であるという説が現在では定説になっている。しかし 19 世紀には，彼は「スペイン人」であるという説があった。この説の提唱者たちは，コロンブスがほとんどの文書をスペイン語で書いていたことを根拠に，彼が「スペイン人」だと思い込んでいたのである。

　　それではなぜ，コロンブスは「イタリア語」で書かなかったのか。現在のイタリア語はトスカナ語が基になっているが，彼が生まれ育ったジェノヴァの⑥言語はトスカナ語とは違う言語であり，しかもジェノヴァの言語は書き言葉を持たなかったからである。

　　コロンブスが生きていた時代には「国語」は成立しておらず，多言語使用が普通であった。ところがスペインでは，他のヨーロッパ諸国に先駆けて「国語」が成立し，書き言葉として確立しつつあった。そしてスペインの影響を受けたポルトガルの上流階級では，スペイン語で書くことがはやっていた。ⓒ彼は，スペイン王室に航海の支援を求める前に，ポルトガル王室に支援を求めていた。そのためにポルトガルに 10 年ほど滞在し，そこでスペイン語の読み書きを覚えたのである。

問 4　下線部⑥に関連して，言語と作品に関して述べた文として**誤っているもの**を，次の①～④のうちから一つ選べ。　28

　① ルターが，『新約聖書』をフランス語に翻訳した。
　② ダンテが，『神曲』をトスカナ語（トスカナ地方の口語）で著した。
　③ プルタルコスが，『対比列伝』をギリシア語で著した。
　④ カエサルが，『ガリア戦記』をラテン語で著した。

問 5　下線部ⓒに関連して，ポルトガル王室は最終的にはコロンブスを支援しなかったが，その理由に関し，推測される仮説として最も適当なものを，次の①〜④のうちから一つ選べ。　29

① 自国内のレコンキスタを終結させることに注力していたため，財政的な余裕がなかったからだろう。

② コロンブスの航海は西廻（まわ）りであったため，トルデシリャス条約で定めていたスペインの権益を侵害することになるからだろう。

③ スペイン王がポルトガル王位を継承したため，スペイン王室が支援することになったからだろう。

④ バルトロメウ゠ディアスが喜望峰に到達したため，インド航路開拓のめどが立ったからだろう。

問 6　「コロンブスはスペイン人である」という説は，ある思い込みに基づく誤った説である。前の文章から読み取れる思い込みの内容あ・いと，その思い込みの背景にある価値観として最も適当なものX・Yとの組合せとして正しいものを，後の①〜④のうちから一つ選べ。　30

前の文章から読み取れる思い込みの内容

あ　スペイン語で書く者はスペイン人である。

い　ジェノヴァはスペインの支配下にあった。

価値観

X　国家は同一の言語・文化を共有する均質な国民によって構成されるべきだという国民国家の価値観

Y　列強は支配地域の拡大を目指して世界を分割すべきだという帝国主義の価値観

① あ ― X
② あ ― Y
③ い ― X
④ い ― Y

C あるクラスで，書道の授業が行われている。

作 品

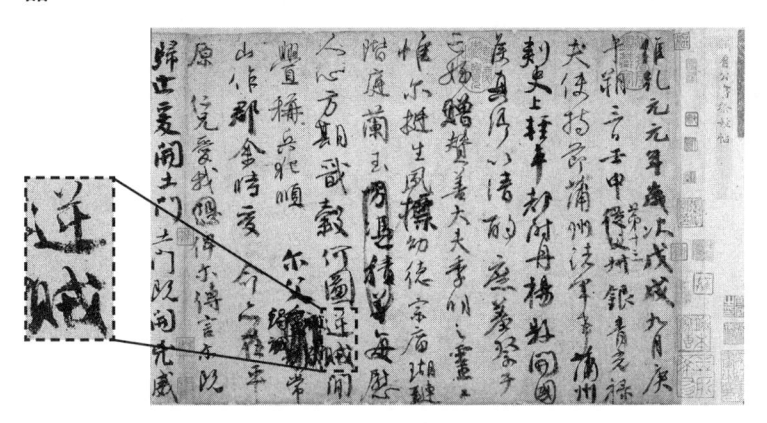

先　生：ここで課題とする**作品**は，顔真卿の「祭姪文稿（さいてつぶんこう）」です。これは，　イ　で死んだ甥の遺霊に顔真卿が捧げた文の草稿です。

神　本：　イ　は世界史の授業で学びました。**作品**に見える「逆賊」は，安禄山を指しているのでしょうか。

先　生：そのとおりです。

杉　田：顔真卿と言えば，私は以前学んだ堂々とした楷書が好きです。唐代の初めの整った書風とは全然違う印象を持っていますが，顔真卿が活躍した頃は，文化が大きく変化する時期だったのでしょうか。

先　生：良いところに気が付きましたね。8世紀後半の生まれで，　ウ　を推奨した韓愈は，王羲之の書を，表面的な美しさを追い求めた「俗書」だと批判しています。

杉　田：文学と芸術の主張がリンクしているのですね。

先　生：そうです。また，宋代に入ってからは，欧陽脩が顔真卿の楷書を人物の反映として高く評価し，蘇軾も顔真卿の書を力強く画期的なものとして書道史に位置づけました。このように顔真卿の書の書きぶりやその評価の有り様をたどっていくと，　エ　という，唐代後半期から宋代にかけての文化の流れをうかがい知ることができますね。

福　村：この**作品**にはたくさんの印が押されていますが，これらは一体何ですか。

先　生：これらの印は，この**作品**を持っていた人や鑑賞した人が押したもので，ひときわ大きな印は清の乾隆帝のものです。

福　村：清の皇帝は確か漢人ではありませんでしたが，書道にも関心を持っていたのですね。

先　生：そうです。乾隆帝は自らも書を嗜み，数多くの名品を集めました。乾隆帝はさらにそれらを書道全集にして出版してもいます。このような皇帝による文化事業は，中国の伝統的な書道文化が長く保持された一因と言えるでしょう。

問 7　文章中の空欄 イ の反乱について述べた文として最も適当なものを，次の①〜④のうちから一つ選べ。 31

① 塩の密売人が起こした反乱であった。

② 反乱が鎮圧された後，藩鎮の勢力が減退した。

③ 反乱を鎮圧した節度使が，新たな王朝を創設した。

④ ウイグルの援軍を得て，反乱が鎮圧された。

問 8　文章中の空欄 ウ に入れる語あ・いと，空欄 エ に入れる文X・Yとの組合せとして正しいものを，後の①〜④のうちから一つ選べ。 32

 ウ に入れる語

あ　四六駢儷体　　　　　　　　　　い　古　文

 エ に入れる文

X　貴族的な形式美を否定的に捉え，力強さや個性を尊重する

Y　貴族的な形式美とともに，力強さや個性を尊重する

① あ－X　　　　　　　　　　② あ－Y

③ い－X　　　　　　　　　　④ い－Y

問 9　福村さんは授業の後に，世界史で学んだことを踏まえて**メモ1・2**を作成した。前の文章を参考にしつつ，**メモ1・2**の正誤について述べた文として最も適当なものを，後の①～④のうちから一つ選べ。　33

メモ1

　書道文化へ積極的に関与した乾隆帝は，漢人に対して自由な言論活動を認め，中国の伝統文化を保護した。

メモ2

　清の皇帝による中国の伝統文化に対する政策は，北魏の孝文帝により自文化を維持しつつ進められた漢化政策に通じる。

①　**メモ1**のみ正しい。
②　**メモ2**のみ正しい。
③　二つとも正しい。
④　二つとも誤っている。

2023年度

大学入学共通テスト

本試験

●━━ 標 準 所 要 時 間 ━━●

第1問	11分	第4問	14分
第2問	11分	第5問	11分
第3問	13分		

世 界 史 B

第 1 問 歴史の中の女性について述べた次の文章 **A・B** を読み，後の問い（問 1 ～ 6）に答えよ。（配点 16）

A あるクラスで，各国において女性が全国レベルの参政権を獲得していった歴史についての授業が行われている。

先　生：初めて女性が全国レベルの参政権を獲得したのは 1893 年のニュージーランドで，オーストラリアがそれに続きます。ただし，いずれの国でも白人女性に限られていました。

室　井：どちらもオセアニアの国ですね。

先　生：女性普通選挙権は 1906 年にフィンランド，さらにノルウェーで確立されます。

渡　部：今度は北欧ですね。

先　生：これらオセアニアや北欧の国々は，その頃，他国の支配下で自治が拡大するか，独立したばかりでした。例えば，フィンランドは 19 世紀に，当時帝国だった $\boxed{\text{ア}}$ の領土になりましたが，1906 年には一院制議会が誕生しました。オセアニアや北欧における女性参政権の実現は，自治拡大や独立の前後に国内の政治的結束が求められる状況と関係していました。また，オセアニアで参政権が白人女性に限られたことは，白人以外への差別の進展と並行していました。

佐　藤：1918 年にはイギリス，1919 年にはドイツ，1920 年にはアメリカ合衆国でも女性参政権が認められます。ただし，認められた女性の割合は国によって様々だったようですね。

先　生：1910 年代の世界で最も大きな出来事は何ですか。

佐　藤：第一次世界大戦でしょうか。

先　生：そのとおりです。ⓐ多くの国や地域を巻き込んだ第一次世界大戦では，出征した男性に代わって女性が工場などで働くようになり，社会に進出しました。このことが女性参政権の実現を促します。また，国によっては大戦末期の革命をきっかけに女性参政権が認められました。では，これまでに学んできたことと合わせて，授業の内容をメモにまとめてください。

問 1　文章中の空欄　　ア　　の国の歴史について述べた文として最も適当なものを，次の①～④のうちから一つ選べ。　　1

① ピョートル 1 世が，北方戦争でイギリスを破った。

② プロイセンとの戦いで，シュレスヴィヒ・ホルシュタイン両公国を失った。

③ 第一次世界大戦後に，ピウスツキ（ピウスツキー）の独裁が行われた。

④ 21 世紀に入ると，中国などとともに BRICS（BRICs）と呼ばれた。

問 2　下線部ⓐについて述べた文として最も適当なものを，次の①～④のうちから一つ選べ。　　2

① オスマン帝国が，協商国（連合国）側に立って参戦した。

② フランス軍が，タンネンベルクの戦いでドイツ軍の進撃を阻んだ。

③ イギリスが，インドから兵士を動員した。

④ レーニンが，十四か条の平和原則を発表した。

問 3 生徒たちがまとめた次の**メモ**の正誤について述べた文として最も適当なものを，後の①〜⑥のうちから一つ選べ。 3

室井さんのメモ

　ニュージーランドでは，自治領となった後に女性が全国レベルの参政権を獲得した。

渡部さんのメモ

　第一次世界大戦で女性が社会に進出したことが，女性参政権の実現を促し，イギリスでも，1918 年に初めて女性参政権が認められた。

佐藤さんのメモ

　アメリカ合衆国では，第一次世界大戦末期のキング牧師による公民権運動をきっかけに初めて女性参政権が認められた。

① 室井さんのみ正しい。
② 渡部さんのみ正しい。
③ 佐藤さんのみ正しい。
④ 室井さんと渡部さんの二人のみが正しい。
⑤ 室井さんと佐藤さんの二人のみが正しい。
⑥ 渡部さんと佐藤さんの二人のみが正しい。

B　ある大学のゼミで，学生たちが，「中国史の中の女性」というテーマで議論をしている。（引用文には，省略したり，改めたりしたところがある。）

藤　田：次の**資料**は，顔之推（がんしすい）が6世紀後半に著した『顔氏家訓（がんしかくん）』という書物の一節で，彼が見た分裂時代の女性の境遇について述べています。

資　料

> 　南方の女性は，ほとんど社交をしない。婚姻を結んだ家同士なのに，十数年経っても互いに顔を合わせたことがなく，ただ使者を送って贈り物をし，挨拶を交わすだけで済ませるということさえある。
>
> 　これに対し，北方の習慣では，家はもっぱら女性によって維持される。彼女らは訴訟を起こして是非を争い，有力者の家を訪れては頼み込みをする。街路は彼女たちが乗った車であふれ，役所は着飾った彼女たちで混雑する。こうして彼女たちは息子に代わって官職を求め，夫のためにその不遇を訴える。これらは，平城に都が置かれていた時代からの習わしであろうか。

山　口：中国には，「牝鶏（めんどり）が朝（あした）に鳴く」ということわざがあり，女性が国や家の事に口出しするのは禁忌であったと聞きます。**資料**の後半に書かれているように，女性が活発な状況が現れた背景は，いったい何でしょうか。

藤　田：著者の推測に基づくなら，　イ　に由来すると考えられます。

中　村：あっ！　ひょっとして，この時代の北方の状況が，中国に女性皇帝が出現する背景となったのでしょうか。

教　授：中村さんがそのように考える根拠は何ですか。

中　村：ええと，それは　ウ　からです。

教　授：ほう，よく知っていますね。

山　口：**資料**にあるような女性の活発さが，後に失われてしまうのはなぜでしょうか。

藤　田：ⓑこの時代以降の儒学の普及とともに，**資料**中の南方の女性のような振る舞いが模範的とされていったためと考えられます。

問 4　文章中の空欄　イ　に入れる語句として最も適当なものを，次の①～④の
　　　うちから一つ選べ。　4

　　　① 西晋を滅ぼした匈奴の風習

　　　② 北魏を建国した鮮卑の風習

　　　③ 貴族が主導した六朝文化

　　　④ 隋による南北統一

問 5　文章中の空欄　ウ　に入れる文として最も適当なものを，次の
　　　①～④のうちから一つ選べ。　5

　　　① 唐を建てた一族が，北朝の出身であった

　　　② 唐で，政治の担い手が，古い家柄の貴族から科挙官僚へ移った

　　　③ 隋の大運河の完成によって，江南が華北に結び付けられた

　　　④ 北魏で，都が洛陽へと移され，漢化政策が実施された

問 6　下線部ⓑについて述べた文として最も適当なものを，次の①～④のうちから
　　　一つ選べ。　6

　　　① 世俗を超越した清談が流行した。

　　　② 董仲舒の提案により，儒学が官学とされた。

　　　③ 寇謙之が教団を作り，仏教に対抗した。

　　　④ 『五経正義』が編纂された。

第2問 世界史上において，君主の地位は様々な形で継承された。それについて述べた次の文章**A・B**を読み，後の問い（**問1～6**）に答えよ。（配点 18）

A あるクラスで，フランス王家についての授業が行われている。

先　生：次の**図**を見てください。何か読み取れることはありますか。

図

左の図柄　　　　　　　　　　　　　　　　　　　　　　右の図柄

小　林：中央に二つの図柄があります。**左の図柄**は，中世のヨーロッパについて勉強した際に出てきたクレシーの戦いの図版で見たことがあります。

後　藤：ユリの図柄ですよね。フランス軍も，それに敵対したイングランド軍も，ともにこの図柄の入った旗を掲げていました。

先　生：この**図**はアンリ4世から始まる王朝で使用されるようになる紋章ですが，紋章は家系のつながりや統合を表しています。次の**家系図**を見てください。ルイ9世の血筋は，一方はクレシーの戦いに関わったフィリップ6世に，一方はアンリ4世につながります。アンリ3世が死去し家系が断絶すると，アンリ4世が王となり，新しい王朝が始まります。ユリの図柄は，アンリ4世が以前の王朝とつながっていることを明確に表しています。

家系図

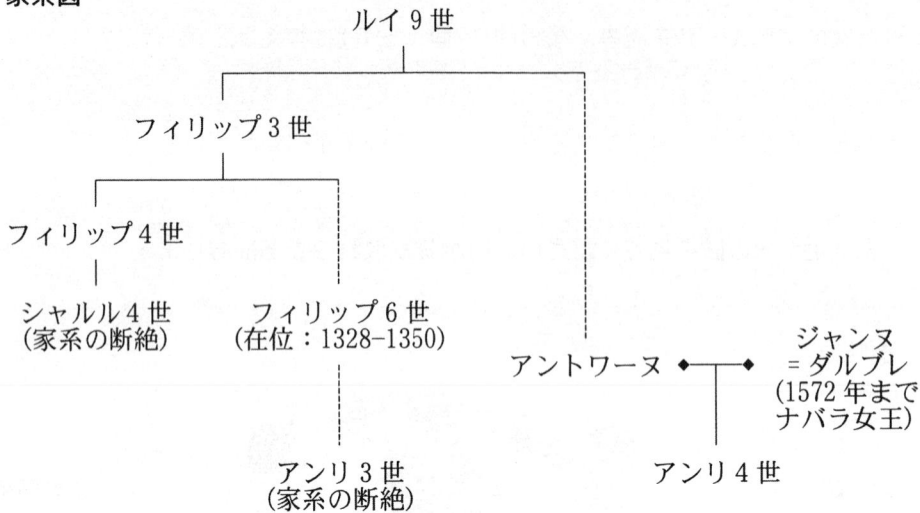

◆————◆　：婚姻関係

----------　：複数の世代をまたぐ

後　藤：では，**右の図柄**は何ですか。

先　生：金の鎖の図柄で，アンリ4世の母方の家系で使用されていた図柄です。
　　　　アンリ4世は即位前に母から別の国の王位を継承していました。アンリ
　　　　4世の母は⒜ユグノーだったのですが，アンリ4世自身もユグノーで
　　　　あり，国内における宗教対立では，王家と対立する勢力の首領でした。

小　林：アンリ4世は，ナントの王令を出した王だと習いました。この王令が出
　　　　された背景には，アンリ4世の立場が関係していたんですね。

先　生：こうした紋章は，当時王や貴族だけでなく都市なども独自のものを持っ
　　　　ていました。宰相マザランが死去した後，親政を始めた　ア　は，こ
　　　　うした紋章を国家財政の問題を解決する手段として使います。当時，
　　　　　　イ　　。こうした状況のもと　ア　は『紋章集成』を作成
　　　　し，そこへの紋章の登録を義務化した上で，登録料を徴収しました。し
　　　　かし，登録は思ったようには進まず，あまり成果を得られなかったよう
　　　　です。

問 1　前の文章と**家系図**を参考にしつつ，前の**図**について述べた文として最も適当なものを，次の①〜④のうちから一つ選べ。　　7

　　① **右の図柄**は，クレシーの戦いにおける旗の図柄と同じである。

　　② **左の図柄**は，アンリ 4 世がカペー朝とつながりがあることを表している。

　　③ フランス王家とイングランド王家との統合を表している。

　　④ アンリ 4 世が父からナバラ王位を継承したことを表している。

問 2　下線部ⓐに関連して，ヨーロッパ各地におけるプロテスタントについて述べた文として最も適当なものを，次の①〜④のうちから一つ選べ。　　8

　　① サン゠バルテルミの虐殺により，多くの犠牲者が出た。

　　② ドイツ農民戦争が，ツヴィングリの指導の下で起こった。

　　③ ヘンリ 7 世が，国王至上法（首長法）を制定した。

　　④ イグナティウス゠ロヨラが，イエズス会を結成した。

問 3　文章中の空欄　　ア　　に入れる人物の名**あ・い**と，空欄　　　イ　　　に入れる文**X・Y**との組合せとして正しいものを，後の①〜④のうちから一つ選べ。　　9

　　　ア　　に入れる人物の名

あ　ルイ 14 世　　　　　　　　　　　　い　ルイ 16 世

　　　イ　　に入れる文

X　ネッケルによる財政改革が進められていました

Y　度重なる戦争によって戦費が膨れ上がっていました

　　① あ － X　　　② あ － Y　　　③ い － X　　　④ い － Y

— 9 —

B 次の**資料**1・2は，ファーティマ朝のカリフについて，後の王朝の二人の歴史家がその正統性を論じた文章の概略である。

資料1

> 私はファーティマ朝のカリフをこの『カリフたちの歴史』では採り上げなかった。彼らがクライシュ族ではないため，⑥カリフの資格がないからである。
>
> ある法官によると，彼らの王朝の開祖が北アフリカで王朝を建てた時，アリーの子孫であると自称したが，系譜学者たちは誰一人彼を知らなかったという。また伝えられるところによると，ファーティマ朝の支配者の一人が，　ウ　の支配者に対して侮辱する手紙を送った時，　ウ　の支配者は，「あなたは私たちウマイヤ家の系譜を知っていて，私たちのことを侮辱した。しかし，私たちはあなたたちのことなど知らない」と返答したという。
>
> このようなことから，私は彼らをカリフと認めず，記さなかったのである。

資料2

> 多くの歴史家に受け取られている愚かな情報の中には，ファーティマ朝カリフがアリーの子孫であることを否定するものがあるが，それは競争相手を非難してアッバース朝カリフに取り入る目的で作られたものである。アッバース朝カリフに仕える人々にとっては，ファーティマ朝にシリアやエジプトを奪われたまま奪還できない無能力を取り繕うのに好都合だったからである。
>
> しかし，アッバース朝カリフがファーティマ朝成立当初に地方総督へ送った手紙の中には，ファーティマ朝カリフの系譜について言及があり，その手紙が，彼らがアリーの子孫であるということをはっきりと証明している。

　カリフは，中世のムスリムによって，イスラーム共同体の指導者としてただ一人がその地位に就くとみなされていた。しかし10世紀にファーティマ朝や　ウ　の支配者もカリフを称し，複数のカリフが長期間並立したことで，ムスリムが従うべき正しい指導者は誰かという問題は，さらに複雑なものとなった。

　資料1・2の著者を含め，スンナ派の学者たちは，カリフになるための資格に関して，ムスリムであることに加えて，7世紀初頭にメッカに住んでいたクライシュ族の子孫であることも必要な条件であると考えていた。ここで言及されているウマイヤ家もアリー家も，そしてアッバース家も，クライシュ族である。

問 4　文章中の空欄　ウ　の王朝が 10 世紀に支配していた半島の歴史について述べた文として最も適当なものを，次の①～④のうちから一つ選べ。 10

① トルコ系の人々が，この半島においてルーム＝セルジューク朝を建てた。

② ムラービト朝が，この半島における最後のイスラーム王朝となった。

③ ベルベル人によって建てられたムワッヒド朝が，この半島に進出した。

④ この半島で成立したワッハーブ王国が，ムハンマド＝アリーによって一度滅ぼされた。

問 5　下線部ⓑの歴史について述べた文として最も適当なものを，次の①～④のうちから一つ選べ。 11

① 預言者ムハンマドが死亡すると，アブー＝バクルが初代カリフとなった。

② アブデュルハミト 2 世が，カリフ制を廃止した。

③ ブワイフ朝の君主はバグダードに入った後，カリフとして権力を握った。

④ サファヴィー朝が，アッバース朝（アッバース家）のカリフを擁立した。

問 6　資料 1・2 を参考にしつつ，ファーティマ朝の歴史とそのカリフについて述べた文として最も適当なものを，次の①～④のうちから一つ選べ。 12

① ファーティマ朝はアッバース朝成立以前に成立した王朝であり，資料 1 は伝聞や逸話に基づいてそのカリフの正統性を否定している。

② ファーティマ朝はスンナ派の一派が建てた王朝であり，資料 1 と資料 2 はともに系譜を根拠としてその支配者がカリフであると認めている。

③ ファーティマ朝はカイロを首都としたが，資料 2 はシリアやエジプトを取り戻せないという無能力によってカリフの資格がないと判断している。

④ ファーティマ朝はアッバース朝の権威を否定していたが，資料 2 はアッバース朝カリフの手紙を証拠としてファーティマ朝のカリフをアリーの子孫だと認めている。

— 11 —

第3問 世界史を学ぶ際には，単に歴史知識を獲得するだけではなく，それに対する疑問や議論を通じて歴史への理解を深めることが重要である。そのような授業や対話の様子について描写した次の文章**A～C**を読み，後の問い（**問1～8**）に答えよ。（配点　24）

A あるクラスで，世界史の授業が行われている。（引用文には，省略したり，改めたりしたところがある。）

　先　生：次の**資料**は，かつてフランスの統治者であった人物の没後200年を記念して催されたある行事で，マクロン大統領が行った演説の一部です。

資　料

> イタリア遠征，アウステルリッツの戦闘，ロシア遠征など，彼の名は想像力を至る所で刺激し続けています。軍人，戦略家であるとともに立法者でもある彼の行動と教訓は，今世紀に至るまでなお健在です。パリの凱旋門，ヴァンドーム広場の円柱，イエナ橋，リヴォリ通りなどは，全て彼の功績です。しかし，国民公会が廃止した奴隷制を，彼は復活させました。私たちは，彼の帝国に関して最悪のものを忘却し，最良のものを美化してきたのです。（列席する学生に向けて）あなた方は，フランス人として，その歴史の中にいるのですから，これを学ばねばなりません。

　岡　村：トゥサン＝ルヴェルチュールが指導する　　**ア**　　の独立運動に対して，彼は軍を派遣して弾圧したにもかかわらず，フランスでは，現在でも彼の人気が根強いように感じます。
　先　生：彼のドラマのような人生も，魅力の一つなのかもしれませんね。例えば，次の**図**を見てください。ここには，彼が追放されていた地中海の島から脱出し，フランスに帰還する様子が象徴的に描かれているとされます。
　岡　村：どうして，そのような場所に追放されていたのでしょうか。

図

先　生：ライプツィヒでフランスに勝利した対仏同盟軍がパリにまで侵攻し，彼を退位に追い込んで，その島に流したのです。しかし，その後にフランスを統治した国王は，反動的な政策を展開したため，国内での人気を落としました。そのことが，**図**の出来事につながる大きな要因になったと考えられています。

岡　村：**図**では，左手を掲げる彼の足下にすがりついたり，ひざまずく人々がいますが，それはなぜでしょうか。

先　生：これらの人々は，彼を迎え撃つために国王が派遣した兵士たちです。兵士たちの間には，彼に対する崇拝の念が強かったと言われます。

岡　村：つまり，兵士たちが寝返った様子が描かれているということでしょうか。

先　生：そのとおりです。

岡　村：彼は，最終的には戦争に負けて捕虜になったのでしたよね。

先　生：そうです。**図**の出来事の後，彼は権力の座に返り咲きましたが，その支配は長続きせず，ついには対仏同盟軍に敗れて　イ　に流され，そこで没しました。

問 1 図の出来事が起こった時に，フランスを統治していた国王について述べた文として最も適当なものを，次の①〜④のうちから一つ選べ。 13

① アルジェリアを占領した。

② 恐怖政治を敷いた。

③ 国外逃亡を図り，ヴァレンヌで捕らえられた。

④ 王位に就いて，ブルボン朝が復活した。

問 2 文章中の空欄 ア と イ に入れる地域の位置と，その位置を示す次の図中の a 〜 c との組合せとして正しいものを，後の①〜⑥のうちから一つ選べ。 14

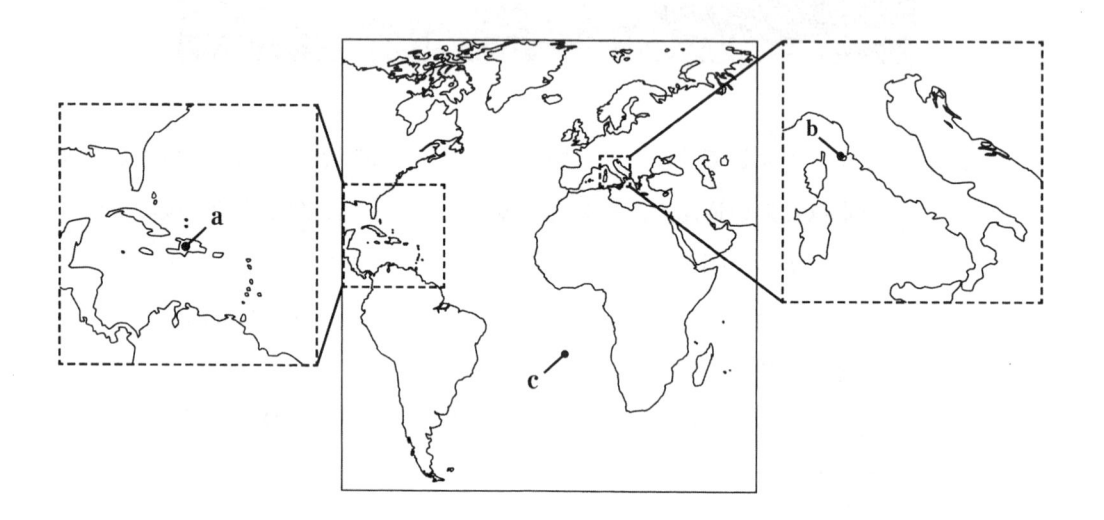

① ア ― a 　　イ ― b

② ア ― a 　　イ ― c

③ ア ― b 　　イ ― a

④ ア ― b 　　イ ― c

⑤ ア ― c 　　イ ― a

⑥ ア ― c 　　イ ― b

B あるクラスで，科挙に関する授業が行われている。

高　木：中国の科挙について勉強しましたが，子どもの頃から儒学の経典を学んで，何回も受験する人が多いことに驚きました。学校はあったのでしょうか。

先　生：中国では，官立学校で儒学を教え，学生は官吏の候補として養成されました。科挙が定着した後，官立学校は全体に振るいませんでしたが，宋代には私立学校の書院が各地にでき，新しい学問である　ウ　も書院の活動のなかで生まれました。17 世紀の顧炎武は，官立学校の学生身分を持つ者が増え過ぎて社会問題になっていると論じています。

高　木：学生が増えたのが社会問題になったのはなぜでしょうか。

先　生：王朝の交替を目の当たりにした顧炎武は，多くの学生が政治上の争いに加担したことを問題として挙げていますが，それには，彼が同時代のこととして見聞した，書院を拠点とした争いが念頭にありました。

高　木：それは，　エ　ことではないでしょうか。

先　生：そうです。彼はまた，学校教育の停滞も指摘していて，科挙合格のために，当時の官学であった　ウ　を表面的に学ぶことを問題視しました。そこで，学生のあり方や，科挙自体も大幅に改革すべきだと論じています。

吉　田：日本では科挙について議論はなかったのでしょうか。

先　生：江戸時代の儒学者の中には，科挙は文才を重視し過ぎて実際の役に立っていないとして，むしろ⒜中国で科挙の開始より古い時代に行われた人材登用制度を参考にすべきだという意見がありました。日本の社会には中国で理想とされる周代と共通する要素があると考え，周代の制度を参考にして，文才ではなく人柄を重視しようとしたのです。

吉　田：それはもっともな意見ですが，科挙を採用した国もありましたね。そうした国の人はどう考えていたのでしょうか。

先　生：例えば江戸時代の日本を訪れた朝鮮の知識人の一人が，日本には科挙がないので官職が全て世襲で決まり，埋もれた人材がいると書き残しています。日本の儒学者とは反対の意見です。

吉　田：それも納得できます。人材の登用はいろいろな問題があるのですね。

問 3　文章中の空欄 ウ の学問について述べた文として最も適当なものを，次の①〜④のうちから一つ選べ。 15

① 科挙が創設された時代に，書院を中心に新しい学問として興った。

② 金の支配下で，儒教・仏教・道教の三教の調和を説いた。

③ 臨安が都とされた時代に大成され，儒学の経典の中で，特に四書を重視した。

④ 実践を重んじる王守仁が，知行合一の説を唱えた。

問 4　文章中の空欄 エ に入れる文として最も適当なものを，次の①〜④のうちから一つ選べ。 16

① 宗教結社の太平道が，黄巾の乱を起こした

② 和平派の秦檜らと主戦派の岳飛らとが対立した

③ 土木の変で，皇帝が捕らえられた

④ 東林派の人々が，政府を批判した

問 5　下線部ⓐについて述べた文あ・いと，前の文章から読み取れる朝鮮や日本で見られた人材登用制度に関する考えについて述べた文X・Yとの組合せとして正しいものを，後の①〜④のうちから一つ選べ。 17

下線部ⓐについて述べた文

あ　地方長官の推薦による官吏任用が行われ，結果として豪族が政界に進出するようになった。

い　人材が9等級に分けて推薦され，結果として貴族の高官独占が抑制された。

朝鮮や日本で見られた人材登用制度に関する考え

X　朝鮮の知識人が，科挙を採用せず広く人材を求めない日本を批判した。

Y　日本の儒学者が，周の封建制を否定的に考え，科挙の導入を提唱した。

① あ ― X　　　　　　② あ ― Y

③ い ― X　　　　　　④ い ― Y

C 中国における書籍分類の歴史について，大学生と教授が話をしている。

内　藤：18世紀の中国で編纂された　｜ オ ｜ の「四」という数字はどういう意味
　　　　ですか。高校では用語として覚えただけで，深く考えませんでした。

教　授：｜ オ ｜ に収められた書籍が，四つに分類されているためです。これを
　　　　四部分類と言い，経部・史部・子部・集部からなります。

内　藤：なるほど，例えば儒学の経典なら経部に，歴史書なら史部に分類されて
　　　　いるという具合でしょうか。

教　授：そのとおりです。史部について少し具体的に見てみましょう。**資料1**
　　　　は，7世紀に編纂された『隋書』経籍志という書籍目録からの抜粋です。

　　　資料1　『隋書』経籍志で史部に掲載されている書籍の一部

　　　　｜　　『史記』　　『漢書』　　『後漢書』　　『三国志』　　｜

内　藤：挙げられたのはいずれも，紀伝体の歴史書ですね。

教　授：よく知っていますね。このうち，『漢書』は1世紀にできた歴史書です
　　　　が，その中にも芸文志という書籍目録があります。そこから，儒学の経
　　　　典を主に収める分類である六芸略の書籍を抜粋したのが**資料2**です。

　　　資料2　『漢書』芸文志で六芸略に掲載されている書籍の一部

　　　　｜　　『易経』　　『尚書（書経）』　　『春秋』　　『太史公』　　｜

内　藤：高校で習った五経が含まれていますね。最後の太史公は，人名ですか。

教　授：これは司馬遷のことで，ここでは彼が編纂した『史記』を指します。

内　藤：『史記』は**資料1**では史部なのに，**資料2**では違いますね。分類の名前も
　　　　違います。もしかして1世紀にはまだ四部分類がなかったのですか。

教　授：そのとおりです。当時は史部という分類自体，存在しませんでした。こ
　　　　の分類が独立し，定着していくのは，歴史書の数が増加した3世紀から
　　　　6世紀にかけてのことです。

内　藤：でも，歴史書の数が増えただけで分類方法まで変わるものでしょうか。『史記』が経典と同じ分類なのも不思議ですし，ちょっと図書館で調べてみます。

問 6　文章中の空欄　オ　に入れる語と，　オ　を編纂した王朝について述べた文との組合せとして正しいものを，次の①〜④のうちから一つ選べ。　18

① 『四書大全』— 皇帝に権力を集中させるため，中書省を廃止した。
② 『四書大全』— 漢人男性に辮髪を強制した。
③ 『四庫全書』— 皇帝に権力を集中させるため，中書省を廃止した。
④ 『四庫全書』— 漢人男性に辮髪を強制した。

問 7　次の書籍あ・いが『漢書』芸文志の六芸略に掲載されているかどうかについて述べた文として最も適当なものを，後の①〜④のうちから一つ選べ。　19

あ　『詩経』　　　　　　　　　　　　　い　『資治通鑑』

① あのみ掲載されている。　　　　　② いのみ掲載されている。
③ 両方とも掲載されている。　　　　④ 両方とも掲載されていない。

問 8　前の文章を参考にしつつ，中国における書籍分類の歴史について述べた文として最も適当なものを，次の①〜④のうちから一つ選べ。　20

① 1 世紀には『史記』や『漢書』のような歴史書が既に存在し，史部という分類も定着していた。
② 3 世紀から 6 世紀にかけて，木版印刷の技術が普及したことで，史部に含まれる歴史書の数が増加した。
③ 7 世紀の書籍目録において，『史記』と同じ分類に，本紀と列伝を主体とする形式の書籍が収められた。
④ 18 世紀までには，宣教師の活動によって西洋の学術が中国に伝わり，四部分類は用いられなくなっていた。

第4問 歴史を考察する上で，資料は不可欠である。世界史上の様々な歴史資料について述べた次の文章**A～C**を読み，後の問い（**問1～8**）に答えよ。（配点 24）

A あるクラスで，次の**貨幣1・2**を基に，授業が行われている。

貨幣1　　　　　　　　　　　　　貨幣2

表の面　　　　裏の面　　　　　表の面　　　　裏の面

先　生：この2枚の歴史的な貨幣は，東地中海沿岸地域において造られたものです。**貨幣1**と**貨幣2**はとても似ていますが，図柄の細部が異なっています。皆さんが調べてきたことを報告してください。

広　田：**貨幣1**は7世紀前半に，発行国の首都であるコンスタンティノープルで造られた金貨です。ソリドゥスと呼ばれる形式の貨幣で，品質が高いことで知られていました。表の面には，発行当時の皇帝とその共同統治者が描かれ，裏面には，中央に十字架，周縁に皇帝の礼賛文が書かれています。

鈴　木：**貨幣1**と同様の形式の貨幣は，地中海世界において国や地域を超えて信用され，流通していました。西アジア地域では，以前から貨幣の使用が活発でしたので，ムアーウィヤが開いた王朝にも征服地で使用する貨幣の発行が求められたようです。

佐々木：**貨幣2**は，その王朝が**貨幣1**を模倣して，7世紀後半にシリア地域で発行した金貨です。**貨幣2**の表の面には人物像が残っていますが，裏面にはアラビア語の銘文が刻まれ，預言者ムハンマドの名前も見られます。このことから，この王朝の支配者がイスラーム教を信仰していることを主張していると分かります。また，図柄にも改変が加えられているように見えます。

鈴　木：**貨幣2**の裏面で，十字架が1本の棒の図柄に変えられているところなどを見ると，**貨幣2**の模倣の仕方が面白いですね。

先　生：**貨幣2**を発行した王朝では，行政において，シリアとエジプトではギリシア語が，イランとイラクではペルシア語が，主に用いられていました。しかし，**貨幣2**の発行者は，行政で用いる言語をアラビア語に変更させるなど，統治制度の改革を行っています。7世紀末にはさらに，アラビア文字のみが刻まれた独自の貨幣に改めましたが，これも行政で用いる言語の変更と同様の趣旨があると思います。

問 1　**貨幣1**を発行した国，または**貨幣2**を発行した王朝について述べた文として最も適当なものを，次の①～④のうちから一つ選べ。　　21

① **貨幣1**の発行国では，ゾロアスター教が国教とされた。
② **貨幣2**を発行した王朝は，パルティアを征服した。
③ **貨幣1**の発行国では，ローマ法の集大成が行われた。
④ **貨幣2**を発行した王朝は，バグダードに都を置いた。

問 2　授業の後，生徒たちは授業の内容を基にメモを作成した。前の文章を参考に
しつつ，生徒たちがまとめた次の**メモ**の正誤について述べた文として最も適当
なものを，後の①～④のうちから一つ選べ。　22

佐々木さんのメモ

　　貨幣 2 を発行した王朝は，各地で使われていた言語を行政において用いるこ
とを認めていたが，貨幣 2 の発行者はそれをアラビア語に変更するなど，統治
制度の改革を進めた。アラビア文字のみが刻まれた独自貨幣の発行も，そのよ
うな改革の一例であったと言える。

鈴木さんのメモ

　　貨幣 2 を発行した王朝は，貨幣 1 を模倣しながらも，十字架の図柄を改変し
コーラン（クルアーン）の言語で刻まれた銘文を採用して，王朝の支配者がイス
ラーム教を信仰していることも明確に打ち出した。

広田さんのメモ

　　ソリドゥス金貨は，ヴァンダル王国を滅ぼした皇帝によって発行が始められ
た。それが地中海世界において国や地域を超えて流通しており，その信用性を
利用しようとしたことが，貨幣 2 が貨幣 1 を模倣して発行された理由の一つ
だった。

① 佐々木さんのみ正しい。

② 佐々木さんと鈴木さんの二人のみが正しい。

③ 鈴木さんと広田さんの二人のみが正しい。

④ 三人とも正しい。

B あるクラスで，資料を用いた古代ギリシアについての授業が行われている。
（引用文には，省略したり，改めたりしたところがある。）

先　生：陸上競技のマラソンという種目名が，マラトンの戦いに由来しているという話を聞いたことがある人もいるかもしれません。その話を伝えている次の**資料1・2**を読んで，何か気付いたことはありますか。

資料1

> ヘラクレイデスは，テルシッポスがマラトンの戦いについて知らせに戻ったと記している。しかし，今の多くの人々は，戦場から走ってきたのはエウクレスだと言っている。エウクレスは到着してすぐ，「喜べ，私たちが勝利した」とだけ言って，息絶えた。

資料2

> 言われているところでは，長距離走者のフィリッピデスがマラトンから走ってきて，勝敗についての知らせを待っていた役人に，「喜べ，私たちが勝利した」と言った後，息絶えた。

松　山：**資料1**と**資料2**では，使者の名前が違っています。なぜでしょうか。

先　生：明確な理由は分かりませんが，資料が書かれた時代が手掛かりになります。**資料1**を書いたのは『対比列伝』を著した人物で，**資料2**は別の文人によるものです。二人とも，五賢帝の時代を中心に活躍しました。

松　山：**資料1**と**資料2**は，いずれもマラトンの戦いからかなり後になって書かれたので，正確な情報が伝わっていなかったのかもしれませんね。

先　生：その可能性はあるでしょう。ただし，**資料1**で紹介されているヘラクレイデスはアリストテレスの下で学んでいた人物だと言われています。

松　山：ということは，　ア　ことになりますね。マラトンの戦いに時代が近い人物が信頼できるとしたら，使者の名前は　イ　というのが，この中では一番あり得そうだと思います。

先　生：その考え方は，筋が通っていますね。

竹　中：でも，もっと古い資料はないのでしょうか。

先　生：同じ内容を伝える資料は**資料1・2**のほかに知られていません。マラトンの戦いを含む　ウ　を主題とした紀元前5世紀の歴史家の著作には，**資料2**にあるフィリッピデスという名前が，マラトンの戦いの後ではなく，その前にスパルタに派遣された使者として言及されています。

竹　中：もしかしたら，勝利を伝えるために使者が走って戻ってきたという話は史実ではなく，後世に作られた可能性があるんじゃないでしょうか。

先　生：鋭い指摘ですね。現存する資料から分かるのは，五賢帝の時代よりも前のある段階でその話が成立していたということです。

問3　文章中の空欄　ア　に入れる語句あ・いと，空欄　イ　に入れる人物の名X～Zとの組合せとして正しいものを，後の①～⑥のうちから一つ選べ。
　　　23

　ア　に入れる語句

あ　**資料1・2**の著者は二人とも，ヘラクレイデスよりもマラトンの戦いに近い時代に生きていた

い　ヘラクレイデスは，**資料1・2**の著者たちよりもマラトンの戦いに近い時代に生きていた

　イ　に入れる人物の名
X　エウクレス　　　　　**Y**　テルシッポス　　　　**Z**　フィリッピデス

①　あ－X　　　　②　あ－Y　　　　③　あ－Z

④　い－X　　　　⑤　い－Y　　　　⑥　い－Z

― 23 ―

問 4 文章中の空欄 ウ の戦争について述べた文として最も適当なものを，次の①〜④のうちから一つ選べ。 24

① イオニア地方のギリシア人の反乱が，この戦争のきっかけとなった。

② この戦争でギリシア人と戦った王朝は，エフタルを滅ぼした。

③ この戦争の後に，アテネを盟主としてコリントス同盟（ヘラス同盟）が結成された。

④ ギリシア軍が，この戦争中にプラタイアイの戦いで敗北した。

問 5 前の文章を参考にしつつ，マラトンの戦いの勝利をアテネに伝えた使者について述べた文として最も適当なものを，次の①〜④のうちから一つ選べ。 25

① アテネで僭主となったペイシストラトスは，使者の話を知っていた可能性がある。

② 使者の話は，トゥキディデス（トゥキュディデス）の『歴史』に記されている。

③ プルタルコスは，使者の名前について異なる説を併記している。

④ 使者についての**資料2**の記述は，ヘロドトスの『歴史』を正確に反映している。

C 次の**資料１〜３**は，ブリテン島の修道士であったベーダが，731年頃に執筆した著作の一部である。（引用文には，省略したり，改めたりしたところがある。）

資料１

> マルキアヌス(注1)が即位した年，有力なゲルマンの三つの民が，三艘(そう)の船でブリテン島を訪れた。彼らはサクソン人，アングル人，そしてジュート人(ユート人)であった。
>
> (注1) カルケドン公会議を開いた皇帝。

資料２

> 私ことベーダが執筆している今のブリテン島には，五つの言語がある。すなわち，アングル人の言語，ブリトン人(注2)の言語，スコット人(注3)の言語，ピクト人(注4)の言語，そしてラテン語である。
>
> (注2) ここでは，ウェールズに住み，ケルト語派の言語を話した人々を指す。
> (注3) ここでは，アイルランドやスコットランドに住み，ケルト語派の言語を話した人々を指す。
> (注4) スコットランドに住み，ケルト語派の言語を話したとされる。

資料３

> ある日ローマの市場において，若き日の教皇グレゴリウス１世は，色白で端正な顔立ちの，美しい髪をした少年たちが，売りに出されているのを見かけた。グレゴリウスが彼らはどこから連れてこられたのかと尋ねたところ，ブリテン島からであり，そこの住人は皆このような容姿をしているという。彼は再び尋ねた。その島の住人はキリスト教徒か，それとも異教徒なのかと。彼らは異教徒であるとの返事であった。彼らは何という民なのかと，グレゴリウスはさらに尋ねた。アングル人と呼ばれているということであった。これを聞いてグレゴリウスは言った。「ちょうど良い。彼らは天使の顔をしている。彼らのような人々は天にいる天使を継ぐ者であるべきだ。」(注5)
>
> (注5) 発音の類似性から，「アングル人」と「エンジェル(天使)」が掛けられている。

資料1は | エ | と呼ばれる歴史的出来事に関する記述である。そこに登場する「ゲルマンの三つの民」は，出身地とされる北西ドイツとその周辺に由来する言語，すなわち英語(注6)を共通の言語としつつ，ブリテン島で多数の政治的共同体を形成した。それらの統合が進んだのは10世紀半ば，西サクソン人の王によってであった。**資料2**は，ブリテン島の言語集団についての説明である。ここで注目したいのが，**資料1**と**資料2**とでは，「アングル人」の意味する内容に違いがあることである。こうした違いの歴史的背景を教えてくれるのが，**資料3**である。そこでは若き日にグレゴリウス1世が，ローマで出会ったアングル人に天使を重ね合わせて，彼らへの布教を決意したとされている。<u>@もとの意味に「布教対象の民」という別の意味が加わった結果，「アングル人」は，ベーダの生きた時代には，教会に導かれるキリスト教徒の共同体であると同時に，英語を話す人々を包括的に表す際の用語ともなっていった。</u>彼らの住む地域は，10世紀末には「アングル人の土地」，すなわちイングランドと呼ばれるようになる。

(注6)　1100年頃まで話されていた古英語のことを指す。

問6　文章中の空欄 | エ | に入れる語句と，**資料1**と**資料2**が示す「アングル人」について述べた文**あ・い**との組合せとして正しいものを，後の**①**〜**④**のうちから一つ選べ。 | 26 |

資料1と資料2が示す「アングル人」について述べた文

あ　大陸から渡来してきた民の一つで，サクソン人やジュート人(ユート人)と並置される集団のことである。

い　サクソン人やジュート人(ユート人)をも含めた，共通の言語を話す集団の総称である。

	エ	資料1	資料2
①	東方植民	あ	い
②	東方植民	い	あ
③	ゲルマン人の大移動	あ	い
④	ゲルマン人の大移動	い	あ

問 7　資料 1 ～ 3 で記されている出来事や事柄の年代が，古いものから順に正しく配列されているものを，次の①～⑥のうちから一つ選べ。　27

① 資料 1 → 資料 2 → 資料 3
② 資料 1 → 資料 3 → 資料 2
③ 資料 2 → 資料 1 → 資料 3
④ 資料 2 → 資料 3 → 資料 1
⑤ 資料 3 → 資料 1 → 資料 2
⑥ 資料 3 → 資料 2 → 資料 1

問 8　下線部ⓐに関連して，キリスト教が社会に与えた影響について述べた文として最も適当なものを，次の①～④のうちから一つ選べ。　28

① クローヴィスの改宗によって，フランク王国は，先住のノルマン人の支持を得ることができた。
② 聖職者（司祭）のジョン＝ボールが，「アダムが耕しイヴが紡いだとき，だれが貴族（領主）であったか」と説教し，農民一揆を指導した。
③ コンスタンティヌス帝は，勢力を増したキリスト教徒を統治に取り込むために，統一法を発布した。
④ ボニファティウス 8 世の提唱した第 1 回十字軍に，ヨーロッパ各地の諸侯や騎士が参加した。

第5問 歴史統計は，各地の社会経済の構造やその変化を反映している。歴史統計について述べた次の文章**A・B**を読み，後の問い(**問1～6**)に答えよ。(配点　18)

A　あるクラスで，世界史の授業が行われている。

先　生：次の**表**は，1929年の東南アジアにおける4つの植民地の主要な輸出先とその比率を示しています。**表**中のインドネシアは，現在のインドネシアに当たる植民地を指します。マラヤ(マレー)には，海峡植民地が含まれています。ここからどのようなことが分かりますか。

表　1929年の東南アジア各地の輸出先とその比率(輸出額上位5地域)　　(単位：%)

インドネシア		マラヤ		フィリピン		インドシナ	
マラヤ	28.1	ア	42.2	ア	75.7	香　港	32.1
オランダ	21.0	イギリス	14.3	日　本	4.3	フランス	22.1
ア	14.5	インドネシア	9.4	イギリス	4.3	マラヤ	10.8
インド	5.8	日　本	4.2	中　国	1.9	インドネシア	9.8
イギリス	5.6	フランス	4.1	フランス	1.4	中　国	7.2

(『岩波講座　東南アジア史6』より作成)

石　田：植民地は，宗主国としか貿易できないと思っていましたが，そうでもないですね。4地域の中で宗主国がトップなのは一つだけです。

先　生：そのとおりです。宗主国との貿易の比率が高い地域とそうでない地域があり，輸出品や宗主国によって事情が異なります。<u>ⓐマラヤの宗主国</u>が進めた自由貿易政策は東南アジア全体に影響を与えました。

佐　藤：マラヤは，　　ア　　への輸出の比率が高いですね。なぜですか。

先　生：マラヤの主要な輸出品はゴムでした。<u>ⓑ統計が取られた時点で，　　ア　　において，ゴムの需要が高まっていたのです。</u>

工　藤：インドシナも特徴的ですね。香港，中国といった東アジアの諸地域や，同じ東南アジアの植民地が上位に名を連ねています。

先　生：インドシナの主要な輸出品は米でした。アジア地域の開発による人口増
　　　　加に伴い，食糧として米の需要が大きかったと考えられます。

石　田：この時期の東南アジアは植民地として政治的に分割されましたが，経済
　　　　的には近隣の諸地域との関係が強かったのですね。他の地域でも同じこ
　　　　とが言えるのでしょうか。

先　生：それはまた調べてみましょう。東南アジアにおいても，ちょうどこの年
　　　　にニューヨークで起こった株価暴落を契機として，この構造は変化して
　　　　いくことになります。

問1　下線部ⓐの歴史について述べた文として最も適当なものを，次の①～④のう
　　ちから一つ選べ。　29

　　①　シンガポールを獲得して，東南アジアにおける交易の拠点とした。
　　②　19世紀後半に，自国の東インド会社の貿易独占権を廃止した。
　　③　清との間に，公行の廃止を定めた北京議定書を結んだ。
　　④　オタワ会議（オタワ連邦会議）により，スターリング゠ブロック（ポンド゠
　　　　ブロック）を廃止した。

問2　文章中の空欄　ア　に入れる国の名あ・いと，下線部ⓑの背景として最も
　　適当な文X・Yとの組合せとして正しいものを，後の①～④のうちから一つ選
　　べ。　30

　　　ア　に入れる国の名
　　あ　ドイツ　　　　　い　アメリカ合衆国

　　下線部ⓑの背景として最も適当な文
　　X　大量生産方式により，自動車の普及が進んだ。
　　Y　アウトバーンの建設が進められた。

　　①　あ－X　　　②　あ－Y　　　③　い－X　　　④　い－Y

問 3 前の文章を参考にしつつ，1929年当時の東南アジア各地の経済と貿易について述べた文として最も適当なものを，次の①〜④のうちから一つ選べ。

　　　31

① コーヒー栽培が進められたインドネシアは，宗主国向けの輸出額の割合が4地域の中で最も低かった。

② ゴムプランテーション(ゴム園)の労働者として移民が流入したマラヤは，インドシナの輸出額上位5地域の中に入っていた。

③ フィリピンでは強制栽培制度による商品作物生産がなされており，アジア向けの輸出額は全体の2割以下であった。

④ インドシナの輸出額において最大であった地域は，インドシナと同じ宗主国の植民地であった。

B　世界史の授業で，先生と生徒たちが歴史統計を見ながら会話をしている。

先　生：今回の授業では，歴史統計から世界史上の出来事について考えてみましょう。取り上げるのは，産業革命です。ⓒ世界初の産業革命は，イギリスで起こりました。次の表1・2は1600年から1801年にかけてのイングランドの人口統計です。これらを見て，どのようなことに気付きましたか。

表1　イングランドの都市人口比率　　　　　　　　（単位：1000人）

年	1600	1670	1700	1750	1801
イングランド総人口	4110	4980	5060	5770	8660
都市人口合計	335	680	850	1215	2380
都市人口比率(%)	8.25	13.50	17.00	21.00	27.50

（注）　都市人口比率の数値は，原典の数値及び算出方法による。

表2　イングランドの農村農業人口比率　　　　　　（単位：1000人）

年	1600	1670	1700	1750	1801
イングランド総人口	4110	4980	5060	5770	8660
農村農業人口	2870	3010	2780	2640	3140
農村非農業人口	900	1290	1430	1910	3140
農村農業人口100人当たりの総人口（人）	143	165	182	219	276

（表1・2とも E. A. Wrigley, *People, Cities and Wealth* より作成）

高　橋：まず，表1を見ると，イングランドの総人口は，18世紀後半に急速に増加しています。そして，都市人口も増えています。この前の授業で，マンチェスターやリヴァプールなどの都市が発展したと学びました。

松　山：**表2**を見ると，都市人口だけではなく，農村に住んでいながら農業に従事していない人口も増えていますよね。

先　生：二人ともそのとおりです。**表1・2**の検討をさらに進めましょう。それでは，こうした変化の背景として，当時，何が起こっていたのだと考えられますか。

高　橋：18世紀後半の時期について，　　　イ　　　ことが読み取れます。それは，当時のイギリスにおいて，　　　ウ　　　ことで，食料の供給が安定していたためだと考えられないでしょうか。

先　生：そのとおりです。人口統計には，社会や経済の大きな変化が表れているのです。次に**グラフ**を見てください。これは，イギリスやアイルランドからアメリカ合衆国へ渡った移民の数をまとめたものです。

グラフ　イギリスとアイルランドからアメリカ合衆国への移民数

（単位：1000人）

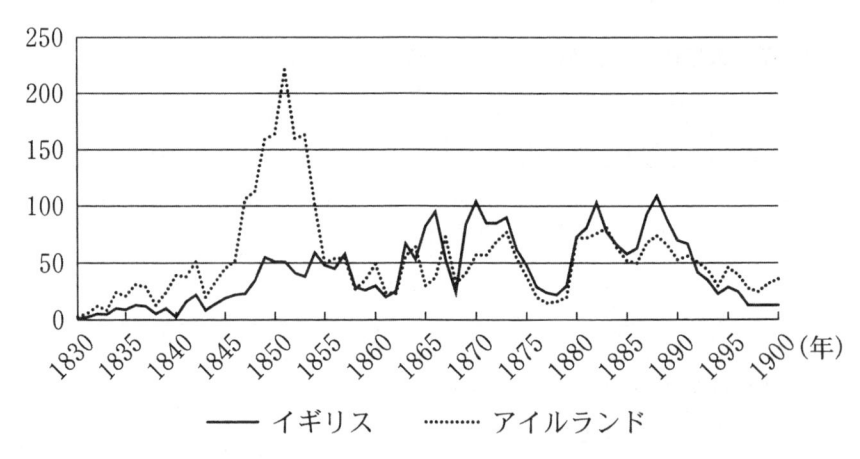

—— イギリス　　……… アイルランド

（**グラフ**はB. R. ミッチェル編『イギリス歴史統計』より作成）

松　山：移民の送り出し国や受け入れ国で起こった出来事が移民数の変動に影響しているようですね。グラフを見ると，　　　エ　　　と思うのですが。

先　生：よく勉強していますね。これらの歴史統計を見ると，産業革命の時期に社会が大きく変化するなかで，イギリスの国内外で人の移動が活発になっていたことがうかがえます。

問 4　文章中の空欄　　イ　　と　　ウ　　に入れる文の組合せとして正しいものを，次の①〜④のうちから一つ選べ。　32

① イ ― 表1を見ると，都市人口比率が上昇している
　　ウ ― 土地が囲い込まれ(第2次囲い込み)，新農法が導入された

② イ ― 表1を見ると，都市人口比率が減少している
　　ウ ― 鉄道建設が進み，全国的に鉄道の輸送網が完成した

③ イ ― 表2を見ると，農村農業人口100人当たりの総人口が上昇している
　　ウ ― 農業調整法(AAA)が制定され，農産物の生産量が調整された

④ イ ― 表2を見ると，農村農業人口100人当たりの総人口が減少している
　　ウ ― 穀物法の廃止により，穀物輸入が自由化された

問 5　文章中の空欄　　エ　　に入れる文として最も適当なものを，次の①〜④のうちから一つ選べ。　33

① 1840年代中頃にアイルランドで大飢饉(ジャガイモ飢饉)が発生した後，1840年代後半にはアイルランドからの移民は増加している

② 1850年代中頃にアイルランドがクロムウェルにより征服され，土地没収が強行された後，1850年代後半にはアイルランドからの移民は減少している

③ 1870年代初めにアメリカ合衆国で南北戦争が始まった後，1875年のイギリスからの移民は，1870年よりも減少している

④ 1890年代初めにアメリカ合衆国でフロンティアの消滅が宣言された後，1895年のイギリスからの移民は，1890年よりも増加している

問 6　下線部ⓒについて述べた文として最も適当なものを，次の①〜④のうちから一つ選べ。　34

① 大西洋の三角貿易を通じて，綿製品，茶，アヘンが取引された。

② ダービーによって開発された，コークスを使用する製鉄法が利用された。

③ 選挙権の拡大を目指して，ラダイト運動(機械打ちこわし運動)が発生した。

④ 1833年の工場法の制定によって，大気や水の汚染問題の改善が図られた。

駿台文庫の共通テスト対策

※掲載書籍の価格は、2024年6月時点の価格です。価格は予告なく変更になる場合があります。

2025-大学入学共通テスト 実戦問題集

2024年 6月刊行

※画像は2024年度版を利用し作成したイメージになります。

本番で問われるすべてをここに凝縮

◆ 駿台オリジナル予想問題5回+過去問※を収録
　※英語/数学/国語/地理歴史/公民は「試作問題+過去問2回」
　　理科基礎/理科は「過去問3回」

◆ 詳細な解答解説は使いやすい別冊挟み込み
　駿台文庫 編 B5判　税込価格　1,540円　※理科基礎は税込1,210円

【科目別17点】
- 英語リーディング　● 英語リスニング　● 数学I・A　● 数学II・B・C　● 国語
- 物理基礎　● 化学基礎　● 生物基礎　● 地学基礎　● 物理　● 化学　● 生物
- 地理総合,地理探究　● 歴史総合,日本史探究　● 歴史総合,世界史探究
- 公共,倫理　● 公共,政治・経済

※『英語リスニング』の音声はダウンロード式
※『公共, 倫理』『公共, 政治・経済』の公共は共通問題です

2025-大学入学共通テスト 実戦パッケージ問題 青パック【市販版】

2024年 9月刊行

※画像は2024年度版を利用し作成したイメージになります。

共通テストの仕上げの1冊！
本番さながらのオリジナル予想問題で実力チェック

全科目新作問題ですので、青パック【高校限定版】や他の共通テスト対策書籍との問題重複はありません

税込価格　1,760円

【収録科目：7教科14科目】
- 英語リーディング　● 英語リスニング　● 数学I・A　● 数学II・B・C　● 国語
- 物理基礎／化学基礎／生物基礎／地学基礎　● 物理　● 化学　● 生物
- 地理総合,地理探究　● 歴史総合,日本史探究　● 歴史総合,世界史探究
- 公共,倫理　● 公共,政治・経済　● 情報I

「情報I」の新作問題を収録

※解答解説冊子・マークシート冊子付き
※『英語リスニング』の音声はダウンロード式
※『公共, 倫理』『公共, 政治・経済』の公共は共通問題です

短期攻略大学入学共通テストシリーズ

1ヶ月で基礎から共通テストレベルまで完全攻略

● 英語リーディング〈改訂版〉	税込1,320円	
● 英語リスニング〈改訂版〉※	税込1,320円	
NEW 数学I・A 基礎編〈改訂版〉	税込1,430円	
NEW 数学I・A 実戦編〈改訂版〉	税込1,210円	
NEW 数学II・B・C 基礎編〈改訂版〉	税込1,650円	
NEW 数学II・B・C 実戦編〈改訂版〉	税込1,210円	
現代文〈改訂版〉	2024年刊行予定	
NEW 古文〈改訂版〉	税込1,100円	
NEW 漢文〈改訂版〉	税込1,210円	
● 物理基礎	税込 935円	
● 化学基礎〈改訂版〉	2024年刊行予定	

● 生物基礎〈改訂版〉	2024年刊行予定
● 地学基礎	税込1,045円
● 物理	税込1,320円
● 化学〈改訂版〉	2024年刊行予定
● 生物〈改訂版〉	2024年刊行予定
● 地学	税込1,320円

※『英語リスニング』の音声はダウンロード式

駿台文庫株式会社
〒101-0062 東京都千代田区神田駿河台1-7-4　小畑ビル6階
TEL 03-5259-3301　FAX 03-5259-3006
https://www.sundaibunko.jp

● 刊行予定は、2024年4月時点の予定です。
　最新情報につきましては、駿台文庫の公式サイトをご覧ください。

駿台文庫のお薦め書籍

※掲載書籍の価格は、2024年6月時点の価格です。価格は予告なく変更になる場合があります。

システム英単語〈5訂版〉
システム英単語Basic〈5訂版〉

霜 康司・刀祢雅彦 共著
システム英単語　B6判　税込1,100円
システム英単語Basic　B6判　税込1,100円

入試数学「実力強化」問題集

杉山義明 著　B5判　税込2,200円

英語 ドリルシリーズ
英作文基礎10題ドリル　竹岡広信 著　B5判　税込1,210円
英文法入門10題ドリル　田中健一 著　B5判　税込 913円
英文法基礎10題ドリル　田中健一 著　B5判　税込990円
英文読解入門10題ドリル　田中健一 著　B5判　税込935円

国語 ドリルシリーズ

現代文読解基礎ドリル〈改訂版〉　池尻俊也 著　B5判　税込 935円
現代文読解標準ドリル　池尻俊也 著　B5判　税込 990円
古典文法10題ドリル〈古文基礎編〉　菅野三恵 著　B5判　税込 990円
古典文法10題ドリル〈古文実戦編〉〈三訂版〉　菅野三恵・福沢健・下屋敷雅暁 共著　B5判　税込1,045円
古典文法10題ドリル〈漢文編〉　斉京宣行・三宅崇広 共著　B5判　税込1,045円
漢字・語彙力ドリル　霜 栄 著　B5判　税込1,023円

生きる シリーズ

霜 栄 著
生きる漢字・語彙力〈三訂版〉　B6判　税込1,023円
生きる現代文キーワード〈増補改訂版〉　B6判　税込1,023円
共通テスト対応 生きる現代文 随筆・小説語句　B6判　税込 880円

開発講座シリーズ

霜 栄 著
現代文 解答力の開発講座　A5判　税込1,320円
現代文 読解力の開発講座〈新装版〉　A5判　税込1,320円
現代文 読解力の開発講座〈新装版〉オーディオブック　税込2,200円

国公立標準問題集CanPass（キャンパス）シリーズ

英語　山口玲児・高橋康弘 共著　A5判　税込1,210円
数学Ⅰ・A・Ⅱ・B・C〔ベクトル〕〈第3版〉　桑畑信泰・古梶裕之 共著　A5判　税込1,430円
数学Ⅲ・C〔複素数平面、式と曲線〕〈第3版〉　桑畑信泰・古梶裕之 共著　A5判　税込1,320円
現代文　清水正史・多田圭太朗 共著　A5判　税込1,210円
古典　白鳥永興・福田忍 共著　A5判　税込1,155円
物理基礎+物理　溝口真己・椎名泰司 共著　A5判　税込1,210円
化学基礎+化学〈改訂版〉　犬塚壮志 著　A5判　税込1,760円
生物基礎+生物　波多野善崇 著　A5判　税込1,210円

東大入試詳解シリーズ〈第3版〉

25年 英語　25年 現代文　24年 物理・上　25年 日本史
20年 英語リスニング　25年 古典　20年 物理・下　25年 世界史
25年 数学〈文科〉　25年 化学　25年 地理
25年 数学〈理科〉　25年 生物
A5判（物理のみB5判）　各税込2,860円　物理・下は税込2,530円
※物理・下は第3版ではありません

京大入試詳解シリーズ〈第2版〉

25年 英語　25年 現代文　25年 物理　20年 日本史
25年 数学〈文系〉　25年 古典　25年 化学　20年 世界史
25年 数学〈理系〉　15年 生物
A5判　各税込2,750円　生物は税込2,530円
※生物は第2版ではありません

2025-駿台 大学入試完全対策シリーズ 大学・学部別

A5判／税込2,860～6,050円

【国立】
■北海道大学〈文系〉　前期
■北海道大学〈理系〉　前期
■東北大学〈文系〉　前期
■東北大学〈理系〉　前期
■東京大学〈文科〉　前期※
■東京大学〈理科〉　前期※
■一橋大学　前期
■東京科学大学〈旧東京工業大学〉　前期
■名古屋大学〈文系〉　前期
■名古屋大学〈理系〉　前期
■京都大学〈文系〉　前期
■京都大学〈理系〉　前期
■大阪大学〈文系〉　前期
■大阪大学〈理系〉　前期
■神戸大学〈文系〉　前期
■神戸大学〈理系〉　前期

■九州大学〈文系〉　前期
■九州大学〈理系〉　前期
【私立】
■早稲田大学　法学部
■早稲田大学　文化構想学部
■早稲田大学　文学部
■早稲田大学　教育学部-文系 A方式
■早稲田大学　商学部
■早稲田大学　基幹・創造・先進理工学部
■慶應義塾大学　法学部
■慶應義塾大学　経済学部
■慶應義塾大学　理工学部
■慶應義塾大学　医学部

※リスニングの音声はダウンロード式（MP3ファイル）

2025-駿台 大学入試完全対策シリーズ 実戦模試演習

B5判／税込2,090～2,640円

■東京大学への英語※
■東京大学への数学
■東京大学への国語
■東京大学への理科(物理・化学・生物)
■東京大学への地理歴史
　(世界史・日本史・地理)

■京都大学への英語
■京都大学への数学
■京都大学への国語
■京都大学への理科(物理・化学・生物)
■京都大学への地理歴史
　(世界史・日本史・地理)
■大阪大学への英語※
■大阪大学への数学
■大阪大学への国語
■大阪大学への理科(物理・化学・生物)

※リスニングの音声はダウンロード式（MP3ファイル）

駿台文庫株式会社
〒101-0062 東京都千代田区神田駿河台1-7-4　小畑ビル6階
TEL 03-5259-3301　FAX 03-5259-3006
https://www.sundaibunko.jp

2025－駿台　大学入試完全対策シリーズ
大学入学共通テスト実戦問題集　歴史総合，世界史探究

2024 年 7 月 11 日　2025 年版発行

編　　者　　駿　台　文　庫
発 行 者　　山　﨑　　良　子
印刷・製本　　日 経 印 刷 株 式 会 社

発 行 所　　駿 台 文 庫 株 式 会 社
〒 101-0062　東京都千代田区神田駿河台 1－7－4
小畑ビル内
TEL. 編集 03 (5259) 3302
販売 03 (5259) 3301
《共通テスト実戦・歴史総合，世界史探究 428pp.》

ⓒSundaibunko 2024
許可なく本書の一部または全部を，複製，複写，
デジタル化する等の行為を禁じます。

落丁・乱丁がございましたら，送料小社負担にて
お取り替えいたします。

ISBN978-4-7961-6476-4　　Printed in Japan

駿台文庫 Web サイト
https://www.sundaibunko.jp

地理歴史，公民　解答用紙

注意事項
1 訂正は、消しゴムできれいに消し、消しくずを残してはいけません。
2 所定欄以外にはマークしたり、記入したりしてはいけません。
3 汚したり、折り曲げたりしてはいけません。

マーク例

	良い例	悪い例
	●	⊗ ◗ ○

・1科目だけマークしなさい。
・解答科目欄が無くマーク又は複数マークの場合は、0点となることがあります。

解 答 科 目 欄

地理総合／歴史総合／公共 ○

地理総合，地理探究 ○
歴史総合，日本史探究 ○
歴史総合，世界史探究 ○
公共，倫理 ○
公共，政治・経済 ○

旧教育課程
旧世界史B ○
旧日本史B ○
旧地理B ○
旧現代社会 ○
旧倫理 ○
旧政治・経済 ○
旧倫理，旧政治・経済 ○

受験番号欄

受験番号を記入し、その下のマーク欄にマークしなさい。

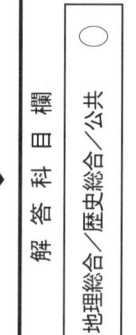

氏名・フリガナ、試験場コードを記入しなさい。

フリガナ
氏 名
試験場コード

駿 台 文 庫

解答欄（解答番号 1〜39、各 選択肢 1〜9）

地理歴史，公民　解答用紙

注意事項
1　訂正は，消しゴムできれいに消し，消しくずを残してはいけません。
2　所定欄以外にはマークしたり，記入したりしてはいけません。
3　汚したり，折りまげたりしてはいけません。

マーク例

良い例	悪い例
●	⊙ ⊗ ◐ ○

受験番号を記入し，その下のマーク欄にマークしなさい。

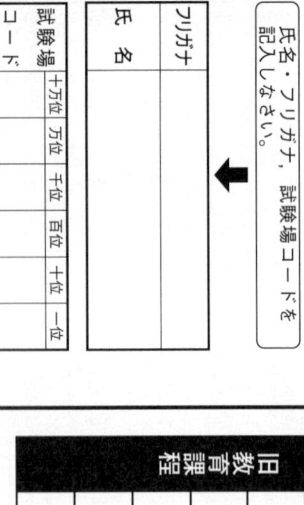

受験番号欄

千位	百位	十位	一位	英字
—	—	—	—	
	⓪	⓪	⓪	Ⓐ A
①	①	①	①	Ⓑ B
②	②	②	②	Ⓒ C
③	③	③	③	Ⓗ H
④	④	④	④	Ⓚ K
⑤	⑤	⑤	⑤	Ⓜ M
⑥	⑥	⑥	⑥	Ⓡ R
⑦	⑦	⑦	⑦	Ⓤ U
⑧	⑧	⑧	⑧	Ⓧ X
⑨	⑨	⑨	⑨	Ⓨ Y
				Ⓩ Z

氏名・フリガナ，試験場コードを記入しなさい。

フリガナ	
氏　名	

氏名・フリガナ，試験場コードを記入しなさい。

試験場コード	十万位	万位	千位	百位	十位	一位

駿台文庫

解答科目欄

・1科目だけマークしなさい。
・解答科目欄が無マーク又は複数マークの場合は，0点となることがあります。

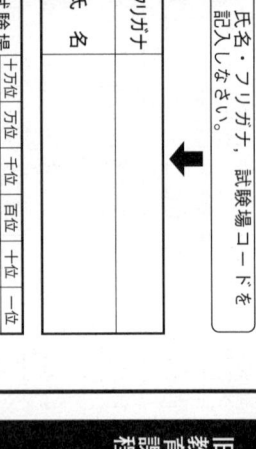

地理総合／歴史総合／公共

地理総合／歴史総合／公共	○

地理総合，地理探究	○
歴史総合，日本史探究	○
歴史総合，世界史探究	○
公共，倫理	○
公共，政治・経済	○

旧教育課程		
旧 世界史B	○
旧 日本史B	○
旧 地理B	○
旧 現代社会	○
旧 倫理	○
旧 政治・経済	○
旧倫理，旧政治・経済	○

解答欄

解答番号	解　答　欄
1	① ② ③ ④ ⑤ ⑥ ⑦ ⑧ ⑨
2	① ② ③ ④ ⑤ ⑥ ⑦ ⑧ ⑨
3	① ② ③ ④ ⑤ ⑥ ⑦ ⑧ ⑨
4	① ② ③ ④ ⑤ ⑥ ⑦ ⑧ ⑨
5	① ② ③ ④ ⑤ ⑥ ⑦ ⑧ ⑨
6	① ② ③ ④ ⑤ ⑥ ⑦ ⑧ ⑨
7	① ② ③ ④ ⑤ ⑥ ⑦ ⑧ ⑨
8	① ② ③ ④ ⑤ ⑥ ⑦ ⑧ ⑨
9	① ② ③ ④ ⑤ ⑥ ⑦ ⑧ ⑨
10	① ② ③ ④ ⑤ ⑥ ⑦ ⑧ ⑨
11	① ② ③ ④ ⑤ ⑥ ⑦ ⑧ ⑨
12	① ② ③ ④ ⑤ ⑥ ⑦ ⑧ ⑨
13	① ② ③ ④ ⑤ ⑥ ⑦ ⑧ ⑨

解答番号	解　答　欄
14	① ② ③ ④ ⑤ ⑥ ⑦ ⑧ ⑨
15	① ② ③ ④ ⑤ ⑥ ⑦ ⑧ ⑨
16	① ② ③ ④ ⑤ ⑥ ⑦ ⑧ ⑨
17	① ② ③ ④ ⑤ ⑥ ⑦ ⑧ ⑨
18	① ② ③ ④ ⑤ ⑥ ⑦ ⑧ ⑨
19	① ② ③ ④ ⑤ ⑥ ⑦ ⑧ ⑨
20	① ② ③ ④ ⑤ ⑥ ⑦ ⑧ ⑨
21	① ② ③ ④ ⑤ ⑥ ⑦ ⑧ ⑨
22	① ② ③ ④ ⑤ ⑥ ⑦ ⑧ ⑨
23	① ② ③ ④ ⑤ ⑥ ⑦ ⑧ ⑨
24	① ② ③ ④ ⑤ ⑥ ⑦ ⑧ ⑨
25	① ② ③ ④ ⑤ ⑥ ⑦ ⑧ ⑨
26	① ② ③ ④ ⑤ ⑥ ⑦ ⑧ ⑨

解答番号	解　答　欄
27	① ② ③ ④ ⑤ ⑥ ⑦ ⑧ ⑨
28	① ② ③ ④ ⑤ ⑥ ⑦ ⑧ ⑨
29	① ② ③ ④ ⑤ ⑥ ⑦ ⑧ ⑨
30	① ② ③ ④ ⑤ ⑥ ⑦ ⑧ ⑨
31	① ② ③ ④ ⑤ ⑥ ⑦ ⑧ ⑨
32	① ② ③ ④ ⑤ ⑥ ⑦ ⑧ ⑨
33	① ② ③ ④ ⑤ ⑥ ⑦ ⑧ ⑨
34	① ② ③ ④ ⑤ ⑥ ⑦ ⑧ ⑨
35	① ② ③ ④ ⑤ ⑥ ⑦ ⑧ ⑨
36	① ② ③ ④ ⑤ ⑥ ⑦ ⑧ ⑨
37	① ② ③ ④ ⑤ ⑥ ⑦ ⑧ ⑨
38	① ② ③ ④ ⑤ ⑥ ⑦ ⑧ ⑨
39	① ② ③ ④ ⑤ ⑥ ⑦ ⑧ ⑨

地理歴史、公民　解答用紙

注意事項
1 訂正は、消しゴムできれいに消し、消しくずを残してはいけません。
2 所定欄以外にはマーク　したり、記入したりしてはいけません。
3 汚したり、折り曲げたりしてはいけません。

マーク例

良い例	悪い例
●	⊘ ⊗ ◖

・1科目だけマークしなさい。
・解答科目欄が無ーク又は複数マークの場合は、0点となることがあります。

解 答 科 目 欄

地理総合／歴史総合／公共	○
地理総合，地理探究	○
歴史総合，日本史探究	○
歴史総合，世界史探究	○
公　共，　倫　理	○
公　共，政治・経済	○
旧　世　界　史　B	○
旧　日　本　史　B	○
旧　地　理　B	○
旧　現　代　社　会	○
旧　倫　理	○
旧　政　治・経　済	○
旧倫理 旧政治・経済	○

旧教育課程

受験番号を記入し、その下のマーク欄にマークしなさい。

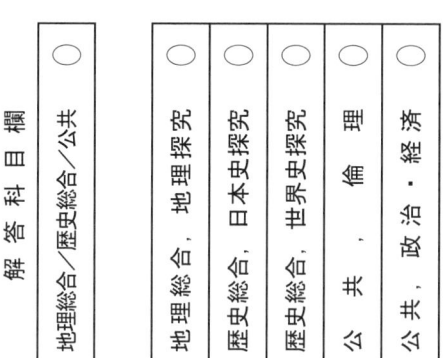

受 験 番 号 欄

千位	百位	十位	一位	英字

氏名・フリガナ、試験場コードを記入しなさい。

| フリガナ | |
| 氏 名 | |

試験場コード	十万位	万位	千位	百位	十位	一位

駿 台 文 庫

解答欄（解答番号 1〜13）

解答番号	解 答 欄 1 2 3 4 5 6 7 8 9
1	① ② ③ ④ ⑤ ⑥ ⑦ ⑧ ⑨
2	① ② ③ ④ ⑤ ⑥ ⑦ ⑧ ⑨
3	① ② ③ ④ ⑤ ⑥ ⑦ ⑧ ⑨
4	① ② ③ ④ ⑤ ⑥ ⑦ ⑧ ⑨
5	① ② ③ ④ ⑤ ⑥ ⑦ ⑧ ⑨
6	① ② ③ ④ ⑤ ⑥ ⑦ ⑧ ⑨
7	① ② ③ ④ ⑤ ⑥ ⑦ ⑧ ⑨
8	① ② ③ ④ ⑤ ⑥ ⑦ ⑧ ⑨
9	① ② ③ ④ ⑤ ⑥ ⑦ ⑧ ⑨
10	① ② ③ ④ ⑤ ⑥ ⑦ ⑧ ⑨
11	① ② ③ ④ ⑤ ⑥ ⑦ ⑧ ⑨
12	① ② ③ ④ ⑤ ⑥ ⑦ ⑧ ⑨
13	① ② ③ ④ ⑤ ⑥ ⑦ ⑧ ⑨

解答欄（解答番号 14〜26）

解答番号	解 答 欄 1 2 3 4 5 6 7 8 9
14	① ② ③ ④ ⑤ ⑥ ⑦ ⑧ ⑨
15	① ② ③ ④ ⑤ ⑥ ⑦ ⑧ ⑨
16	① ② ③ ④ ⑤ ⑥ ⑦ ⑧ ⑨
17	① ② ③ ④ ⑤ ⑥ ⑦ ⑧ ⑨
18	① ② ③ ④ ⑤ ⑥ ⑦ ⑧ ⑨
19	① ② ③ ④ ⑤ ⑥ ⑦ ⑧ ⑨
20	① ② ③ ④ ⑤ ⑥ ⑦ ⑧ ⑨
21	① ② ③ ④ ⑤ ⑥ ⑦ ⑧ ⑨
22	① ② ③ ④ ⑤ ⑥ ⑦ ⑧ ⑨
23	① ② ③ ④ ⑤ ⑥ ⑦ ⑧ ⑨
24	① ② ③ ④ ⑤ ⑥ ⑦ ⑧ ⑨
25	① ② ③ ④ ⑤ ⑥ ⑦ ⑧ ⑨
26	① ② ③ ④ ⑤ ⑥ ⑦ ⑧ ⑨

解答欄（解答番号 27〜39）

解答番号	解 答 欄 1 2 3 4 5 6 7 8 9
27	① ② ③ ④ ⑤ ⑥ ⑦ ⑧ ⑨
28	① ② ③ ④ ⑤ ⑥ ⑦ ⑧ ⑨
29	① ② ③ ④ ⑤ ⑥ ⑦ ⑧ ⑨
30	① ② ③ ④ ⑤ ⑥ ⑦ ⑧ ⑨
31	① ② ③ ④ ⑤ ⑥ ⑦ ⑧ ⑨
32	① ② ③ ④ ⑤ ⑥ ⑦ ⑧ ⑨
33	① ② ③ ④ ⑤ ⑥ ⑦ ⑧ ⑨
34	① ② ③ ④ ⑤ ⑥ ⑦ ⑧ ⑨
35	① ② ③ ④ ⑤ ⑥ ⑦ ⑧ ⑨
36	① ② ③ ④ ⑤ ⑥ ⑦ ⑧ ⑨
37	① ② ③ ④ ⑤ ⑥ ⑦ ⑧ ⑨
38	① ② ③ ④ ⑤ ⑥ ⑦ ⑧ ⑨
39	① ② ③ ④ ⑤ ⑥ ⑦ ⑧ ⑨

地理歴史，公民　解答用紙

注意事項
1 訂正は，消しゴムできれいに消し，消しくずを残してはいけません。
2 所定欄以外にはマークしたり，記入したりしてはいけません。
3 汚したり，折り曲げたりしてはいけません。

マーク例

良い例	悪い例
●	⊙ ⊗ ◑ ○

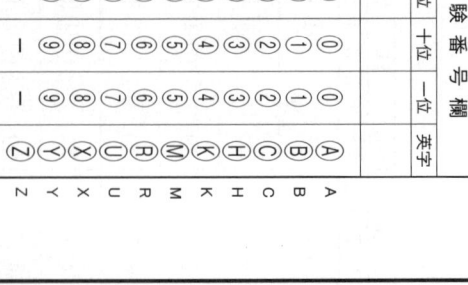

受験番号を記入し，その下のマーク欄にマークしなさい。

受験番号欄

	千位	百位	十位	一位	英字
	ー	ー	ー	ー	

（①②③④⑤⑥⑦⑧⑨ の各位、英字 A B C H K M R U X Y Z）

氏名・フリガナ，試験場コードを記入しなさい。

フリガナ

氏　名

	十万位	万位	千位	百位	十位	一位
試験場コード						

・1科目だけマークしなさい。
・解答科目欄が無マーク又は複数マークの場合は，0点となることがあります。

解答科目欄

地理総合／歴史総合／公共 ○

地理総合／歴史総合／公共	
地理総合，地理探究	○
歴史総合，日本史探究	○
歴史総合，世界史探究	○
公共，倫理	○
公共，政治・経済	○

旧教育課程	
旧世界史B	○
旧日本史B	○
旧地理B	○
旧現代社会	○
旧倫理	○
旧政治・経済	○
旧倫理，旧政治・経済	○

解答欄

解答番号 1〜13、14〜26、27〜39、各設問に選択肢 ① ② ③ ④ ⑤ ⑥ ⑦ ⑧ ⑨ のマーク欄。

地理歴史，公民　解答用紙

マーク例

良い例	悪い例
●	◔ ⊗ ◑ ○

注意事項
1　訂正は，消しゴムできれいに消し，消しくずを残してはいけません。
2　所定欄以外にはマークしたり，記入したりしてはいけません。
3　汚したり，折り曲げたりしてはいけません。

受験番号欄

受験番号を記入し，その下のマーク欄にマークしなさい。

千位	百位	十位	一位	英字
−	①	①	①	Ⓐ A
①	②	②	②	Ⓑ B
②	③	③	③	Ⓒ C
③	④	④	④	Ⓗ H
④	⑤	⑤	⑤	Ⓚ K
⑤	⑥	⑥	⑥	Ⓜ M
⑥	⑦	⑦	⑦	Ⓡ R
⑦	⑧	⑧	⑧	Ⓤ U
⑧	⑨	⑨	⑨	Ⓧ X
⑨	−	−	−	Ⓨ Y
				Ⓩ Z

駿 合 文 庫

氏名・フリガナ，試験場コードを記入しなさい。

フリガナ	
氏　名	

試験場コード	十万位	万位	千位	百位	十位	一位

解答科目欄

・1科目だけマークしなさい。
・解答科目欄が無くマーク又は複数マークの場合は，0点となることがあります。

地理総合／歴史総合／公共	○
地理総合，地理探究	○
歴史総合，日本史探究	○
歴史総合，世界史探究	○
公　共，　倫　理	○
公　共，政　治・経　済	○

旧教育課程	旧　世　界　史　B	○
	旧　日　本　史　B	○
	旧　地　理　B	○
	旧　現　代　社　会	○
	旧　倫　理	○
	旧　政　治・経　済	○
	旧倫理，旧政治・経済	○

解答欄

解答番号	解答欄 1 2 3 4 5 6 7 8 9
1	① ② ③ ④ ⑤ ⑥ ⑦ ⑧ ⑨
2	① ② ③ ④ ⑤ ⑥ ⑦ ⑧ ⑨
3	① ② ③ ④ ⑤ ⑥ ⑦ ⑧ ⑨
4	① ② ③ ④ ⑤ ⑥ ⑦ ⑧ ⑨
5	① ② ③ ④ ⑤ ⑥ ⑦ ⑧ ⑨
6	① ② ③ ④ ⑤ ⑥ ⑦ ⑧ ⑨
7	① ② ③ ④ ⑤ ⑥ ⑦ ⑧ ⑨
8	① ② ③ ④ ⑤ ⑥ ⑦ ⑧ ⑨
9	① ② ③ ④ ⑤ ⑥ ⑦ ⑧ ⑨
10	① ② ③ ④ ⑤ ⑥ ⑦ ⑧ ⑨
11	① ② ③ ④ ⑤ ⑥ ⑦ ⑧ ⑨
12	① ② ③ ④ ⑤ ⑥ ⑦ ⑧ ⑨
13	① ② ③ ④ ⑤ ⑥ ⑦ ⑧ ⑨

解答番号	解答欄 1 2 3 4 5 6 7 8 9
14	① ② ③ ④ ⑤ ⑥ ⑦ ⑧ ⑨
15	① ② ③ ④ ⑤ ⑥ ⑦ ⑧ ⑨
16	① ② ③ ④ ⑤ ⑥ ⑦ ⑧ ⑨
17	① ② ③ ④ ⑤ ⑥ ⑦ ⑧ ⑨
18	① ② ③ ④ ⑤ ⑥ ⑦ ⑧ ⑨
19	① ② ③ ④ ⑤ ⑥ ⑦ ⑧ ⑨
20	① ② ③ ④ ⑤ ⑥ ⑦ ⑧ ⑨
21	① ② ③ ④ ⑤ ⑥ ⑦ ⑧ ⑨
22	① ② ③ ④ ⑤ ⑥ ⑦ ⑧ ⑨
23	① ② ③ ④ ⑤ ⑥ ⑦ ⑧ ⑨
24	① ② ③ ④ ⑤ ⑥ ⑦ ⑧ ⑨
25	① ② ③ ④ ⑤ ⑥ ⑦ ⑧ ⑨
26	① ② ③ ④ ⑤ ⑥ ⑦ ⑧ ⑨

解答番号	解答欄 1 2 3 4 5 6 7 8 9
27	① ② ③ ④ ⑤ ⑥ ⑦ ⑧ ⑨
28	① ② ③ ④ ⑤ ⑥ ⑦ ⑧ ⑨
29	① ② ③ ④ ⑤ ⑥ ⑦ ⑧ ⑨
30	① ② ③ ④ ⑤ ⑥ ⑦ ⑧ ⑨
31	① ② ③ ④ ⑤ ⑥ ⑦ ⑧ ⑨
32	① ② ③ ④ ⑤ ⑥ ⑦ ⑧ ⑨
33	① ② ③ ④ ⑤ ⑥ ⑦ ⑧ ⑨
34	① ② ③ ④ ⑤ ⑥ ⑦ ⑧ ⑨
35	① ② ③ ④ ⑤ ⑥ ⑦ ⑧ ⑨
36	① ② ③ ④ ⑤ ⑥ ⑦ ⑧ ⑨
37	① ② ③ ④ ⑤ ⑥ ⑦ ⑧ ⑨
38	① ② ③ ④ ⑤ ⑥ ⑦ ⑧ ⑨
39	① ② ③ ④ ⑤ ⑥ ⑦ ⑧ ⑨

地理歴史，公民　解答用紙

マーク例
良い例　● 　悪い例　◔ ⊗ ◑ ◓

・1科目だけマークしなさい。
・解答科目欄が無マーク又は複数マークの場合は，0点となることがあります。

注意事項
1　訂正は，消しゴムできれいに消し，消しくずを残してはいけません。
2　所定欄以外にはマークしたり，記入したりしてはいけません。
3　汚したり，折りまげたりしてはいけません。

受験番号欄

	千位	百位	十位	一位	英字
	－	－	－	－	
		⓪	⓪	⓪	Ⓐ A
	①	①	①	①	Ⓑ B
	②	②	②	②	Ⓒ C
	③	③	③	③	Ⓗ H
	④	④	④	④	Ⓚ K
	⑤	⑤	⑤	⑤	Ⓜ M
	⑥	⑥	⑥	⑥	Ⓡ R
	⑦	⑦	⑦	⑦	Ⓤ U
	⑧	⑧	⑧	⑧	Ⓧ X
	⑨	⑨	⑨	⑨	Ⓨ Y
					Ⓩ Z

受験番号を記入し，その下のマーク欄にマークしなさい。

フリガナ
氏名

氏名・フリガナ，試験場コードを記入しなさい。

解答科目欄

地理総合／歴史総合／公共	○

地理総合，地理探究	○
歴史総合，日本史探究	○
歴史総合，世界史探究	○
公共，倫理	○
公共，政治・経済	○

旧教育課程

旧世界史B	○
旧日本史B	○
旧地理B	○
旧現代社会	○
旧倫理	○
旧政治・経済	○
旧倫理，旧政治・経済	○

試験場コード

	十万位	万位	千位	百位	十位	一位

解答欄

解答番号	解答欄 1 2 3 4 5 6 7 8 9
1	① ② ③ ④ ⑤ ⑥ ⑦ ⑧ ⑨
2	① ② ③ ④ ⑤ ⑥ ⑦ ⑧ ⑨
3	① ② ③ ④ ⑤ ⑥ ⑦ ⑧ ⑨
4	① ② ③ ④ ⑤ ⑥ ⑦ ⑧ ⑨
5	① ② ③ ④ ⑤ ⑥ ⑦ ⑧ ⑨
6	① ② ③ ④ ⑤ ⑥ ⑦ ⑧ ⑨
7	① ② ③ ④ ⑤ ⑥ ⑦ ⑧ ⑨
8	① ② ③ ④ ⑤ ⑥ ⑦ ⑧ ⑨
9	① ② ③ ④ ⑤ ⑥ ⑦ ⑧ ⑨
10	① ② ③ ④ ⑤ ⑥ ⑦ ⑧ ⑨
11	① ② ③ ④ ⑤ ⑥ ⑦ ⑧ ⑨
12	① ② ③ ④ ⑤ ⑥ ⑦ ⑧ ⑨
13	① ② ③ ④ ⑤ ⑥ ⑦ ⑧ ⑨

解答番号	解答欄 1 2 3 4 5 6 7 8 9
14	① ② ③ ④ ⑤ ⑥ ⑦ ⑧ ⑨
15	① ② ③ ④ ⑤ ⑥ ⑦ ⑧ ⑨
16	① ② ③ ④ ⑤ ⑥ ⑦ ⑧ ⑨
17	① ② ③ ④ ⑤ ⑥ ⑦ ⑧ ⑨
18	① ② ③ ④ ⑤ ⑥ ⑦ ⑧ ⑨
19	① ② ③ ④ ⑤ ⑥ ⑦ ⑧ ⑨
20	① ② ③ ④ ⑤ ⑥ ⑦ ⑧ ⑨
21	① ② ③ ④ ⑤ ⑥ ⑦ ⑧ ⑨
22	① ② ③ ④ ⑤ ⑥ ⑦ ⑧ ⑨
23	① ② ③ ④ ⑤ ⑥ ⑦ ⑧ ⑨
24	① ② ③ ④ ⑤ ⑥ ⑦ ⑧ ⑨
25	① ② ③ ④ ⑤ ⑥ ⑦ ⑧ ⑨
26	① ② ③ ④ ⑤ ⑥ ⑦ ⑧ ⑨

解答番号	解答欄 1 2 3 4 5 6 7 8 9
27	① ② ③ ④ ⑤ ⑥ ⑦ ⑧ ⑨
28	① ② ③ ④ ⑤ ⑥ ⑦ ⑧ ⑨
29	① ② ③ ④ ⑤ ⑥ ⑦ ⑧ ⑨
30	① ② ③ ④ ⑤ ⑥ ⑦ ⑧ ⑨
31	① ② ③ ④ ⑤ ⑥ ⑦ ⑧ ⑨
32	① ② ③ ④ ⑤ ⑥ ⑦ ⑧ ⑨
33	① ② ③ ④ ⑤ ⑥ ⑦ ⑧ ⑨
34	① ② ③ ④ ⑤ ⑥ ⑦ ⑧ ⑨
35	① ② ③ ④ ⑤ ⑥ ⑦ ⑧ ⑨
36	① ② ③ ④ ⑤ ⑥ ⑦ ⑧ ⑨
37	① ② ③ ④ ⑤ ⑥ ⑦ ⑧ ⑨
38	① ② ③ ④ ⑤ ⑥ ⑦ ⑧ ⑨
39	① ② ③ ④ ⑤ ⑥ ⑦ ⑧ ⑨

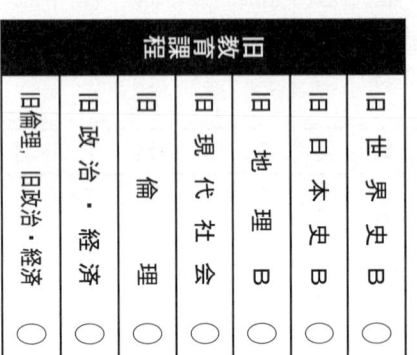

駿台文庫

地理歴史，公民　解答用紙

マーク例

良い例	悪い例
●	⊙ ⊗ ◕ ◗

受験番号を記入し，その下のマーク欄にマークしなさい。

受験番号欄

千位	百位	十位	一位	英字	
－	⓪	⓪	⓪	Ⓐ	A
①	①	①	①	Ⓑ	B
②	②	②	②	Ⓒ	C
③	③	③	③	Ⓗ	H
④	④	④	④	Ⓚ	K
⑤	⑤	⑤	⑤	Ⓜ	M
⑥	⑥	⑥	⑥	Ⓡ	R
⑦	⑦	⑦	⑦	Ⓤ	U
⑧	⑧	⑧	⑧	Ⓧ	X
⑨	⑨	⑨	⑨	Ⓨ	Y
－	－	－	－	Ⓩ	Z

氏名・フリガナ，試験場コードを記入しなさい。

フリガナ	
氏　名	

試験場コード	十万位	万位	千位	百位	十位	一位

駿台文庫

・1科目だけマークしなさい。
・解答科目欄が無マーク又は複数マークの場合は，0点となることがあります。

解答科目欄

地理総合／歴史総合／公共	◯

地理総合，地理探究	◯
歴史総合，日本史探究	◯
歴史総合，世界史探究	◯
公共，倫理	◯
公共，政治・経済	◯

旧教育課程	旧世界史B	◯
	旧日本史B	◯
	旧地理B	◯
	旧現代社会	◯
	旧倫理	◯
	旧政治・経済	◯
	旧倫理，旧政治・経済	◯

注意事項

1　訂正は，消しゴムできれいに消し，消しくずを残してはいけません。
2　所定欄以外にはマークしたり，記入したりしてはいけません。
3　汚したり，折りまげたりしてはいけません。

解答番号	解答欄 1 2 3 4 5 6 7 8 9	解答番号	解答欄 1 2 3 4 5 6 7 8 9	解答番号	解答欄 1 2 3 4 5 6 7 8 9
1	①②③④⑤⑥⑦⑧⑨	14	①②③④⑤⑥⑦⑧⑨	27	①②③④⑤⑥⑦⑧⑨
2	①②③④⑤⑥⑦⑧⑨	15	①②③④⑤⑥⑦⑧⑨	28	①②③④⑤⑥⑦⑧⑨
3	①②③④⑤⑥⑦⑧⑨	16	①②③④⑤⑥⑦⑧⑨	29	①②③④⑤⑥⑦⑧⑨
4	①②③④⑤⑥⑦⑧⑨	17	①②③④⑤⑥⑦⑧⑨	30	①②③④⑤⑥⑦⑧⑨
5	①②③④⑤⑥⑦⑧⑨	18	①②③④⑤⑥⑦⑧⑨	31	①②③④⑤⑥⑦⑧⑨
6	①②③④⑤⑥⑦⑧⑨	19	①②③④⑤⑥⑦⑧⑨	32	①②③④⑤⑥⑦⑧⑨
7	①②③④⑤⑥⑦⑧⑨	20	①②③④⑤⑥⑦⑧⑨	33	①②③④⑤⑥⑦⑧⑨
8	①②③④⑤⑥⑦⑧⑨	21	①②③④⑤⑥⑦⑧⑨	34	①②③④⑤⑥⑦⑧⑨
9	①②③④⑤⑥⑦⑧⑨	22	①②③④⑤⑥⑦⑧⑨	35	①②③④⑤⑥⑦⑧⑨
10	①②③④⑤⑥⑦⑧⑨	23	①②③④⑤⑥⑦⑧⑨	36	①②③④⑤⑥⑦⑧⑨
11	①②③④⑤⑥⑦⑧⑨	24	①②③④⑤⑥⑦⑧⑨	37	①②③④⑤⑥⑦⑧⑨
12	①②③④⑤⑥⑦⑧⑨	25	①②③④⑤⑥⑦⑧⑨	38	①②③④⑤⑥⑦⑧⑨
13	①②③④⑤⑥⑦⑧⑨	26	①②③④⑤⑥⑦⑧⑨	39	①②③④⑤⑥⑦⑧⑨

地理歴史，公民　解答用紙

注意事項
1　訂正は，消しゴムできれいに消し，消しくずを残してはいけません。
2　所定欄以外にはマークしたり，記入したりしてはいけません。
3　汚したり，折りまげたりしてはいけません。

マーク例

良い例	悪い例
●	⦙ ⊗ ◐ ○

受験番号を記入し，その下のマーク欄にマークしなさい。

受験番号欄

千位	百位	十位	一位	英字
－	－	－	－	
	⓪	⓪	⓪	Ⓐ A
①	①	①	①	Ⓑ B
②	②	②	②	Ⓒ C
③	③	③	③	Ⓗ H
④	④	④	④	Ⓚ K
⑤	⑤	⑤	⑤	Ⓜ M
⑥	⑥	⑥	⑥	Ⓡ R
⑦	⑦	⑦	⑦	Ⓤ U
⑧	⑧	⑧	⑧	Ⓧ X
⑨	⑨	⑨	⑨	Ⓨ Y
				Ⓩ Z

氏名・フリガナ，試験場コードを記入しなさい。

フリガナ	
氏名	

試験場コード	十万位	万位	千位	百位	十位	一位

駿台文庫

解答科目欄

地理総合／歴史総合／公共

・1科目だけマークしなさい。
・解答科目欄が無マーク又は複数マークの場合は，0点となることがあります。

地理総合/歴史総合/公共	○
地理総合，地理探究	○
歴史総合，日本史探究	○
歴史総合，世界史探究	○
公共，倫理	○
公共，政治・経済	○

旧教育課程

旧 世界史B	○
旧 日本史B	○
旧 地理B	○
旧 現代社会	○
旧 倫理	○
旧 政治・経済	○
旧倫理，旧政治・経済	○

解答欄

解答番号	解答欄 1 2 3 4 5 6 7 8 9
1	① ② ③ ④ ⑤ ⑥ ⑦ ⑧ ⑨
2	① ② ③ ④ ⑤ ⑥ ⑦ ⑧ ⑨
3	① ② ③ ④ ⑤ ⑥ ⑦ ⑧ ⑨
4	① ② ③ ④ ⑤ ⑥ ⑦ ⑧ ⑨
5	① ② ③ ④ ⑤ ⑥ ⑦ ⑧ ⑨
6	① ② ③ ④ ⑤ ⑥ ⑦ ⑧ ⑨
7	① ② ③ ④ ⑤ ⑥ ⑦ ⑧ ⑨
8	① ② ③ ④ ⑤ ⑥ ⑦ ⑧ ⑨
9	① ② ③ ④ ⑤ ⑥ ⑦ ⑧ ⑨
10	① ② ③ ④ ⑤ ⑥ ⑦ ⑧ ⑨
11	① ② ③ ④ ⑤ ⑥ ⑦ ⑧ ⑨
12	① ② ③ ④ ⑤ ⑥ ⑦ ⑧ ⑨
13	① ② ③ ④ ⑤ ⑥ ⑦ ⑧ ⑨

解答番号	解答欄 1 2 3 4 5 6 7 8 9
14	① ② ③ ④ ⑤ ⑥ ⑦ ⑧ ⑨
15	① ② ③ ④ ⑤ ⑥ ⑦ ⑧ ⑨
16	① ② ③ ④ ⑤ ⑥ ⑦ ⑧ ⑨
17	① ② ③ ④ ⑤ ⑥ ⑦ ⑧ ⑨
18	① ② ③ ④ ⑤ ⑥ ⑦ ⑧ ⑨
19	① ② ③ ④ ⑤ ⑥ ⑦ ⑧ ⑨
20	① ② ③ ④ ⑤ ⑥ ⑦ ⑧ ⑨
21	① ② ③ ④ ⑤ ⑥ ⑦ ⑧ ⑨
22	① ② ③ ④ ⑤ ⑥ ⑦ ⑧ ⑨
23	① ② ③ ④ ⑤ ⑥ ⑦ ⑧ ⑨
24	① ② ③ ④ ⑤ ⑥ ⑦ ⑧ ⑨
25	① ② ③ ④ ⑤ ⑥ ⑦ ⑧ ⑨
26	① ② ③ ④ ⑤ ⑥ ⑦ ⑧ ⑨

解答番号	解答欄 1 2 3 4 5 6 7 8 9
27	① ② ③ ④ ⑤ ⑥ ⑦ ⑧ ⑨
28	① ② ③ ④ ⑤ ⑥ ⑦ ⑧ ⑨
29	① ② ③ ④ ⑤ ⑥ ⑦ ⑧ ⑨
30	① ② ③ ④ ⑤ ⑥ ⑦ ⑧ ⑨
31	① ② ③ ④ ⑤ ⑥ ⑦ ⑧ ⑨
32	① ② ③ ④ ⑤ ⑥ ⑦ ⑧ ⑨
33	① ② ③ ④ ⑤ ⑥ ⑦ ⑧ ⑨
34	① ② ③ ④ ⑤ ⑥ ⑦ ⑧ ⑨
35	① ② ③ ④ ⑤ ⑥ ⑦ ⑧ ⑨
36	① ② ③ ④ ⑤ ⑥ ⑦ ⑧ ⑨
37	① ② ③ ④ ⑤ ⑥ ⑦ ⑧ ⑨
38	① ② ③ ④ ⑤ ⑥ ⑦ ⑧ ⑨
39	① ② ③ ④ ⑤ ⑥ ⑦ ⑧ ⑨

地理歴史，公民　解答用紙

マーク例

良い例	悪い例
●	⦿ ⊗ ◖

注意事項
1 訂正は，消しゴムできれいに消し，消しくずを残してはいけません。
2 所定欄以外にはマークしたり，記入したりしてはいけません。
3 汚したり，折り曲げたりしてはいけません。

- 1科目だけマークしなさい。
- 解答科目欄が無くマーク又は複数マークの場合は，0点となることがあります。

解答科目欄

地理総合／歴史総合／公共	○
地理総合，地理探究	○
歴史総合，日本史探究	○
歴史総合，世界史探究	○
公　共，　倫　理	○
公　共，政治・経済	○

旧教育課程	旧　世　界　史　B	○
	旧　日　本　史　B	○
	旧　地　理　B	○
	旧　現　代　社　会	○
	旧　倫　理	○
	旧　政　治・経　済	○
	旧倫理，旧政治・経済	○

受験番号を記入し，その下のマーク欄にマークしなさい。

受　験　番　号　欄

千位	百位	十位	一位	英字	
	①	①	①	Ⓐ	A
①	②	②	②	Ⓑ	B
②	③	③	③	Ⓒ	C
③	④	④	④	Ⓗ	H
④	⑤	⑤	⑤	Ⓚ	K
⑤	⑥	⑥	⑥	Ⓜ	M
⑥	⑦	⑦	⑦	Ⓡ	R
⑦	⑧	⑧	⑧	Ⓤ	U
⑧	⑨	⑨	⑨	Ⓧ	X
⑨	－	－	－	Ⓨ	Y
				Ⓩ	Z

氏名・フリガナ，試験場コードを記入しなさい。

フリガナ	
氏　名	

試験場コード	十万位	万位	千位	百位	十位	一位

駿　台　文　庫

解答欄

解答番号	1	2	3	4	5	6	7	8	9
1	①	②	③	④	⑤	⑥	⑦	⑧	⑨
2	①	②	③	④	⑤	⑥	⑦	⑧	⑨
3	①	②	③	④	⑤	⑥	⑦	⑧	⑨
4	①	②	③	④	⑤	⑥	⑦	⑧	⑨
5	①	②	③	④	⑤	⑥	⑦	⑧	⑨
6	①	②	③	④	⑤	⑥	⑦	⑧	⑨
7	①	②	③	④	⑤	⑥	⑦	⑧	⑨
8	①	②	③	④	⑤	⑥	⑦	⑧	⑨
9	①	②	③	④	⑤	⑥	⑦	⑧	⑨
10	①	②	③	④	⑤	⑥	⑦	⑧	⑨
11	①	②	③	④	⑤	⑥	⑦	⑧	⑨
12	①	②	③	④	⑤	⑥	⑦	⑧	⑨
13	①	②	③	④	⑤	⑥	⑦	⑧	⑨

解答番号	1	2	3	4	5	6	7	8	9
14	①	②	③	④	⑤	⑥	⑦	⑧	⑨
15	①	②	③	④	⑤	⑥	⑦	⑧	⑨
16	①	②	③	④	⑤	⑥	⑦	⑧	⑨
17	①	②	③	④	⑤	⑥	⑦	⑧	⑨
18	①	②	③	④	⑤	⑥	⑦	⑧	⑨
19	①	②	③	④	⑤	⑥	⑦	⑧	⑨
20	①	②	③	④	⑤	⑥	⑦	⑧	⑨
21	①	②	③	④	⑤	⑥	⑦	⑧	⑨
22	①	②	③	④	⑤	⑥	⑦	⑧	⑨
23	①	②	③	④	⑤	⑥	⑦	⑧	⑨
24	①	②	③	④	⑤	⑥	⑦	⑧	⑨
25	①	②	③	④	⑤	⑥	⑦	⑧	⑨
26	①	②	③	④	⑤	⑥	⑦	⑧	⑨

解答番号	1	2	3	4	5	6	7	8	9
27	①	②	③	④	⑤	⑥	⑦	⑧	⑨
28	①	②	③	④	⑤	⑥	⑦	⑧	⑨
29	①	②	③	④	⑤	⑥	⑦	⑧	⑨
30	①	②	③	④	⑤	⑥	⑦	⑧	⑨
31	①	②	③	④	⑤	⑥	⑦	⑧	⑨
32	①	②	③	④	⑤	⑥	⑦	⑧	⑨
33	①	②	③	④	⑤	⑥	⑦	⑧	⑨
34	①	②	③	④	⑤	⑥	⑦	⑧	⑨
35	①	②	③	④	⑤	⑥	⑦	⑧	⑨
36	①	②	③	④	⑤	⑥	⑦	⑧	⑨
37	①	②	③	④	⑤	⑥	⑦	⑧	⑨
38	①	②	③	④	⑤	⑥	⑦	⑧	⑨
39	①	②	③	④	⑤	⑥	⑦	⑧	⑨

地理歴史，公民　解答用紙

注意事項
1　訂正は，消しゴムできれいに消し，消しくずを残してはいけません。
2　所定欄以外にはマークしたり，記入したりしてはいけません。
3　汚したり，折りまげたりしてはいけません。

マーク例

良い例	悪い例
●	◐ ⊗ ◑ ◯

・1科目だけマークしなさい。
・解答科目欄が無マーク又は複数マークの場合は，0点となることがあります。

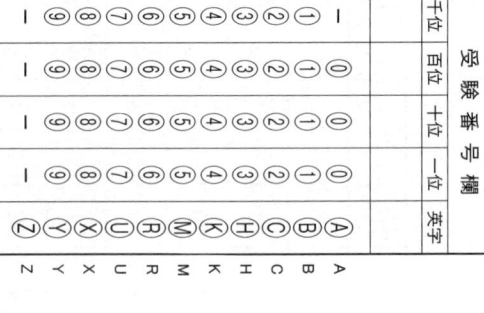

受験番号を記入し，その下のマーク欄にマークしなさい。

受験番号欄

千位	百位	十位	一位	英字
－	⓪	⓪	⓪	Ⓐ A
①	①	①	①	Ⓑ B
②	②	②	②	Ⓒ C
③	③	③	③	Ⓗ H
④	④	④	④	Ⓚ K
⑤	⑤	⑤	⑤	Ⓜ M
⑥	⑥	⑥	⑥	Ⓡ R
⑦	⑦	⑦	⑦	Ⓤ U
⑧	⑧	⑧	⑧	Ⓧ X
⑨	⑨	⑨	⑨	Ⓨ Y
－	－	－	－	Ⓩ Z

解答科目欄

地理総合／歴史総合／公共

地理総合，地理探究	◯
歴史総合，日本史探究	◯
歴史総合，世界史探究	◯
公共，倫理	◯
公共，政治・経済	◯

旧教育課程	旧世界史B	◯
	旧日本史B	◯
	旧地理B	◯
	旧現代社会	◯
	旧倫理	◯
	旧政治・経済	◯
	旧倫理，旧政治・経済	◯

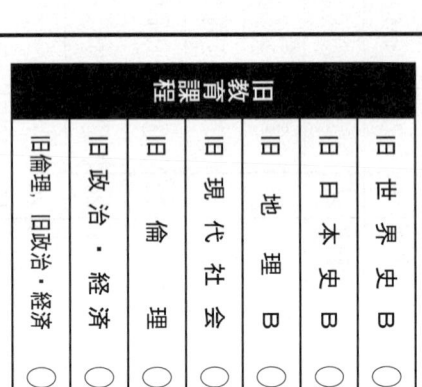

氏名・フリガナ，試験場コードを記入しなさい。

フリガナ	
氏名	

試験場コード	十万位	万位	千位	百位	十位	一位

駿合文庫

解答欄

解答番号	解答欄 1 2 3 4 5 6 7 8 9
1	① ② ③ ④ ⑤ ⑥ ⑦ ⑧ ⑨
2	① ② ③ ④ ⑤ ⑥ ⑦ ⑧ ⑨
3	① ② ③ ④ ⑤ ⑥ ⑦ ⑧ ⑨
4	① ② ③ ④ ⑤ ⑥ ⑦ ⑧ ⑨
5	① ② ③ ④ ⑤ ⑥ ⑦ ⑧ ⑨
6	① ② ③ ④ ⑤ ⑥ ⑦ ⑧ ⑨
7	① ② ③ ④ ⑤ ⑥ ⑦ ⑧ ⑨
8	① ② ③ ④ ⑤ ⑥ ⑦ ⑧ ⑨
9	① ② ③ ④ ⑤ ⑥ ⑦ ⑧ ⑨
10	① ② ③ ④ ⑤ ⑥ ⑦ ⑧ ⑨
11	① ② ③ ④ ⑤ ⑥ ⑦ ⑧ ⑨
12	① ② ③ ④ ⑤ ⑥ ⑦ ⑧ ⑨
13	① ② ③ ④ ⑤ ⑥ ⑦ ⑧ ⑨

解答番号	解答欄 1 2 3 4 5 6 7 8 9
14	① ② ③ ④ ⑤ ⑥ ⑦ ⑧ ⑨
15	① ② ③ ④ ⑤ ⑥ ⑦ ⑧ ⑨
16	① ② ③ ④ ⑤ ⑥ ⑦ ⑧ ⑨
17	① ② ③ ④ ⑤ ⑥ ⑦ ⑧ ⑨
18	① ② ③ ④ ⑤ ⑥ ⑦ ⑧ ⑨
19	① ② ③ ④ ⑤ ⑥ ⑦ ⑧ ⑨
20	① ② ③ ④ ⑤ ⑥ ⑦ ⑧ ⑨
21	① ② ③ ④ ⑤ ⑥ ⑦ ⑧ ⑨
22	① ② ③ ④ ⑤ ⑥ ⑦ ⑧ ⑨
23	① ② ③ ④ ⑤ ⑥ ⑦ ⑧ ⑨
24	① ② ③ ④ ⑤ ⑥ ⑦ ⑧ ⑨
25	① ② ③ ④ ⑤ ⑥ ⑦ ⑧ ⑨
26	① ② ③ ④ ⑤ ⑥ ⑦ ⑧ ⑨

解答番号	解答欄 1 2 3 4 5 6 7 8 9
27	① ② ③ ④ ⑤ ⑥ ⑦ ⑧ ⑨
28	① ② ③ ④ ⑤ ⑥ ⑦ ⑧ ⑨
29	① ② ③ ④ ⑤ ⑥ ⑦ ⑧ ⑨
30	① ② ③ ④ ⑤ ⑥ ⑦ ⑧ ⑨
31	① ② ③ ④ ⑤ ⑥ ⑦ ⑧ ⑨
32	① ② ③ ④ ⑤ ⑥ ⑦ ⑧ ⑨
33	① ② ③ ④ ⑤ ⑥ ⑦ ⑧ ⑨
34	① ② ③ ④ ⑤ ⑥ ⑦ ⑧ ⑨
35	① ② ③ ④ ⑤ ⑥ ⑦ ⑧ ⑨
36	① ② ③ ④ ⑤ ⑥ ⑦ ⑧ ⑨
37	① ② ③ ④ ⑤ ⑥ ⑦ ⑧ ⑨
38	① ② ③ ④ ⑤ ⑥ ⑦ ⑧ ⑨
39	① ② ③ ④ ⑤ ⑥ ⑦ ⑧ ⑨

地理歴史，公民　解答用紙

マーク例

良い例	悪い例
●	⊙ ⊗ ◑ ◐

受験番号を記入し，その下のマーク欄にマークしなさい。

↓

受　験　番　号　欄

千位	百位	十位	一位	英字	
－	⓪	⓪	⓪	Ⓐ	A
①	①	①	①	Ⓑ	B
②	②	②	②	Ⓒ	C
③	③	③	③	Ⓗ	H
④	④	④	④	Ⓚ	K
⑤	⑤	⑤	⑤	Ⓜ	M
⑥	⑥	⑥	⑥	Ⓡ	R
⑦	⑦	⑦	⑦	Ⓤ	U
⑧	⑧	⑧	⑧	Ⓧ	X
⑨	⑨	⑨	⑨	Ⓨ	Y
－	－	－	－	Ⓩ	Z

氏名・フリガナ，試験場コードを記入しなさい。

↓

フリガナ	
氏　名	

試験場	十万位	万位	千位	百位	十位	一位
コード						

駿　台　文　庫

・1科目だけマークしなさい。
・解答科目欄が無マーク又は複数マークの場合は，0点となることがあります。

↓

解　答　科　目　欄

地理総合／歴史総合／公共	○

地理総合，地理探究	○
歴史総合，日本史探究	○
歴史総合，世界史探究	○
公　共，　倫　理	○
公　共，政治・経済	○

旧教育課程

旧　世　界　史　B	○
旧　日　本　史　B	○
旧　地　理　B	○
旧　現　代　社　会	○
旧　倫　理	○
旧　政治・経済	○
旧倫理，旧政治・経済	○

注意事項

1　訂正は，消しゴムできれいに消し，消しくずを残してはいけません。
2　所定欄以外にはマークしたり，記入したりしてはいけません。
3　汚したり，折りまげたりしてはいけません。

解答番号	解　答　欄 1 2 3 4 5 6 7 8 9	解答番号	解　答　欄 1 2 3 4 5 6 7 8 9	解答番号	解　答　欄 1 2 3 4 5 6 7 8 9
1	①②③④⑤⑥⑦⑧⑨	14	①②③④⑤⑥⑦⑧⑨	27	①②③④⑤⑥⑦⑧⑨
2	①②③④⑤⑥⑦⑧⑨	15	①②③④⑤⑥⑦⑧⑨	28	①②③④⑤⑥⑦⑧⑨
3	①②③④⑤⑥⑦⑧⑨	16	①②③④⑤⑥⑦⑧⑨	29	①②③④⑤⑥⑦⑧⑨
4	①②③④⑤⑥⑦⑧⑨	17	①②③④⑤⑥⑦⑧⑨	30	①②③④⑤⑥⑦⑧⑨
5	①②③④⑤⑥⑦⑧⑨	18	①②③④⑤⑥⑦⑧⑨	31	①②③④⑤⑥⑦⑧⑨
6	①②③④⑤⑥⑦⑧⑨	19	①②③④⑤⑥⑦⑧⑨	32	①②③④⑤⑥⑦⑧⑨
7	①②③④⑤⑥⑦⑧⑨	20	①②③④⑤⑥⑦⑧⑨	33	①②③④⑤⑥⑦⑧⑨
8	①②③④⑤⑥⑦⑧⑨	21	①②③④⑤⑥⑦⑧⑨	34	①②③④⑤⑥⑦⑧⑨
9	①②③④⑤⑥⑦⑧⑨	22	①②③④⑤⑥⑦⑧⑨	35	①②③④⑤⑥⑦⑧⑨
10	①②③④⑤⑥⑦⑧⑨	23	①②③④⑤⑥⑦⑧⑨	36	①②③④⑤⑥⑦⑧⑨
11	①②③④⑤⑥⑦⑧⑨	24	①②③④⑤⑥⑦⑧⑨	37	①②③④⑤⑥⑦⑧⑨
12	①②③④⑤⑥⑦⑧⑨	25	①②③④⑤⑥⑦⑧⑨	38	①②③④⑤⑥⑦⑧⑨
13	①②③④⑤⑥⑦⑧⑨	26	①②③④⑤⑥⑦⑧⑨	39	①②③④⑤⑥⑦⑧⑨

地理歴史，公民　解答用紙

注意事項
1　訂正は，消しゴムできれいに消し，消しくずを残してはいけません。
2　所定欄以外にはマークしたり，記入したりしてはいけません。
3　汚したり，折りまげたりしてはいけません。

マーク例
良い例　●
悪い例　⦾ ⊗ ◒ ◓

受験番号を記入し，その下のマーク欄にマークしなさい。

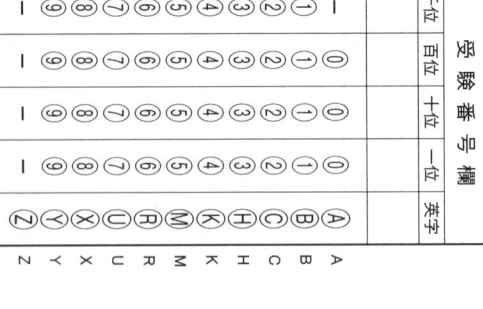

受験番号欄

千位	百位	十位	一位	英字
－	－	－	－	A

氏名・フリガナ，試験場コードを記入しなさい。

フリガナ	
氏　名	

コード	十万位	万位	千位	百位	十位	一位
試験場						

駿 台 文 庫

・1科目だけマークしなさい。
・解答科目欄が無マーク又は複数マークの場合は，0点となることがあります。

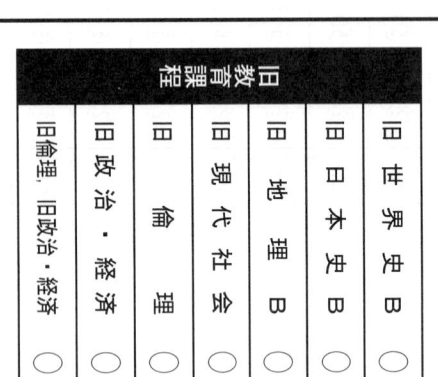

解答科目欄

地理総合／歴史総合／公共 ○

地理総合，地理探究 ○
歴史総合，日本史探究 ○
歴史総合，世界史探究 ○
公　共，倫　理 ○
公　共，政治・経済 ○

旧教育課程	
旧世界史B	○
旧日本史B	○
旧地理B	○
旧現代社会	○
旧倫理	○
旧政治・経済	○
旧倫理，旧政治・経済	○

解答番号	解答欄
1	① ② ③ ④ ⑤ ⑥ ⑦ ⑧ ⑨
2	① ② ③ ④ ⑤ ⑥ ⑦ ⑧ ⑨
3	① ② ③ ④ ⑤ ⑥ ⑦ ⑧ ⑨
4	① ② ③ ④ ⑤ ⑥ ⑦ ⑧ ⑨
5	① ② ③ ④ ⑤ ⑥ ⑦ ⑧ ⑨
6	① ② ③ ④ ⑤ ⑥ ⑦ ⑧ ⑨
7	① ② ③ ④ ⑤ ⑥ ⑦ ⑧ ⑨
8	① ② ③ ④ ⑤ ⑥ ⑦ ⑧ ⑨
9	① ② ③ ④ ⑤ ⑥ ⑦ ⑧ ⑨
10	① ② ③ ④ ⑤ ⑥ ⑦ ⑧ ⑨
11	① ② ③ ④ ⑤ ⑥ ⑦ ⑧ ⑨
12	① ② ③ ④ ⑤ ⑥ ⑦ ⑧ ⑨
13	① ② ③ ④ ⑤ ⑥ ⑦ ⑧ ⑨

解答番号	解答欄
14	① ② ③ ④ ⑤ ⑥ ⑦ ⑧ ⑨
15	① ② ③ ④ ⑤ ⑥ ⑦ ⑧ ⑨
16	① ② ③ ④ ⑤ ⑥ ⑦ ⑧ ⑨
17	① ② ③ ④ ⑤ ⑥ ⑦ ⑧ ⑨
18	① ② ③ ④ ⑤ ⑥ ⑦ ⑧ ⑨
19	① ② ③ ④ ⑤ ⑥ ⑦ ⑧ ⑨
20	① ② ③ ④ ⑤ ⑥ ⑦ ⑧ ⑨
21	① ② ③ ④ ⑤ ⑥ ⑦ ⑧ ⑨
22	① ② ③ ④ ⑤ ⑥ ⑦ ⑧ ⑨
23	① ② ③ ④ ⑤ ⑥ ⑦ ⑧ ⑨
24	① ② ③ ④ ⑤ ⑥ ⑦ ⑧ ⑨
25	① ② ③ ④ ⑤ ⑥ ⑦ ⑧ ⑨
26	① ② ③ ④ ⑤ ⑥ ⑦ ⑧ ⑨

解答番号	解答欄
27	① ② ③ ④ ⑤ ⑥ ⑦ ⑧ ⑨
28	① ② ③ ④ ⑤ ⑥ ⑦ ⑧ ⑨
29	① ② ③ ④ ⑤ ⑥ ⑦ ⑧ ⑨
30	① ② ③ ④ ⑤ ⑥ ⑦ ⑧ ⑨
31	① ② ③ ④ ⑤ ⑥ ⑦ ⑧ ⑨
32	① ② ③ ④ ⑤ ⑥ ⑦ ⑧ ⑨
33	① ② ③ ④ ⑤ ⑥ ⑦ ⑧ ⑨
34	① ② ③ ④ ⑤ ⑥ ⑦ ⑧ ⑨
35	① ② ③ ④ ⑤ ⑥ ⑦ ⑧ ⑨
36	① ② ③ ④ ⑤ ⑥ ⑦ ⑧ ⑨
37	① ② ③ ④ ⑤ ⑥ ⑦ ⑧ ⑨
38	① ② ③ ④ ⑤ ⑥ ⑦ ⑧ ⑨
39	① ② ③ ④ ⑤ ⑥ ⑦ ⑧ ⑨

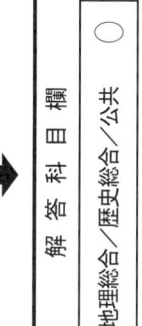

地理歴史，公民　解答用紙

注意事項
1 訂正は，消しゴムできれいに消し，消しくずを残してはいけません。
2 所定欄以外にはマークしたり，記入したりしてはいけません。
3 汚したり，折り曲げたりしてはいけません。

マーク例

良い例	悪い例
●	◐ ⊗ ◖

・1科目だけマークしなさい。
・解答科目欄が無くマーク又は複数マークの場合は，0点となることがあります。

解　答　科　目　欄

地理総合／歴史総合／公共 　○

地理総合，地理探究 　○
歴史総合，日本史探究 　○
歴史総合，世界史探究 　○
公共，倫理 　○
公共，政治・経済 　○

旧教育課程

旧 世 界 史 B 　○
旧 日 本 史 B 　○
旧 地 理 B 　○
旧 現 代 社 会 　○
旧 倫 理 　○
旧 政 治 ・ 経 済 　○
旧倫理・旧政治・経済 　○

受験番号を記入し，その下のマーク欄にマークしなさい。

受 験 番 号 欄

千位	百位	十位	一位	英字
—	⓪①②③④⑤⑥⑦⑧⑨	⓪①②③④⑤⑥⑦⑧⑨	⓪①②③④⑤⑥⑦⑧⑨	ⒶⒷⒸⒽⓀⓂⓇⓊⓍⓎⓏ
	①	①	①	A B C H K M R U X Y Z

氏名・フリガナ，試験場コードを記入しなさい。

フリガナ	
氏　名	

試験場コード	十万位	万位	千位	百位	十位	一位

駿 合 文 庫

解答欄（解答番号 1〜13）

解答番号	解　答　欄（1 2 3 4 5 6 7 8 9）
1	① ② ③ ④ ⑤ ⑥ ⑦ ⑧ ⑨
2	① ② ③ ④ ⑤ ⑥ ⑦ ⑧ ⑨
3	① ② ③ ④ ⑤ ⑥ ⑦ ⑧ ⑨
4	① ② ③ ④ ⑤ ⑥ ⑦ ⑧ ⑨
5	① ② ③ ④ ⑤ ⑥ ⑦ ⑧ ⑨
6	① ② ③ ④ ⑤ ⑥ ⑦ ⑧ ⑨
7	① ② ③ ④ ⑤ ⑥ ⑦ ⑧ ⑨
8	① ② ③ ④ ⑤ ⑥ ⑦ ⑧ ⑨
9	① ② ③ ④ ⑤ ⑥ ⑦ ⑧ ⑨
10	① ② ③ ④ ⑤ ⑥ ⑦ ⑧ ⑨
11	① ② ③ ④ ⑤ ⑥ ⑦ ⑧ ⑨
12	① ② ③ ④ ⑤ ⑥ ⑦ ⑧ ⑨
13	① ② ③ ④ ⑤ ⑥ ⑦ ⑧ ⑨

解答欄（解答番号 14〜26）

解答番号	解　答　欄（1 2 3 4 5 6 7 8 9）
14	① ② ③ ④ ⑤ ⑥ ⑦ ⑧ ⑨
15	① ② ③ ④ ⑤ ⑥ ⑦ ⑧ ⑨
16	① ② ③ ④ ⑤ ⑥ ⑦ ⑧ ⑨
17	① ② ③ ④ ⑤ ⑥ ⑦ ⑧ ⑨
18	① ② ③ ④ ⑤ ⑥ ⑦ ⑧ ⑨
19	① ② ③ ④ ⑤ ⑥ ⑦ ⑧ ⑨
20	① ② ③ ④ ⑤ ⑥ ⑦ ⑧ ⑨
21	① ② ③ ④ ⑤ ⑥ ⑦ ⑧ ⑨
22	① ② ③ ④ ⑤ ⑥ ⑦ ⑧ ⑨
23	① ② ③ ④ ⑤ ⑥ ⑦ ⑧ ⑨
24	① ② ③ ④ ⑤ ⑥ ⑦ ⑧ ⑨
25	① ② ③ ④ ⑤ ⑥ ⑦ ⑧ ⑨
26	① ② ③ ④ ⑤ ⑥ ⑦ ⑧ ⑨

解答欄（解答番号 27〜39）

解答番号	解　答　欄（1 2 3 4 5 6 7 8 9）
27	① ② ③ ④ ⑤ ⑥ ⑦ ⑧ ⑨
28	① ② ③ ④ ⑤ ⑥ ⑦ ⑧ ⑨
29	① ② ③ ④ ⑤ ⑥ ⑦ ⑧ ⑨
30	① ② ③ ④ ⑤ ⑥ ⑦ ⑧ ⑨
31	① ② ③ ④ ⑤ ⑥ ⑦ ⑧ ⑨
32	① ② ③ ④ ⑤ ⑥ ⑦ ⑧ ⑨
33	① ② ③ ④ ⑤ ⑥ ⑦ ⑧ ⑨
34	① ② ③ ④ ⑤ ⑥ ⑦ ⑧ ⑨
35	① ② ③ ④ ⑤ ⑥ ⑦ ⑧ ⑨
36	① ② ③ ④ ⑤ ⑥ ⑦ ⑧ ⑨
37	① ② ③ ④ ⑤ ⑥ ⑦ ⑧ ⑨
38	① ② ③ ④ ⑤ ⑥ ⑦ ⑧ ⑨
39	① ② ③ ④ ⑤ ⑥ ⑦ ⑧ ⑨

地理歴史，公民 解答用紙

注意事項
1 訂正は，消しゴムできれいに消し，消しくずを残してはいけません。
2 所定欄以外にはマークしたり，記入したりしてはいけません。
3 汚したり，折りまげたりしてはいけません。

マーク例

良い例　●

悪い例　

受験番号を記入し，その下のマーク欄にマークしなさい。

受験番号欄

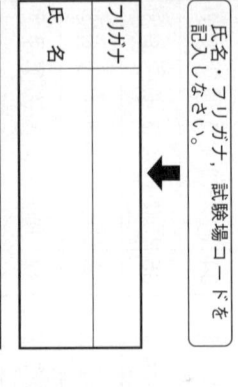

	千位	百位	十位	一位	英字

氏名・フリガナ，試験場コードを記入しなさい。

フリガナ	
氏名	

試験場コード	

	十万位	万位	千位	百位	十位	一位
受験番号欄						

駿台文庫

・1科目だけマークしなさい。
・解答科目欄が無マーク又は複数マークの場合は，0点となることがあります。

解答科目欄

地理総合／歴史総合／公共　○

地理総合，地理探究　○
歴史総合，日本史探究　○
歴史総合，世界史探究　○
公共，倫理　○
公共，政治・経済　○

教育課程	
旧 世界史B	○
旧 日本史B	○
旧 地理B	○
旧 現代社会	○
旧 倫理	○
旧 政治・経済	○
旧倫理，旧政治・経済	○

解答欄

解答番号	解答欄 1 2 3 4 5 6 7 8 9
1	① ② ③ ④ ⑤ ⑥ ⑦ ⑧ ⑨
2	① ② ③ ④ ⑤ ⑥ ⑦ ⑧ ⑨
3	① ② ③ ④ ⑤ ⑥ ⑦ ⑧ ⑨
4	① ② ③ ④ ⑤ ⑥ ⑦ ⑧ ⑨
5	① ② ③ ④ ⑤ ⑥ ⑦ ⑧ ⑨
6	① ② ③ ④ ⑤ ⑥ ⑦ ⑧ ⑨
7	① ② ③ ④ ⑤ ⑥ ⑦ ⑧ ⑨
8	① ② ③ ④ ⑤ ⑥ ⑦ ⑧ ⑨
9	① ② ③ ④ ⑤ ⑥ ⑦ ⑧ ⑨
10	① ② ③ ④ ⑤ ⑥ ⑦ ⑧ ⑨
11	① ② ③ ④ ⑤ ⑥ ⑦ ⑧ ⑨
12	① ② ③ ④ ⑤ ⑥ ⑦ ⑧ ⑨
13	① ② ③ ④ ⑤ ⑥ ⑦ ⑧ ⑨

解答番号	解答欄 1 2 3 4 5 6 7 8 9
14	① ② ③ ④ ⑤ ⑥ ⑦ ⑧ ⑨
15	① ② ③ ④ ⑤ ⑥ ⑦ ⑧ ⑨
16	① ② ③ ④ ⑤ ⑥ ⑦ ⑧ ⑨
17	① ② ③ ④ ⑤ ⑥ ⑦ ⑧ ⑨
18	① ② ③ ④ ⑤ ⑥ ⑦ ⑧ ⑨
19	① ② ③ ④ ⑤ ⑥ ⑦ ⑧ ⑨
20	① ② ③ ④ ⑤ ⑥ ⑦ ⑧ ⑨
21	① ② ③ ④ ⑤ ⑥ ⑦ ⑧ ⑨
22	① ② ③ ④ ⑤ ⑥ ⑦ ⑧ ⑨
23	① ② ③ ④ ⑤ ⑥ ⑦ ⑧ ⑨
24	① ② ③ ④ ⑤ ⑥ ⑦ ⑧ ⑨
25	① ② ③ ④ ⑤ ⑥ ⑦ ⑧ ⑨
26	① ② ③ ④ ⑤ ⑥ ⑦ ⑧ ⑨

解答番号	解答欄 1 2 3 4 5 6 7 8 9
27	① ② ③ ④ ⑤ ⑥ ⑦ ⑧ ⑨
28	① ② ③ ④ ⑤ ⑥ ⑦ ⑧ ⑨
29	① ② ③ ④ ⑤ ⑥ ⑦ ⑧ ⑨
30	① ② ③ ④ ⑤ ⑥ ⑦ ⑧ ⑨
31	① ② ③ ④ ⑤ ⑥ ⑦ ⑧ ⑨
32	① ② ③ ④ ⑤ ⑥ ⑦ ⑧ ⑨
33	① ② ③ ④ ⑤ ⑥ ⑦ ⑧ ⑨
34	① ② ③ ④ ⑤ ⑥ ⑦ ⑧ ⑨
35	① ② ③ ④ ⑤ ⑥ ⑦ ⑧ ⑨
36	① ② ③ ④ ⑤ ⑥ ⑦ ⑧ ⑨
37	① ② ③ ④ ⑤ ⑥ ⑦ ⑧ ⑨
38	① ② ③ ④ ⑤ ⑥ ⑦ ⑧ ⑨
39	① ② ③ ④ ⑤ ⑥ ⑦ ⑧ ⑨

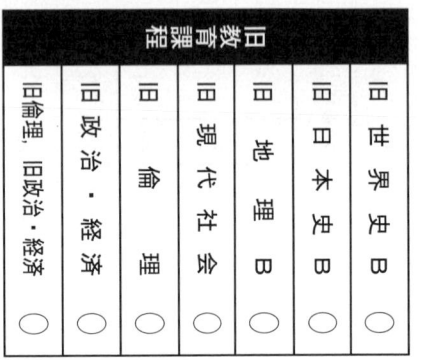

駿台

2025

大学入学共通テスト

実戦問題集

歴史総合，世界史探究

【解答・解説編】

駿台文庫編

直前チェック総整理

世界史探究

◆テーマ別整理〈1〉

【解答欄】

─(1) 諸子百家─────

①儒家

*孔子…儒家の祖，家族愛を社会道徳の基礎とする

『春秋』を編纂

*孟子…[　1　]説，王道政治，易姓革命を提唱　　　　　1._____

*荀子…[　2　]説，礼治主義を提唱　　　　　　　　　　2._____

☆四書『大学』『中庸』『論語』『孟子』

五経『詩経』『書経』『易経』『礼記』『春秋』

②墨家

*墨子…[　3　]（博愛），非攻，交利を説く　　　　　　3._____

③道家

*老子・荘子…無為自然を説く

④法家

*商鞅…秦で変法を実施

*[　4　]…法家思想（法治主義）を大成　　　　　　　　4._____

*李斯…始皇帝の丞相，法家思想を実践

⑤その他

*名家…公孫竜，論理学を研究

*縦横家…蘇秦（合従策），張儀（連衡策）

*兵家…孫子・呉子，兵法を研究

*他に農家，陰陽家など

─(2) 中国の政治制度の変遷─────

①封建制

*西周で創始

*周王室が一族・功臣などに封土を与え，世襲の諸侯とする

*諸侯は周王室に対して，[　5　]・軍役などの義務を負う　　5._____

☆卿・大夫・士（周王・諸侯の家臣），宗法（宗族の規範）

②郡県制

*戦国時代に諸国で実施→始皇帝（秦）が全土に拡大

*全土を皇帝直轄地とし，郡・県に分割，中央から官吏を派遣して統治

③郡国制

*前漢初期に実施

*諸侯国を部分的に復活→皇帝直轄地と諸侯国が併存

*[　6　]（前154）　　　　　　　　　　　　　　　　　6._____

…諸侯国抑圧政策に対する諸侯王の反乱，鎮圧される

→諸侯王の無力化，郡県制の定着へ

④州県制

*隋代に移行，郡を廃止して州を設置

(3) 中国における仏教の発展

① 西域僧の来訪・中国僧の渡印(五胡十六国時代)

* 仏図澄(ブドチンガ)…亀茲出身、西晋末(4世紀初め)に中国へ、華北に仏教広める

* [7](クマラジーヴァ)…亀茲出身、5世紀初めに中国へ、大乗経典を漢訳

* 法顕…東晋の僧、陸路でグプタ朝期のインドへ(399〜)海路で帰還、『[8]』

② 北魏と仏教

* 太武帝の道教保護→仏教を弾圧(廃仏、446〜)

☆ 寇謙之が道教を確立

* [9]の仏教石窟院の開削(460〜)…平城近郊

* 孝文帝の洛陽遷都(494)→竜門の仏教石窟院の開削

③ 唐代の仏教

* 中国仏教の成立…禅宗、浄土宗など

* [10]の渡印…陸路でヴァルダナ朝期のインドへ(629〜)、シュリーヴィジャヤに滞在

　　　　　　　陸路で帰還、『大唐西域記』

* 義浄の渡印…海路でインドへ(671〜)、シュリーヴィジャヤに滞在

　　　　　　　海路で帰還、『[11]』

(4) 中国の官吏登用制度の変遷

① 郷挙里選

* 前漢で創始

* 地方官が有徳者を官吏に推薦→地方豪族の官界進出の始まり

② 九品官人法(九品中正)

* 魏で創始(220)

* 地方の[12]が官吏候補を九品に分けて推薦

* [12]と地方豪族が癒着

　　→地方豪族の高官官職を独占・世襲化、門閥貴族を形成

③ 科挙

○ 隋・唐代の科挙

* 文帝(隋)が九品官人法を廃止して創始(598)

* 高等官資格試験制度→家門より人物重視へ

○ 太祖(北宋)の改革(10世紀後半)

* [13]の設置…皇帝自らが宮中で行う試験

* 主に形勢戸(新興地主)から任官

　　→貴族政治の終焉、君主独裁へ

○ 元…科挙を一時停止

○ 科挙の廃止(清末、1905)

(5) 唐代の統治制度

① 官制：三省六部(一台)

* 中書省…詔勅を起草

* [14]…門閥貴族が詔勅を審議、拒否権を有す

* 尚書省…六部を統括、詔勅を実施

　　☆ 六部：吏部・戸部・礼部・兵部・刑部・工部

* 御史台…監察

② 法制：律令体制

* 律([15])、令(行政法・民法)、格(補充改正規定)、式(施行細則)

7.

8.

9.

10.

11.

12.

13.

14.

15.

③官吏登用制度

    ＊科挙…隋から継承

④土地・税・兵制

    ◎唐前期

        ＊均田制…北魏から継承

            口分田(一代限り)・永業田(世襲)を給付

            給付対象は成人男子のみを原則

        ＊[　16　]…均田農民を対象とした均等課税

            租(穀物)・庸(中央官庁の労役)・調(絹・綿など)

            ☆雑徭(地方の労役)

        ＊府兵制…西魏で創始

            均田農民を折衝府で訓練し，衛士・防人に派遣

    ◎唐後期

        ＊均田制の解体(8世紀～)→[　16　]・府兵制の行き詰まり

        ＊募兵制の一般化→府兵制の廃止(749)

        ＊[　17　]…楊炎が制定(780)，資産に応じた課税，夏・秋に徴収

⑤異民族統治

    ◎唐前期

        ＊羈縻政策…異民族の間接統治策，異民族の首長を地方官に任命

            自治を承認

        ＊[　18　]の設置…異民族統治の機関

            安東都護府，安西都護府，安南都護府など

    ◎唐後期

        ＊節度使の設置(710～)…辺境防備の軍団の長官

            のち兵権・民政権・財政権を掌握し，軍閥化(藩鎮)

⑥冊封体制

    …中国を中心とした東アジアの国際秩序

        中国皇帝が周辺諸国の君主に官位・爵号を与え，君臣関係を形成

─(6)　宋代の社会・経済─────────────────────────

①支配層の交替

    ＊門閥貴族の没落(唐末・五代)→貴族政治の終焉

    ＊佃戸制の発展…佃戸を労働力とした農業経営

        →[　19　](新興地主)の台頭，科挙を経て官界に進出，士大夫階級を形成

②江南地方の発展

    ＊[　20　]稲の導入，新田の開発

        →長江下流域が稲作の中心地に

        "江浙(蘇湖・蘇常)熟すれば天下足る"

③商工業の発展

    ＊製茶，絹織物生産，陶磁器生産(景徳鎮)の発展

    ＊商業都市の成長

        …市制の廃止→営業の自由化，地方都市(鎮・市)の成立

    ＊同業組合の結成…[　21　](商人)，[　22　](職人)

    ＊紙幣の流通…[　23　](北宋で発行，世界最古の紙幣)

        ☆会子(南宋)，交鈔(金・元)

【解答欄】

16.＿＿＿＿＿＿

17.＿＿＿＿＿＿

18.＿＿＿＿＿＿

19.＿＿＿＿＿＿

20.＿＿＿＿＿＿

21.＿＿＿＿＿＿

22.＿＿＿＿＿＿

23.＿＿＿＿＿＿

④海上交易の発展

    *イスラーム商人の来訪

       →港湾都市の発展：広州・泉州・明州・杭州など

    *[24]の設置…海上貿易事務を担当

       ☆最初の設置は広州(8世紀, 唐代)

24.＿＿＿＿＿

(7)　儒学の歴史

①前漢期までの儒学

    *孔子(春秋末)…儒学を創始

    *孟子(性善説), 荀子(性悪説)が継承(戦国期)

    *始皇帝(秦)…法家思想を採用→儒家を弾圧(焚書坑儒)

    *武帝(前漢)…[25]の献策で儒学を官学化, 五経博士を設置

25.＿＿＿＿＿

②訓詁学(後漢～)

    *経書の字句の解釈学, [26](後漢)が大成

26.＿＿＿＿＿

    *『五経正義』(唐, 7世紀)…太宗の命で孔穎達らが編纂

      経書の解釈を統一

③宋学

    *思弁的な宇宙論哲学

    *周敦頤(北宋)…宇宙論を体系化

    *[27](南宋)…朱子学を大成

27.＿＿＿＿＿

      大義名分論(臣下の礼)・中華思想(華夷の別)を理論化

       ☆明・清代に官学化

    *[28](陸象山, 南宋)…心即理(唯心論)を説く

28.＿＿＿＿＿

      →陽明学に影響

④陽明学(明)

    *個人主義的・実践的な学問

    *王陽明(王守仁)…陽明学を大成

      心即理説を説く, 知行合一・致良知を提唱

    *[29](李卓吾)…陽明学左派, 主観主義を徹底

29.＿＿＿＿＿

⑤考証学(明末～)

    *実証主義的な文献研究学

    *明末・清初…実用主義・実証主義を特色

      [30]・顧炎武らが先駆

30.＿＿＿＿＿

    *清中期…清朝の思想弾圧(文字の獄, 禁書令)で実用主義を喪失

      銭大昕らが活躍

(8)　モンゴル・元帝国期の東西交流

①フランチェスコ会修道士の来訪

    *プラノ＝カルピニ(イタリア)

      …教皇の使節, 草原の道を経てカラコルムへ(1246)

    *ルブルック(フランス)

      …ルイ9世の使節, 草原の道を経てカラコルムへ(1254)

    *[31](イタリア)

31.＿＿＿＿＿

      …教皇の使節, ペルシア湾から海路で中国へ(1294)

      大都でカトリック布教に成功

②西方からの旅行者の来訪

＊マルコ＝ポーロ(イタリア)

　　…ヴェネツィア出身，陸路で中国へ(1275)，フビライに仕える

　　　海路で帰還，『[　32　]』(『東方見聞録』)

＊[　33　](モロッコ)

　　…西アジア・インドの各地を訪問，海路で中国へ(1345)

　　『旅行記』(『三大陸周遊記』)

③文物の交流

　＊中国画がイスラーム世界へ

　　→[　34　](細密画)の成立・発展

　＊イスラームの天文学が中国へ

　　→郭守敬が「[　35　]」を制定(1280)

　＊火薬(唐代に発明)がヨーロッパへ(13世紀頃)

─(9)　明・清代の社会・経済──────────────

①江南地方の経済発展

　＊綿織物業・絹織物業の発展(明代〜)

　　　…江南デルタ地帯を中心に

　　→長江下流域で商品作物栽培が発展(綿花・桑・茶・藍など)

　＊穀物生産の中心地が長江中流域に移動

　　"湖広熟すれば天下足る"

　＊新大陸原産の作物の普及(清代)…ジャガイモ，サツマイモ，

　　トウモロコシなど

②佃戸制の発展

　＊不在地主制の拡大，郷紳の支配

　＊抗租運動(佃戸の反地代闘争)，奴変(家内奴隷の反乱)の発生

③商業の発達

　＊商人集団の活躍

　　山西商人…山西省出身，政商のち金融業で活躍

　　[　36　]…安徽省出身，塩商として巨富を築く

　＊[　37　]の設立

　　…同業・同郷の商工業者の親睦・相互扶助の組織

④税制の変遷

　＊両税法…唐から継承

　＊一条鞭法(明代，16世紀中頃〜)

　　…地税と丁税を一括して銀で納付

　　☆スペイン・ポルトガルとの交易で銀が流入→一条鞭法の普及

　＊[　38　](清，1717〜)

　　…定額化された丁税を地税に上乗せして銀で納付

　　康熙帝が創始(1717)，雍正帝・乾隆帝の時代に普及

36.＿＿＿＿＿

37.＿＿＿＿＿

38.＿＿＿＿＿

─(10)　内陸アジアの諸民族──────────────

①唐代までのモンゴル高原

　◎匈奴(戦国時代〜1世紀)

　　＊始皇帝(秦)の対匈奴遠征，万里の長城修築(前3世紀末)

　　＊[　39　](位前209〜前174)

　　　…モンゴル高原に大帝国を建設

39.＿＿＿＿＿

　　　高祖(前漢)との戦いに勝利(前200)
　　　　→以来，前漢は対匈奴和親策へ
　＊武帝(前漢)との抗争(前2世紀後半)
　　　　…[　40　]の大月氏派遣，河西四郡(敦煌郡など)の設置　　　　　　40.＿＿＿＿＿
　　　　　　→匈奴は東西交易路の支配権を喪失
　＊東西分裂(前54頃)
　＊南北分裂(後48)
　　　南匈奴，後漢に投降
　　　北匈奴，後漢に敗北し西方に移動
　　　　→班超が西域経営を開始
　＊南匈奴の反乱(永嘉の乱，4世紀初め)
　　　→西晋の滅亡(316)，華北は五胡十六国時代へ
◎鮮卑(モンゴル系〈？〉，2～4世紀)
　＊モンゴル高原を統一
　＊華北に南下(4世紀)→拓跋氏が[　41　]を建国(386)　　　　　　　　41.＿＿＿＿＿
◎柔然(モンゴル系，4～6世紀)
　＊鮮卑から自立→モンゴル高原，タリム盆地を支配
　＊可汗の称号を使用
　＊突厥の独立で分裂(6世紀中頃)
◎突厥(トルコ系，552～744)
　＊柔然に代わってモンゴル高原を支配
　＊ササン朝(ホスロー1世)と同盟し，[　42　]を討滅(563頃)　　　　　42.＿＿＿＿＿
　　　→中央アジアに進出
　＊東西分裂(583)
　　　東突厥…モンゴル高原を支配，唐に服属(630)
　　　　のち自立して帝国を再建
　　　西突厥…中央アジアを支配，唐の遠征(657)で分裂
　＊突厥文字を制定…北アジア遊牧民族の最初の文字
　　　アラム文字(またはソグド文字)に由来
◎ウイグル(トルコ系，744～840)
　＊東突厥を破り，モンゴル高原を支配(744)
　＊[　43　]の際に唐を支援→以後，唐を圧迫　　　　　　　　　　　　　43.＿＿＿＿＿
　＊ウイグル文字を制定
　＊キルギス族の急襲で帝国崩壊(840)→ウイグル人の四散
　　☆ウイグルの一部，中央アジアに移動，イスラーム教を受容
　　　→中央アジアのトルコ化，イスラーム化の始まり
②明・清代のモンゴル高原
◎明代
　＊タタール(韃靼)・オイラト(瓦剌)(ともにモンゴル系)の分立
　　　→永楽帝の遠征(15世紀初め)
　＊オイラトの強大化(15世紀中頃)
　　　エセンが指導
　　　[　44　](1449)で明軍を撃破，英宗を捕虜に　　　　　　　　　　　44.＿＿＿＿＿
　＊タタールの再興(15世紀末～)
　　　[　45　]…モンゴル高原を統一，明を圧迫　　　　　　　　　　　　45.＿＿＿＿＿

　　　　　　対明和議の成立(1570)→明と茶馬貿易を開始

　　◎清代
　　　＊チャハル
　　　　　ホンタイジ(太宗)が征服(1635)
　　　＊[　46　]…旧オイラトの分派，天山山脈北方に居住

46.＿＿＿＿＿＿＿

　　　　　乾隆帝の遠征で滅亡(1758)
　③チベット・雲南方面
　　◎吐蕃(7世紀初め～)
　　　＊[　47　]…チベットを統一し建国

47.＿＿＿＿＿＿＿

　　　　　唐から文成公主をめとる，チベット文字を制定
　　　＊唐と抗争(8世紀～)→安史の乱期に一時長安を占領(763)
　　　＊唐蕃会盟(823)→唐と和平
　　　＊チベット仏教(ラマ教)の成立
　　◎南詔(7世紀～902)
　　　＊雲南地方に成立
　　　＊唐文化を受容…漢字を公用化，仏教を奨励
　　◎大理(937～1254)
　　　＊雲南地方に成立
　　　＊宋に入貢
　　　＊[　48　](モンゴル)の遠征で滅亡(1254)

48.＿＿＿＿＿＿＿

─(11)　古代オリエントの文化─────────────
①文字
　　◎楔形文字
　　　＊シュメール人が発明，西アジアの諸民族が継承
　　　＊ベヒストゥーン碑文…ダレイオス1世(アケメネス朝)の紀功碑
　　　　　[　49　](イギリス)が解読

49.＿＿＿＿＿＿＿

　　◎エジプト象形文字
　　　＊三書体…ヒエログリフ(神聖文字)，ヒエラティック(神官文字)
　　　　　　デモティック(民用文字)
　　　＊[　50　]…プトレマイオス朝期の碑文

50.＿＿＿＿＿＿＿

　　　　　神聖文字・民用文字・ギリシア文字で表記
　　　　　シャンポリオン(フランス)が解読(1822)
　　◎表音文字
　　　＊フェニキア文字…フェニキア人が作成，ギリシア文字の母体
　　　＊アラム文字…アラム人が作成，アジアの表音文字の母体
　　　　　　アラビア文字，突厥文字など
②暦法
　　　＊太陰暦…シュメール人が制定，太陰太陽暦に発展
　　　＊太陽暦…古代エジプトで制定
　　　　☆ユリウス暦(前46)…カエサルがエジプトの太陽暦を改良して制定
　　　　　グレゴリウス暦(1582)…ローマ教皇がユリウス暦を改良して制定
③宗教
　　◎ユダヤ教
　　　＊ヘブライ人(イスラエル人)の[　51　]信仰に由来

51.＿＿＿＿＿＿＿

＊特色…神[　51　]の一神教，契約思想・選民思想

　　　　終末観・救世主(メシア)思想

＊聖典…『旧約聖書』

◎ゾロアスター教

＊ゾロアスター(ペルシア人)が創始(前7世紀頃)

＊特色…善神(アフラ＝マズダ)・悪神(アーリマン)の二元論

＊アケメネス朝で保護，ササン朝で国教化

＊聖典…『[　52　]』(ササン朝期に完成)　　　　　　　　52.＿＿＿＿＿

◎マニ教

＊マニ(ペルシア人)が創始(3世紀)

＊ゾロアスター教の改革派，仏教・キリスト教などを融合

＊特色…善神・悪神の二元論，禁欲主義

＊ササン朝で迫害される→ソグド人・ウイグル人などに伝播

④その他

＊金属器

　青銅器…シュメール人が使用，他民族に継承

　鉄器…[　53　]が独占的に使用　　　　　　　　　　　53.＿＿＿＿＿

　　　☆[　53　]の滅亡(前1200頃)→鉄器の普及

＊法律

　シュメール人に由来

　ハンムラビ法典…ハンムラビ王(バビロン第一王朝)が制定

　　　[　54　]を特色"目には目を，歯には歯を"　　　　54.＿＿＿＿＿

＊60進法…シュメール人が制定

＊1週7日制…シュメール人が制定

─(12)　イスラーム教の特色と宗派────────────

①特色

＊神アッラーの一神教

　　☆啓典の民(他の一神教徒)…キリスト教徒，ユダヤ教徒

＊神の下の万民平等を説く，偶像崇拝を禁止，聖職者階級を否定

＊聖典『[　55　]』…ムハンマドがアッラーから授かった言葉を収録，　55.＿＿＿＿＿

　　信者の全生活を規定(政教一致)

＊信者の義務：六信五行

　　六信…アッラー，天使，コーラン，預言者，来世，天命

　　五行…信仰告白，礼拝，断食，喜捨，巡礼

②宗派

＊スンナ派…多数派

　歴代のカリフを承認，ムハンマドの言行(スンナ)を尊重

＊[　56　]…少数派　　　　　　　　　　　　　　　　56.＿＿＿＿＿

　アリーの子孫のみを政教両権の最高指導者(イマーム)とする

　主にイラン民族が信奉，現在のイランの国教

─(13)　イスラーム世界の諸制度────────────

①税制

＊[　57　]…異教徒に課される人頭税　　　　　　　　57.＿＿＿＿＿

　ウマイヤ朝期までは非アラブ人のイスラーム教徒にも賦課

アッバース朝期以後は全イスラーム教徒から免除

*[58]…地租

アッバース朝期以後はアラブ人地主にも賦課

②イクター制

*軍人に俸給の代わりに一定の土地の徴税権を付与

*[59]で創始，セルジューク朝で確立

③オスマン帝国の諸制度

*ティマール制…イクター制を継承・改革

シパーヒー(騎士)に職務の代償として一定の土地の徴税権を付与

*[60](新軍)…奴隷身分の常備歩兵軍団

キリスト教徒の子弟を強制徴用し，イスラーム教に改宗させ，各種の訓練を施して編成

征服戦争の主力→のち特権集団化し，トルコの近代化を阻害

*ミッレト…異教徒の共同体

ギリシア正教徒，ユダヤ教徒などが対象

一定の制限・納税義務の代わりに，信仰・慣習などを保証，自治を承認

*[61]…外国人特権

スレイマン1世がフランス人に付与(1535)

領主裁判権・租税免除権などを含む→のち不平等条約に転化

【解答欄】

58._____

59._____

60._____

61._____

─ (14) インドの宗教(仏教を除く) ─

①バラモン教

*アーリヤ人の宗教

*汎神論・祭式万能を特色，バラモンが祭式を独占

*聖典…『ヴェーダ』

『リグ＝ヴェーダ』(神々への讃歌集)など

②ジャイナ教

*[62](マハーヴィーラ)が創始(前6世紀頃)

*不殺生主義・禁欲主義を特色，カースト制を否定

*主にヴァイシャが支持

③ヒンドゥー教

*バラモン教と民間信仰の融合で成立，グプタ朝期に発展

*ヴィシュヌ・シヴァ・ブラフマーを三大神とする多神教

*二大叙事詩『[63]』『ラーマーヤナ』が実質上の聖典

*海上交易路に沿って東南アジア各地に伝播

☆アンコール＝ワット…アンコール朝(カンボジア)で造営(12C)

ヒンドゥー寺院

マジャパヒト王国(1293〜1520頃)…ジャワ最後のヒンドゥー教国

④イスラーム教

*イスラーム勢力の北インド侵入

…ガズナ朝(11C初〜)，ゴール朝(12C後〜)

→インドのイスラーム化の始まり

*[64](イスラーム神秘主義者)の活躍

→イスラーム教の浸透に貢献

*ヒンドゥー・ムスリム文化の融合

→ムガル建築・ムガル絵画の誕生，ウルドゥー語の成立

62._____

63._____

64._____

　　　☆タージ＝マハル…シャー＝ジャハーン帝が造営

　　＊ヒンドゥー思想の改革→シク教の成立など

　⑤シク教

　　＊[　65　]が創始(16世紀)

　　＊特色…イスラーム教の影響を受けたヒンドゥー教の改革派

　　　　　　カースト制・偶像崇拝を否定, パンジャーブ地方が中心

　　＊シク戦争(1845〜46, 48〜49)→イギリスに屈服

65._____

───(15)　インドにおける仏教の発展─────────────────────

　①仏教の成立・発展

　　◎ガウタマ＝シッダールタ(仏陀, 前6〜前5世紀頃)

　　　＊シャカ族の王子, 仏教の開祖

　　　＊中庸を重んじ八正道を提唱, カースト制を否定し万民平等を説く

　　　＊主にクシャトリヤの保護下で発展

　　◎アショーカ王(マウリヤ朝)の保護(前3世紀)

　　　＊[　66　](法)による統治

　　　＊ストゥーパ(仏塔)を造営, 磨崖碑・石柱碑を建立

　　　＊仏典結集(第3回)を援助

　　　＊布教使節を海外に派遣

　　　　→スリランカ(セイロン)に仏教が伝播

　②大乗仏教の成立(1世紀頃)

　　◎成立の背景…部派仏教の高踏化・独善化

　　　　　　　　→革新運動の展開, 民衆に開かれた仏教へ

　　◎上座部仏教(小乗仏教)

　　　＊従来の部派仏教の総称

　　　＊出家者が自己の救済を目指す, 戒律を遵守, 修行を重視

　　　＊のち主に東南アジアに伝播(南伝仏教)

　　　　☆パガン朝(1044〜1287)…東南アジア最初の上座部仏教国

　　◎大乗仏教

　　　＊革新運動で成立

　　　＊菩薩信仰に基づき衆生救済を目指す

　　　＊[　67　](竜樹, 2世紀)…大乗教学を大成

　　　＊中央アジアを経て東アジアに伝播(北伝仏教)

　③ガンダーラ美術の成立(1世紀頃)

　　◎特色

　　　＊バクトリア人(ギリシア系)の影響で成立

　　　＊ガンダーラ地方を中心

　　　＊インドの仏教文化とギリシア彫刻芸術が融合→仏像の製作

　　◎[　68　](クシャーナ朝)の仏教保護(2世紀)

　　　…仏寺堂塔を建立, 仏典結集(第4回)を援助

　　　→ガンダーラ美術の全盛

　④グプタ朝期の仏教

　　＊グプタ美術の成立…純インド的美術

　　　　　[　69　]・エローラの窟院壁画が代表

　　＊[　70　]僧院の建立(5世紀)…仏教学の研究機関

66._____

67._____

68._____

69._____

70._____

玄奘・義浄が来訪
＊ヒンドゥー教の興隆→民間信仰としての仏教は衰退へ

┌─(1)　古代地中海世界の社会・経済─────────────────────
│①ギリシア
│　＊農業…ワイン・オリーヴ油を生産・輸出→穀物を輸入
│　＊商工業…主にアテネで発展
│　＊奴隷制
│　　アテネなど…購入奴隷が中心，商工業・鉱山労働などに従事
│　　［　1　］（スパルタ）…村落ごと国家に従属　　　　　　　　　　　1.＿＿＿＿＿＿
│　　　家族・財産を有する，農業に従事
│②ローマ
│　＊ラティフンディウムの発展（前2世紀〜）
│　　　…奴隷制の大土地経営，主にワイン・オリーヴ油を生産
│　＊ラティフンディウムの衰退（2世紀〜）
│　　　…奴隷供給の減少，西方属州の経済的自立などに起因
│　＊［　2　］制（2世紀〜）　　　　　　　　　　　　　　　　　　　　2.＿＿＿＿＿＿
│　　　…コロヌス（小作人）を労働力とする農業経営形態
│　　　☆コロヌスは本来自由身分の農民，のち住居移転の自由を喪失
└──────────────────────────────────

┌─(2)　キリスト教の成立・発展──────────────────────
│①キリスト教の成立
│　＊ローマ，パレスチナを征服（前63）
│　＊イエスの誕生（前7頃）
│　＊イエスの活動…ユダヤ教の選民思想・律法主義を否定
│　　　神の絶対愛を説く
│　＊イエスの処刑・復活（後30頃）→キリスト教の成立
│　＊［　3　］・パウロらの伝道　　　　　　　　　　　　　　　　　　3.＿＿＿＿＿＿
│　　　→キリスト教，ローマの各地に伝播
│②ローマ皇帝による迫害
│　＊ネロ帝の迫害（64）…ローマの大火に起因
│　＊［　4　］帝の大迫害（303）　　　　　　　　　　　　　　　　　　4.＿＿＿＿＿＿
│　　　…皇帝崇拝の拒否，供犠への不参加に起因
│③対キリスト教政策の転換
│　＊コンスタンティヌス帝
│　　　［　5　］（313）…キリスト教を公認　　　　　　　　　　　　　5.＿＿＿＿＿＿
│　　　ニケーア公会議（325）…アタナシウス派（のちの三位一体説）を正統
│　　　　アリウス派を異端に→アリウス派，ゲルマン世界に伝道
│　＊［　6　］帝…キリスト教を国教化（392）　　　　　　　　　　　　6.＿＿＿＿＿＿
│　＊エフェソス公会議（431）…ネストリウス派を異端に
│　　　→ネストリウス派，ペルシアへ，さらに中央アジアを経て中国へ
│　　　　☆大秦景教流行中国碑の建立（唐，781）
└──────────────────────────────────

┌─(3)　ローマ法の歴史─────────────────────────
│①共和政ローマの法律
│　＊十二表法（前450頃）…ローマ最古の成文法
│　＊［　7　］（前367）　　　　　　　　　　　　　　　　　　　　　　7.＿＿＿＿＿＿
│　　　…コンスルの1人を平民から選出，公有地の占有面積を制限

　　　＊ホルテンシウス法(前287)
　　　　…平民会の議決を元老院の承認なしに国法化
　②ローマ市民権の拡大
　　＊同盟市戦争(前91〜前88)
　　　→イタリア半島内の全自由民にローマ市民権を付与
　　＊アントニヌス勅令(212)…カラカラ帝が発布
　　　→帝国内の全自由民にローマ市民権を付与，市民法の万民法化
　③『ローマ法大全』(6世紀)
　　＊東ローマ皇帝[　8　]の命で編纂　　　　　　　　　　　8.＿＿＿＿＿
　　＊ローマ法を集大成
　④ローマ法の復活(11世紀〜)
　　＊ボローニャ(イタリア)でローマ法研究が発展
　　　→ボローニャ大学の誕生，近代法の成立

─(4)　中世の西ヨーロッパ世界とキリスト教──────────
　①東西教会の分離
　　◎分離の経緯
　　　＊[　9　]（ビザンツ皇帝）の聖像禁止令(726)　　　　　9.＿＿＿＿＿
　　　　→ローマ教会との対立の始まり
　　　＊ローマ教会，フランク王国に接近
　　　＊ピピンのランゴバルド(ロンバルド)遠征(754〜)
　　　　→征服地ラヴェンナを教皇に寄進(教皇領の起源)
　　　＊教皇[　10　]，カール1世に載冠(800)　　　　　　　10.＿＿＿＿＿
　　　　→ビザンツ世界から自立したカトリック世界の成立
　　◎東西教会
　　　＊西方…ローマ＝カトリック教会
　　　　　　中心・ローマ教会，首長・ローマ教皇
　　　＊東方…[　11　]　　　　　　　　　　　　　　　　　　11.＿＿＿＿＿
　　　　　　中心・コンスタンティノープル教会，首長・ビザンツ皇帝
　　　　　☆皇帝が事実上，聖俗両権を掌握…東方教会の特色
　②聖職叙任権闘争
　　◎背景
　　　＊世俗領主の地方教会支配
　　　　→聖職者の腐敗の蔓延(聖職売買，妻帯など)
　　　＊[　12　]修道院の改革運動(10世紀〜)　　　　　　　12.＿＿＿＿＿
　　　　…ベネディクトゥス戒律への復帰，腐敗の排除をめざす
　　◎教皇グレゴリウス7世の改革
　　　＊教皇，俗人による聖職者の任命を禁止(1075)
　　　　→皇帝ハインリヒ4世の抵抗
　　　＊教皇，ハインリヒ4世を破門
　　　＊「[　13　]」(1077)…皇帝が教皇に謝罪　　　　　　　13.＿＿＿＿＿
　　◎ヴォルムス協約(1122)
　　　　…教皇と皇帝が和解→叙任権闘争の終結
　③教皇権の絶頂
　　◎教皇ウルバヌス2世

　　　　…十字軍を提唱([　14　]公会議で, 1095)

　　　　　→第1回十字軍の遠征(1096)

　◎教皇インノケンティウス3世(位1198～1216)

　　＊絶頂期の教皇, "教皇は太陽, 皇帝は月"

　　＊第4回十字軍を提唱, ジョン王を破門

　　＊[　15　]十字軍を指示

　　　　☆[　15　]派…南フランスに流行したカタリ派系の異端

　◎托鉢修道会の結成

　　＊フランチェスコ会(1209)…禁欲・清貧を実践

　　＊ドミニコ会(1215)…異端の撲滅に活躍

④教皇権の衰退

　◎背景

　　＊十字軍遠征の失敗

　　＊商工業の発展, 都市の成長→世俗的関心の高まり

　　＊王権の強大化, 国民国家の成長

　　　　→教皇が地方教会の支配権, 世俗支配権を喪失

　◎フィリップ4世とボニファティウス8世の対立

　　＊フィリップ4世, フランスの聖職者への課税を決定

　　　　→教皇ボニファティウス8世の抵抗

　　＊フィリップ4世, 三部会を創設(1302)→国内各身分の支持を獲得

　　＊[　16　]事件(1303)…フィリップ4世の部下が教皇を監禁

　　　　→ボニファティウス8世の急死

　　＊教皇庁の[　17　]移転(1309)

　　　　→フランス国王の監督下に("教皇のバビロン捕囚")

　◎教会大分裂(大シスマ, 1378～1417)

　　＊ローマ, アヴィニョン両教皇庁の分立

　　＊コンスタンツ公会議(1414～18)→大シスマの解消

　◎宗教改革の先駆者

　　＊ウィクリフ(イギリス, 14世紀)…カトリック教会の堕落を批判

　　　　　聖書を英訳, コンスタンツ公会議で異端とされる

　　＊[　18　](ベーメン, 14～15世紀)…プラハで教会改革

　　　　コンスタンツ公会議で刑死(1415)

─(5)　中世ヨーロッパの社会経済─────────────

①封建制

　　　…諸侯(主君)・騎士(家臣)間の契約関係

　◎成立の起源

　　　…[　19　](ゲルマン)と恩貸地制(ローマ)の結合で成立

　◎特色

　　＊主君は家臣に封土を授与, 家臣を保護する義務を負う

　　＊家臣は主君に軍役の義務を負う, 複数の主君に仕えることが可能

②荘園制(農奴制)

　　　…領主・農民間の支配・従属関係

　◎中世前期の荘園

　　＊農地が領主直営地と農民保有地に分かれる

14.＿＿＿＿＿

15.＿＿＿＿＿

16.＿＿＿＿＿

17.＿＿＿＿＿

18.＿＿＿＿＿

19.＿＿＿＿＿

　　＊農奴…住居移転の自由なし

　　　　領主直営地での農業労働（[　20　]）に従事

　　　　各種の貢租を負担

　　＊領主…農奴に対して裁判権を行使

　　　　外部に対しては[　21　]を有する

　◎荘園制の変容（中世後期）

　　＊背景…商品・貨幣経済の浸透，戦争・黒死病の流行

　　　　農民反乱の多発

　　　　☆ジャックリーの乱（フランス，1358）

　　　　[　22　]（イギリス，1381）

　　＊領主直営地の廃止（すべての農地が農民保有地に）

　　　　→賦役の廃止，農民の負担の主体は生産物地代・貨幣地代に

　　＊ヨーマン（独立自営農民）の出現（イギリス）

③中世後期の遠隔地商業

　◎地中海貿易（東方貿易）

　　＊担い手…イタリア商人

　　　　ヴェネツィア，ジェノヴァなど

　　＊交易品…東方産奢侈品（[　23　]，絹など）を輸入

　　　　銀（南ドイツ産）・毛織物を輸出

　◎北海・バルト海貿易

　　＊担い手…ハンザ同盟の諸都市（北ドイツ）

　　　　[　24　]（盟主），ハンブルクなど

　　＊交易品…日用品

　　　　穀物，ワイン，木材，毛皮，ニシン，タラなど

　◎国際市場の変遷

　　＊[　25　]地方（北フランス，12世紀〜）

　　　　→ブリュージュ（フランドル，14世紀〜）

　　　　アントワープ（フランドル，15世紀〜）

④中世都市

　◎特色

　　＊商人・手工業者の居住区

　　＊[　26　]を有する

　　　　→領主支配下の周辺農村部から隔絶した世界を形成

　　　　☆"都市の空気は自由にする"

　　＊都市法による支配，都市参事会が市政を運営

　◎ギルド

　　＊種類…商人ギルド，同職ギルド（ツンフト，手工業者のギルド）

　　＊特色…対内的平等と対外的独占→競争の排除

　◎都市同盟

　　＊ハンザ同盟（北ドイツ）…北海・バルト海貿易を独占

　　＊[　27　]（北イタリア）

　　　　…神聖ローマ皇帝のイタリア政策に対抗して結成（12世紀）

(6)　イギリスにおける議会制度の発展

①身分制議会の成立

◎マグナ=カルタ(大憲章, 1215) 【解答欄】

  ＊[28]王が承認, 貴族・大商人の伝統的権利を確認   28._____

  ＊法による王権抑止の最初の試み

◎シモン=ド=モンフォールの議会

  ＊ヘンリ3世の専制→貴族の反乱(1258)

  ＊封臣会議(高位聖職者・大貴族)に騎士, 都市民の代表を招く(1265)

    →身分制議会の成立

◎[29](1295)   29._____

  ＊エドワード1世が召集

  ＊高位聖職者・大貴族・騎士(各州2名)・市民(各都市2名)で構成

  ＊議会に課税協賛権を承認

◎二院制の成立(1341)

  ＊貴族院(上院)…高位聖職者・大貴族で構成

  ＊庶民院(下院)…騎士・市民で構成

②市民革命とイギリス議会

◎「[30]」(1628)   30._____

  ＊議会がチャールズ1世に提出

  ＊議会の承認のない課税と人身の不当な逮捕・拘禁の禁止を規定

◎審査法(1673)

  ＊議会がチャールズ2世のカトリック擁護に対抗して制定

  ＊非国教徒の公職就任を禁止

◎「[31]」(1689)   31._____

  ＊名誉革命後, ウィリアム3世・メアリ2世が承認した「権利の宣言」を成文化

  ＊王権に対する議会の優越を確立, 議会政治の諸原則を規定

◎議会制度の発展

  ＊ハノーヴァー朝の成立(1714)

    …ドイツの選帝侯がジョージ1世として即位

    →「国王は君臨すれども統治せず」原則の成立

  ＊議会制度の発展

    …首相の誕生, 責任内閣制の成立

    ☆[32]…初代首相として活躍(1721〜42)   32._____

③産業革命後のイギリス議会

◎カトリック解放闘争の発展(アイルランド)

  →審査法の廃止(1828), カトリック教徒解放法の制定(1829)

◎政党名の変更(1830頃)

  ＊トーリ(党)→保守党

  ＊ホイッグ(党)→自由党

◎第1次選挙法改正(1832)

  ＊[33]の廃止   33._____

  ＊産業資本家が参政権を獲得→地主の議会独占を打破

◎[34](1837頃〜)   34._____

  ＊労働者の参政権獲得運動

  ＊ピープルズ=チャーター(人民憲章, 1837)…男子普通選挙の実現

    秘密投票制の実施, 議員の財産資格制限の撤廃などを要求

◎その後の選挙法改正

＊第2次(1867)…都市労働者に参政権を付与

＊第3次(1884)…グラッドストン内閣(自由党)で成立

　　　農村・鉱山労働者に参政権を付与

＊第4次(1918)…21歳以上の男子・30歳以上の女子に参政権を付与

＊第5次(1928)…21歳以上の男女に参政権を付与

＊国民代表法(1969)…下院の有権者を18歳以上に

④20世紀初頭のイギリス議会

◎議院法(議会法, 1911)

　　　…予算案, 下院を3回通過した法案の上院による否決権を否定

　　　→下院の優越の確定

◎労働党の発展

＊労働党の成立(1906)…労働代表委員会を改称

＊労働党内閣(第1次)の成立(1924)…首相[　35　]　　　35.＿＿＿＿

＊自由党の衰退

　　　→保守党, 労働党の二大政党時代へ

─(7)　ラテンアメリカの古代文明──────────

①文明の特色

＊数学・暦法の発達, 土木・建築技術の発達

＊[　36　]・車輪の使用はなし　　　36.＿＿＿＿

＊文明を支えた穀物…[　37　]　　　37.＿＿＿＿

　　　他にジャガイモ, サツマイモなど

②メソアメリカ文明

◎文明の先駆

＊オルメカ文明(前12世紀～)…メキシコ湾岸地方に成立

＊テオティワカン文明(前2世紀～)

　　　…メキシコシティ北東部に成立,「太陽のピラミッド」を建設

◎マヤ文明(前500～)

＊[　38　]半島を中心に形成, 600年頃から最盛期に　　　38.＿＿＿＿

＊神殿・ピラミッドを建設

＊絵文字を使用, 数学・暦法(太陽暦)の発達

　　　青銅器を使用

＊スペイン人が破壊(16世紀)

◎アステカ文明(12世紀頃～)

＊メキシコ高原に成立, 都[　39　]　　　39.＿＿＿＿

＊神殿・ピラミッドを造営, 太陽暦を制定, 絵文字を使用

＊コルテスが征服(1521)

③アンデス文明

◎チャビン文化(前10世紀～)

　　　…ペルーの中央山岳地帯に成立

◎インカ文明(13世紀初～)

＊ペルー南部に成立, 都クスコ

　　　→のちアンデス地方一帯を支配(15世紀)

＊神殿・王宮を建設, 金銀細工(装飾)が発達

＊文字の使用なし, 代わりに[　40　](結縄)を使用　　　40.＿＿＿＿

＊ピサロが征服(1533)　　　　　　　　　　　　　　　　　　　　　【解答欄】

(8)　西ヨーロッパの宗教戦争

①ユグノー戦争(フランス，1562〜98)

　＊新教徒の虐殺事件(1562)→新教・旧教両派の内乱の発生

　＊[　41　]の虐殺(1572)…旧教徒による新教徒の大量虐殺事件　　　41.＿＿＿＿＿

　＊ヴァロワ朝の断絶，アンリ4世の即位(1589)→ブルボン朝の成立

　＊[　42　](1598)　　　　　　　　　　　　　　　　　　　　　　42.＿＿＿＿＿

　　　アンリ4世が発布

　　　新教徒に信仰の自由を承認→ユグノー戦争の終結

②オランダ独立戦争(1568〜1609)

　＊[　43　](スペイン)，ゴイセンを弾圧　　　　　　　　　　　　43.＿＿＿＿＿

　　　→ネーデルラントの反乱(1568)

　＊南部10州，スペインと講和

　＊北部7州，[　44　]を結成(1579)→戦争を継続　　　　　　　　44.＿＿＿＿＿

　＊ネーデルラント連邦共和国の成立(1581)

　　　…北部7州で構成，オラニエ公ウィレムが総督に就任

　＊休戦協定の成立(1609)

③三十年戦争(1618〜48)

　◎戦争の経過

　　＊ベーメン(ボヘミア)の新教徒の反乱(1618)

　　　→新教・旧教両勢力の衝突

　　＊クリスティアン4世(デンマーク)の新教派支援(1625)

　　　→皇帝軍(ヴァレンシュタイン)に敗北

　　＊[　45　](スウェーデン)の新教派支援(1630)　　　　　　　45.＿＿＿＿＿

　　＊フランスの参戦(1635)…新教側で

　◎ウェストファリア条約(1648)

　　＊フランス・スウェーデンが領土を獲得

　　＊[　46　]・オランダの独立を承認　　　　　　　　　　　　　46.＿＿＿＿＿

　　＊ドイツの諸侯・帝国都市に完全主権を承認

　　　→ドイツの領邦国家への分裂が確定

　　＊アウクスブルクの宗教和議を確認，[　47　]も公認　　　　　47.＿＿＿＿＿

(9)　絶対王政期の国際戦争

①スペイン継承戦争(1701〜13)

　◎原因…ルイ14世が孫フィリップのスペイン王位を要求

　◎交戦国

　　　…フランス・スペインなど

　　　　対オーストリア・イギリス・オランダなど

　◎[　48　]条約(1713)　　　　　　　　　　　　　　　　　　　48.＿＿＿＿＿

　　＊フィリップ(フェリペ5世)のスペイン王位を承認

　　　→スペイン＝ブルボン朝の成立

　　＊イギリスがスペインから[　49　]など，フランスから北米の領土の一部を獲得　49.＿＿＿＿＿

②オーストリア継承戦争(1740〜48)

　◎原因…[　50　]によるハプスブルク家の家督相続　　　　　　　50.＿＿＿＿＿

◎交戦国

　　　…オーストリア・イギリスなど

　　　　対ドイツ諸侯・スペイン・プロイセン・フランスなど

◎アーヘンの和約(1748)

③七年戦争(1756〜63)

◎原因

　＊オーストリア・プロイセンの[　51　]をめぐる対立　　　　　　　　　　　51.＿＿＿＿＿

　＊イギリス・フランスの植民地をめぐる対立

◎交戦国

　　　…フランス・オーストリア・ロシアなど

　　　　対プロイセン・イギリスなど

　☆[　52　]…ブルボン家とハプスブルク家の同盟　　　　　　　　　　　52.＿＿＿＿＿

◎フレンチ＝インディアン戦争…北米での英仏抗争

◎パリ条約(1763)

　＊イギリスがフランスからカナダ, ミシシッピ川以東の[　53　]を獲得,　53.＿＿＿＿＿

　　スペインからフロリダを獲得

　＊スペインがフランスからミシシッピ川以西の[　53　]を獲得

──(10)　二月革命と「諸国民の春」──────────────────

①フランス二月革命と第二共和政

　＊二月革命(1848)

　　　…政府による選挙法改正運動の弾圧に起因

　　　→七月王政の崩壊

　＊共和国臨時政府の成立(1848)

　　　…社会主義者[　54　]が入閣→労働者保護政策を推進　　　　　　　54.＿＿＿＿＿

　　　国立作業場の設立など

　＊四月普通選挙(1848)→社会主義者の敗北

　＊六月事件(1848)…国立作業場の閉鎖に対する労働者の抵抗

　　　→政府が弾圧

　＊第二共和国憲法の成立(1848)

　＊ルイ＝ナポレオンが大統領に当選(1848)

②「諸国民の春」

◎オーストリア

　＊ウィーン三月革命(1848)→[　55　]が失脚　　　　　　　　　　　55.＿＿＿＿＿

　＊ベーメン民族運動(1848)…チェック人の独立運動, 鎮圧される

　＊ハンガリー独立革命(1848〜49)

　　　…[　56　]の独立闘争, コッシュートが指導　　　　　　　　　　56.＿＿＿＿＿

　　　→ロシア軍が弾圧

◎ドイツ

　＊ベルリン三月革命(プロイセン, 1848)

　　　→一時, 自由主義政権が成立

　＊[　57　]国民議会(1848〜49)…ドイツ諸邦の代表が参加　　　　　57.＿＿＿＿＿

　　　小ドイツ主義を採用, 憲法を制定

　　　　→プロイセン王国の帝位拒否で挫折

◎イタリア

*サルデーニャ王国の対オーストリア戦(1848)→敗北

*[58](青年イタリア)，ローマ共和国を建設(1849)

→フランス軍が弾圧

【解答欄】

58.＿＿＿＿

---

(11) アメリカ合衆国の領土拡大

①領土の拡大

*[59](1783)…独立戦争の講和条約

13植民地の独立の承認

イギリスからミシシッピ川以東のルイジアナを獲得

*ルイジアナ(ミシシッピ川以西)の買収(1803)

…ナポレオン(フランス)から

*フロリダの買収(1819)…スペインから

*テキサスの併合(1845)

*オレゴンの併合(1846)…イギリスとの協定で

*アメリカ＝メキシコ戦争(1846〜48)

→[60]などを獲得

*アラスカの買収(1867)…ロシアから

②西部開拓の進展

*インディアン強制移住法(1830)…ジャクソン大統領が制定

インディアンをミシシッピ川以東の地から排除

*ゴールドラッシュ(カリフォルニア，1848〜)

→カリフォルニアでの人口の急増，州に昇格(1850)

*[61](1862)…南北戦争中に共和党が制定

西部での自営農の定着を促進

*大陸横断鉄道の開通(1869)

*フロンティアの消滅(1890頃)

③海外への進出

*[62]の併合(1898)

*パリ条約(1898)…アメリカ＝スペイン(米西)戦争の講和

キューバの独立

スペインからプエルトリコ，グアム，[63]を獲得

*パナマ運河の建設(1904〜14)

→カリブ海政策とアジア・太平洋政策の結合

59.＿＿＿＿

60.＿＿＿＿

61.＿＿＿＿

62.＿＿＿＿

63.＿＿＿＿

---

(12) 社会主義の歴史

①社会主義の分類

*空想的(ユートピア)社会主義

[64](イギリス)…工場法の制定に努める

協同組合運動を展開

サン＝シモン(フランス)

フーリエ(フランス)

*無政府主義(アナキズム)

プルードン(フランス)

[65](ロシア)

*マルクス主義(科学的社会主義)

64.＿＿＿＿

65.＿＿＿＿

マルクス(ドイツ)…『[66]』(1848)　　　　　　　　　　66.＿＿＿＿＿

唯物史観を大成,『資本論』

エンゲルス(ドイツ)…マルクスに協力

②社会主義政党の成立と発展

◎ドイツ

＊社会主義労働者党の成立(1875)

＊[67](1878)　　　　　　　　　　　　　　　　　　67.＿＿＿＿＿

ビスマルクが制定→社会主義者を弾圧

ヴィルヘルム 2 世が廃止(1890)

＊社会民主党の成立(1890)…社会主義労働者党が改称

＊[68]の修正主義　　　　　　　　　　　　　　　　68.＿＿＿＿＿

→修正主義論争の始まり(19世紀末〜)

◎イギリス

＊[69]の結成(1884)　　　　　　　　　　　　　　69.＿＿＿＿＿

…ウェッブ夫妻,バーナード＝ショーらが指導

＊労働代表委員会の成立(1900)

…社会主義団体,労働組合の代表で構成

＊労働党の成立(1906)

＊第 1 次労働党内閣の成立(1924)…首相マクドナルド

◎その他

＊フランス…社会党の成立(1905)

＊ロシア…社会民主労働党の成立(1898)

→ボリシェヴィキ([70]が指導),　　　　　　　　70.＿＿＿＿＿

メンシェヴィキ(プレハーノフらが指導)に分裂(1903)

③インターナショナルの結成

◎第 1 インターナショナル(1864〜76)

＊ロンドンで結成,マルクスが指導

＊[71](1871)を支持　　　　　　　　　　　　　　71.＿＿＿＿＿

＊各国政府の弾圧で解散(1876)

◎第 2 インターナショナル(1889〜1914)

＊パリで結成,ドイツ社会民主党が指導

＊反戦運動を展開

＊第一次世界大戦の勃発で解体(1914)

◎コミンテルン(第 3 インターナショナル,1919〜43)

＊モスクワで結成,ロシア共産党が指導

＊各国の共産党を指導,アジアの民族運動を支援

☆インドネシア共産党(1920)…アジア最初の共産党

中国共産党(1921)…陳独秀,李大釗が指導

インドシナ共産党(1930)…[72]が結成　　　　72.＿＿＿＿＿

＊[73]を採択(1935〜)　　　　　　　　　　　　73.＿＿＿＿＿

…ファシズムに対抗する民主主義勢力の連合戦線

→スペイン,フランスに人民戦線内閣が成立(1936)

☆スペイン内戦(1936〜39)

＊独ソ戦の開始(1941〜)→連合国との戦争協力のため解散(1943)

─(13)　アイルランド問題の変遷──────────────────　

①アイルランド問題の前史

　＊ケルト人が先住，カトリックを受容（5世紀〜）

　＊[　74　]の征服（1649〜52）　　　　　　　　　　　　　74.＿＿＿＿＿

　　　→アイルランド全島がイギリスの植民地に

②19世紀の民族運動

　＊カトリック解放闘争の展開

　　　→[　75　]の廃止（1828）　　　　　　　　　　　　　75.＿＿＿＿＿

　　　カトリック教徒解放法の制定（1829）

　＊グラッドストン（自由党）の政策

　　　アイルランド土地法を制定（1870，81）

　　　アイルランド自治法案を提出→成立せず

③20世紀の独立運動

　＊[　76　]の結成（1905）…急進的な独立運動組織　　　76.＿＿＿＿＿

　＊イギリス，アイルランド自治法を制定（1914）

　　　　→大戦の勃発を口実に実施延期

　＊イギリス，自治を承認→アイルランド自由国の成立（1922）

　＊イギリス，独立を承認→国号を「エール」に改称（1937）

　＊イギリス連邦を離脱，[　77　]に改称（1949）　　　　77.＿＿＿＿＿

　　　☆北アイルランド（イギリス領）の紛争

　　　　　…プロテスタント（多数派）対カトリック（少数派）

─(14)　パレスチナ問題の変遷──────────────────

①パレスチナ問題の発生

　◎ユダヤ人迫害の再発

　　＊ロシアでの大量虐殺の多発（1880年代〜）

　　＊[　78　]（フランス，1894〜）　　　　　　　　　　78.＿＿＿＿＿

　　　…ユダヤ系将校がスパイ容疑で有罪に

　◎シオニズムの展開

　　＊ユダヤ人のパレスチナ移民の始まり（19世紀末）

　　＊[　79　]（1917）…イギリスがシオニズムへの支援を約束　79.＿＿＿＿＿

　　＊イギリス，パレスチナを委任統治（1920）

　　　　→移民の本格化，アラブ人との衝突

　　＊ナチス政権の成立（ドイツ，1933）

　　　　→移民の激増，パレスチナは騒乱状態に

　　　☆ナチスのユダヤ人大量虐殺（1942〜）

　　　　　…[　80　]強制収容所（ポーランド）などで　　　80.＿＿＿＿＿

　　＊パレスチナ分割案（1947）…国連総会で採択

　　　　パレスチナをアラブ人国家，ユダヤ人国家，国際管理地区に分割

②中東戦争

　◎第1次中東戦争（パレスチナ戦争，1948〜49）

　　＊ユダヤ人，イスラエル国の建国を宣言（1948）

　　　　→アラブ諸国がパレスチナに侵攻

　　＊イスラエルが勝利，パレスチナ全土の大半を占領

　　　　→パレスチナ難民の発生

◎第2次中東戦争(スエズ戦争, 1956)

 ＊[　81　](エジプト)のスエズ運河国有化宣言

  →イスラエル軍, イギリス・フランス軍の侵攻

 ＊国際世論の非難→三国軍の撤退

  ☆パレスチナ解放機構(PLO)の結成(1964)

   …アラファトが議長に就任(1969)

◎第3次中東戦争(1967)

  …イスラエルが圧勝

  →シナイ半島, ガザ地区, ヨルダン川西岸, ゴラン高原を占領

◎第4次中東戦争(1973)

  …[　82　](OAPEC)が石油戦略を発動

  →石油危機(第1次)の発生

③和解への動き

 ＊エジプト＝イスラエル平和条約(1979)

  …エジプトがイスラエルを承認

  イスラエルがシナイ半島の返還を約束

 ＊中東和平会議の開催(マドリード, 1991)

 ＊パレスチナ暫定自治協定の成立(1993)

  …ガザとイェリコでパレスチナ人の暫定自治を開始

---

(15)　ヨーロッパの統合

①背景

 ＊大戦による荒廃, 植民地の独立, 東欧市場の喪失

  →西欧の経済の衰退

 ＊米ソ二大国の台頭→西欧の政治的比重の低下

②統合の始まり

 ＊[　83　](ECSC)の成立(1951)　　　　　　　　　　　83.＿＿＿＿＿＿

  加盟国…フランス, 西ドイツ, ベルギー, オランダ, ルクセンブルク, イタリア

 ＊[　84　](EEC)の成立(1958)　　　　　　　　　　　84.＿＿＿＿＿＿

  加盟国…同上

  関税同盟の結成, 共通農業政策の実施などを目的

 ＊[　85　](EURATOM)の成立(1958)　　　　　　　　85.＿＿＿＿＿＿

  加盟国…同上

③ヨーロッパ共同体(EC)の発展

 ＊三共同体の合体(1967)→ECの発足

 ＊イギリス, デンマーク, アイルランドの加盟(1973)→拡大ECへ

 ＊ギリシアの加盟(1981)

 ＊スペイン, ポルトガルの加盟(1986)

 ＊マーストリヒト条約(ヨーロッパ連合条約)の締結(1992)

  →ヨーロッパ連合(EU)の成立

 ＊オーストリア, スウェーデン, フィンランドの加盟(1995)

 ＊ポーランド, チェコ, スロヴァキア, ハンガリー, スロヴェニア, エストニア, ラトヴィア,

  リトアニア, キプロス, マルタの加盟(2004)

 ＊ブルガリア, ルーマニアの加盟(2007)

 ＊クロアティアの加盟(2013)

(16) 世界の平和運動

①帝国主義期・戦間期の反戦運動

◎第2インターナショナル(1889〜1914)

  ＊パリで結成，反戦運動を展開

  ＊第一次世界大戦の勃発で解体

◎「平和に関する布告」(1917)

  ＊十(十一)月革命後にソヴィエト政権が発表

  ＊交戦国に無賠償・無併合，民族自決を原則とした即時停戦を提唱

◎「十四ヵ条」(十四ヵ条の平和原則，1918)

  ＊合衆国大統領[86]が発表

  ＊国際平和機構の設立などを提唱→国際連盟の成立(1920)

◎[87](1928)

  ＊ブリアン(フランス)，ケロッグ(アメリカ)が提唱

  ＊戦争の放棄，紛争の平和的解決を約す

②戦後の平和運動

◎核兵器の廃止運動

  ＊第1回原水爆禁止世界大会(1955)…広島で開催

  ＊パグウォッシュ会議…科学者の国際会議

      第1回はカナダのパグウォッシュで開催(1957)

      核兵器禁止運動の中心となる

◎第三勢力の結束と平和運動

  ＊コロンボ会議(1954)…南アジアの首相会議

      インドシナ戦争の早期解決，アジア＝アフリカ会議の開催などを決議

  ＊ネルー・周恩来会談(1954)…[88]を発表

  ＊アジア＝アフリカ会議(1955)

      …バンドン(インドネシア)で開催

      AA29カ国が参加，[89]が採択

  ＊第1回非同盟諸国首脳会議(1961)

      …ベオグラード(ユーゴスラヴィア)で開催

      平和共存，植民地主義反対などを宣言

◎核軍縮への動き

  ＊部分的核実験停止条約(1963)…米・英・ソが調印

      100余国が参加，地下を除く核実験を禁止

  ＊核拡散防止条約(1968)…56カ国が調印，1970年に発効

  ＊第1次戦略兵器制限交渉(SALT Ⅰ，1972)

      米・ソ間でＩＣＢＭ(大陸間弾道ミサイル)を制限

  ＊第2次戦略兵器制限交渉(SALT Ⅱ，1979)

      ソ連のアフガニスタン侵攻のため，アメリカ議会で批准を拒否

  ＊[90]（ＩＮＦ）全廃条約(1987)…米・ソ間で調印

  ＊第1次戦略兵器削減条約(START Ⅰ，1991)…米・ソ間で調印

  ＊第2次戦略兵器削減条約(START Ⅱ，1993)…米・ソ間で調印

86.＿＿＿＿＿＿

87.＿＿＿＿＿＿

88.＿＿＿＿＿＿

89.＿＿＿＿＿＿

90.＿＿＿＿＿＿

◆テーマ別整理〈1〉

(1)　諸子百家

　　1．性善　2．性悪　3．兼愛　4．韓非

(2)　中国の政治制度の変遷

　　5．貢納　6．呉楚七国の乱

(3)　中国における仏教の発展

　　7．鳩摩羅什　8．仏国記　9．雲崗　10．玄奘　11．南海寄帰内法伝

(4)　中国の官吏登用制度の変遷

　　12．中正官　13．殿試

(5)　唐代の統治制度

　　14．門下省　15．刑法　16．租庸調制　17．両税法　18．都護府

(6)　宋代の社会・経済

　　19．形勢戸　20．占城　21．行　22．作　23．交子　24．市舶司

(7)　儒学の歴史

　　25．董仲舒　26．鄭玄　27．朱熹　28．陸九淵　29．李贄　30．黄宗羲

(8)　モンゴル・元帝国期の東西交流

　　31．モンテ＝コルヴィノ　32．世界の記述　33．イブン＝バットゥータ

　　34．ミニアチュール　35．授時暦

(9)　明・清代の社会・経済

　　36．新安商人　37．会館・公所　38．地丁銀

(10)　内陸アジアの諸民族

　　39．冒頓単于　40．張騫　41．北魏　42．エフタル　43．安史の乱　44．土木の変

　　45．アルタン＝ハン　46．ジュンガル　47．ソンツェン＝ガンポ　48．フビライ

(11)　古代オリエントの文化

　　49．ローリンソン　50．ロゼッタ石　51．ヤハウェ　52．アヴェスター

　　53．ヒッタイト　54．同害復讐刑

(12)　イスラーム教の特色と宗派

　　55．コーラン　56．シーア派

(13)　イスラーム世界の諸制度

　　57．ジズヤ　58．ハラージュ　59．ブワイフ朝　60．イェニチェリ

　　61．カピチュレーション

(14)　インドの宗教(仏教を除く)

　　62．ヴァルダマーナ　63．マハーバーラタ　64．スーフィー　65．ナーナク

(15)　インドにおける仏教の発展

　　66．ダルマ　67．ナーガールジュナ　68．カニシカ王　69．アジャンター

　　70．ナーランダー

◆テーマ別整理〈2〉

(1) 古代地中海世界の社会・経済
　1．ヘロット（ヘイロータイ）　2．コロナートゥス

(2) キリスト教の成立・発展
　3．ペテロ　4．ディオクレティアヌス　5．ミラノ勅令　6．テオドシウス

(3) ローマ法の歴史
　7．リキニウス＝セクスティウス法　8．ユスティニアヌス

(4) 中世の西ヨーロッパ世界とキリスト教
　9．レオン3世　10．レオ3世　11．ギリシア正教　12．クリュニー
　13．カノッサの屈辱　14．クレルモン　15．アルビジョワ　16．アナーニ
　17．アヴィニョン　18．フス

(5) 中世ヨーロッパの社会経済
　19．従士制　20．賦役　21．不輸不入権　22．ワット＝タイラーの乱　23．香辛料
　24．リューベック　25．シャンパーニュ　26．自治権　27．ロンバルディア同盟

(6) イギリスにおける議会制度の発展
　28．ジョン　29．模範議会　30．権利の請願　31．権利の章典　32．ウォルポール
　33．腐敗選挙区　34．チャーティスト運動　35．マクドナルド

(7) ラテンアメリカの古代文明
　36．鉄器　37．トウモロコシ　38．ユカタン　39．テノチティトラン　40．キープ

(8) 西ヨーロッパの宗教戦争
　41．サン＝バルテルミ　42．ナントの王令（勅令）　43．フェリペ2世　44．ユトレヒト同盟
　45．グスタフ＝アドルフ　46．スイス　47．カルヴァン派

(9) 絶対王政期の国際戦争
　48．ユトレヒト　49．ジブラルタル　50．マリア＝テレジア　51．シュレジエン
　52．外交革命　53．ルイジアナ

(10) 二月革命と「諸国民の春」
　54．ルイ＝ブラン　55．メッテルニヒ　56．マジャール人　57．フランクフルト
　58．マッツィーニ

(11) アメリカ合衆国の領土拡大
　59．パリ条約　60．カリフォルニア　61．ホームステッド法　62．ハワイ
　63．フィリピン

(12) 社会主義の歴史
　64．ロバート＝オーウェン　65．バクーニン　66．共産党宣言
　67．社会主義者鎮圧法　68．ベルンシュタイン　69．フェビアン協会　70．レーニン
　71．パリ＝コミューン　72．ホー＝チ＝ミン　73．人民戦線戦術

(13) アイルランド問題の変遷
　74．クロムウェル　75．審査法　76．シン＝フェイン党　77．アイルランド共和国

(14) パレスチナ問題の変遷
　78．ドレフュス事件　79．バルフォア宣言　80．アウシュヴィッツ　81．ナセル
　82．アラブ石油輸出国機構

(15) ヨーロッパの統合
　83．ヨーロッパ石炭鉄鋼共同体　84．ヨーロッパ経済共同体
　85．ヨーロッパ原子力共同体

(16) 世界の平和運動
　86．ウィルソン　87．不戦条約　88．平和五原則　89．平和十原則
　90．中距離核戦力

◆テーマ別整理〈1〉

【解答欄】

─(1)　江戸時代の対外関係─────────────────────────

①「四つの口」……江戸幕府による貿易統制

　＊[　1　]　幕府直轄地，オランダ(出島)，中国〔明清〕(唐人屋敷)　　　　　1.＿＿＿＿＿

　＊琉球　　　薩摩藩〔島津氏〕が支配，日中両属

　＊対馬　　　対馬藩〔宗氏〕が朝鮮との貿易・外交を管理，朝鮮通信使の来日

　＊松前　　　松前藩が支配，蝦夷地〔北海道〕におけるアイヌとの貿易

②欧米諸国の接近

　＊ロシア　　　　　ラクスマン(蝦夷地)・レザノフ(長崎)を派遣

　＊ナポレオン戦争　→ ロシアのアジア進出は停滞

　　　　　　　　　　→ [　2　]号事件……イギリス軍艦が長崎に侵入　　　　2.＿＿＿＿＿

　＊江戸幕府は異国船打払令(1825)

　　　　　　　　　　→ 清がアヘン戦争に敗北 → 薪水給与令(1842)

　＊クリミア戦争　　→ アメリカ合衆国の日本進出の一因

③日本の開国

　＊アメリカ合衆国がペリーを日本に派遣

　　　　　　　　　　→ペリーが[　3　]に来航(1853)　　　　　　　　　　3.＿＿＿＿＿

　　　　　　　　　　→日米和親条約(1854)……下田・[　4　]開港　　　　4.＿＿＿＿＿

　＊清がアロー戦争　→ [　5　]条約(1858)……五港開市・開港，不平等条約　5.＿＿＿＿＿

　　　　　　　　　　安政五カ国条約〔米・英・蘭・仏・露〕

─(2)明治維新と明治新政府─────────────────────────

①江戸幕府滅亡

　＊[　6　](1867)……………江戸幕府が政権を返還し，新たな大名会議設置を図る　6.＿＿＿＿＿

　＊王政復古の大号令(1867)……倒幕派が新政府樹立を宣言

　　→ 戊辰戦争(1868～69)

　　　・イギリスは新政府側，フランスは幕府側を支援

　　　・クリミア戦争・アロー戦争・南北戦争後の余剰武器が流入

②明治新政府の政策

　＊[　7　]で方針を示す……天皇中心の集権的な国民国家建設をめざす　　7.＿＿＿＿＿

　＊江戸時代の身分制度解体を図る →「[　8　]」　　　　　　　　　　8.＿＿＿＿＿

　＊廃藩置県(1871)　　すべての大名に領地と領民を返上させる

　　　　　　　　　　　→ 府・県を設置，中央から府知事・県令を派遣して統治

　＊[　9　](1873)　地券所有者に金銭で地税を納入させる　　　　　　9.＿＿＿＿＿

　＊学制(1872)　　　6歳以上の子どもに教育を義務化

　＊徴兵令(1873)　　武士身分が担ってきた国防の役割を平民に義務化

　＊不平士族の反乱　→ 西郷隆盛を中心とした[　10　]戦争(1877)→ 鎮圧　10.＿＿＿＿＿

　　　　　　　　　　→ 政府に対する反発は自由民権運動へ移行

─(3)明治期の日本外交─────────────────────────

①岩倉使節団……条約改正の予備交渉と海外視察

　　→ 留守政府で[　11　]が浮上 → 使節団が帰国後[　11　]を抑える　11.＿＿＿＿＿

②国境の画定
　＊日清修好条規(1871)……対等な国交を結ぶ，日清両属の琉球の帰属で対立
　＊琉球処分(1879)…………琉球を日本に併合して[　12　]を設置
　＊[　13　]諸島…………国際法に基づき日本領であることを確認(1876)
　＊[　14　]条約(1875)……日露和親条約(1855)の内容を改める
　　　・樺太………日露雑居地　→　樺太全域をロシア領とする
　　　・千島列島…択捉・得撫島間を日露国境　→　千島全域を日本領とする
③条約改正
　＊[　15　]条約(1894)……日清戦争直前に締結，領事裁判権撤廃を約す
　　　　　　　　　　　　　　→領事裁判権撤廃(1899)
　＊関税自主権の回復(1911)

12.＿＿＿＿＿
13.＿＿＿＿＿
14.＿＿＿＿＿

15.＿＿＿＿＿

(4)明治期の日朝関係
①朝鮮の開国
　＊廃藩置県(1871)　　　→　対馬藩を廃止し，外交を新政府に移す
　＊日朝間で開国交渉　　→　[　16　]事件(1875)→　日朝修好条規(1876)
②保守派と開花派の対立
　＊保守派(閔氏ら，清に従属)，開化派(金玉均ら，日本に倣った近代化)
　＊壬午軍乱(1882)……大院君を支持する軍人が閔妃らを襲う
　＊甲申政変(1884)……開化派が蜂起し失敗　→　清の干渉強まる
③日清戦争とその後
　＊[　17　]戦争(1894)→　日清が介入　→　日清戦争勃発(1894)
　＊下関条約(1895)……清が朝鮮の独立を認める，
　　　・閔氏政権はロシアに接近　→　閔妃殺害事件
　　　・清からの賠償金で日本は工業化を進める　→　官営[　18　]の建設(1901)
　＊大韓帝国(1897)……朝鮮が国号を変更，近代化をすすめる
④日露戦争と韓国併合
　＊義和団事件…清国内で「扶清滅洋」をかかげて義和団が蜂起(1900)
　　　・清が列強に宣戦　→　八カ国連合軍が介入し勝利(1901)
　　　・事件後もロシア軍が満洲にとどまる　→　日露戦争勃発(1904)
　＊ポーツマス条約(1905)
　　　・ロシアは日本の韓国保護権を認める　→　日韓協約で保護国化　→　義兵闘争
　　　　→　韓国併合(1910)，日本は[　19　]を設置し統治
　　　・日本はロシアから関東州〔旅順・大連〕の租借権と南満洲鉄道の利権を
　　　　獲得(日本の満洲進出の契機)
　　　・日本は南樺太を獲得
　　　・賠償金はなし　　→　日本で不満が爆発し，[　20　]事件発生

16.＿＿＿＿＿

17.＿＿＿＿＿

18.＿＿＿＿＿

19.＿＿＿＿＿

20.＿＿＿＿＿

(5)第一次世界大戦とワシントン体制
①第一次世界大戦前の中国
　＊辛亥革命(1911)→　中華民国の成立(1912)
　　　・袁世凱が[　21　]〔溥儀〕を退位させ清朝滅亡　→　袁世凱が大総統に就任
②第一次世界大戦
　＊[　22　]事件(1914)→　オーストリアがセルビアに宣戦布告
　＊日本の参戦(1914)……日英同盟を口実
　　　・日本はアジア太平洋地域のドイツ支配地を占領
　　　・袁世凱政権に二十一カ条要求を認めさせ，山東半島のドイツ権益を確保

21.＿＿＿＿＿

22.＿＿＿＿＿

＊パリ講和会議(1919)……ウィルソンの「十四カ条」が原則

　　・日本は国際連盟の常任理事国となる，[　23　]を委任統治領とする　　　　　23._____

　　・朝鮮で三・一独立運動の発生 → 日本は統治を同化政策へ変化

　　・中国側は二十一カ条の廃棄を求めるが拒否される

　　　→ [　24　]運動の発生 → 中国代表はヴェルサイユ条約の調印拒否　　　24._____

③ワシントン会議の開催(1921〜22)……アジア太平洋における列強の利害調整

　＊四カ国条約　　　　　……太平洋の現状維持，日英同盟の解消

　＊海軍軍備制限条約　　……主力艦の保有量を制限(米・英・日・仏・伊)

　＊[　25　]条約　　　　……中国の門戸開放・主権尊重などを約す　　　　　　25._____

　　　　　　　　　　　　　　中国側の求める租界返還，条約改正は認められず

　　　　　　　　　→ 日本は後に山東権益を中国に返還

─(6)議会政治と社会運動の進展─────────────────────

　＊西南戦争後，板垣退助らによる[　26　]運動 → 国会開設の勅諭(1881)　　26._____

　　　→ 伊藤博文のヨーロッパ視察(1882)

　＊[　27　]制定(1889)……日本は立憲君主制となる　　　　　　　　　　　　27._____

　　　→ 帝国議会の開設(1890，有権者は人口の１％)

　＊大逆事件(1910)　　　……幸徳秋水ら社会主義者を天皇暗殺計画の疑いで処刑

　＊『[　28　]』創刊(1911)……平塚らいてう〔雷鳥〕らが女性の権利拡大を　　28._____

　　　訴える → 新婦人協会の結成(1920)→ 女性の政治集会参加解禁

　＊ロシア革命(1917)の影響　→ 日本共産党の結成(1922)

　＊[　29　]の結成(1922)……被差別部落問題の解消を求める　　　　　　　　29._____

　＊「大正デモクラシー」の時代……大衆運動が高揚

　　・大正政変　　　　……桂太郎内閣が大衆運動〔第１次護憲運動〕で退陣

　　・吉野作造　　　　……民本主義を提唱

　　・美濃部達吉　　　……天皇機関説を提唱

　　・原敬内閣　　　　……「平民宰相」，米騒動を背景に組閣(1918)

　　　　　　　　　　　　　選挙権を拡大

　　・[　30　]内閣　……普通選挙法を実現，同時に治安維持法を制定(1925)　　30._____

　　　　　　　　　　→ 「憲政の常道」（第１党の党首が組閣する）

　＊『キング』創刊(1924)……日本初の大衆向け娯楽雑誌

─(7)世界恐慌と日本─────────────────────────

①恐慌の発生と各国の政策

　＊ニューヨーク証券取引所〔ウォール街〕で株価が大暴落

　　　→ アメリカ合衆国で恐慌 → 対米輸出に依存していた各国に波及

　＊アメリカ合衆国　…[　31　]大統領がニューディール政策　　　　　　　　31._____

　＊イギリス・フランス…ブロック経済の形成

　＊ソ連　　　　　　　…スターリンの一国社会主義に基づく五カ年計画

　＊ドイツ　　　　　　…ナチ党のヒトラー政権の成立(1933)

　　　　　　　　　　→ [　32　]法で一党独裁を実現，軍需産業振興　　　　　32._____

②日本の動向

　＊第一次世界大戦後から不況が続く → [　33　](1923)でさらに打撃　　　　33._____

　　　→ 金融恐慌(1927)→ 昭和恐慌〔世界恐慌の影響〕

　＊満洲事変(1931)

　　・柳条湖事件　　　…奉天郊外で関東軍が南満洲鉄道の線路を爆破

　　　　→中国側の攻撃であるとして満洲全域を占領

【解答欄】

・満洲国建国　　…清朝最後の皇帝[　34　]を執政として建国

　　　　　　　　→国際連盟で不承認 → 日本は国連脱退を通告(1933)

　　　　　　　　→中国側と停戦 → 移民政策を推進

＊[　35　]事件(1932)…犬養毅首相が暗殺される → 政党政治の終焉

＊高橋財政　　　…蔵相高橋是清が積極的に公共事業をすすめる

　　　　　　　　→景気が回復する一方，財閥が成長

34.＿＿＿＿＿

35.＿＿＿＿＿

─(8)日本の敗戦～独立の回復─

①日本の敗戦

＊ポツダム宣言を受諾して降伏(1945)

　→ 連合国軍最高司令官総司令部〔GHQ〕が占領(最高司令官[　36　])

＊各界指導者の公職追放，極東国際軍事裁判〔東京裁判〕

②占領下の改革

＊財閥解体，独占禁止法の制定

＊[　37　]　　…土地の所有権を耕作者に分配

＊労働三法の制定　…労働基準法，労働組合法，労働関係調整法

＊[　38　]の制定　…教育の機会均等・男女共学

＊女性参政権　　　…1946年の総選挙で実現

＊日本国憲法の制定 …1946年公布，47年施行

　　　　　　　　　　　国民主権・平和主義・基本的人権の尊重

③占領政策の転換と独立回復

＊国共内戦で中国共産党が優勢 → 民主化改革から経済復興に転換

＊朝鮮戦争 → [　39　]を創設させる(事実上の再軍備)，レッド゠パージ

　　　　　→ 朝鮮特需の発生，日本経済の復興がすすむ〔特需景気〕

　　　　　→ 吉田茂首相が[　40　]条約・日米安全保障条約を結ぶ

　　　　　　多数(単独)講和で日本は独立を回復し，西側陣営に入る

36.＿＿＿＿＿

37.＿＿＿＿＿

38.＿＿＿＿＿

39.＿＿＿＿＿

40.＿＿＿＿＿

─(9)冷戦と55年体制の成立─

①冷戦の激化(～1955)

＊アメリカ合衆国(西側陣営)とソ連(東側陣営)の対立

・ヨーロッパでは北大西洋条約機構〔NATO〕と[　41　]が対峙

・アジアでは「熱戦」朝鮮戦争，インドシナ戦争

　→ 休戦協定後，アメリカ合衆国・イギリスは東南アジア条約機構〔SEATO〕

　　や中東条約機構〔METO〕を主導し，封じ込めを図る

＊核実験

・アメリカがビキニ環礁で水爆実験(1954) → [　42　]の乗組員が被曝

②「雪どけ」

＊ジュネーヴ四巨頭会談(1955)……第二次世界大戦後初の米英仏ソ首脳会談

＊ソ連の指導者[　43　]がスターリン批判(1956)→ 平和共存

③日本の動向

＊自衛隊の発足　　…警察予備隊 → 保安隊 → 自衛隊(1954)

　　　　　　　　　　→基地反対闘争，原水爆禁止運動の高揚

＊[　44　]の成立　…保守合同 → 自民党の成立と社会党の再統一による

　　　　　　　　　　自民党が衆議院で優位を占め，社会党は改憲を阻止

　　　　　　　　　　できる三分の一の議席を維持

41.＿＿＿＿＿

42.＿＿＿＿＿

43.＿＿＿＿＿

44.＿＿＿＿＿

＊国際社会への復帰　…バンドン会議〔アジア・アフリカ会議〕(1955)に参加

　　　　　　　　　→ 東南アジア諸国に労務や現物での賠償を約す

　　　　　　　　　…鳩山一郎首相が日ソ共同宣言でソ連と国交回復

　　　　　　　　　　　→ 日本の[　45　]加盟が実現(1956)

45.＿＿＿＿＿＿

─⑽1960年代の世界と日本─

①アメリカ合衆国の動揺

　＊米ソ核管理体制　…[　46　](1962)で核戦争の危機

46.＿＿＿＿＿＿

　　・[　47　]条約〔PTBT〕(1963)，仏・中は拒否 → 中ソ対立の表面化

47.＿＿＿＿＿＿

　　・核拡散防止条約〔NPT〕(1968)

　＊ベトナム戦争　　…南北ベトナム統一をめぐる対立 → 冷戦の代理戦争へ

　　・南ベトナム解放民族戦線が南ベトナム政府と内戦開始(1960)

　　　→ 北ベトナムが解放民族戦線を支援，ソ連が北ベトナムを支援

　　・[　48　]大統領が北ベトナム爆撃〔北爆〕を開始(1965)

48.＿＿＿＿＿＿

　　　→ 南ベトナムに地上軍を派遣して介入 → 戦争の泥沼化

　　・世界的なベトナム反戦運動の高揚 → アメリカ社会の混乱と分断

②日本の動向

　＊高度経済成長　　…[　49　]首相が「所得倍増」を掲げる

49.＿＿＿＿＿＿

　　　　　　　　　→ 東京オリンピックの開催(1964)，復興をアピール

　　　　　　　　　→ 国内総生産〔GNP〕が世界第2位となる(1968)

　＊環境問題　　…重化学工業の発展 → 公害の深刻化〔水俣病など〕

　　　　　　　　→ 公害対策基本法の制定(1967)

　　　　　　　　→ [　50　]の設置(1971)

50.＿＿＿＿＿＿

─⑾デタントと国際秩序の変化─

①デタント〔緊張緩和〕

　＊東方外交　　…西独首相[　51　]が東側陣営と積極的に関係改善

51.＿＿＿＿＿＿

　＊ニクソン大統領

　　・ニクソン訪中 → 朝鮮戦争以来の敵対関係解消(1972)

　　・ニクソン訪ソ → [　52　]〔SALT I〕を妥結(1972)

52.＿＿＿＿＿＿

　　・[　53　]協定 → ベトナムから撤退(1973)

53.＿＿＿＿＿＿

②国際秩序の変化

　＊ドルショック　…ニクソン大統領が金・ドル交換を停止(1971)

　　　　　　　　　→ 固定相場制から変動相場制への移行(1973)

　　　　　　　　　→ [　54　]体制の崩壊

54.＿＿＿＿＿＿

　＊オイルショック〔石油危機〕

　　第1次石油危機 → [　55　](1973)を機に石油輸出国機構〔OPEC〕

　　　　　　　　　　が原油価格を引き上げ → 世界経済の混乱

55.＿＿＿＿＿＿

　　　　　　　　　　→ 先進国首脳会議〔サミット〕の開催(1975)

　　第2次石油危機 → [　56　](が指導するイラン革命(1979)を機に発生

56.＿＿＿＿＿＿

　　　　　　　　　　→ アメリカでは不況が深刻化

③日本の動向

　＊外交　　…[　57　]首相が沖縄返還(1972)を実現

57.＿＿＿＿＿＿

　　　　　…田中角栄首相がニクソン訪中に合わせて訪中

　　　　　　→ [　58　](1972)

58.＿＿＿＿＿＿

　　　　　　→ 後に福田内閣が日中平和友好条約を結ぶ(1978)

　　　　　　　　…アジア諸国に対する〔　59　〕〔ODA〕の増大　　　　　　　59.＿＿＿＿＿

　＊国内　　　　…第1次石油危機を機に経済成長が止まる(1974)

　　　　　　　　　→ 省エネや代替エネルギー開発で克服

　　　　　　　　　→ 輸出主導による経済成長(経済大国)

　　　　　　　　　→ 日米間で〔　60　〕が深刻化(鉄鋼・自動車など)　　　　　60.＿＿＿＿＿

◆テーマ別整理〈1〉

(1) 江戸時代の対外関係
　1．長崎　2．フェートン　3．浦賀　4．箱館　5．日米修好通商

(2) 明治維新と明治新政府
　6．大政奉還　7．五箇条の御誓文　8．四民平等　9．地租改正　10．西南

(3) 明治期の日本外交
　11．征韓論　12．沖縄県　13．小笠原　14．樺太・千島交換　15．日英通商航海

(4) 明治期の日朝関係
　16．江華島　17．甲午農民　18．八幡製鉄所　19．朝鮮総督府　20．日比谷焼き打ち

(5) 第一次世界大戦とワシントン体制
　21．宣統帝　22．サライェヴォ　23．南洋諸島　24．五・四　25．九カ国

(6) 議会政治と社会運動
　26．自由民権　27．大日本帝国憲法　28．青鞜　29．全国水平社　30．加藤高明

(7) 世界恐慌と日本
　31．フランクリン＝ローズヴェルト　32．全権委任　33．関東大震災　34．溥儀　35．五・一五

(8) 日本の敗戦～独立の回復
　36．マッカーサー　37．農地改革　38．教育基本法　39．警察予備隊　40．サンフランシスコ平和

(9) 冷戦と55年体制の成立
　41．ワルシャワ条約機構　42．第五福竜丸　43．フルシチョフ　44．55年体制　45．国際連合

(10) 1960年代の世界と日本
　46．キューバ危機　47．部分的核実験禁止　48．ジョンソン　49．池田勇人　50．環境庁

(11) デタントと国際秩序の変化
　51．ブラント　52．戦略兵器制限交渉　53．パリ〔ベトナム〕和平　54．ブレトン＝ウッズ
　55．第4次中東戦争　56．ホメイニ　57．佐藤栄作　58．日中共同声明　59．政府開発援助
　60．貿易摩擦〔経済摩擦〕

第1回　実戦問題　解答・解説

第1回　（100点満点）

（解答・配点）

問題番号（配点）	設問（配点）		解答番号	正解	自己採点欄	問題番号（配点）	設問（配点）		解答番号	正解	自己採点欄
第1問（25）	A	1(1)（3）	1	②又は⑥		第3問（22）	A	1（3）	16	③	
		1(2)（3）	2	①又は④*				2（3）	17	①	
		2（3）	3	①				3（3）	18	③	
	B	3（3）	4	③			B	4（3）	19	①	
		4（2）	5	②				5（3）	20	③	
		5（2）	6	②			C	6（3）	21	③	
	C	6（3）	7	④				7（4）	22	⑥	
		7（3）	8	①		小　　計					
		8（3）	9	⑤		第4問（19）	A	1（3）	23	③	
小　　計								2（3）	24	⑥	
第2問（18）	A	1（3）	10	①				3（3）	25	①	
		2（3）	11	③				4（3）	26	①	
		3（3）	12	④			B	5（4）	27	④	
		4（3）	13	①				6（3）	28	②	
	B	5（3）	14	③		小　　計					
		6（3）	15	④		第5問（16）	A	1（3）	29	②	
小　　計								2（3）	30	②	
								3（4）	31	④	
							B	4（3）	32	①	
								5（3）	33	③	
						小　　計					
						合　　計					

＊解答番号 1 で②を解答した場合は①を，⑥を解答した場合は④を正解とし，点を与える。

●写真提供・協力

時事通信フォト

　ジッグラド，カウラー王のピラミッド，リューベック(空撮)，レパントの海戦，アルマダ海戦，

　ヒジャーズ鉄道，バム鉄道，ゼメリング鉄道

解　説

第1問

〈出題テーマ〉

「近現代の経済」

〈出題のねらい〉

　Aは近代の工業化を，**B**は近現代の産業構造の変化を，**C**は第二次世界大戦後の東南アジア諸国と日本の経済関係を取り上げ，日本と世界の近現代史に関する設問を用意した。共通テストの歴史総合では，統計資料と会話文を組み合わせる形式の設問も出題される可能性が高い。受験生は日々の学習で知識の習得に励み，統計資料を用いた問題に対応できるような学力を身に付けてほしい。

　問1(1)　**1**　正解は②または⑥

　②空欄**ア**にはドイツが入る。「『世界政策』を掲げて海軍を増強し，イギリスに挑戦」したことから，**ド****イツ**と確定することができる。また**第2次産業革命**の進展によって，粗鋼生産でイギリスを追い抜いた点からも判断することができる。

　⑥空欄**イ**にはロシアが入る。「1890年代から国内の東西を結ぶ鉄道を建設」したとあるが，これは**シベリア鉄道**の建設を指している。これを想起できれば判断できる。

　問1(2)　**2**　正解 (1)で②を選んだ場合は①，⑥を選んだ場合は④

　①はドイツ(帝国)に関する説明文である。ドイツ帝国はプロイセン王国が中心となって形成された連邦制国家で，1871年に成立した。**ビスマルク**はプロイセン首相としてドイツ帝国成立を主導し，帝国成立後は帝国宰相として内政・外交に活躍した。

　④はロシア(帝国)に関する説明文である。ロシアは中国東北地方(満洲)や朝鮮半島をめぐって日本と対立し，日露戦争(1904〜05)を戦った。結果，ロシアは日本と**ポーツマス条約**を結び，東清鉄道支線の長春〜旅順間(**南満州鉄道**)の利権を日本に譲渡した。

　②はイギリスに関する説明文である。イギリスは**ウ****ラービー運動**(1881〜82)を鎮圧し，エジプトを事実上の保護国とした(正式な保護国化は1914年)。③は**アメ****リカ合衆国**に関する説明文である。**アメリカ＝スペイン戦争**(1898)に勝利したアメリカ合衆国は，スペインからプエルトリコ・グアム島・フィリピンを獲得した。⑤は**フランス(共和国)**の説明文である。ドイツ＝フランス(プロイセン＝フランス)戦争に敗れ，第三共和政になったフランスでは，対独復讐の国民感情が強く，その

はけ口を海外に植民地を獲得することに求め，同時に国威の発揚を図った。アフリカでは**横断政策**を展開したが，縦断政策を展開するイギリスと1898年に南スーダンのファショダで衝突した(**ファショダ事件**)。⑥は**イタリ****ア(王国)**の説明文である。イタリアは，第一次世界大戦でドイツ・オーストリアとの三国同盟を破棄して協商国(連合国)側で参戦した。戦後十分な賠償金や領土が獲得できなかったこと，国内でロシア革命の影響を受けて共産党の勢力が増大したことを背景に，領土拡大と反共主義をとる**ファシスト党**への支持が高まり，1922年に**ムッ****ソリーニ**が政権を獲得した。

　問2　**3**　正解は①

　空欄**ウ**には「重化学工業だけではなく，綿工業も発展」が入る。選択肢は，全て重化学工業は発展したと読めるので，綿工業についてだけ考えればよい。会話文から**原綿消費量の増加**が，**綿工業の発達を意味する**と読み取れる。**表2**の原綿消費量が全ての国で増加していることから，第2次産業革命では「綿工業も発展」したと判断できるだろう。

　空欄**エ**には金本位制が入る。明治政府は1871年に**新貨条例**を発し，近代的な貨幣制度や金本位制の確立を図ったが，実際には**金銀複本位制**となった。その後，大蔵大臣の**松方正義**の主導により，1880年代半ばに実質的な**金本位制**に移行した。1897年には**貨幣法**を制定し，**日****清戦争**(1894〜95)の賠償金を利用して**金本位制**を採用した。金本位制はイギリスなど当時の先進国が採用しており，輸入や外国債を発行する際に有利だった。会話文に「清との戦争の賠償金をもとに」採用したとあることから，「金本位制」が正解とわかる。

　問3　**4**　正解③

　第一次世界大戦中の日本の動向として，いは日本によるドイツ領南洋諸島の占領を指しているため正しい。**第****一次世界大戦**(1914〜18)が勃発すると，日本は**日英同盟**を口実に連合国側で参戦し，敵側となった**ドイツ領南****洋諸島**を占領した。さらにドイツの東アジアにおける拠点である山東省の青島を占領した。なお，**あ**の**治安維持法**の制定は，第一次世界大戦後の1925年である。共産主義革命を防ぐため，**男性普通選挙法**制定の直前に制定された。

　同時期の西アジア情勢として**X**は第一次世界大戦中の1916年に結ばれた**サイクス・ピコ協定**を指しているため正しい。ドイツ側のオスマン帝国に対してアラブ人が反乱をおこす見返りに，イギリスがアラブ人国家の建設を認めた**フセイン(フサイン)・マクマホン協定**(1915)と矛盾するとして，アラブ側の怒りを招いた。なお，**Y**の**イ**

ラン立憲革命は，第一次世界大戦前の1905〜11年の出来事である。

問4　5　正解②

1929年に発生した**世界恐慌**は，1930年代初頭には各国に波及した。イギリスは1931年に**金本位制を離脱**し，1932年にはカナダのオタワで**イギリス連邦経済会議（オタワ会議）**を開き，連邦内に関税を下げる**特恵関税制度**を導入した。こうした排他的な経済圏は**ブロック経済**と呼ばれ，アメリカやフランスなども構築した。

①**新自由主義**（ネオリベラリズム，新保守主義）は，1980年代にアメリカ合衆国のレーガン政権やイギリスのサッチャー政権がすすめた経済政策で，世界恐慌時のものではない。新自由主義は，経済に対する国家の介入を少なくし（小さな政府），民営化によって経済の活性化を図るものである。③**ヨーロッパ石炭鉄鋼共同体（ECSC）**の設立に関する説明である。ヨーロッパ石炭鉄鋼共同体は第二次世界大戦後の1952年に発足した。④1923年，フランスやベルギーによる**ルール占領**を機に，ドイツでは**破滅的なインフレ**が発生した。ドイツの首相**シュトレーゼマン**は，同年に新紙幣の**レンテンマルク**を発行し，奇跡的にインフレを収束させた。

問5　6　正解②

近藤さんのメモは正しい。1936年の工業総生産額は1931年の約2倍となっている。この時期の日本は，大蔵大臣の**高橋是清**が経済政策を主導し，他の列強より早く恐慌からの脱出に成功した。具体的には，1931年の**金輸出再禁止**により発生した円安を利用して輸出を促進し，軍事費を含む**積極的な財政支出**を実施した。高橋是清の経済政策は，**重化学工業などの工業生産の拡大**につながった。

吉田さんのメモは誤っている。日本の工業生産額の内訳で繊維工業が30％未満となったのは，1936年である。一方，**プラザ合意**は，1985年に**アメリカ・日本・西ドイツ・イギリス・フランス**が，アメリカの貿易赤字解消をめざして，為替相場を**ドル安**に誘導することを決定したものであり，グラフの時代とは時期が異なる。

中村さんのメモは正しい。グラフによれば，日本の工業生産額の内訳で重化学工業が50％を超えたのは，**日中戦争**（1937〜45）中の1938年である。

問6　7　正解④

1970年代の「田中首相」とは，**田中角栄**（首相任 1972.7〜74.12）である（戦前の1927〜29年に首相を務めた**田中義一**と混同しないようにしよう）。田中角栄は1972年9月に**訪中して日中共同声明**を発表し，**日中国交正常化**を実現した。当時のインドネシアでは，反共の**スハルト政権**下に共産主義への警戒心が高まっており，反日暴動の

背景には経済面での不満に加えて，共産主義国家の中国に日本が接近したことへの反発があったとされている。

①**日米安全保障条約の改定**は1960年であり，**岸信介**内閣による。②**日韓基本条約**の調印は1965年であり，**佐藤栄作**内閣による。③日ソの国交回復は，**鳩山一郎**内閣が1956年10月に**日ソ共同宣言**に調印して実現した。これによりソ連の支持を得た日本は，同年12月**国際連合**に加盟した。

問7　8　正解①

図中の**あ**はビルマ（ミャンマー），**い**はフィリピンである。ともに第二次世界大戦後に独立したが，ビルマはイギリスから，フィリピンはアメリカから独立したので，**あ**が正しい。

次に年表の時期だが，アジア・アフリカ会議（バンドン会議）の開催が1955年，東南アジア諸国連合（ASEAN）が結成されたのが1967年であるが，正確な年号が分かっていなくても解答は可能である。ビルマは1948年に独立し，アジア・アフリカ会議にも参加しているので，アジア・アフリカ会議の前にある**a**が正しい。また，歴史総合の知識として，インドとともに対日講和を目的とした1951年のサンフランシスコ講和会議への参加を拒否していることも知っておくとよい。

なお，他の東南アジアの国で，**a**の時期に独立したのはフィリピン（1946）・カンボジア・ラオス（1954，インドシナ戦争の終結による），**b**の時期に独立した国としてはマレーシア（1963）とシンガポール（1965，マレーシアから分離）をおさえておこう。

問8　9　正解⑤

あ−Z，い−Xの組合せが正しい。

戦後の日本では，1945年末に自主的に**農地調整法**を改正して**第一次農地改革**を実行した。しかしGHQは改革を不徹底と指摘したため，日本は1946年10月に農地調整法を再改正し，**自作農創設特別措置法**を公布して，**第二次農地改革**を実施した。その結果，地主の土地が強制的に買い上げられ，農民に売り渡され，自作農が増加した。よって**あ**に当てはまるものは**Z**となる。「自作農創設特別措置法」を覚えていると正解を判断しやすい。

いは社会主義国家で行われた**農業の集団化**を指している。ソ連が**第1次・第2次五カ年計画**（1928〜32，33〜37）で，**集団農場（コルホーズ）**や**国営農場（ソフホーズ）**を建設した（**X**）ことは，**い**の代表的な事例である。

なお，**Y**は世界恐慌期のアメリカ合衆国で，フランクリン＝ローズヴェルト政権が実施した「ニューディール」の一環である。1933年に制定された**農業調整法（AAA）**は，補助金と引き換えに作付けを制限し，農産

物価格の引上げを図ったものなので，**あ・い**のどちらにも該当しない。

第2問

〈出題テーマ〉

「東アジアの都市」

〈出題のねらい〉

　本問は東アジアの都市と東南アジアの港市国家をテーマに，**A**では長安と洛陽を，**B**では建康・臨安・大都を取り上げ，資料や地図を用いた設問を出題した。共通テストでは，資料や地図を利用しつつ，基本事項の正確な理解を問う設問が出題される。日頃から教科書や資料集などを用いた学習を実践していくことが，有効な対策となる。

　なお，資料については以下より抜粋し，要約した。

　A　資料1：司馬遷著『史記4』（小竹文夫・小竹武夫訳，筑摩書房），資料2：鶴間和幸著『中国の歴史3　ファーストエンペラーの遺産　秦漢帝国』（講談社）

問1 　10 　**正解①**

　「封建した諸侯の反乱」とは，**呉楚七国の乱**（前154）を指す。**劉邦（高祖）**は前202年に前漢を建てると，郡県制と封建制を併用する**郡国制**を採用した。具体的には，都の長安周辺には郡県制を施行し，東方には有力家臣や皇帝一族を封建して諸侯とした。一方で前漢の歴代皇帝は諸侯の勢力削減をすすめ，ついに諸侯たちが反乱を起こすにいたった。この反乱を鎮圧したことで，前漢は事実上の郡県制を確立した。

　②匈奴の冒頓単于は劉邦（高祖）を破り，前漢から貢物を贈らせているので，関係が逆になっている。③ここでいう「節度使の反乱」とは，唐代に起こった安史の乱（755〜763）を指すので，時期が合わない。なお，安史の乱では，反乱軍は洛陽・長安をともに占領している。④ここでいう「太平道を信奉する農民たちが起こした反乱」は，後漢時代に起こった黄巾の乱（184）を指すので，時期が合わない。なお，黄巾の乱は鎮圧されたものの，この時に活躍した豪族たちが後漢から自立し群雄割拠の時代となった。

問2 　11 　**正解③**

　空欄 **イ** には竜門石窟寺院が入る。**平城（山西省大同）**西郊の**雲崗石窟寺院**との区別は，世界史入試の最重要事項である。どちらも**北魏**（386〜534）の時に造営が始まった。北魏では，**太武帝の仏教弾圧**の時期を除いて，仏教が盛んであり，都の平城の近郊で雲崗石窟寺院が造営された。その後，**孝文帝**（位471〜499）が**洛陽に遷都**すると，洛陽南郊で**竜門石窟寺院**の造営が始まった。

　空欄 **ウ** には百済が入る。朝鮮半島南西部を支配した**百済**（4世紀半ば〜660）は，南進を図る高句麗と激しく戦った。高句麗に対抗するため，**百済は日本（倭）**に接近して仏教を伝えた。朝鮮半島南東部の**新羅**が勃興すると，百済は660年に唐・新羅の連合軍に滅ぼされた。百済復興を図った日本は663年に**白村江の戦い**で唐・新羅に敗北し，**高句麗**も668年に唐・新羅に滅ぼされた。なお，**吐蕃**（7〜9世紀）はチベットを支配した国家であり，ソンツェン＝ガンポ（位629〜649）によって建国された。

【高句麗・百済・新羅】

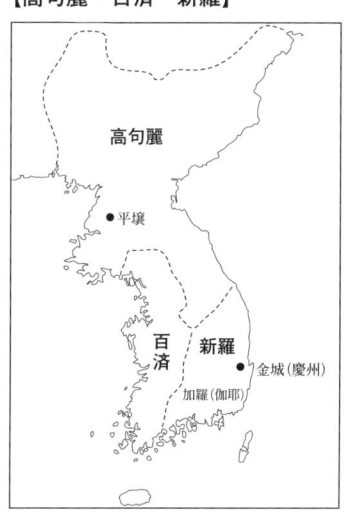

問3 　12 　**正解④**

　y → z → x の順番が正しい。

　y．**党錮の禁**（166・169）は，後漢末に宦官が官僚を弾圧した事件。184年に**黄巾の乱**が勃発すると，党錮の禁は解除された。会話文中の「後漢時代」という語に気が付けば，時期が分かる。

　z．「中国の南北をつなぐ**大運河を建設した**」人物は隋の第2代皇帝の**煬帝**（位604〜618）。東突厥と高句麗の連携に危機感を抱いた煬帝は，**高句麗に3度の遠征**を行ったが失敗した。これを機に各地で反乱が起こり，隋は滅亡した。

　x．唐末の**黄巣の乱**（875〜884）の際に，唐の都である長安は占領されて荒廃した。内紛や唐の節度使の反撃によって黄巣の乱は鎮圧されたが，唐の皇帝の権威は失われ，黄巣の元部下で唐に帰順した**朱全忠**によって唐は滅ぼされた（907）。なお，**黄巣**が山東の塩の密売人だったことも覚えておこう。

問4 　13 　**正解①**

　王羲之は**東晋**（317〜420）の書家であり，「書聖」と称された。なお，「**女史箴図**」の作者の**顧愷之**も東晋の画家である（「画聖」と称された）。

②**司馬光**は**北宋**(960 ～ 1127)の政治家・歴史家。**神宗**(位1067 ～ 85)の下で実施された**王安石の新法**に反対した**旧法党**の代表的政治家である。歴史家としては，**編年体**の歴史書『**資治通鑑**』を編纂した。③**董仲舒**は儒学の理論をととのえるとともに，前漢の武帝(位 前141 ～ 前87)に儒学を政治の根本思想にすることを説き，後に**儒学**が官学となることに道を開いた。④**李白**は唐の**玄宗**(位712 ～ 756)の時代に活躍した詩人。自由奔放な作風で「詩仙」と称された。

問5　14　正解③

唐の長安城の図は教科書や資料集にも掲載されているが，長安城は下記のような構造をしていた。

【長安の図】

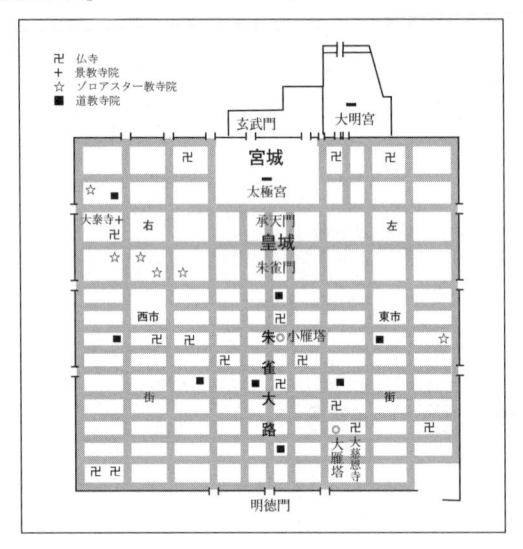

卍 仏寺
✝ 景教寺院
☆ ゾロアスター教寺院
■ 道教寺院

(丸橋拓充『江南の発展』(岩波書店)を基に作成した)

いはこの長安城の図に見られるように，唐の長安は南北よりも東西が長く，横に長い長方形である(東西は約9.7km，南北は約8.6km)。設問の**臨安**の城壁は縦に長く，唐の長安城とは形状が異なる。**あ**は唐の長安城では，宮城は都城の北部に位置しているので，臨安とは異なる。共通テストでは，教科書や資料集を利用した丁寧な学習が求められるので注意しよう。

Xは正しい。北宋は**女真人の金**と同盟を結び，**遼**の支配下にあった**燕雲十六州**の奪回を図った。しかし金は遼を滅ぼすと，北宋に進攻して北宋の都の**開封**を陥落させ，上皇の**徽宗**や皇帝の**欽宗**らを捕えて金に連れ去った(**靖康の変**，1126 ～ 27)。**Y**は澶淵の盟は1004年に北宋と遼が結んだ盟約なので誤り。靖康の変の後，欽宗の弟の**高宗**は江南に逃れて宋を再興した(**南宋**)。南宋では，金との和平を求める**秦檜**と，金への抗戦を主張する**岳飛**らの主戦派が対立したが，秦檜が主戦派を抑えて，1142年に金と和議を結んだ。

問6　15　正解④

空欄　エ　はいのクビライ(フビライ)が入る。クビライは1264年に都を**大都**に定め，1271年に国号を**元**とした。クビライは，大都を中心にユーラシア規模の大交流圏の形成を図った。モンゴル帝国全域の基本通貨は**銀**であり，紙幣の**交鈔**は銅銭に代わる補助通貨として発行された。また，クビライは**チベット仏教**を保護し，チベット高僧**パクパ**を帝師として優遇した。クビライはパクパに命じて，モンゴル語などを表記するためにチベット文字を原形とする**パクパ文字**を作成させた(後に使用されなくなった)。なお，**あ**の**オゴデイ**(**オゴタイ**)はカラコルムに新都を建設し，駅伝制の整備をしたモンゴル帝国2代目のハンである。

クビライの業績は**Y**があてはまる。「チベット仏教の高僧」はパクパ，「新たな文字」はパクパ文字を指している。また，クビライが南宋を征服し，日本・ベトナム(**陳朝**やチャンパー)・ミャンマー(**パガン朝**)・ジャワ島に遠征軍を派遣したことも覚えておきたい。なお，**X**の「黄河上流域を支配したタングート人の国」は**西夏**(大夏，1038 ～ 1227)であり，**チンギス＝ハン**の遠征によって滅ぼされた。

第3問

〈出題テーマ〉

「海域を巡る交易・交流」

〈出題のねらい〉

本問は海域を巡る交易・交流をテーマに，**A**は中世の地中海世界，**B**はインド洋，**C**は東シナ海に関する世界史の基本的な知識を問う設問を配した。共通テストでは，思考力・判断力を問う問題が多く出題される。このような問題を解くためには，基礎事項をしっかりと押さえ，その知識を使って問いに答える，という姿勢が重要である。単語をむやみに押さえるよりもその内容や歴史の全体像をとらえたい。

なお，資料は以下より引用した。

A　イドリーシー『遠き世界を知りたいと望む者の慰みの書』歴史学研究会編『世界史史料2』(岩波書店)

C　「パンコール協約」歴史学研究会編『世界史史料9』(岩波書店)

問1　16　正解③

空欄　イ　には「宗教的に寛容」が入る。スカンディナヴィア半島やユトランド半島を原住地としたノルマン人は8世紀以降各地へと進出し，11世紀からは南イタリアへの侵入した。1130年にシチリア島で即位をしたルッ

ジェーロ2世が建国した**両シチリア王国**(ノルマン＝シチリア王国)では、モスクやムスリムの居住地が残されていたことが資料から読み取れ、宗教的に寛容な政策が採られていたとされている。

空欄　ウ　には「奢侈品を取引する」が入る。**東方貿易**は地中海世界において行われたヨーロッパ・アジア間の貿易で、レヴァント貿易とも呼ばれる。ヨーロッパからは銀や毛織物などが輸出され、アジアからは香辛料や絹織物が輸入されており、その中心となった商品は**奢侈品**であった。なお、生活必需品が主要商品となったのは、北海・バルト海交易である。

　問2　17　正解①

　Ⅰ　**ヴォルムス協約**が結ばれたのは1122年。教皇と皇帝の間の妥協的な解決ではあったが、皇帝が叙任できるのはあくまで世俗的な支配権のみとされ、聖職者への叙任権は教皇が持つこととなった。このことは、皇帝が聖俗ともに叙任権を持つ帝国教会制の解体を促す一方、世俗の君主に対する教皇権の向上の契機となった。

　Ⅱ　12世紀末から13世紀初めにかけて君臨した教皇**インノケンティウス3世**は、カンタベリ大司教の叙任をめぐってイギリス王ジョンを破門した。その後、ジョン王は所領を教皇に献上し、教皇と主従関係を結ぶことで破門を解かれた。このことは世俗の王権に対する教皇権の優越を象徴している。

　Ⅲ　13世紀のフランス王**ルイ9世**(聖王)は、十字軍運動後半期の第6回・第7回十字軍を率いて、北アフリカのアイユーブ朝やマムルーク朝と戦った。苦戦を続けるなか、ルイ9世自身も北アフリカで陣没した。

　問3　18　正解③

　カルタゴはフェニキア人が現在のチュニジアのチュニス近郊に建てた植民市であり、本国が衰退した後も地中海交易を主導して繁栄した。前3世紀に始まったローマとの**ポエニ戦争**に敗れて滅亡した(前146)。

①北イタリアの諸都市がミラノなどを中心に結成した都市同盟は**ロンバルディア同盟**。ハンザ同盟は北ドイツの諸都市を中心に結成された都市同盟。②アテネの**ソロン**は、貴族と平民の対立を調停するため、**財産政治**を行った。陶片追放(オストラキスモス)によって僭主の出現を防止しようとしたのはクレイステネス。④732年の**トゥール・ポワティエ間の戦い**でウマイヤ朝の軍勢を撃退したのは**カール＝マルテル**。この勝利を機にメロヴィング朝フランク王国においてカロリング家は勢力をさらに強めた。

　問4　19　正解①

空欄　エ　には**あ**が入る。イスラーム帝国を築いた

アッバース朝は、ハールーン＝アッラシードの治世に最盛期を迎えたが、その死後から内部の対立によるカリフの権威の低下や地方の軍人政権が分離傾向になり衰退し始めた。この頃、アッバース朝に対抗してカリフを自称した**ファーティマ朝**やカリフから大アミールに任命された**ブワイフ朝**が成立し、各地にイスラーム政権が分立した。なお、いのビザンツ帝国は6世紀のユスティニアヌス1世の時代に領土が最大となり、繁栄した。10世紀のルート変更には関係ない。

10世紀以降に主要となったルートは図**X**が正しい。アッバース朝が弱体化するのに伴いバグダードも衰退をし、その一方で、ファーティマ朝の**カイロ**など北アフリカの都市が繁栄して**紅海**を経由するルートが主要になった。図**Y**は、15世紀末以降インド航路の開拓によってヨーロッパ人がアジアへ進出したルートを示している。

　問5　20　正解③

　インド大反乱(1857〜59)は弾薬筒に宗教上のタブーである牛と豚の脂を使用するといううわさから、東インド会社のインド人傭兵である**シパーヒー(セポイ)**が起こした反乱から始まった一連の反英反乱である。そのためイギリスではシパーヒーの反乱と呼んだが、反乱の参加者は領主層や農民など広範囲にわたっている。シパーヒーたちはデリーを占拠し、数カ月後には北インド全体に反乱が拡大した。しかし彼らは人望のないムガル皇帝を擁立したために反乱軍内部での分裂が生じ、本国から派遣されたイギリス軍によって1859年までにはほぼ鎮圧された。この大反乱の過程で、**ムガル皇帝は廃位されてムガル帝国は滅亡**し、またイギリス本国では東インド会社の失政を問う声が上がり、それに応じて**東インド会社を解散**し、**本国政府による直接統治**が開始された。

①**クライヴ**がフランス・ベンガル太守連合軍を破ったのは、**アグラ**ではなく**プラッシー**での戦い(1757)である。②イギリスが**パンジャーブ地方**を併合したのは、**マラーター戦争**(1775〜82，1803〜05，1817〜18)ではなく**シク戦争**(1845〜46，1848〜49)に勝利したことによる。④インド皇帝を兼任したのは、**アン女王**(位1702〜14)ではなく**ヴィクトリア女王**(位1837〜1901)である。

　問6　21　正解③

空欄　オ　には地図中**Y**のマニラが入る。**マニラ**はスペインのフィリピン経営の拠点として、初代フィリピン総督となったレガスピが1571年に建設した城郭都市をもとに発展した。地図中**X**のアユタヤはチャオプラヤ川の水上交通の要衝として栄え、14世紀から18世紀にかけて現在の**タイ**に栄えた**アユタヤ朝**の都でもあった。

空欄　カ　には、反清運動を抑えこむために清が行っ

た**海禁政策**が入る。具体的には台湾の対岸にあたる福建省沿岸の住民を内陸に強制移住させる遷界令など，沿岸部での民間人の活動を厳しく抑圧した。そのため当時福建省を拠点に反清運動を行った鄭成功は苦しい立場に追い込まれ，台湾に活動拠点を移した(鄭氏台湾)。海禁政策は鄭氏台湾が存続している間は続けられたが，1683年に鄭氏が降伏し台湾が清朝の支配下に入ると，当時の皇帝であった**康熙帝**は海禁を緩和し，特定の港での民間貿易の再開を認めた。したがって康熙帝が正しい。なお，**乾隆帝**は18世紀の皇帝で，ジュンガル部平定など内陸での領域を拡大した。

問7　22　正解⑥

空欄　ア　に入る主題はいが適当である。第3問の3つのレポートでは各海域をめぐって行われた交易や交流活動によってもたらされた各地域の社会への影響について調査や考察がされている。なお，3つのレポートの中である「異文化間の軋轢や衝突」のみに焦点があてられたものはないため，第3問のテーマとして適当ではない。

主題をさらに追究するための世界史上の事例は**Z**が正しい。**スワヒリ語**は東アフリカ沿岸地域へ盛んに来港したムスリム商人の影響を受け，アラビア語とバントゥー諸語が混淆して形成されたもので国際商業語として用いられた。そのためインド洋をめぐって行われた交易や交流による地域社会への影響と言えるだろう。

なお，**X**の**ユグノー戦争**はフランス国内において，ユグノーの信仰の自由を認めた**ナントの王令**が発布されて終結した。海域は関係がない。**Y**の**強制栽培制度**が導入されたのはスマトラ島でなく**ジャワ島**が正しい。

第4問

〈出題テーマ〉

「世界史における農業と社会の発展」

〈出題のねらい〉

本問は**A**ではメソポタミアを，**B**では中世ヨーロッパを取り上げ，資料や図版を用いた設問を出題した。共通テストでは様々な形式の設問が出題され，資料や図版の読み取りを求められることも多い。ただ，どのような形式の設問であっても，基本事項の正確な理解が解答する際の前提となる点は変わらない。語句の丸暗記にならないように，日頃から教科書や資料集などを用いた丁寧な学習を実践し，確かな学力を養ってほしい。

なお，資料は以下より引用した。

A　資料1「農夫の教え」，資料2「ウルナンム法典」，資料3「ハンムラビ法典」(すべて小林登志子著『シュメル：人類最古の文明』中公新書)

問1　23　正解③

空欄　ア　は直前にメソポタミアの耕地において，塩害に強い栽培品種であることが示されているため，「ナツメヤシ」が入る。「ナツメヤシ」は農民の木とも呼ばれ，西アジアにおいて貴重な食糧源であった。高温で乾燥しがちなメソポタミアでは塩害が広がると，計画的にナツメヤシの畑や，ヒツジやヤギの牧草地に転用して農地を活用していた。さらに，そうした農地は種子・役畜飼料や播種方法を記録して分類され，国家が土地経営の実態を記録していたことが資料や表から分かる。そのため，空欄　イ　は「計画的な管理体制を必要とするもの」が入る。そのような農業の管理は書記官らが担い，組織的な国家が形成されていた。古代の人類の生活の在り様は自然環境に大きく左右されたが，一方で自然環境を改変しながら生活環境を改変する努力もなされていた。

なお「**トウモロコシ**」はアメリカ大陸原産の作物であるため，メソポタミアの栽培品種としては不適切である。ナツメヤシを知らなくとも消去法で答えられる。トウモロコシや**ジャガイモ**などのアメリカ大陸原産の作物は大航海時代以降に，ユーラシア大陸にもたらされた。

問2　24　正解⑥

古代のエジプトは，**古王国→中王国→新王国→世界帝国**の時代へと変遷する。**Ⅲ**の「**クフ王**などで知られる古王国が，**メンフィス**を中心に栄えた」のは古王国時代の前26世紀頃である。その後，エジプト王朝の勢力は一時衰えたが，中王国時代に強力な勢力を回復した。中王国時代末期の前18世紀頃に**ヒクソス**の侵入を受け，一時ナイル川の下流はヒクソスの支配下に置かれた。しかし，ヒクソスから戦車などの技術を学んだエジプトは再び勢力を拡大し，前16世紀頃には新王国時代と称されるようになった。この新王国時代に**Ⅱ**の「**アメンヘテプ4世**(アメンホテプ4世)が，**アテン神信仰**を強制した」。エジプトは前13世紀末頃，「海の民」の侵入を受けて衰退した。その後，ヌビア(エジプト南部からスーダン北部)の**クシュ王国**がエジプトを支配していたが，前7世紀には**Ⅰ**の「**クシュ王国**の勢力が，**アッシリア**に敗れた」ため，エジプトはアッシリアの支配下に置かれ，アッシリアのオリエント統一が実現し最初の世界帝国が形成された。アッシリアの滅亡後は一時独立を回復するが，最終的に前6世紀後半に**アケメネス朝**の支配下に入った。

問3　25　正解①

空欄　ウ　はウルナンム法典を作成した王朝の民族名なので，「**シュメール**」が入る。シュメール人はあの**ジッグラト**(聖塔)を中心に据え，**ウル**や**ウルク**などの都市国家を建設した。ウルナンムは，メソポタミアで前22世紀

末から約100年続いたウル第3王朝の創始者である。この王朝は，アッカド王国滅亡後に復活したシュメール人が作った。**い**は**ピラミッド**。古王国時代のエジプトで盛んに建設された。

空欄　**エ**　は**ハンムラビ法典**の特徴に関する部分であり**X**が正しい。ハンムラビ法典は身分で刑罰が異なってはいたが，「**目には目を，歯には歯を**」で知られる**同害復讐**の原則の特徴がある。資料3のハンムラビ法典では「骨を折った」ことに対して「骨を折らなければならない」としているため，「同害復讐」であることが分かる。しかし，資料2のウルナム法典では「足の骨を砕いた」ことに対して「一マナの銀」の量るべき（支払い）となっており，金銭で賠償している。そのため，ハンムラビ法典の同害復讐の考えと，ウルナム法典の考えは異なることが資料から判断できる。

問4　26　正解①

事例1は正しい。ローマでは，ポエニ戦争以降，属州から安価な穀物が流入し，農民の没落が進んだ。没落した農民は都市に流れて「**パンとサーカス（見せ物）**」を要求したほか，有力者は彼らを集めて私兵団を形成した。「**内乱の1世紀**」には，この私兵団を用いた有力者により抗争が激化した。

事例2は誤り。佃戸と形勢戸の定義が反対である。宋代の地主層は**形勢戸**と呼ばれ，小作人が**佃戸**と呼ばれる。形勢戸は新興の地主層であり，没落した農民らを佃戸と呼ばれる小作人とし，彼らを活用した荘園経営で富を拡大した。宋代の官僚登用制度である科挙は男性であれば，階層を問わず受験が可能であったが，高い倍率の試験に合格できるのは，おもに経済力のある形勢戸の人々であったため，形勢戸の中には官僚を輩出して**官戸**と呼ばれ，名声を得るものもあった。

問5　27　正解④

スラヴ人はカルパティア山脈一帯を原住地とし，6世紀以降ヨーロッパ各地に広がった。ロシア方面の東スラヴ人，ポーランド・ベーメン方面の西スラヴ人，バルカン半島方面の南スラヴ人（セルビア人，クロアティア人，スロヴェニア人）などに分けられる。バルカン半島のスラヴ人のうち，クロアティア人やスロヴェニア人は**カトリック**を，セルビア人やブルガリア人らは**ギリシア正教**を受容した。

①**ヤゲウォ朝（ヤゲロー朝，1386～1572）**はポーランド王国とバルト系の**リトアニア大公国**の合同で成立した同君連合王国である。アジア系の**マジャール人**は東フランク王国に侵入したが，オットー1世に敗れ，10世紀末にハンガリー王国を建国した。②ギリシア正教に改宗

したのは，キエフ公国の**ウラディミル1世（位980頃～1015）**である。**イヴァン3世**はモスクワ大公国の君主で，1480年にモンゴルのキプチャク＝ハン国から自立し，ビザンツ皇帝の後継者を自任して**ツァーリ**の称号を初めて用いた。③**ウィクリフ**はイギリスの聖職者で，教会の腐敗を聖書主義の立場から批判し，ローマからのイギリス教会の独立を主張した。このウィクリフの影響を受け，ベーメンで教会改革を進めたのが**フス**である。両者は**コンスタンツ公会議（1414～18）**により異端とされ，フスは火刑に処された。

問6　28　正解②

空欄　**オ**　にはあのヨーマンが入る。**ヨーマン**は，14世紀に農奴解放の進んだイギリスに現れた独立自営農民である。ピューリタン革命では**ジェントリ（郷紳）**とともに議会派の中心となったが，18世紀後半の**第二次囲い込み**により多くは土地を失い，農業や都市の労働者となった。**い**の**ユンカー**は，16世紀以降プロイセンなどのドイツ東部で**グーツヘルシャフト（農場領主制）**の経営で台頭した地主貴族である。

反発として起こった事件は**Y**が正しい。**ジャックリーの乱（1358）**は，英仏による百年戦争中，農地の荒廃や領主の課税強化に反発して起こったフランスの農民一揆である。**X**の**ワット＝タイラー**を指導者とする反乱は，1381年にイギリスで国王が戦費調達のために人頭税を課したことによるもので，**フロンドの乱（1648～53）**は，ブルボン朝の王権強化に反対した高等法院と貴族による反乱である。

第5問

〈出題テーマ〉

「世界史上における移動・輸送手段」

〈出題のねらい〉

本問は，世界史上の移動や輸送手段をテーマとして，Aではヨーロッパでの海戦に用いられた船，Bでは世界の鉄道に関する写真を用いた授業から，関連する知識を問う設問を配した。共通テストでは本問のような，図版から思考力・判断力を問う問題が多く出題されることが予想される。これまで以上に，教科書や資料集などに掲載されている図版を確認しながら学習する姿勢が重要になる。用語をむやみに覚えるよりもまず全体像をとらえ，内容をしっかり理解しよう。

問1　29　正解②

空欄　**ア**　にはイギリスが入る。空欄　**ア**　は複数回出てくるので，会話文の後半から判断する。「**ア**」とヨーロッパ大陸の間にあるドーヴァー海峡が戦場であったと

読み取れます」や「　ア　」は，ドレークなど民間船の船長に許可を与えて」から，イギリスであると判断できる。

空欄「　イ　」には地中海が入る。会話文から，レパントの海戦とサラミスの海戦がともに行われた海を答える。後者が大西洋でないことは判断しやすいだろう。

空欄「　ウ　」には銀が入る。16世紀後半のスペインは，新大陸でポトシ銀山などを開発し，大量の銀をスペイン本国に運ばせ，戦費にあてていた。香辛料の主要な産地は東南アジアのモルッカ（マルク）諸島であり，当てはまらない。

問2　30　正解②

図中の**a**（ガリア北部）はフランク王国が建国時に支配した地域，**b**（イタリア北部）は，東ゴート王国が建国時に支配した地域である。ヴァンダル人が建国したのは北アフリカ（カルタゴの故地）なので，該当する地域はない。したがって，②が正解となる。

問3　31　正解④

あは誤文。イラン首相の**モサデグ**は1953年の国王派によるクーデタで失脚した。イラン（イラン＝イスラーム）革命で倒されたのは国王のパフレヴィー2世である。パフレヴィー2世はモサデグの失脚後，西欧近代化を目指す白色革命を推進したが，国内での反発が強まると，**ホメイニ**を中心としたイスラーム勢力に倒された（1979）。

いは誤文。大院君は壬午軍乱で閔氏から政権を奪取しようと目論んだが，清朝の介入により失敗した。甲申政変で政権を掌握しようとしたのは独立党である。金玉均らを中心とした独立党は日本と手を組み政権掌握を企図したが，やはり清朝の介入により失敗した。

問4　32　正解①

空欄「　エ　」には「民族問題をかかえながらも，産業革命を進めていた」が入る。空欄「　エ　」の後ろにある「国内統一と雇用創出」という語に注目して考える。空欄の後3行目からの先生の発言から，鉄道開通はプロイセン＝オーストリア（普墺）戦争（1866）の約10年前，すなわち1850年代であることがわかるので，この時期のオーストリアについての説明を選べば良い。多民族国家であったオーストリアでは，1848年にコシュートのハンガリー民族運動など，各地で自治や独立を求める民族運動が発生した。オーストリアはロシアの支援もありこの混乱を収拾することに成功したが，その後も依然として国内の民族問題に悩まされ続けていた。プロイセン主導の経済的統一から除外されていたオーストリアが，国家政策として鉄道建設や産業革命を進めていた。

②オーストリアが民族自決の原則に基づいて領土を割譲したのは，第一次世界大戦（1914 ～ 18）終戦後であ

る。ソヴィエト政権による「平和に関する布告」に対抗し，アメリカ大統領ウッドロー＝ウィルソンが「十四カ条」を発表すると，ここに記された民族自決の観念に基づいて，ヨーロッパでは八カ国が独立した。オーストリアはこの独立国に領土を割譲し，領土は大幅に縮小した。③オーストリアが永世中立国として主権を回復したのは，第二次世界大戦後の1955年である。第二次世界大戦（1939 ～ 1945）に敗北したオーストリアは，戦後戦勝国による分割統治を受けていたが，1955年に戦勝国との間でオーストリア国家条約に調印して主権を回復し，永世中立を宣言した。④神聖ローマ帝国（962 ～ 1806）は19世紀初頭に滅亡している。ナポレオンはアウステルリッツでロシアとオーストリアを破ると，西南ドイツ諸邦を神聖ローマ帝国から離脱させ，自らを盟主として西南ドイツ諸邦に同盟を結成させた（**ライン同盟**，1806 ～ 13）。これを受けて神聖ローマ帝国は皇帝が退位し滅亡した。

問5　33　正解③

Y→X→Zが正しい。本問は会話文の内容や出来事の年代から，各鉄道の開通年代を判断できる。

写真**Y**のゼメリング鉄道については問4の解説を参照のこと。19世紀半ばに建設されたと判断できる。

写真**X**のヒジャーズ鉄道は，2つ目の先生の発言に，この年に憲法復活を求める革命が起こり，翌年君主が退位させられたという点から，1908年の青年トルコ革命を想起したい。青年トルコ革命はオスマン帝国のスルタン，アブデュルハミト2世（位 1876 ～ 1909）に対し立憲制の復活を認めさせた無血革命である。この会話文からヒジャーズ鉄道が開通したのは，20世紀初頭であると判断できる。

写真**Z**のバム鉄道は，会話文の最後に，建設当時の指導者の1人がタイトルとなった『ブレジネフの愚行』という作品が執筆されたとのことから，建設当時の指導者ブレジネフの時代である20世紀後半であると判断できる。ブレジネフ（任 1964 ～ 82）は20世紀後半のソ連の指導者である。制限主権論を展開してチェコスロヴァキアの民主化に介入し，共産圏内部の引き締めを行った。

第 2 回 実戦問題 解答・解説

第2回　（100点満点）

（解答・配点）

問題番号（配点）	設問（配点）		解答番号	正解	自己採点欄	問題番号（配点）	設問（配点）		解答番号	正解	自己採点欄
第1問 (25)	A	1（3）	1	③		第3問 (13)		1（3）	18	②	
		2（3）	2	③				2（3）	19	⑥	
		3（2）	3	④				3（3）	20	④	
	B	4（3）	4	②				4（4）	21	④	
		5（3）	5	③		小　　計					
		6（3）	6	⑥		第4問 (18)	A	1（3）	22	③	
	C	7（3）	7	③				2（3）	23	①	
		8（3）	8	①				3（3）	24	④	
		9（2）	9	①				4（3）	25	②	
小　　計							B	5（3）	26	③	
第2問 (25)	A	1（3）	10	②				6（3）	27	②	
		2（3）	11	②		小　　計					
		3（3）	12	④		第5問 (19)	A	1（3）	28	①	
	B	4（3）	13	④				2（3）	29	③	
		5（3）	14	②				3（3）	30	②	
		6（4）	15	③				4（3）	31	④	
	C	7（3）	16	③			B	5（3）	32	①	
		8（3）	17	①				6（4）	33	③	
小　　計						小　　計					
						合　　計					

●写真提供・協力

ユニフォトプレス

「マカートニーの乾隆帝への謁見」,「ワルシャワのゲットーを追い出されるユダヤ人(1943年)」,

「ブラント西独首相のポーランド訪問(慰霊碑前での謝罪)」,「蔣介石と宋家三姉妹」,「15世紀のパリの市場」

解説

第1問

〈出題テーマ〉

「世界史上における接触と交流」

〈出題のねらい〉

本問は世界史上の接触と交流をテーマに取り上げた。Aでは日本のいわゆる「鎖国」について，Bでは近代化を進める日本と清の接触について，Cでは第二次世界大戦後のドイツとポーランドの交流を取り上げた。歴史総合の試作問題や，近年の共通テストの出題形式を参考に，基本的な知識を出題している。特に，世界史選択者の歴史総合分野であることを踏まえ，日本に関連する出題を意識した。基本的な知識を確認すると同時に，多様な出題形式に慣れてほしい。

なお，資料については以下より引用した。

B　資料1「琉球の朝貢禁止に関する清の対日抗議（1878年）」歴史学研究会編『世界史史料12』（岩波書店）

問1　1　正解は③

空欄　ア　には，いのオランダが入る。いわゆる「鎖国」政策下の日本がヨーロッパのキリスト教国家の中で唯一交流を継続したのはオランダである。

あのイギリスは，17世紀初頭に平戸にイギリス東インド会社の商館を開設した。しかし，オランダとのアンボイナ事件（1623）を背景に撤退したため，18世紀の日本と正式な通商関係にはない。うのポルトガルは，1639年（寛永16年）に江戸幕府がポルトガル船の来港を禁止しているので交流はない。この後の1641年に平戸に置かれていたオランダの商館が出島に移動された。

下線部ⓑについての説明は，Xの「将軍の代がわりを慶賀することを名目に派遣された」が正しい。日本と朝鮮との国交は豊臣秀吉の朝鮮出兵を機に断絶していたが，江戸幕府が成立すると対馬藩を介して国交が回復した。この結果，江戸時代には将軍の代がわりの際に，朝鮮王朝から江戸幕府に外交使節（通信使）が派遣された。これが朝鮮通信使である。Yは参勤交代を連想させる誤文である。朝鮮と江戸との往復を義務付けられたわけではない。

問2　2　正解は③

皇帝の名はいの乾隆帝が正しい。乾隆帝（位1735～95）は清の第6代皇帝で，その最大領土を実現した。1793年にイギリスの使節マカートニーと謁見し貿易の拡大を要求されたが，要求を拒絶した。あの康熙帝（位1661～1722）は清の第4代皇帝で，清による中国支配を

完成させた。

当時のイギリスと清の貿易の様子について述べた文はXの「清は，イギリス船の来港を広州（広東）一港に制限していた」が正しい。清は，中国支配を完成させると海禁を緩め，皇帝からの恩恵として民間貿易も許可していたが，ヨーロッパ商人との貿易は乾隆帝が1757年に貿易港を広州1港に制限し，特許商人組合の公行に仲介させた。これを広東貿易という。

Yの「イギリスは清から綿製品を輸入し，清へ茶を輸出していた」は誤り。イギリスは清から茶を銀で購入していた。イギリスからはめぼしい輸出品がなかったため，そこでインド産アヘンを清へ，イギリスからインドへは綿製品を輸出する三角貿易を行うようになったのである。

問3　3　正解は④

1945年に開かれたヤルタ会談は，アメリカのフランクリン＝ローズヴェルト，イギリスのチャーチル，ソ連のスターリンが参加し，ドイツ降伏後，3カ月以内にソ連が対日参戦することを約し，引きかえに日本領となっていた南樺太と千島列島を獲得することが認められた。

①樺太・千島交換条約で日本領となったのは千島列島の方である。サハリン（樺太）はロシア領となった。②日清戦争後の三国干渉（ロシア・ドイツ・フランス）の結果，日本は日清戦争の勝利で獲得した遼東半島を清に返還した。③日露戦争に勝利した日本は，ポーツマス条約でサハリン（樺太）の南半分を獲得した。

問4　4　正解は②

空欄　イ　には脱亜論が入る。よってあの「アジア諸国と連帯をやめ，欧米と同じように行動すること」が正しい。空欄　イ　の直前部分には福沢諭吉によって提唱されたものであることが示されており，東アジアの国際関係の変化に関するものであることが読み取れることから判断する。リード文が琉球を巡って日本が国境を画定していく過程で，中国と対立したという趣旨のものであり，明治政府が発足したあとの19世紀後半に関するものだと分かる。そのうえで，1884年の朝鮮で起こった甲申事変後，福沢諭吉は『時事新報』に脱亜論を発表したことを踏まえたい。これは，欧米列強と同じように清や朝鮮と関わることを提唱したものである。この時期の日本では次第に武力行使を容認する議論が勢いを増しており，日清戦争の背景ともなった。なお，いの「アジアを欧米の植民地支配から解放すること」は，大東亜共栄圏構想をあらわしている。大東亜共栄圏構想は，1940年に発足した第2次近衛文麿内閣により発表され，満州事変後に日本と欧米の対立が強まるなか，日本の対外進出を正当化する側面があった。

空欄　ウ　にはYの「欧米から機械を購入し，生糸を輸出して外貨獲得を進めている」が入る。江戸時代の日本は生糸を中国から輸入していたが，18世紀以降に次第に国産化が進んだ。19世紀には**太平天国の乱**などの混乱を背景に中国製生糸の輸出が停滞したことをうけ，日本からの生糸輸出が増大した。品質維持のため，1872年に**富岡製糸場**が開設されたことも知っておきたい。一方，明治時代の日本は欧米から紡績機などの機械を購入し，これを用いて産業革命を推進している。そうして生産された綿糸は日本の輸出品となり，19世紀末から20世紀初頭にかけて，日本は次第に工業国へと発展した。なお，**X**の「南満州鉄道株式会社を設立して，鉄道経営や鉱山開発などを進めている」のは，日露戦争後である。**日露戦争**（1904〜05）の講和条約である**ポーツマス条約**で，日本は**東清鉄道**南部線の**長春**以南の利権を獲得し，1906年には**南満州鉄道株式会社**を設立して，鉄道の経営と沿線の開発などを進めた。そのため，19世紀後半の東アジアの国際関係について言及したリード文とは時期が合わない。

問5　5　正解は③

資料から読み取れる琉球の状況は**あ**「琉球は，清の元号を用いてフランスと条約を締結した」が正しい。資料中の「フランスと結んだ条約で清朝の暦日を用いている」の部分から判断する。中華皇帝に冊封された国家は，中国の元号を用いることが義務づけられた。**い**は資料中に「貴国が琉球国に対し我が国に朝貢することを禁止した」とあり，琉球による朝貢は日本によって取りやめさせられたことがわかる。

次に，年表の空欄　a　〜　c　の間の出来事の年代は以下の通り。清朝が総理各国事務衙門を設置（1861）→日本で明治政府が発足（1868）である。資料は日本が，琉球の清への朝貢を停止したことに関して，清が抗議する内容になっている。琉球王国は従来，日本の薩摩藩と清に両属状態であった。しかし，日本で明治政府が発足すると，日本は欧米の主権国家体制に順じて国境画定を進め，この過程の1872年に鹿児島県の管轄の下，琉球藩が設置され，琉球国王は日本の藩王とされた。さらに，1875年には清への朝貢を禁止したため，清から資料の抗議文が提出された。したがって，明治政府発足後の　c　が正しい。

問6　6　正解は⑥

中山さんのメモは正しい。第一次世界大戦の講和会議である**パリ講和会議**では，ロシア帝国とオーストリア＝ハンガリー帝国の崩壊で成立したポーランド・フィンランド・エストニア・ラトヴィア・リトアニア・チェコス

ロヴァキア・ハンガリー・ユーゴスラヴィアの独立が，**民族自決**の理念に基づいて認められた。ただし，民族自決の理念は，これらの東欧から北欧のヨーロッパ諸国にのみ認められ，アジア・アフリカの植民地では認められていないことに注意したい。

白木さんのメモは正しい。トルコ大国民議会を樹立した**ムスタファ＝ケマル**は1922年にオスマン帝国の**スルタン制**を廃止し，オスマン帝国は滅亡した。その後，**トルコ共和国**を樹立し，近代化政策を推進した。

西村さんのメモは正しい。タイのラタナコーシン朝は，王室が貿易を独占していたが，欧米諸国から自由貿易の圧力を受けると，ラーマ4世の時代に自由貿易を開始した。その後ラーマ5世（チュラロンコン，位 1868〜1910）が日本の明治政府と同様に外国人専門家を招いて行政改革を行うなどの近代化政策をとった。

問7　7　正解は③

空欄　エ　はいのブラントが入る。第二次世界大戦後，ポーランドのワルシャワを訪ねて，ユダヤ人虐殺について謝罪の意を表した人物だという部分から東側諸国との関係改善を進め，**東方外交**を展開した社会民主党のブラントだと判断する。あの**アデナウアー**はドイツ連邦共和国の初代首相である。**キリスト教民主同盟**に所属し，**パリ協定**（1954）で主権を回復したほか，戦後のドイツの経済復興などを実現した。

図2のような謝罪の意を表した背景は**X**の「東方外交と呼ばれる，東欧諸国との関係改善や外交関係樹立に着手していた」が正しい。東方外交では，ソ連と武力不行使を約束（ソ連＝西ドイツ武力不行使条約）し，ポーランドと国交を正常化してドイツとポーランドの国境として**オーデル・ナイセ線**の国境を確認し，ルーマニアやチェコスロヴァキアとも国交を樹立した。さらに，**東西ドイツ基本条約**も締結した。**Y**は誤り。**ヨーロッパ共同体（EC）**は，東方外交が始まる前の1967年フランス・西ドイツ・イタリア・ベネルクス三国の6カ国で発足したため，西ドイツは原加盟国である。そのため，「ヨーロッパ共同体（EC）に加盟するため」という部分が誤りである。また，ヨーロッパ共同体（EC）は，上記6カ国により形成された西側の組織であり，冷戦期における中立国や東側諸国は加盟していない。東側諸国が，ヨーロッパ共同体（EC）が発展して形成された**ヨーロッパ連合（EU）**に加盟するのは，冷戦終結後である。

問8　8　正解は①

1972年のニクソン訪中により，その後の東西緊張緩和がどのように実現したのかを考える。アメリカ合衆国と中華人民共和国の関係改善は日中の接近を可能とし，ニ

クソン訪中の直後に日本の**田中角栄**首相の訪中が実現した。この結果，**日中共同声明**が発表されて国交が正常化し，1978年には**日中平和友好条約**が締結された。なお，米中国交正常化は1979年に実現した。

②**部分的核実験禁止条約（PTBT）**の締結は1963年であり，ニクソン訪中以前である。この条約は1962年の**キューバ危機**を背景に締結されたものである。③ジュネーヴでの**四巨頭会談**は1955年であり，これもニクソン訪中以前の出来事である。スターリン死後に，雪どけのムードが高まる中で，アメリカ・イギリス・フランス・ソ連による四巨頭会談が行われた。④**アジア＝アフリカ会議（バンドン会議）**の開催は1955年であり，これもニクソン訪中より前の出来事である。アジア＝アフリカ会議は，前年の1954年に，コロンボ会議での中国の**周恩来**とインドの**ネルー**による**平和五原則**の発表を背景に開催された。アジア＝アフリカ会議では平和五原則を発展させた**平和十原則**が採択され，平和共存や反植民地主義などが宣言されている。

問9　9　正解は①

下線部ⓔの「当時」とは，ニクソン訪中を指すため，1972年である。当時のアメリカ合衆国はベトナム戦争などを背景に貿易赤字となり，金も国外に流出したため，ニクソンが金ドルの交換停止を発表していた。また世界的なベトナム反戦運動の高揚を背景に，ベトナムからの撤兵も進めており，それは1973年に実現した。一方，中国では**プロレタリア文化大革命**が行われ資本主義的な文化や儒教などに立脚する旧来の社会体制を否定する動きが拡大していた。この影響で中国の経済や文化は停滞した。

②「**双子の赤字**」が拡大したのは1980年代である。「双子の赤字」とは財政赤字と貿易赤字を指している。③「尊重されるようになった」のではなく，「弾圧された」が正しい。プロレタリア文化大革命では儒学的な文化は弾圧された。「プロレタリア文化」とは労働者を対象とした文化，いわゆるマルクス主義的な思想を意味し，儒学（儒教）はマルクス主義的な思想に反するものとされ，弾圧された。④改革・開放路線は文化大革命が終わったあと，1978年に実権を掌握した**鄧小平**の下で推進された。これにより外貨の導入がすすみ，市場経済化が図られた。しかし，共産党の独裁体制は維持された。

第2問

〈出題テーマ〉

「世界史上の政治組織や政治体制」

〈出題のねらい〉

本問は世界史上の政治組織や政治体制をテーマに，**A**

はローマ帝国の皇帝が行った政治改革，**B**は隋唐時代の国家体制，**C**はイスラーム教の宗教共同体に関する世界史の基本的な知識を問う設問を配した。共通テストでは，思考力・判断力を問う問題が多く出題される。受験生がこのような問題を解くためには，基礎事項をしっかりとおさえたうえで，その知識を使って問いに答える，という姿勢が重要である。用語をむやみに覚えるよりもその内容や歴史の全体像をとらえておきたい。

なお，資料は以下より引用した。

A　資料1「アウレリウス・ウィクトル『皇帝伝』」歴史学研究会編『世界史史料1』（岩波書店）

B　資料2「メディナ憲章」歴史学研究会編『世界史史料2』（岩波書店）

問1　10　正解②

空欄　**ア**　にはアレクサンドリアが入る。**アレクサンドロス大王**が東方遠征の際に建設した都市であり，**プトレマイオス朝**が都を置いて王立研究所の**ムセイオン**を設立した。ムセイオンでは自然科学や文献学の研究が盛んに行われ，**エラトステネス**ら多くの学者がここで研究に携わった。

①**ナポリ**のこと。ナポリはイタリア半島南部の都市である。③**マンチェスター**のこと。イングランド中西部の都市で，産業革命期以降，綿工業がさかんになり，発展した。④**ダマスクス**のこと。シリアの古都で，ウマイヤ朝をひらいたムアーウィヤが都をおき，その後ウマイヤ＝モスクが建設された。これは現存する最古のモスクと言われる。

問2　11　正解②

空欄　**イ**　にはあのディオクレティアヌスが入る。資料1の「帝国は四分されて…」という部分から，**四帝分治制（テトラルキア）**を始めたディオクレティアヌス帝（位284～305）のことが思い出せれば判断できるだろう。なお，**い**のオクタウィアヌスは元老院からアウグストゥスの称号を受けて，**元首政（プリンキパトゥス）**を確立した皇帝である。

空欄　**ウ**　には**Y**が入る。ディオクレティアヌス帝は**皇帝崇拝の強化**策の一環として教会を破壊したり，聖書を没収したりするなど**キリスト教**を弾圧した。ディオクレティアヌス帝による迫害がローマ帝国におけるキリスト教徒への最後の迫害となり，**コンスタンティヌス帝**（位306～337）の時代に**ミラノ勅令（313）**によってキリスト教が公認され，392年にテオドシウス帝が国教化した（**X**）。

問3　12　正解④

問2でも述べたとおり資料1は四帝分治制（テトラルキ

ア)の説明であることから，この政策を行ったディオクレティアヌス帝よりも後の出来事を選べばよい。**コンスタンティヌス帝**(位306〜337)は四帝分治制崩壊後の混乱を収めると，都をビザンティウムに移して**コンスタンティノープル**(コンスタンティノポリス)に改称した。

①**スパルタクスの反乱**(前73〜前71)が起こったのは前1世紀のことである。古代ローマ史の概観をおさえたうえで，スパルタクスの反乱が「**内乱の1世紀**」の時期に発生した出来事であることが分かれば判断できる。②**トラヤヌス帝**がダキアを獲得したのは2世紀である。**トラヤヌス帝**(位98〜117)は「**ローマの平和**」(**パクス＝ロマーナ**)の時期に登場した**五賢帝**の2番目の皇帝である。トラヤヌス帝の治世時にローマ帝国はダキア(現在のルーマニア)とメソポタミアを獲得し，最大領土を現出した。③3世紀前半の出来事である。カラカラ帝は税収の増加を企図して212年にアントニヌス勅令を発布し，帝国内の全自由民に市民権を与えた。

問4 ☐14 **正解④**

唐の前半期には，税制として**租調庸制**が実施されていたが，均田制が崩壊すると租調庸制の実施も困難となったため，税制の改革が行われた。**両税法**(780〜)では現住所で現有財産に応じて課税することが定められたが，この制度の実施により実質的に土地の私有が公認されることとなった。

①煬帝ではなく楊堅(文帝)が正しい。煬帝は隋の第2代皇帝で，**大運河**を完成させ，また3度に渡る**高句麗**遠征を行った。②『五経大全』は明の永楽帝が編纂させた書物である。なお，唐では太宗が勅命を出し，孔穎達らに『五経正義』を編纂させて科挙のテキストとした。③**則天武后**が建てた王朝は**周**である。唐が中断して周

が建てられた事件を武周革命という。

問5 ☐14 **正解②**

元の官僚である**郭守敬**は，元の建国者である**クビライ**(元の皇帝位1271〜94)に仕え，イスラーム天文学の影響を受けた**授時暦**を作成した。

①楚ではなく秦が正しい。法治主義を主張する**法家**の**商鞅**は，戦国時代の秦に仕えて改革を実施し，秦の強国化に貢献した。③司馬光は，王安石がすすめた新法とよばれる改革に反対した旧法党の中心人物であった。また皇帝の命で歴史書『資治通鑑』を著した。④張居正は明の万暦帝のもとで，北虜南倭による財政難に苦しむ明の財政再建を試み，検地や一条鞭法の普及などを行った。

問6 ☐15 **正解③**

岩崎さんのメモは誤り。インカ帝国で文字は使用されず，キープ(結縄)を用いて統計や数字を記録した。また，中米のメソアメリカ文明ではマヤ文明のマヤ文字など古くから文字が使用されている。

中村さんのメモは正しい。アテネではペルシア戦争で無産市民が**三段櫂船**の漕ぎ手として活躍して以降，**ペリクレス時代**に参政権を有するようになり，18歳以上の成年男性市民による直接民主政が確立した。

岡田さんのメモは正しい。東南アジアでは東西の海上交易が盛んになると，商業の中心地である港町が農業生産地である後背地と結びつき，マレー人やチャム人などが各地で**港市国家**を成立させた。スマトラ島のシュリーヴィジャヤ王国はこうした港市国家を連合した国と考えられている。東南アジア史は多くの受験生が苦手とする分野である。下の地図を参照に各国の位置関係を確認しておこう。

【2世紀の東南アジア】

【8世紀の東南アジア】

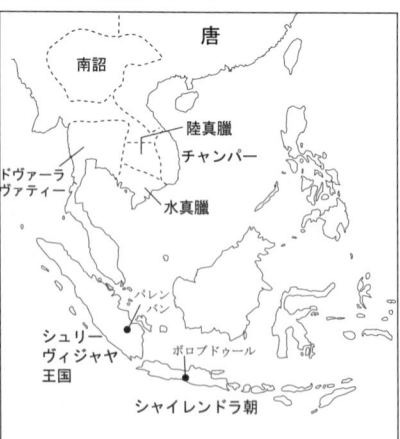

【13世紀の東南アジア】

問7 　16　 **正解③**

　資料2は，622年にムハンマドが作成したメディナ憲章と呼ばれる文書である。リード文の「622年にイスラーム教の預言者ムハンマドがメッカから移住し」た出来事が**ヒジュラ（聖遷）**と分かれば，「移住先」は**メディナ（ヤスリブ）**，「新しい共同体」は**ウンマ（イスラーム共同体）**と判断できる。それをふまえて資料を読むと，空欄　エ　にはメディナ（ヤスリブ）が，　オ　にはウンマが入ることが分かるだろう。地図上でメディナ（ヤスリブ）の位置は **b** である。アラビア半島の西部，メッカの北側になる。地図上の **a** はクテシフォンであり，**パルティア**がティグリス川流域に建設し，**ササン朝**も都を置いた都市である。また，**カタコンベ**は地下墓地で，初期のキリスト教徒が迫害を避けて密かに礼拝を行う場所でもあった。

問8 　17　 **正解①**

　資料2から読み取れる内容は**あ**，ヘブライ人およびユダヤ教に関する説明は **X** が正しい。資料に「ユダヤ教徒は彼らの宗教を，信徒は信徒の宗教を保持する」とあるので，ユダヤ教徒は信仰を認められたことが分かる（当時のメディナにはユダヤ教徒も居住していた）。**い**の内容は資料に書かれていない。

　『**旧約聖書**』によれば，**ヘブライ人**（自称は**イスラエル人**）は**セム語系**民族で，エジプトに移住した一部の民は「**出エジプト**」後にパレスチナで王国を建設した。**ソロモン王**の死後，王国は北の**イスラエル王国**と南の**ユダ王国**に分裂し，イスラエル王国は**アッシリア王国**に滅ぼされた。ユダ王国も**新バビロニア王国**の**ネブカドネザル2世**に滅ぼされ（**X**），住民の多くはバビロンに連行された。これは「**バビロン捕囚**」（前586〜前538）と呼ばれ，民族的苦難の中でヘブライ人は唯一神ヤハウェへの信仰を深めた。**アケメネス朝**の建国者**キュロス2世**が新バビロニア王国を滅ぼしたことで，ヘブライ人は解放されて帰国し，イェルサレムに神殿を再興して**ユダヤ教**を確立した。なお，ユダヤ教の成立は紀元前だが，**マニ教**は3世紀に**ササン朝**で生まれた宗教なので，**Y** は誤文となる。

第3問

〈出題テーマ〉

「中国周辺地域とその地に居住する民族」

〈出題のねらい〉

　本問のテーマは中国周辺地域とその地に居住する民族である。朝鮮半島や中央アジアなどに居住する民族を扱った。設問は，単に用語を覚えるのではなく，内容をしっかり理解していれば十分に対応できるはずである。教科書の太字レベルの知識を正確に身につけるよう心が

けて学習に取り組もう。

　なお，資料は以下より引用した。

　問3　資料1『史記』匈奴列伝，資料2『旧唐書』玄宗本紀　※それぞれ一部抜粋し現代語訳

　問4　資料3（靖康の変）『宋史』欽宗紀，資料4（遣唐使の政治的役割）王溥『唐会要』倭国条，資料5（土木の変）明英宗実録正統14年8月辛酉・壬戌条　※資料3・5は歴史学研究会編『世界史史料4』，資料4は『世界史史料3』（ともに岩波書店）による。

問1 　18　 **正解②**

　図1中の**あ**は高句麗である。**高句麗**は，中国東北部から朝鮮半島北部にかけて活動していたツングース系民族が建国した国家。伝説では前1世紀後半に漢の郡県支配に抵抗して自立し，高句麗を称した。その後，4世紀前半には**楽浪郡**を滅ぼして領域を拡大した（**Y**）。隋及び唐の侵攻に強く抵抗したが，668年に唐・新羅の連合軍に滅ぼされた。

　なお，図1中の**い**は百済，**う**は新羅である。また **X** は，文自体が誤っている。平城は中国の華北を支配した北魏の都で北魏は平城近郊に雲崗石窟寺院を造営した。

問2 　19　 **正解⑥**

　空欄　ア　の民族が大帝国を築く拠点とした地域にあてはまる図2中の地域は **b** であり，空欄　ア　にはフン人が，空欄　イ　にはフレグ（フラグ）が入る。

　フン人はゲルマン人の大移動を引き起こしたとされる民族で，トルコ系やモンゴル系などを含む騎馬遊牧民だった。中央アジアの草原地帯からヨーロッパに侵攻し，現在のほぼハンガリーに相当するパンノニアを中心に大帝国を形成した。なお，ケルト人はヨーロッパの先住民族で，ローマやゲルマン人の圧迫を受けて同化される一方，居住地を狭めていった。現在の**アイルランド人**はケルト系とされる。

　フレグ（フラグ）は第4代ハンの**モンケ**の命を受けて西アジアに遠征し，バグダードを占領して**アッバース朝**を滅ぼし，やがて**イル＝ハン国（フレグ＝ウルス）**を建てて自立した。バトゥは第2代ハンの**オゴデイ（オゴタイ）**の命によりヨーロッパ方面に遠征し，南ロシアに**キプチャク＝ハン国（ジュチ＝ウルス）**を建てた。

問3 　20　 **正解④**

　空欄　ウ　には**単于**，　エ　には**可汗**が入る。また，**冒頓単于**の事績としては **Y** が正しい。したがって，**い－Y** の組合せが正解となる。単于は匈奴など騎馬遊牧民族の間で使用された君主の称号で，氏や羌でも用いられた。鮮卑が建国した**北魏**の頃から，単于に代わって可汗が使

われるようになり，**柔然や突厥**では可汗が定着した。冒頓単于は，匈奴の最盛期を現出した単于(位 前209〜前174)。秦に奪われた失地を回復し，月氏を討って西走させ，前3世紀末にはモンゴル高原を統一した。前200年には親征した漢の**高祖**(劉邦，位 前202〜前195)を平城付近の白登山で破った。以後，漢は第7代武帝(位 前141〜前87)の時代が始まるまで，匈奴に対し貢納を行い，守勢を余儀なくされた。なお，**X**は，北魏の**孝文帝**(位 471〜499)の事績である。

問4　21　正解④

資料4→資料3→資料5の順が正しい。

資料4の「永徽5〔654〕年」「〔倭国＝日本は〕遣使して…」「高宗は…之れを慰撫す」などの記述から倭国から高宗(位 649〜683)へと派遣された**遣唐使**についての資料だと判断する。唐代の中国は**冊封体制**をとっていたが，日本は冊封関係を結ばず，朝貢関係のみを持っていた。遣唐使の派遣は630年よりはじまり唐の制度や文化を受容した。

資料3は**徽宗**(位 1100〜25)や欽宗(1125〜27)を金人が北方に連行したことが記されているので，**靖康の変**についての資料とわかる。靖康の変は，1126〜27年に北宋が金の攻撃を受けて滅亡した事件。宋は金と同盟して遼を滅ぼしたが，その後，金は宋の違約を責めて首都**開封**を占領し，1127年には**徽宗**及び欽宗以下，3千余人を捕虜として金へ連行し，北宋を滅ぼした。

資料5は「土木のそば近くの麻峪口から侵入した」とあり，**土木の変**(1449)について書かれた資料だと判断できる。**オイラト**の指導者であった**エセン＝ハン**が朝貢の拡大を求めて明に侵入したが明が拒否したため，土木堡で正統帝(位 1435〜49)を捕虜にした。

第4問

〈出題テーマ〉

「近現代史における女性」

〈出題のねらい〉

本問では世界史上に名を残した女性をテーマに近現代史に登場する女性をとりあげた。**A**では女性参政権運動，**B**では近代中国に登場する「宋家の三姉妹」を取り上げた。設問は近現代史を中心とした。共通テストでは，近現代史は当然出題されるが，全体のおよそ**10％程度は戦後史の出題**である。しかも戦後史を含めて近現代史の正答率は高くない。苦手な分野は早いうちに克服しておきたい。

なお，資料は以下より引用した。

A　資料「女性および女性市民のための権利宣言」(辻

村みよ子著『ジェンダーと人権－歴史と理論から学ぶ』日本評論社，2008年)

問1　22　正解③

ヴァイマル憲法は第一次世界大戦に敗れたドイツで制定された憲法であり，当時最も民主的な憲法とうたわれた。人民主権や20歳以上の男女普通選挙制などを定めたが，非常時の大統領立法権(第48条)を認めており，このことが後のナチ党台頭の背景となった。

①アメリカ合衆国のジャクソン大統領の時代には白人男性の普通選挙制が普及し，女性参政権が認められたのは**ウッドロー＝ウィルソン**大統領の時代である。②ロシア革命で成立したソヴィエト政権は男女平等を政策としてすすめ，1918年には男女平等の普通選挙を認めた。スターリン憲法は1936年に制定された憲法である。④日本で女性普通選挙権が認められたのは第二次世界大戦後であり，**治安維持法**(1925)の制定直後に認められたのは男性普通選挙のみである。

問2　23　正解①

空欄　ア　にはあの保守が入る。**保守党**はトーリ党の後身で，1830年代から保守党という名称が用いられ始めた。地主・貴族などを基盤とし，現状維持的な政策を採ったが，**サッチャー**(任 1979〜90)以降メイ(任 2016〜19)，トラス(任 2022.9〜22.10)という3人の女性首相はみな保守党の出身である。いの**労働党**はフェビアン協会などが結集した**労働代表委員会**が1906年に改称した政党で，労働者階層を支持基盤としている。議会を通じての社会改革を目指しているが，労働党出身の女性首相はまだ誕生していない。

サッチャーの業績は**X**が正しい。サッチャーは第二次世界大戦後のイギリスで行われていた福祉国家路線を修正した。規制緩和によりインフレを抑制したが，任期の後半には経済状況が悪化した。**Y**については，イギリスは国民投票(2016)の結果，2020年に**EU**(ヨーロッパ連合)**から離脱**した。国民投票が実施されたのはキャメロン首相(任 2010〜16)の時だが，離脱したのはボリス＝ジョンソン首相(任 2019〜22)の時である。

問3　24　正解④

Ⅱ－Ⅲ－Ⅰの順が正しい。

Ⅱ　第二次世界大戦後，独立運動の高揚を抑えきれなくなったイギリスは，1947年に英領インド帝国を**インド**と**パキスタン**に分離・独立させることを認めた。

Ⅲ　分離・独立時にパキスタンの一部(**東パキスタン**)となっていた**バングラデシュ**では，パキスタンがウルドゥー語を国語にしようとしたことなどに反発して独立運動が起こり，これをインドが支援して1971年に独立した。

I　分離・独立以降，インドとパキスタンは**カシミール地方の帰属問題**で対立を続けており，バングラデシュ独立でも対立した。1974年と98年にインドが核実験をおこなってパキスタンに対し力を示すと，パキスタンも対抗して98年に核実験を成功させ，核保有を宣言した。

問4　25　正解②

中華人民共和国の初代首相は**あ**の周恩来が正しく，中華人民共和国の歴史は**Y**が正しい。

あの周恩来は中国共産党の指導者の一人で，**西安事件**の調停でも活躍した。中華人民共和国が建国されると初代の首相（国務院総理，任1949〜76）となった。インドのネルーと**平和五原則**を発表するなど，特に外交面で活躍した。**い**の毛沢東は中華人民共和国の初代主席（任1949〜59）。「大躍進」の失敗で主席の座を退いたが，**文化大革命**を経て権力を回復した。

Yのダライ゠ラマ14世はチベットの指導者。中華人民共和国の建国後にチベットは人民解放軍によって占領され社会主義化が強制された。このためチベット各地で発生した抵抗運動は中国側に鎮圧され，ダライ゠ラマ14世もインドに亡命した。これを契機にインドと中国の間で国境紛争が発生した。中国側が軍事的に優勢だったが，国境線の画定には至っていない。なお，**X**の「大躍進」は第2次五カ年計画の際のスローガンだが，すでに**中ソ対立**が始まっておりソ連からの援助はなく，そのためもあり，運動は失敗に終わった。

問5　26　正解③

空欄　**イ**　には**い**の中国同盟会が入る。中国同盟会は，日露戦争の影響も受けながら1905年に東京で結成された。**孫文**が組織していた**興中会**を中心に清朝打倒をめざす革命諸派が結集した組織であり，**三民主義**を唱え，機関誌として『**民報**』を発行した。**あ**の興中会は孫文が1894年にハワイで結成した革命組織であり，華僑を中心に成立した。

空欄　**ウ**　には**X**が入る。蔣介石は国民革命軍を率いて軍閥打倒のための北伐を行い，最終的に奉天軍閥の**張作霖**を逐って北伐を完成させた。張作霖は奉天への帰還中に日本の関東軍によって爆殺され，後継となった息子の**張学良**が国民政府に帰順したため，中国の統一がほぼ実現された。**Y**の八・一宣言は蔣介石が発したものではなく，抗日民族統一戦線の結成を求めて中国共産党が発したものだが，その影響を受けた張学良が西安事件を起こし，第2次国共合作の基盤が成立した。

問6　27　正解②

日本では明治政府からの官業払下げを受けた三菱などの政商が，一族による独占的で排他的な経営を行う財閥を形成していった。第二次世界大戦後，日本に対し経済機構の民主化を求める**GHQ**の指令のもと，**財閥**は解体された。

①ロックフェラーはドイツではなく，アメリカ合衆国の実業家。**スタンダード石油**を創業し，石油精製事業を独占する**トラスト**を形成した。③浙江財閥が支持したのは五・三〇運動ではなく，**上海クーデタ**である。クーデタの結果，第1次国共合作は崩壊した。なお，**五・三〇運動**は，上海で日本人が経営する工場で起こったストライキに端を発する反帝国主義運動である。④ヴェネツィアではなく，フィレンツェが正しい。メディチ家は**フィレンツェ**で毛織物業や金融業をいとなんだ富豪で，ルネサンスで活躍したボッティチェリら多くの芸術家を保護したことで知られる。

第5問

〈出題テーマ〉
「世界史上における経済政策や商業活動」

〈出題のねらい〉
本問のテーマは世界の交易である。**A**ではイギリスの財政政策を，**B**ではヨーロッパ・アジア間の遠隔地交易を中心に，それぞれ経済に関連して幅広く出題した。いずれの設問も頻出事項であるので，しっかりと画像や地図を用いた学習で知識を固めておいてほしい。

なお，資料は以下より引用した。
B　村川堅太郎訳『エリュトゥラー海案内記』（中央公論社）

問1　28　正解①

ミシシッピ川以東のルイジアナは，七年戦争後のパリ条約でフランスからイギリスに割譲された。イギリスとフランスは，**七年戦争**（1756〜63）と同時期に，北米では**フレンチ゠インディアン戦争**（1754〜63），北インドでは**プラッシーの戦い**（1757），南インドでは**カーナティック戦争**（第3次，1758〜63）を戦い，いずれもイギリスが勝利を収めた。結果，**パリ条約**（1763）が結ばれ，イギリスはフランスから**カナダ・ミシシッピ川以東のルイジアナ**などを，スペインからフロリダを獲得した。

②ニューアムステルダムは，フランスではなくオランダから奪った。1664年にイギリスが獲得し，のちに**ニューヨーク**と改称した。③アルザス・ロレーヌは，イギリスとフランスではなく，ドイツとフランスが領有を争った地域である。もともと**アルザス・ロレーヌ**は神聖ローマ帝国に属していたが，三十年戦争後の**ウェストファリア条約**（1648）でアルザス地方などがフランス領となった。その後，**プロイセン゠フランス戦争**（普仏戦争

1870〜71)でドイツ帝国がアルザス・ロレーヌを獲得した。④**キューバはアメリカ＝スペイン戦争（米西戦争）**後の**パリ条約**(1898)で，アメリカがスペインに独立を認めさせたが，戦後アメリカが事実上の保護国とした。

問2　[29]　正解③

【グラフ】

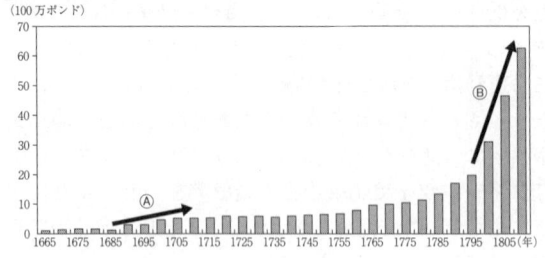

空欄[ア]には「間接」が入る。メモ中に「1770年の段階で[ア]税の比率が増えている」とあるので，**表**から1715年，1745年と1770年のイギリスの数値を読み取って比較すれば，増えているのは間接税とわかる。

空欄[イ]は1800年頃からの税収の急増（Ⓑ）の背景が問われているので，18世紀末から19世紀初頭のイギリスを取り巻く情勢を想起できれば，「ナポレオンとの戦争が激化したため」が入ると判断できる。メモに「1800年頃から」とあることからも推測できるだろう。**ナポレオン**は1796年のイタリア遠征以降，98年には**エジプト遠征**を行うなど，積極的な対外遠征を展開し，1799年に**ブリュメール18日のクーデタ**で事実上の独裁権を握った。1802年にイギリスと**アミアンの和約**を結んで一時講和したが，その後，対外遠征を再開した。1804年，ナポレオンが帝位に就くと，イギリス首相のピット（任1783〜1801，1804〜06）が主導して**第3回対仏大同盟**を結成した。これに対しナポレオンはイギリス上陸を目指したが，1805年**トラファルガーの海戦**でネルソンが率いるイギリス海軍に敗れたため，イギリス侵攻をあきらめ，軍を大陸に転じた。このように，1800年頃からイギリスとナポレオンが指導するフランスとの戦争が激化した。なお，ドイツ皇帝ヴィルヘルム2世の世界政策は19世紀末から展開されたので，時期が異なる。

問3　[30]　正解②

グラフを見ると，1690年頃〜1705年頃に，それ以前と比較して税収の水準が増加していることが読み取れる（Ⓐ）。この時期，イギリスでは**名誉革命**(1688〜89)が起き，**権利の章典**(1689)で王権に対する議会の優位が確立した。この結果，議会主導で税制が整備できるようになったため，税収が安定した。他の選択肢はいずれも時期がおかしい。

①**イギリス東インド会社**が創設されたのは1600年である。③**第1次囲い込み**は16世紀を中心に進められ，羊毛生産の増大をもたらした。④イギリスで**産業革命**が始まったのは18世紀後半である。

問4　[31]　正解④

空欄[エ]にはいの『**エリュトゥラー海案内記**』が入る。『**エリュトゥラー海案内記**』は，紀元1世紀に，インド洋の**季節風**を利用した遠洋航海のため，ローマ領エジプトに住んでいたギリシア人航海者によって書かれたとされる。航海の状況のみならず，各港での交易品や各地の特産品についても言及しているため，当時のインド洋周辺の様相を知るための貴重な資料となっている。**あ**の『**三大陸周遊記**』(『**旅行記**』)は，モロッコ生まれの旅行家**イブン＝バットゥータ**の口述記録。メッカ巡礼を皮切りに，西アジア・インド・東南アジア・中国・アフリカ・イベリア半島にも至る大旅行の記録で，14世紀の世界を俯瞰する資料である。

空欄[オ]にはYが入る。**サータヴァーハナ朝**は，前1世紀から後3世紀にかけて，デカン高原を中心に栄えた**ドラヴィダ系**アーンドラ族の王朝。季節風を利用した東南アジアや西方世界との交易で繁栄した。**X**の**マウリヤ朝**は，前4世紀末に成立した**マガダ国**の王朝。前3世紀の**アショーカ王**（位 前268頃〜前232頃）の時代に最盛期を迎え，南端部を除くインドの大部分を支配した。アショーカ王は仏教を保護したことでも知られる。

問5　[32]　正解①

アラム人ではなく，ソグド人が正しい。**ソグド人**は中央アジアの都市**サマルカンド**などを拠点に内陸交易で活躍した。唐にも多くのソグド人が住んでおり，安史の乱を起こした安禄山などが知られる。

②**ハンザ同盟**はリューベックを盟主とする北ドイツ諸都市の都市同盟であり，13〜16世紀にかけて，北海・バルト海の交易におけるドイツ人の商業利益を守る組織であった。独自の軍事力を持ち，ドイツにおいては諸侯とならぶ政治勢力ともなった。③宋代には博多と明州（後の寧波）を結ぶ民間貿易（**日宋貿易**）が盛んとなった。宋からは陶磁器，書籍，銅銭などが輸入されて日本の貨幣経済の進展をうながした。日本からは火薬の原料となる硫黄などが輸出された。④前三千年紀後半にはエジプトとシリアとクレタ島を結ぶ海上交易が形成された。こうした状況下で，クレタ島には前20世紀頃から平和で海洋的な**クレタ文明**が成立した。中心となったクレタ島の**クノッソス**には複雑な構造の大規模な宮殿が建設され，王が支配する社会が形成された。

問6 33 正解③

　図は15世紀のパリの市場を描いたものである。この時期，香辛料の産地であるインド南部や東南アジアはムスリム商人たちが活動していた。ムスリム商人はインド洋では**ダウ船**を用いて季節風を利用し，香辛料などのアジアの物資を東から西へ運んだ。その後，**マムルーク朝**の商人を経て紅海を北に運ばれ，**アレクサンドリア**などの地中海沿岸都市にもたらされた。ここにはヴェネツィアなどの北イタリアの商人などが来航しており，そこでヨーロッパの商人に転売されたと考えられる。

　①元は1368年に明の攻撃を受けて長城以北に退いて北元となり，その後，1388年に再び明に敗北して滅亡し，大モンゴル国は消滅した。②**クシャーナ朝**は1世紀から3世紀にかけて栄えた王朝であり，④**パルティア**はイラン高原を前3世紀から後3世紀にかけて支配した王国である。いずれも，図は15世紀のパリの市場であるため，時期が合わない。

第 3 回　実戦問題　解答・解説

第3回 （100点満点）

（解答・配点）

問題番号（配点）	設問（配点）		解答番号	正解	自己採点欄	問題番号（配点）	設問（配点）		解答番号	正解	自己採点欄
第1問（25）	A	1（3）	1	④		第3問（16）	A	1（3）	16	④	
		2（3）	2	③				2（3）	17	③	
		3（3）	3	②				3（4）	18	③	
	B	4（2）	4	④			B	4（3）	19	②	
		5(1)（2）	5	①又は⑥				5（3）	20	①	
		5(2)（2）	6	④又は②*		小　　　計					
		6（3）	7	④		第4問（19）	A	1（3）	21	①	
	C	7（3）	8	④				2（3）	22	①	
		8（3）	9	①				3（4）	23	②	
小　　　計								4（3）	24	②	
第2問（18）	A	1（3）	10	④			B	5（3）	25	③	
		2（3）	11	①				6（3）	26	④	
		3（3）	12	②		小　　　計					
	B	4（3）	13	③		第5問（22）	A	1（3）	27	①	
		5（3）	14	③				2（4）	28	③	
		6（3）	15	④			B	3（3）	29	④	
小　　　計								4（3）	30	④	
							C	5（3）	31	②	
								6（3）	32	②	
								7（3）	33	③	
						小　　　計					
						合　　　計					

＊解答番号 5 で①を解答した場合は④を，⑥を解答した場合は②を正解とし，点を与える。

●写真提供・協力

時事通信フォト

「独立宣言の執筆」（ジーン゠レオン゠ジェローム゠フェリス），ダーメーク・ストゥーパ，

ヴェンカテーシュワラ寺院，「文昌帝君像」（北京）

解　説

第1問

〈出題テーマ〉
「世界各地の地下資源や農産物から見た歴史」

〈出題のねらい〉

本問では、19世紀後半の帝国主義時代から今日までの、石炭・天然ガスなどの地下資源や米・サトウキビなどの農作物に関する会話文を題材に出題した。資料やグラフ、会話文の使用といった共通テストの出題傾向を踏まえて作問し、正確な歴史事項や文章の読み取りを求めた。

なお、資料は以下より引用した。

B　資料1「二十一カ条要求」
　　資料2「全国の父老に警告する書」※出題者により訳出

問1　　1　　正解④

ドイツとフランスの国境地帯の地域名は、いのアルザス・ロレーヌ地方が正しい。**アルザス・ロレーヌ**地方は「ヨーロッパの振り子」と呼ばれたように、石炭や鉄鉱石を産出することからドイツとフランスの係争地となり、**三十年戦争**後の**ウェストファリア条約**(1648)でフランス領に、**プロイセン＝フランス戦争**(1870～71)後にはドイツ領となった。その後アルザス・ロレーヌ地方はドイツの急速な工業化を支えたが、**Y**にあるように第一次世界大戦敗戦後の**ヴェルサイユ条約**(1919)でフランスに割譲された。したがって1920年のドイツの石炭産出量が減少したのは、アルザス・ロレーヌ地方の喪失が一因と言える。

あのルール地方も石炭を産出する工業地域で、**X**にあるようにドイツの賠償金の不払いを理由に**フランスやベルギー**に占領され、工業生産の停滞が破局的な**インフレーション**を招いたことはよく知られている。しかしルール地方は独仏国境にないので適当ではない。

問2　　2　　正解③

ロシア革命で成立したソヴィエト政権が、国内の内戦や対ソ干渉戦争に対処するため、1918年に**戦時共産主義**を採用した。私企業の禁止や穀物の強制徴発など厳しい統制を敷いたことで生産は減少し、農民の反乱も多発したことから、1921年に**新経済政策（ネップ）**を実施し、中小企業の民営化や余剰穀物の自由売買など部分的な資本主義の採用に踏みきった。この結果、生産は回復したが一方で貧富の差が広がり、失業者が出るなどの弊害が生じたため、1928年に**第1次五カ年計画**に移行した。農業の集団化とともに重工業の促進がうたわれたため、石炭

の増産が進んだことがグラフの上昇からも分かる。また1929年以降、資本主義国は世界恐慌の影響で経済状況は深刻化したが、社会主義国のソ連は世界恐慌の影響を受けずに経済発展が進んだことがグラフの上昇から判断できる。

①ニコライ2世は第一次ロシア革命(1905)後にストルイピンを首相として革命派を弾圧し、**ミール（農村共同体）**の解体による自作農の創設をめざしたが、ストルイピンは1911年に暗殺された。独ソ戦争が勃発したのは、第二次世界大戦中の**1941年**でドイツの**独ソ不可侵条約破棄**がきっかけとなった。②1920年代の説明は前述のように正しいが、1930年代に関しては、新経済政策（ネップ）が1920年代(1921～28)の政策のため適当ではない。④スターリンの大粛清は1920年の産出量の減少の原因ではない。ソ連では1924年のレーニンの死後、**世界革命論**を唱えた**トロツキー**を失脚させて、**一国社会主義論**を説くスターリンが指導者となった。さらに**1930年代後半**にスターリンは反対派を大量に粛清し、独裁を強化した。1930年代の説明は前述したように正しい。

問3　　3　　正解②

問題文の会話の中に「1972年に建設が始まった西シベリアとフランス・西ドイツを結ぶ全長5,500kmのパイプラインが、1984年に完成し稼働を始めました」とあることからパイプラインが建設された背景は、1972年当時の出来事に理由があることが分かる。また会話の中で建設が冷戦の最中であることも示されている。本来冷戦では東西陣営は対立することが前提なので、パイプラインの建設は東西関係の融和が背景になっていることに気付いてほしい。1969年に西ドイツ首相となった**社会民主党**の**ブラント**は、ソ連や東ヨーロッパ諸国との融和と協調を目指す**東方外交**を進めた。1972年に結ばれた**東西ドイツ基本条約**で両国関係は正常化し（互いを国家として承認）、翌年には**東西ドイツは国際連合に同時加盟**した。そうした状況を反映しソ連と西ドイツを結ぶ天然ガスのパイプライン建設が1972年に始まった。

①1956年のソ連共産党第20回大会でスターリン批判を行ったのは**フルシチョフ**である。ブレジネフは1964年のフルシチョフ失脚後にソ連の指導者となり、チェコスロヴァキアの改革運動である「**プラハの春**」へ軍事介入を行ったことなどで知られる。③ゴルバチョフがソ連の指導者となったのは、1984年のパイプライン完成後の1985年であり、その後、**ペレストロイカ（立て直し）**や**グラスノスチ（情報公開）**とともに新思考外交を展開した。④ベルリンの壁が崩壊したのは、東欧革命(**東欧社会主義圏の消滅**)の最中に当たる1989年11月である。

　日本では1885年の内閣制度の成立後，旧薩摩藩と旧長州藩の出身者が首相を独占する藩閥政府がつづいた。しかし1898年に板垣退助が率いる自由党と大隈重信が率いる進歩党が合同して衆議院の約三分の二を占める**憲政党**が結成され，第一次大隈重信内閣が成立した。陸・海軍の大臣を除く閣僚をすべて憲政党員が占める**最初の政党内閣**となったが，わずか4カ月で分裂した。

　①日露戦争に勝利して，1905年に**ポーツマス条約**を調印したのは，第一次桂太郎内閣である。ポーツマス講和会議は外相の**小村寿太郎**が日本の全権代表，ウィッテがロシアの全権代表となって行われた。②**普通選挙法**が制定されたのは，加藤高明を首相とする護憲三派内閣時代の1925年で，従来の納税資格が撤廃され，満25歳以上の男性に選挙権が認められた。③**大日本帝国憲法**(明治憲法)が発布されたのは，1889年で，当時は黒田清隆内閣だった。歴史的事象と当時の内閣(首相)が結びつくのが望ましいが，本問の場合は「1898年」から，①～③の出来事が時代的に該当しないと判断できることがポイントとなる。

　問5(1)　[5]　正解は①または⑥

　空欄[イ]には資料の「インドが滅ぶと，……インド人を兵卒に用い」からイギリスが当てはまる。イギリスは東インド会社の傭兵である**シパーヒーの反乱**(インド大反乱，1857～59)を機に，**ムガル帝国**を滅ぼし，1877年には英領**インド帝国**を成立させて植民地支配を強化した。

　また空欄[ウ]は資料に「ベトナムは……亡きものとされ……」とあるので，フランスが該当する。フランスは**ナポレオン3世のインドシナ出兵**(仏越戦争，1858～62)を機にベトナムに侵攻し，フエ(ユエ)条約(1883・84)で阮朝を保護国化し，清仏戦争後の1887年に**フランス領インドシナ連邦**を成立させた。したがって正解は，①または⑥である。

　問5(2)　[6]　正解 (1)で①を選んだ場合は④，⑥を選んだ場合は②

　(1)で①のイギリスを選んだ場合は，④が適当な文である。イギリスがウィーン会議(1814～15)によりオランダから**ケープ植民地**を獲得したあと，オランダ系移民(ブール人)は北方に移動して**オレンジ自由国**や**トランスヴァール共和国**を建てた。19世紀後半にアフリカ横断政策をとったイギリスは**南アフリカ戦争**(ブール戦争，1899～1902)に勝利して両ブール人国家を併合し，自治領の**南アフリカ連邦**を1910年に成立させた。

　(1)で⑥のフランスを選んだ場合は，②が適当な文である。侵略戦争の放棄を約した**不戦条約**(1928)は，フランスの外相ブリアンとアメリカの国務長官**ケロッグ**の主導により締結されたため，ブリアン・ケロッグ条約とも呼ばれる。

　①世界恐慌後の1935年にエチオピアに侵攻し，翌年にこれを併合したのは**イタリアのムッソリーニ政権**である。③クリミア戦争の敗北を受けて1861年に農奴解放令を発布したのは**ロシアのアレクサンドル2世**である。⑤オランダは17世紀から日本との交易を開始した。江戸幕府のいわゆる「**鎖国**」政策により商館が平戸から長崎の**出島**に移され，当時のヨーロッパ諸国の中で唯一貿易が認められた。⑥再軍備宣言を行い，ヴェルサイユ条約を破棄したのは**ドイツのヒトラー政権**である。ドイツは第一次世界大戦の敗戦後，ヴェルサイユ条約で軍備を制限されたが，1933年に成立したヒトラー政権は**徴兵制の復活**や空軍の創設など再軍備を1935年に宣言した。

　問6　[7]　正解④

　日本が二十一カ条要求を突きつけた1915年当時のアメリカ大統領は**ウッドロー＝ウィルソン**(民主党，任1913～21)なので，空欄[エ]に入れる人名はいである。ウィルソンはパリ講和会議で「14カ条」を講和の原則に掲げ，国際平和機関の設立を提唱したが，上院がヴェルサイユ条約の批准を拒否し，アメリカの国際連盟加盟はかなわなかった。**あのセオドア＝ローズヴェルト**大統領(共和党，任1901～09)は日露戦争後の**ポーツマス講和会議**の仲介や，**棍棒外交**と呼ばれた強圧的なカリブ海政策で知られる。

　空欄[オ]に入れる文として正しいのは，Y(ジョン＝ヘイ国務長官による門戸開放宣言の趣旨)である。会話文にあるウィルソン大統領が「日本の要求が中国の主権をおびやかす脅威として反発」したという部分は，19世紀末に激化した列強の中国分割に際し，ジョン＝ヘイ国務長官が公表した**門戸開放宣言**(1899・1900)に含まれる「**中国の主権尊重**」を踏まえている。そのほか門戸開放宣言ではアメリカの中国市場への本格的な参入を目的に「**中国の門戸開放，機会均等，領土保全**」が唱えられ，第一次世界大戦後のワシントン会議で締結された**九カ国条約**(1922)でこれらの主張は国際条約化された。Xに含まれるモンロー宣言(1823)は，ラテンアメリカの独立運動に武力干渉しようとした神聖同盟諸国に対抗し，当時のモンロー大統領がアメリカ大陸とヨーロッパの相互不干渉を提唱したアメリカ合衆国の孤立主義外交の拡大を意図したもので，対中国政策とは結びつかない。

　問7　[8]　正解④

　統計資料を見ると，フィリピンにはフランス領インドシナから5万7千トンの米が輸出されているのが分か

る。また会話には「砂糖はアメリカ植民地のフィリピンでも生産が盛んでした」とあり，かつ「東南アジアでは欧米による分割支配の枠を超えてそれぞれの地域的特性を生かし，互いを補完する形で開発が進められました」とあることから砂糖がフィリピンから輸出されていたことが分かる。

①図の統計資料によると，フランス領インドシナから輸出される米の総量よりも，ビルマを含むインドから輸出される米の総量の方が多い（とくに中東への70万トンが大きい）。②会話文にはマレーではなくジャワ島で，コーヒー，サトウキビ，タバコが栽培されたと説明がある。またオランダがジャワ島で採用した**強制栽培制度**でこれらの農作物が栽培されていたことを思い出してほしい。③会話文には「オランダ領東インドの人口は1905年に3,771万人だったのが，1920年には4,935万人に増加しています」とあるので，増加率は約1.3倍となり，2倍増加は誤りである。

問8　9　正解①

アジア太平洋経済協力（APEC）会議は，自由貿易圏の拡大を図ってオーストラリアの提唱で第1回会議が1989年にキャンベラで開かれた。日本は結成当初の加盟国であるアジア太平洋地域の12カ国に含まれる。

②**ヨーロッパ自由貿易連合（EFTA）**の設立を提唱したのはフランスではなく，イギリスである。③ヨーロッパ連合（EU）結成の契機となった1992年のマーストリヒト条約はスイスでなく，**オランダ**で結ばれた。スイスは1815年の**ウィーン会議**により**永世中立国**となり，現在もEUや北大西洋条約機構（NATO）には加盟していない。④キューバではなく，メキシコが正しい。**北米自由貿易協定（NAFTA）**は1992年にアメリカ，カナダ，メキシコの3カ国により調印された。キューバは1959年の**カストロ**指導の**キューバ革命**の結果，社会主義国となりアメリカ中心の**米州機構（OAS）**からも除名された。

第2問

〈出題テーマ〉
「歴史の中の君主像」

〈出題のねらい〉

本問の**A**ではマキャヴェリの『君主論』を素材として，主に中世後半期から近世初頭にかけてのヨーロッパ史，**B**では曹丕の禅譲儀礼を題材として主に前近代の中国史から出題した。共通テストの傾向にあわせて，内容は基本事項に限定しつつ，できるだけ会話文や資料の情報を読み取りながら総合的に判断してもらうよう作問した。

なお，資料は以下より引用した。

A　資料1・2マキャヴェリ『君主論』（佐々木毅訳，講談社学術文庫），

B　陳寿『三国志』（今鷹真・井波律子訳『三国志 I 魏書I』ちくま学芸文庫）

問1　10　正解④

ポイントは会話文中の「14世紀初頭」と「イタリア半島内部」という情報である。**教皇党（ゲルフ）と皇帝党（ギベリン）**の対立は，**叙任権闘争**が終わった12世紀から激しくなり，15世紀頃まで続いて，**ダンテ**もその争いのなかでフィレンツェを追われた。

①**国土回復運動（レコンキスタ）**は，**カスティリャ王国**や**アラゴン王国**などキリスト教諸国がイベリア半島で進めたもので，場所が異なる。②**ランゴバルド人**は，**東ローマ帝国（ビザンツ帝国）**が**東ゴート王国**を征服した直後の6世紀後半にイタリア半島へ侵入しているので，時期が異なる。③**教会大分裂（大シスマ）**は，14世紀後半から15世紀初頭にかけてローマと**アヴィニョン**の教皇が対立した事態を指し，時期が異なる。

問2　11　正解①

空欄　**イ**　の後に「16世紀初頭のフィレンツェを取り巻く内外の状況」とある点に注目すること。**イタリア戦争（1494〜1559）**は，フランス王シャルル8世のイタリア半島侵入で幕を開け，16世紀に入ってフランス王**フランソワ1世（位1515〜47）**と神聖ローマ皇帝**カール5世（位1519〜56）**の対立により本格化した。

②**「大空位時代」**は，13世紀後半（1256〜73）の出来事で，時期が異なる。③**ユグノー戦争**は，16世紀後半（1562〜98）に起こったフランスの宗教戦争なので，時期・場所ともに異なる。④**両シチリア王国（ノルマン＝シチリア王国）**は，12世紀前半にノルマン人によって建てられているので，時期が異なる。

問3　12　正解②

ダンテについて述べた文は**あ**が正しい。ダンテは，中世後半期の俗語文学が盛んになった流れをうけて，フィレンツェがある**トスカナ地方**の言葉で『**神曲**』を著した。なお，いにある『**デカメロン**』の著者はボッカチオである。

フィレンツェについて述べた文は**Y**が正しい。内陸に位置するフィレンツェは，毛織物業，金融業などで栄えた。なお，**X**にある**ハンザ同盟**を結成し，その盟主となったのは北ドイツのリューベックである。

問4　13　正解③

空欄　**ウ**　の王朝は，会話文に「王莽」が建てたとあるので，**新（8〜23）**だと特定できる。新建国後，王莽は復古的政治を進めたため国内で反発が強まり，農民による**赤眉の乱**が起こって，それによる混乱の中で滅亡した。

①郡国制は，前漢の高祖(劉邦，位 前202〜前195)が採用した統治制度。②倭の奴国王の使者が朝貢して金印を授けられたのは，後漢(25〜220)時代。④九品中正は，魏の文帝(曹丕，位 220〜226)が始めた官吏任用制度。

問5 　14　 **正解③**

ムガル帝国(1526〜1858)のアクバル帝(位 1556〜1605)は，多数派であるヒンドゥー教徒との融和を図ってジズヤ(非ムスリムに課せられた人頭税)を廃止した。

①エジプト新王国のアメンヘテプ4世は，アメン(=ラー)の神官の勢力が増したことに対抗して，アテン神を崇拝させる一神教改革を行った。②聖像禁止令(726)を発した東ローマ(ビザンツ)皇帝は，ユスティニアヌス1世(位 527〜565)ではなく，レオン3世(位 717〜741)である。④北魏(386〜534)の太武帝(位 423〜452)は，道士である寇謙之を重用して道教を国教とし，仏教を弾圧した。

問6 　15　 **正解④**

山口さんのメモは正しい。劉秀(光武帝，位 25〜57)が建てた後漢は，2世紀後半に起こった黄巾の乱(太平道を中心とした農民反乱)を機に群雄割拠の状態となって力を失った。

河野さんのメモは正しい。会話文での先生の発言に「祭天儀式により天子となる」とあり，表のⅢでは祭天儀式→新制実施の詔勅という順序になっている。

三上さんのメモは誤り。メモには「隋から唐への王朝交替の際まで続いた」とあるが，隋(581〜618)と唐(618〜907)が交替したのは7世紀前半であり，一方，会話文での先生の発言では「禅譲形式の王朝交替は10世紀後半まで続きました」とある。

第3問
〈出題テーマ〉
「覇権国家の興亡」
〈出題のねらい〉

本問は，覇権国家の興亡をテーマとし，Aではモンゴル帝国(大モンゴル国)，Bでは17世紀を中心とするオランダを扱った。共通テストでは，本問のように資料などから思考力・判断力が問われる問題が多く出題されており，今後もこうした傾向は続くと予想される。普段から教科書や資料集の図版などを確認しながら，それぞれにどういった意義があるのか，歴史の流れはどうなっているのか，内容の理解に努めよう。

なお，資料は以下より引用した。

A　カルピニ／ルブルク『中央アジア・蒙古旅行記』(護雅夫訳，講談社学術文庫)

問1 　16　 **正解④**

空欄ア にはカラコルムが入る。モンゴル帝国第2代オゴデイ(オゴタイ，位 1229〜41)の命でオルホン川東岸に建設された都市で，第4代モンケ(位 1251〜59)の時代まで帝国の首都として繁栄した。第5代クビライ(フビライ，位 1260〜94)が大都(北京)に遷都した後も，モンゴル高原における拠点とされた。

サマルカンドは，西トルキスタンのアム川・シル川に挟まれたソグディアナの中心都市。古来，ソグド人の東西交易の要衝として繁栄した。13世紀前半，モンゴルによって破壊されたものの，後にティムールが再興してティムール帝国の都とした。

問2 　17　 **正解③**

空欄イ には駅伝制が入る。モンゴル帝国及び元(大元ウルス)では，広大な領域の支配を可能とすべく，主要道路に馬で一日行程ごとにジャムチ(站赤)と呼ばれる駅をおき，馬，食糧などを提供した。チンギス(位 1206〜27)が創設し，オゴデイ時代に整備された。公用旅行者には牌符という証明書が与えられ，これを持っていれば無料で馬や食糧が供給された。

①イクター制に関する説明。イクター制は，軍人や官僚に俸給の代わりに一定の土地の徴税権を与える制度で，ブワイフ朝に始まりセルジューク朝で整備され，その後のイスラーム諸王朝にも受け継がれた。②プロノイア制に関する説明。プロノイア制はビザンツ帝国後期の土地制度で，有力貴族に軍事奉仕の代償として一定の国有地の管理権を与えた制度。当初は本人一代限りの管理であったが次第に世襲化し，封建勢力を生み出すこととなった。④古代ペルシアのアケメネス朝に関する説明。アケメネス朝は第3代ダレイオス1世(位 前522〜前486)の時代に最盛期を迎え，全国を約20の州に分けてサトラップ(知事)を置いて統治する中央集権体制を構築した。また「王の道」と呼ばれる国道を整備し駅伝制を設けるとともに，中央から「王の目」「王の耳」と呼ばれる監察官を派遣してサトラップの監視や情報の収集を行わせた。

問3 　18　 **正解③**

下線部ⓐの拡大について述べた文としては，いの「ベトナムの陳朝に対し遠征を行ったが，撃退された」が正しい。陳朝は，13世紀前半から15世紀初めまで北部ベトナムを支配した王朝。中国の諸制度を導入して中央集権化に成功し，13世紀後半には3度にわたるモンゴル軍の侵入を撃退した。あのホラズム＝シャー朝は，アム川下流のホラズム地方を中心に中央アジアからイラン高原を支配したトルコ系イスラーム王朝。モンゴルの使節を殺

害したことでチンギスの侵攻を招き，ほどなくして滅亡した。

大元ウルスの支配下の社会について述べた文としては，**X**の「歴代の大ハン（カアン）がチベット仏教を保護し，国家の財政難を招いた」が正しい。チベット仏教は，チベット固有の土着宗教と結びついて独自に発展した大乗仏教の一派。元の時代，クビライがサキャ派の高僧パクパを国師として迎え入れたことから，元朝治下で保護されて栄えた。だが，寺院の建立などによる膨大な支出は，王朝の財政難の一因となった。**Y**の**一条鞭法**は，税制の簡素化のために土地税と人頭税を一括銀納させる制度で，明代後半に実施された。16世紀末までにはほぼ全国に普及し，清代に**地丁銀制**が確立するまで継承された。

問4　19　正解②

文章中の空欄　**ウ**　にはジャワ島が入り，図中の**a**が正しい。空欄　**エ**　にはアンボイナ島が入り，図中の**c**が正しい。ジャワ島は，インドネシア中南部に位置する島。17世紀前半，オランダ人が島の西部にバタヴィアを建設して東インド総督を置き，アジア進出の拠点とした。アンボイナ島は，モルッカ諸島にある小さな島。モルッカ諸島は香辛料の重要な産地で，ポルトガル勢力を追い出したオランダはアンボイナ島に要塞を築いた。遅れてこの地に進出してきたイギリスが香辛料貿易への参入を試み，両国の東インド会社が対立した結果，1623年，オランダ商館員が日本人傭兵を含むイギリス商館員20名を虐殺する**アンボイナ事件**が起こった。これにより，イギリスは東南アジアから撤退し，インドに拠点を移す契機となった。なお，図中の**b**は，ティモール島である。

問5　20　正解①

グロティウスは，オランダの法学者で近代自然法思想の創始者。『**海洋自由論**』（1609年刊）で国際的な海洋航行の自由を主張し，『**戦争と平和の法**』では平和のための国際秩序の確立を提唱した。「自然法の父」，「国際法の父」と称される。

②**エラスムス**は，ネーデルラント出身の16世紀最大の人文主義者。古典に通じ，『愚神礼賛』を著して聖職者の堕落を風刺し，宗教改革に少なからず思想的影響を与えたが，ルターとは対立した。③**スウィフト**は，アイルランド出身の小説家。政治家の秘書や聖職者を務めながら，社会を風刺する作品を多く著した。代表作の『**ガリヴァー旅行記**』は，船医ガリヴァーが小人国や巨人国を旅する物語で，当時のイギリス社会を痛烈に批判した。④**ホッブズ**は，社会契約説を説き，絶対王政を擁護したイギリスの政治学者。主著の『**リヴァイアサン**』で，人間の自然状態を生存権をめぐる「**万人の万人に対する**

闘争」状態とみなし，秩序維持のために国家権力の絶対性を主張した。

第4問

〈出題テーマ〉

「世界史上の法」

〈出題のねらい〉

本問は世界史上の法をテーマとした。**A**ではアメリカ合衆国の憲法を題材に，資料や図版を組み合わせて出題している。組合せ問題や空欄に文を入れる問題など共通テストに頻出のパターンで設問を構成している。**B**はイスラーム教のシャリーアに関するリード文で出題した。

なお，資料は以下より引用した。

A　資料1「ヴァージニア憲法」，資料2トマス＝ジェファソン『ヴァージニア覚書』※ともに歴史学研究会編，『世界史史料7』（岩波書店）

問1　21　正解①

空欄　**ア**　にはあの「外交官としてフランスとの同盟を実現」が入る。**フランクリン**は貧しい家の出身ではあったが多方面で才能を発揮し，「アメリカンドリーム」を体現した人物としても知られている。独立宣言起草にも関わり，また駐フランス大使としてアメリカ独立戦争へのフランスの参戦を実現させた。科学者としても知られ，雷の正体を電気だと突き止めて避雷針を発明した。なお，いの電信機を発明したのはアメリカの**モース（モールス）**である。

空欄　**イ**　には**X**の**トマス＝ジェファソン**が入る。トマス＝ジェファソンはヴァージニアのプランテーション経営者であり，独立宣言の起草者として最も有名で，アメリカ合衆国の第3代大統領（任1801〜09）となった。独立宣言起草委員として大統領となった人物には他にジョン＝アダムズ（第2代大統領，任1797〜1801）がいる。**Y**のワシントンは独立戦争時の総司令官であり，初代の大統領である。憲法制定会議の議長にはなったが，独立宣言起草委員は務めていない。

問2　22　正解①

マンデラは，反アパルトヘイト運動を指導したとして，1964年逮捕され終身刑となったが，1990年デクラーク政権下で釈放され，1994年全人種参加の選挙で南アフリカ共和国の大統領となった。

②民主党ではなく，共和党が正しい。**リンカン**（大統領任1861〜65）は**共和党**から選出された最初の大統領であり，熱心な連邦主義者であった。南部がアメリカ合衆国から離脱してアメリカ連合国を建てると，南北戦争が勃発した。③ヒトラーは**ヒンデンブルク**の死後，**総**

統(フューラー)に就任した。総統は首相と大統領の権限を併せ持つ役職であり、大統領という称号は使われなくなった。④第三共和政ではなく、第二共和政が正しい。ルイ＝ナポレオンはナポレオン1世の甥であり、農民や軍人の人気を背景に二月革命後の第二共和政下の大統領(任1848～52)に選ばれた。やがてクーデタで議会を解散させた後、国民投票を経て皇帝に即位し、第二帝政が始まった。

問3　23　正解②

アメリカ合衆国憲法は人民主権を基礎に、権力の乱用を避けるために三権分立の原則を定めている。三権分立の考え方は、フランスの啓蒙思想家モンテスキューが『法の精神』において説いている。

①フランス人権宣言の発表は1789年であり、アメリカ合衆国憲法の制定(1787)より後であるから、影響を与えることはできない。③アメリカ合衆国憲法ではインディオ(先住民)の保護は規定されておらず、逆に彼らや黒人奴隷の権利は無視されていた。④ロックの主張した革命権(抵抗権)を主張しているのはアメリカ独立宣言である。なお合衆国憲法では修正第2条で人民の武装権として抵抗権を規定した。

問4　24　正解②

空欄　エ　にはスンナ(派)が入る。オスマン帝国がその盟主という点から判断する。②はスンナ派のセルジューク朝についての文である。セルジューク朝は中央アジアから台頭し、建国者のトゥグリル＝ベクがブワイフ朝を打倒してアッバース朝のカリフからスルタンの称号を与えられた。さらにアナトリアに進出してビザンツ帝国を圧迫したことから、ビザンツ皇帝からの援助要請を受けた教皇ウルバヌス2世の呼びかけで十字軍の遠征が開始された。

①サファヴィー朝についての文である。サファヴィー朝はシーア派を国教とし、シーア派がイランの民族意識を高める結果をもたらした。アッバース1世の時代にイスファハーンは都となり、繁栄を誇った。③ファーティマ朝についての文である。ファーティマ朝はシーア派を信奉し、アッバース朝に対抗して建国当初からカリフを自称した。その後、エジプトを支配し新首都カイロを建設した。④ブワイフ朝についての文である。シーア派を信奉したブワイフ朝はバグダードを占領して大アミールとしてアッバース朝カリフを傀儡化した。

問5　25　正解③

設問で問われているオスマン帝国最盛期の君主はスレイマン1世である。第1次ウィーン包囲を行って神聖ローマ皇帝カール5世に圧力を加え、東ではサファヴィー朝

と争っている。またプレヴェザの海戦でスペイン王カルロス1世(皇帝カール5世と同一人物)やヴェネツィアを破っている。

①「ウィーンを占領した」が誤り。スレイマン1世はハンガリーを征服し、ウィーンを包囲したが、冬が近づいたために包囲を解いて撤退している。②ルイ14世ではなく、フランソワ1世が正しい。このフランスとオスマン帝国との提携が、後にオスマン帝国がカピチュレーションを与える背景となった。④スレイマン1世の父セリム1世の業績である。

問6　26　正解④

あは正しい。ムスタファ＝ケマルはスルタン制を廃止してオスマン帝国を滅ぼし(1922)、ローザンヌ条約によりトルコ共和国を建国した(1923)。それから一連の近代化の改革を実施したが、そのときカリフ制を廃止(1924)し政教分離を実施して、その結果、それまでのシャリーアによる統治体制を完全に放棄した世俗国家となった。

いは正しい。イブン＝サウードが、1932年に今日のサウジアラビア王国を建国したが、彼がめざしたのは、18世紀中ごろに成立したワッハーブ王国を再建することだった。この王国は、コーランとスンナ(慣行)だけをよりどころとした本来のイスラームの信仰に戻るべきと主張したワッハーブ派がアラビア半島の有力者サウード家と提携してできた国であった。そのためサウード家出身のイブン＝サウードの建設した今日のサウジアラビア王国は、ワッハーブ派を国教としており、コーランとスンナ、つまりシャリーアに基づく国家なのである。

うは誤り。1979年のイラン＝イスラーム革命で打倒されたのは、カージャール朝ではなくパフレヴィー朝である。この革命で新しい体制の最高指導者となったのがシーア派のウラマー(法学者)ホメイニ。彼の下で厳格なシャリーアに基づく政教一致のイスラーム国家が誕生した。

第5問

〈出題テーマ〉
「世界史上の聖地・聖人・宗教施設」

〈出題のねらい〉
世界史上の聖地・聖人・宗教施設に関する会話文などをもとに、Aでは主に南アジアを、Bでは古代から中世にかけてのヨーロッパを、Cでは古代から20世紀にかけての中国に関して問うた。さまざまな形式で出題される共通テストの本番で必要となる、問題文を読み解く力、選択肢を吟味する力を養ってほしい。

問1　27　正解①

空欄　ア　の直前にある「偶像崇拝を厳禁」という表現

からムハンマドの主張が思い浮かべば，　ア　に入れる語句は，**あ**のイスラーム教徒による破壊となる。さらに空欄　ア　の前にある，「13世紀以降」という時期は，13世紀初頭に成立した奴隷王朝以下，5つのイスラーム王朝であるデリー＝スルタン朝の時代である。**い**のポルトガル人がインドに来航したのは，15世紀末以降のことである。

空欄　イ　も，直前の「現在でも**南インド**で広く使われる」という表現から，古くは南インドの地にチョーラ朝やパーンディヤ朝を建てたタミル人が用いていた**X**の**タミル語**を選択できる。**Y**のウルドゥー語は，北インドのヒンディー語にペルシア語やアラビア語の語彙が取り入れられて成立した言語である。現在はパキスタンの国語となっている。**Z**のサンスクリット語は，古代インドにおいて，西ヨーロッパにおけるラテン語のような共通語の役割を果たした言語である。

　問2　　28　　**正解③**

田中さんのメモは誤り。仏教を創始したガウタマ＝シッダールタやジャイナ教を創始したヴァルダマーナは，ともに**クシャトリヤ階級**の出身で，バラモンを頂点とする社会を前提とする**ヴァルナ制度を批判**した。

中村さんのメモは誤り。7世紀前半**玄奘は陸路インド**を往復した。ハルシャ王治下にナーランダー僧院に学び，帰国した後はその旅行記である『**大唐西域記**』を口述筆記させた。7世紀後半にインドを**海路往復**したのは，『**南海寄帰内法伝**』を著した**義浄**である。

井上さんのメモは正しい。**ヴィシュヌ神**は破壊の神シヴァ・創造の神ブラフマーと並ぶヒンドゥー教の三大神のひとつで，世界の維持を司っている。アーリヤ人がインド各地に進出した際に，統治を円滑にするため現地の神をヴィシュヌの化身として取り込んだことで，多くの化身をもつとされた。『マハーバーラタ』と並ぶインド二大叙事詩のひとつ『ラーマーヤナ』に登場するコーサラ国の王子ラーマもヴィシュヌ神の化身のひとつとされている。

　問3　　29　　**正解④**

空欄　ウ　には，空欄直前の「西ゴート王国のあった」という表現から現在のイベリア半島の地域をさす**ヒスパニア**が入る。空欄　エ　には，空欄直後の「フランク王国」という表現から現在のフランスを中心とした地域をさす**ガリア**が入る。

10世紀のヨーロッパについて述べた文は**い**が正しい。987年，西フランク王国のカロリング家の断絶に際して，パリ伯であった**ユーグ＝カペー**が聖俗諸侯に推される形でフランス王位に就いた。これが**カペー朝**である。**あ**は誤り。神聖ローマ皇帝ハインリヒ4世とローマ教皇グレゴリウス7世との間の**叙任権闘争**が始まったのが11世紀

後半である。その後，皇帝と教皇の間で妥協が図られる**ヴォルムス協約**は，1122年に結ばれた。

　問4　　30　　**正解④**

ドイツ人の東方植民などに対抗し，リトアニア大公ヤゲウォとポーランド女王ヤドヴィガが結婚したことを機に，1386年に両国が合同して成立したのが**ヤゲウォ朝**である。15世紀に入るとタンネンベルクの戦いでドイツ騎士団を破るなど，東欧の強国となった。

①14世紀末，デンマークの王女マルグレーテを中心として，デンマーク・スウェーデン・ノルウェーの三国が同君連合を結成した。これが**カルマル同盟**である。②ウラル山脈南西部が原住地とされるウラル語系の**マジャール人**は，やがてヨーロッパに進出したが，955年，当時ドイツ王であったオットー1世に敗れ，その後ドナウ川中流のパンノニアにハンガリー王国を建国した。③10世紀末，**キエフ公国のウラディミル1世**は，ビザンツ皇帝の妹を妃として迎えたことを機に，**ギリシア正教に改宗**した。

　問5　　31　　**正解②**

空欄　オ　の直前の「試験で官吏登用を行う」という表現から，まずはここに**科挙**が入ることを想起したい。試験による官吏登用である科挙は，6世紀末に隋の文帝がはじめ，20世紀初頭，光緒新政で廃止された。

①前漢の武帝がはじめた官吏任用制度は，**郷挙里選**である。これは徳のある人物を地方長官に推薦させて官吏とする制度であった。③科挙は，元朝において当初高官をモンゴル人が独占したため行われなかったが，14世紀に入ると，再開された。④新羅は唐の文化などを受容したが，朝鮮半島で本格的に科挙を導入したのは**高麗**の時代に入ってからのことである。なお，骨品制は新羅の身分制度のことである。

　問6　　32　　**正解②**

上海で雑誌『**新青年**』を発行し，**文学革命**のきっかけをつくった**陳独秀**は，北京大学の教授となり，魯迅や李大釗，胡適らと新文化運動をすすめた。五・四運動後は，1921年に上海で結成された**中国共産党の初代委員長**となった。

①清朝の近代化を図ろうとして**康有為**が推進したのは，**変法運動**である。洋務運動は，1860年代に曾国藩や李鴻章などによって推進された富国強兵運動である。③**知行合一**は，知ることと行うことは同じ心の両面の作用であり，本来は一つのものとする**陽明学**の考え方である。陽明学は，明の王守仁（王陽明）が確立した。朱熹は，朱子学を大成した南宋の儒学者である。④唐の太宗の命を受け，**孔穎達**が編纂したのは，『**五経正義**』である。『五経大全』は，明の永楽帝が編纂を命じた五経

の注釈書である。

問7 　33 　正解③

　最後から2つ目の先生の発言に,「梓潼神は,もともとこの国のあった四川省の地方神で」とあり,ここでいう「この国」とは蜀をさすので,これが正しい文となる。

　①道教は,諸子百家でいう道家,老子や荘子の考えを源流としている。孔子の考えを源流とするのは,儒学である。②もとは寿命などを司っていた文昌帝君が学問の神様となったのは,先生の5つ目の発言,「もう一つの神(＝梓潼神)と,後の時代に融合したことで学問の神様とされ」とあり,先生の最後の発言に「元の皇帝が梓潼神を……ついに文昌帝君と梓潼神の信仰が合わさることになった」という表現から,文昌帝君を「学問の神様」としたのは,元の皇帝とわかる。④先生の3つ目の発言に「考え方があまりに中国的であるために,中国人の民族宗教にとどまっています」とあり,世界宗教ではないことがわかる。

第 4 回 実戦問題　解答・解説

（解答・配点）

問題番号（配点）	設問（配点）		解答番号	正解	自己採点欄	問題番号（配点）	設問（配点）		解答番号	正解	自己採点欄
第1問（25）	A	1（3）	1	④		第4問（19）	A	1（3）	21	③	
		2（3）	2	②				2（3）	22	④	
		3（3）	3	①				3（3）	23	②	
	B	4（3）	4	②			B	4（4）	24	④	
		5（3）	5	①				5（3）	25	①	
		6（2）	6	②				6（3）	26	③	
	C	7（3）	7	④		小　計					
		8（2）	8	②		第5問（22）	A	1（3）	27	②	
		9（3）	9	②				2（3）	28	③	
小　計								3（3）	29	①	
第2問（16）	A	1（3）	10	③			B	4（3）	30	②	
		2（3）	11	③				5（3）	31	④	
		3（3）	12	④			C	6（3）	32	①	
	B	4（3）	13	④				7（3）	33	④	
		5（4）	14	②		小　計					
小　計						合　計					
第3問（18）	A	1（3）	15	③							
		2（3）	16	⑤							
		3（3）	17	③							
	B	4（3）	18	①							
		5（3）	19	①							
		6（2）	20	④							
小　計											

●写真提供・協力

Cynet photo

「ミュンヘン会談」（風刺画），ジュセル王のピラミッド，チチェン＝イッツァの階段ピラミッド

「民衆を導く自由の女神」（ドラクロワ），「農民の踊り」（ブリューゲル），

レギスタン広場（サマルカンド），ヒエログリフ，楔形文字

解　説

第1問

〈出題テーマ〉

「20世紀前半の国際状況」

〈出題のねらい〉

本問は歴史総合の問題として，20世紀の国際状況をテーマに，**A**では第二次世界大戦期前後のヨーロッパ諸国の関係，**B**では日中戦争期の日本のアジア進出，**C**では第二次世界大戦後の国際体制について出題している。歴史的な出来事について，なぜそうした事態になったのか？について考えることこそが，現代史を理解する要となる。現代史に苦手意識を持つ人は，特にしっかりと取り組む契機としてほしい。

問1　[1]　正解④

い→う→あ→図1の順が正しい。

いの**サライェヴォ事件**は，**1914年**の出来事である。ボスニア州都のサライェヴォを訪れていたオーストリアの帝位継承者のフランツ＝フェルディナント大公夫妻がセルビア人青年に殺害された事件であり，これが契機となってオーストリアがセルビアに宣戦布告をし，第一次世界大戦がはじまった。第一次世界大戦では，当初中立を維持しながら貿易を行ったアメリカが大戦を機に債務国から債権国となり，**ニューヨークのウォール街**が世界の金融市場の中心となった。

うが発生したのは**1929年**の10月である。ニューヨークのウォール街で株価が大暴落し，これをきっかけにアメリカが深刻な恐慌におそわれた。アメリカは世界各地から資本を引き揚げたため，ヨーロッパ各地も深刻な不況に見舞われた。こうした中，ヴェルサイユ条約によって海外植民地を失い，加えて第一次世界大戦の賠償金を課されていたドイツでは，次第に国際社会への反発が強まり，こうしたドイツ人の感情を背景に**ナチ党（ナチス）**が勢力を拡大した。その結果，1932年には**ナチ党（ナチス）**が議会の第1党となり，翌年にはヒトラー政権が成立した。賠償問題の推移は以下の年表にまとめたので参考にしてほしい。

【賠償問題の推移】

1919	ヴェルサイユ条約でドイツの賠償責任を明言
1921	ロンドン会議で1320億金マルクに決定 →ドイツの支払いは停滞
1923	フランスとベルギーによるルール占領
1924	ドーズ案でドイツはアメリカ資本を導入
1929	ヤング案で358億金マルクに減額
1931	フーヴァー＝モラトリアムで賠償金の1年間の支払い猶予を決定
1932	ローザンヌ会議で30億金マルクに減額
1933	ナチス政権が賠償金の支払いを拒否

あの関東軍主導のもとに，満洲国が独立を宣言したのは，**1932年**3月1日のことである。1931年関東軍が南満洲鉄道の線路を爆破，これを中国軍によるものと主張して攻撃し，満洲を占領した。翌年，**満洲国を樹立**，独立を宣言させた。

図1が風刺している**ミュンヘン会談**は**1938年**の出来事である。1933年に政権を握ったヒトラーは，35年には再軍備を宣言し，36年にはラインラントに進駐した。38年にはオーストリアを併合し，さらに**チェコスロヴァキア**に対して**ズデーテン地方**の割譲を要求したことで，ミュンヘン会談が開催された。会談はイギリスのネヴィル＝チェンバレン，フランスのダラディエ，イタリアのムッソリーニ，ドイツのヒトラーでなされ，ソ連のスターリンは会談に呼ばれなかった。図1は席がないスターリン（人物**A**）が不満気に立っているという構図から，スターリンが英仏からないがしろにされ，それに不満を抱いていることを読み取ることができる。ソ連はこれにより，ドイツへの宥和政策を行うイギリスやフランスに対する不信感を強め，これが独ソ不可侵条約を締結するソ連側の背景となった。

問2　[2]　正解②

図1の**A**の人物の名は**あ**のスターリンである。第一次世界大戦中の二月革命（三月革命）でロマノフ朝が廃されて，混乱したロシアでは，続く十月革命（十一月革命）でレーニンがソヴィエト政権を掌握した。1924年のレーニンの死後，世界革命論を主張するトロツキーとの権力闘争に，**一国社会主義論**を掲げるスターリンが打ち勝って権力を強大化させ，1953年のその死まで権力を握り続けた。なお，**い**のウッドロー＝ウィルソン（任 1913〜21）はアメリカ合衆国の大統領である。

図1の**A**の人物はスターリンなので，スターリンの説明は**Y**が正しい。**スターリン**は一国社会主義をとったため，その理論の実証もあって計画経済によるソ連の成長を図り，**五カ年計画**を実施した。なお，**X**の**シベリア出兵**は，第一次世界大戦末期の1918年，シベリアでのチェコスロヴァキア軍捕虜の救出を名目に行われた。イギリス・フランス・アメリカおよび日本軍などの多国籍軍が出兵した。スターリンは防衛する側の立場であった。

空欄　ア　にはチェコスロヴァキアが入る。図1で風刺されたミュンヘン会談は，ヒトラーが**チェコスロヴァキア**に対して**ズデーテン地方**の割譲を要求したことを背景に開催された。そのため，風刺画で掲げられた地図はチェコスロヴァキアのものである。この会談でイギリスとフランスは，ヒトラーがさらなる領土の要求を行わないことを条件に，ズデーテン地方の割譲を認める**宥和政策**を行った。なお，チェコスロヴァキアのベネシュ大統領も会談には直接参加はしていない。

空欄　イ　には「ドイツ系の住民が多く居住しているズデーテン」が入る。チェコスロヴァキアの西部にあるズデーテン地方は，第一次世界大戦後にオーストリアから独立したチェコスロヴァキアの領土となっていた。この地域はドイツ系の住民が多いため，ヒトラーは民族の自決を掲げてこの地方の割譲を要求した。なお，ヒトラーは**ミュンヘン会談**(1938)後の1939年に**チェコスロヴァキアを解体**し，西部のチェコを保護領とし，東部のスロヴァキアを保護国とした。他の選択肢については，イタリアの**ムッソリーニ**政権がイタリア系の住民が多く居住している**フィウメ**を，1924年にユーゴスラヴィア(当時の名称はセルブ＝クロアート＝スロヴェーン王国)から獲得した。

問4　4　正解②

地図上の都市は**a**が西安，**b**が上海，**c**が南京である。

パネル1は**西安事件**(1936)に関する説明文である。満洲国を建て，さらに華北への進出を狙う日本軍に対し，蔣介石は共産党を打倒することを優先した。共産党は長征を行う一方，八・一宣言で国共内戦の停止と一致抗日を唱えた。張学良はこれに共感し，共産党との戦いを監督するために西安を訪れた蔣介石を監禁し，内戦停止と一致抗日を求めた。したがって**パネル1－a**の組合せが正しい。

パネル2は日本が南京に**汪兆銘**を首班とする政府を樹立(1940)したことに関する説明文である。蔣介石が政府を武漢，重慶と奥地へ移し，抗日戦を長期化させたことで日中戦争は泥沼化し，蔣介石との和平交渉も折り合わず，1938年，当時の近衛文麿首相は「爾後国民政府を対手とせず」の声明を発表して交渉を打ち切ってしまった。そこで日本側は蔣介石に次ぐ国民政府の有力者で，日本に融和的な汪兆銘による親日政権をつくって新たな和平交渉の相手とし，蔣介石政権の切り崩しを図った。したがって**パネル2－c**の組合せが正しい。

問5　5　正解①

日本は満洲国不支持に反発して1933年3月，ドイツは軍事平等権が認められないことを理由に同年10月，国際連盟を脱退し，エチオピア侵攻に対する経済制裁に反発

して最後にイタリアが1937年に脱退した。

②フランスはドイツやイタリアなどのファシズム諸国の台頭に対して，危機感を抱き，1935年にソ連と相互援助条約を結び，翌年，**人民戦線内閣**を樹立した。日独伊防共協定が軍事同盟へと展開したのは1940年である。③第二次世界大戦期に日本と中立条約を結んだのはソ連である。第二次世界大戦開戦当初，ソ連はドイツと独ソ不可侵条約を結んでいたが，独ソ戦争は避けられないと考えており，1940年に同盟関係になった日独伊三国がソ連を挟撃することを警戒していた。一方で日本は日中戦争の戦況打開とアメリカ合衆国による経済制裁の被害を軽減するために東南アジア進出をねらっていた。両国の思惑が一致して，1941年に**日ソ中立条約**が結ばれた。④アメリカ合衆国が対日戦争に参戦したのは，1941年に**真珠湾攻撃**を受けてからのことである。日中戦争は1937年に始まっているので，当てはまらない。

問6　6　正解②

アユムさんのメモは誤っている。図3中の**a**はフィリピンである。**スハルト**はインドネシアの軍人で，第二次世界大戦中は，日本軍の下で働いた。大戦後のインドネシアは**スカルノ**失脚後に大統領となり，**開発独裁**と呼ばれる体制をとった人物である。

ジュンさんのメモは正しい。図3中の**b**はベトナムである。ベトナムでは，**ホー＝チ＝ミンがベトナム独立同盟会(ベトミン)**を結成して抗日運動を展開し，日本の降伏後はフランスが植民地支配の復活に対して，抗仏運動を展開した。

クインさんのメモは誤っている。図3中の**c**はインドネシアである。インドネシアの**スカルノ**は日本からの解放後，独立を認めない旧宗主国のオランダによる支配復活に反発して独立運動を展開して，独立を達成した。

問7　7　正解④

空欄　ウ　には北大西洋条約機構(**NATO**)が入り，成立した時期は**x**が正しい。NATOの前身となった西ヨーロッパ連合条約(ブリュッセル条約)は，ソ連がチェコスロヴァキア＝クーデタなど東欧諸国への影響力を強めたことに対抗して1948年に結成され，西側占領地区の通貨改革に対抗したソ連によるベルリン封鎖が続くなかで，これを発展させる形で翌1949年アメリカ合衆国・カナダなどが加わってNATOが結成された。

空欄　エ　には**ワルシャワ条約機構**が入り，成立した時期は**z**が正しい。ソ連を中心とした東欧諸国は西ドイツの再軍備が認められ，NATOに加盟することに反発して，翌1955年に東欧諸国の軍事同盟であるワルシャワ条約機構を結成した。

問8　8　正解②

　会話より，提示された1949年の日本の新聞記事には，第二次世界大戦後のアメリカの対日政策に関係する事項が記されていたものと考えられる。第二次世界大戦は終結したが，共産圏の拡大という新たな火種が生じたことで，対日政策をどのようにするべきか？　という迷いがアメリカ政府にはあったと推測できる。ヨーロッパ以外の地域への共産圏拡大が危惧される中，北方のソ連からの侵攻の危険性を考えると，日本に米軍基地を設置して「日本の占領政策を長く続けるべき」という意見があったであろうことは想像できる。

　①アメリカは**ベルリン封鎖**が行われていた1949年時点で，日本を再武装させてはいない。ソ連によるベルリン封鎖は1948年6月24日に発生し，1949年5月12日に解除された。ソ連が東ドイツ内に位置するベルリンの西部，すなわち非共産主義のエリアを封鎖し，鉄道や道路を閉鎖して，電力供給も停止した事件は，西側諸国にとっては衝撃であった。孤立した西ベルリンを救うために，アメリカは輸送機で諸物資を空輸するという作戦で対処した。③朝鮮戦争は1950～53年まで行われていたため，選択肢の「再び朝鮮戦争が勃発」という部分が1949年という年代と齟齬があり誤りと判断できる。1948年にそれぞれ樹立された南北朝鮮間で，1950年に**朝鮮戦争**が勃発した。北の朝鮮民主主義人民共和国を中国義勇軍が，南の大韓民国はアメリカ軍を中心とする国連軍が支援した。1953年の**板門店**における休戦協定で停戦がなされ，現在に至るまでずっと「休戦」状態である。④1949年の時点で日本は高度経済成長は達成しておらず，また再武装化もしていないため誤りである。対日講和条約については，日本は朝鮮戦争でアメリカ軍の主要基地となり，経済的には「朝鮮特需」で潤った。地政学的にも日本の重要性をあらためて認識したアメリカなどは，**サンフランシスコ平和条約**を1951年に締結し，占領軍は撤退するが，外国軍の駐留は容認するということも確約された。同時に，**日米安保保障条約**という軍事条約も締結された。当然，ソ連や東欧諸国など共産主義国は署名を拒否した。

問9　9　正解②

　あは誤り。イランは，1955年結成のイギリスを中心とする**バグダード条約機構**(中東条約機構，METO)，および1959年の同**中央条約機構**(CENTO)のメンバーであり，1979年の**イラン革命**に至るまで親米政策が維持された。

　いは正しい。1947年にイギリスから独立したインドの**ネルー**首相(任1947～64)は，1954年に中国(周恩来)と**平和五原則**を確認し，翌55年に開催された**アジア・アフリカ会議**で指導的な役割をはたすなど第三世界の政治家

として名を上げた。

　うは誤り。エジプトの大統領の**ナセル**(任1956～70)は前述のアジア・アフリカ会議で指導的な役割をはたし，また1956年には英仏が管理する**スエズ運河の国有化**を断行(その結果，**第2次中東戦争**=スエズ動乱が勃発)するなど西側陣営と対峙したことで知られる。

第2問

〈出題テーマ〉
「世界史における宗教上の建造物と聖地」

〈出題のねらい〉
　本問は**A**では世界各地のピラミッド状の建造物を，**B**ではクーファの歴史と大モスクを取り上げ，資料を用いた設問を出題した。基礎事項を多様な形式で出題する共通テストでは，内容や年代を踏まえた学習が重要となる。入試本番に向けて，内容理解や年代の学習に積極的に取り組んでいこう。

　なお，資料については以下より引用した。

　B　資料1：イブン＝バットゥータ『大旅行記3』(家島彦一訳註，平凡社)，資料2：タバリー「預言者たちと諸王の歴史」(佐藤次高著『世界の歴史8　イスラーム世界の興隆』中央公論社)

問1　10　正解③

　図1(前27世紀頃，古王国時代)→**い**(前14世紀，新王国時代)→**あ**(前7世紀前半)→**う**(前3世紀初頭)の順が正しい。

　図1は，エジプト第3王朝のジェセル王(位 前27世紀頃)の時に建設されたピラミッドで，**古王国時代**(前27世紀～前22世紀)の建造物である。その後，同じ古王国時代である第4王朝の**クフ王**(位 前26世紀頃)が，ギザに最大のピラミッドを建設した。

　い　アテンを唯一神とする信仰を強制したのは，**新王国時代**の王アメンヘテプ4世(位 前1351頃～前1334頃)である。彼は都を**テーベ**から**テル＝エル＝アマルナ**に移し，テーベの神**アメン**などを否定して，**アテン**を唯一神とする信仰を強制し，自身の名も**イクナートン**と改めた。しかし王の死後，エジプトは伝統的な信仰に戻った。

　あ　メソポタミア北部で成立した**アッシリア**は，メソポタミアやシリアで勢力を拡大し，前7世紀前半にエジプトを征服して，オリエント世界を統一した。

　う　ムセイオンは，ヘレニズム時代にエジプトを支配した**プトレマイオス朝**(前304～前30)が，都アレクサンドリアに建設した王立研究所であり，自然科学や文献学の研究が盛んだった。

　古王国→新王国→アッシリア→プトレマイオス朝の順

が分かれば，正解することができる。

問2　11　正解③

空欄　ア　には「マヤ文明」が入る。マヤ文明はアメリカ大陸中部にあるユカタン半島を中心に栄えた文明で，会話文にある階段ピラミッドや，選択肢にある二十進法やそれを用いた精密な暦法などの高度な文化が発達した。

①黄河文明の殷王朝の説明である。②ガンジス川流域のインド古代文明や中国の長江文明の説明である。マヤ文明の周辺には大河がなく，セノーテと呼ばれる，鍾乳洞に地下水がたまった泉を水源としていた。④水道橋・円形闘技場・神殿などの建築物は古代ローマ文明の説明である。

問3　12　正解④

空欄　イ　には，いの「元軍を撃退して成立した」が入る。ジャワ島東部を支配したシンガサリ朝（1222～92）は，元のクビライ（フビライ）と対立して元の遠征を招いたが，元軍の到着前の1292年に内乱で滅亡した。その後，ジャワ島に侵攻した元軍を撃退して成立したのが，マジャパヒト王国（1293～1520頃）である。ヒンドゥー教を信仰するマジャパヒト王国は，現在のインドネシアにほぼ相当する地域を支配したが，イスラーム勢力の台頭を受けて衰退した。なお，あの「（タイの）アユタヤ朝（1351～1767）を滅ぼした」国は，ミャンマー（ビルマ）のコンバウン朝（アラウンパヤー朝，1752～1885）である。コンバウン朝は後にイギリスに滅ぼされ，イギリス領インド帝国に併合された。

空欄　ウ　には，Yの「シャイレンドラ朝の時代に建設された大乗仏教遺跡である」が入る。シャイレンドラ朝は，8～9世紀頃のジャワ島に存在した大乗仏教王国である。Xの「クメール人の王朝がヒンドゥー教寺院として建設した」建造物は，アンコール＝ワットである（「クメール人の王朝」とはアンコール朝を指す）。ボロブドゥールとアンコール＝ワットは画像も入試頻出なので，資料集などで確認しておこう。

問4　13　正解④

資料の後の説明「アリーとその家系の支持者が多かった」という内容から，空欄　エ　にはアリーとその子孫のみを正当な指導者とみなすシーア（派）が入ることが分かる。共通テストで出題される主要なシーア派王朝は，ファーティマ朝，ブワイフ朝，サファヴィー朝である。特にサファヴィー朝は，シーア派の最大宗派である十二イマーム派を国教とした。④はサファヴィー朝の最盛期の王アッバース1世（位1587～1629）の事績である。遷都したイスファハーンには，「イマームのモスク」（旧称は「シャーのモスク」）などが建設された。また，アッ

バース1世がポルトガル人をホルムズ島から追放したことも覚えておこう。

他の選択肢はスンナ派王朝の事績である。①イェニチェリは，オスマン帝国のスルタン直属の常備歩兵軍である。②クトゥブ＝ミナールはインド最古のモスクにある塔（ミナレット）で，奴隷王朝（1206～90）の建国者アイバクが建設を始めた。③ムラービト朝の事績。マグリブ（北アフリカ西部）を支配したムラービト朝（1056～1147）は，サハラ以南のガーナ王国に侵攻し，西アフリカのイスラーム化をうながした。

問5　14　正解②

資料2に関する説明「8世紀半ばにクーファで反乱を起こしてカリフに推戴され」から，この反乱が750年にアッバース朝を樹立した際の演説であることを読み取る。なお，演説を行ったのはアッバース朝の初代カリフとなったアブー＝アル＝アッバースである。したがって，資料2の「われら」とはアッバース朝であり，「圧政」を行ったのはアッバース朝に倒されたウマイヤ朝（661～750）であると判断できる。ウマイヤ朝は7世紀のアリー暗殺後にシリアのダマスクスを都として成立した王朝なので，資料1の説明「ウンマの中心はシリアのダマスクスに移」ったに該当する。ウマイヤ朝はアラブ人ムスリムを免税として優遇する一方，マワーリー（アラブ人以外の改宗者）にはハラージュ（地租）やジズヤ（人頭税）を課したため，マワーリーはウマイヤ朝の政策に不満を抱いていた。またシーア派もウマイヤ朝を敵視しており，アッバース朝はマワーリーやシーア派の支持を得て成立し，ウマイヤ朝を打倒した（その後シーア派はアッバース朝によって弾圧された）。なお，ファーティマ朝はこの時弾圧を受けたシーア派がチュニジアに逃れて潜伏したのち，10世紀にチュニジアで建国した王朝である。この時初代君主はカリフを自称してアッバース朝の支配を否定した。

第3問

〈出題テーマ〉

「世界史上の文化・経済の交流における中継地」

〈出題のねらい〉

本問は世界史上の文化・経済の交流における中継地をテーマとして，Aではシャンパーニュ地方とフランドル地方を，Bでは中央アジアのサマルカンドを取り上げ，資料や図版を用いた設問を出題した。共通テストでは様々な形式の設問が出題され，資料や図版の読み取りを求められることも多い。ただ，どのような形式の設問であっても，基本事項の正確な理解が解答する際の前提と

なる点は変わらない。語句の丸暗記にならないように，日頃から教科書や資料集などを用いた丁寧な学習を実践し，確かな学力を養ってほしい。

問1　15　正解③

地域1は「西欧の内陸」の「中継交易」で「大市」が発達し，「トロワ」が中心的都市であることが指摘されているため，**シャンパーニュ地方**であると判断できる。そのため，「地域1を支配した国家」はフランスとなる。③は**フランス革命**に関する文である。**国民議会**は1789年に**人権宣言**を採択し，すべての人間の自由や平等，私有財産の不可侵など，近代市民社会の原理を主張した。

①フィリップ4世は聖職者課税問題で教皇ボニファティウス8世と対立し，課税承認を得るために身分制議会である**三部会**を初めて招集した。三部会は17世紀前半にルイ13世が招集を停止した。②シャルル7世は，フランスが百年戦争に勝利し，戦争が終結した時の王である。④ルイ14世はナントの王令を定めたのではなく，廃止した。これにより，商工業者であった一部のユグノーが国外に逃亡し，フランスの経済が停滞する一因となった。**ナントの王令**は1598年に**アンリ4世**が発布したもので，ユグノーに部分的な信仰の自由を承認して**ユグノー戦争**を終わらせた勅令である。

問2　16　正解⑤

地域2は「スヘルデ川の下流域」で，「毛織物業で栄え」たとあるため，**フランドル地方**であると判断できる。

空欄　ア　はこの地域で活動した芸術家の代表作が問われているのでいが正しい。いは**フランドル派**の画家ブリューゲルの「農民の踊り」である。あは「**民衆を導く自由の女神**」で，**ドラクロワ**がフランスで起こった七月革命（1830）を描いたものであるため，地域が正しくない。

空欄　イ　は16世紀のフランドル地方について述べた部分が空欄になっているためYが正しい。フランドル地方を含むネーデルラントは，スペイン王の**フェリペ2世**によるカトリック政策やそれまで認められてきた自治権の抑制に対して，1568年に反乱を起こした。途中，フランドル地方を中心とする地域はスペインと和解し，スペインの支配下にとどまった。一方，ホラント州を中心とする北部は**ユトレヒト同盟**を結成，1581年にネーデルラント連邦共和国を樹立し，スペインから自立した。**X**はピョートル1世の時代のロシアに関する文である。ロマノフ朝のピョートル1世はスウェーデンと**北方戦争**（1700〜21）を戦い，戦中にバルト海沿岸地域を占領してこの地にペテルブルクを建設して都とした。**Z**は，エリザベス1世時代のイギリスに関する文である。統一法により，イギリス国王をイギリスの教会の首長とする，

イギリス国教会の制度が確立された。なお，イギリス国教会はカルヴァン派の教義を採用しているが，儀式面などで旧教的側面を残している。

問3　17　正解③

地域1のシャンパーニュ地方と地域2のフランドル地方は共に西欧世界にあるため，西欧世界の歴史の共通点について答える。西欧中世の都市では，遠隔地商業に従事する商人や手工業者のギルドが結成され，相互扶助の一方で自由競争などを禁止して市場を独占した。都市では，当初，**商人ギルド**が都市の自治の担い手となったが，手工業者の**同職ギルド（ツンフト）**も，商人ギルドと抗争しながら次第に市政への参加を実現した。これを**ツンフト闘争**と呼ぶ。

①ムスリム商人の陸上交易に関する文である。**キャラヴァンサライ**はイスラーム世界の隊商宿のことで，ムスリム商人が陸上交易で利用した。②世界史上初めて紙幣を使用したのは宋代の中国である。宋代の中国では**鎮・市**と呼ばれる商業の中心地が発展し，商品流通が大規模になり，交子・会子と呼ばれる紙幣が流通した。④ギリシア語ではなくラテン語が正しい。シャンパーニュ地方やフランドル地方がある西欧の中世では，知識人の多くが聖職者であり，ラテン語を用いて交流した。知識人が主にギリシア語を使用するのは，ヘレニズム世界やビザンツ帝国などである。

問4　18　正解①

アンカラの戦いは，1402年にティムールがオスマン帝国軍を撃破して，バヤジット1世を捕虜にした会戦である。遠征続きで疲弊していたオスマン帝国軍は撃破され，バヤジット1世は妻子とともに捕虜となった。1403年，持病，もしくは服毒自殺で亡くなった。

②オスマン帝国のメフメト2世の事績である。メフメト2世は1453年に**コンスタンティノープル**を占領してビザンツ帝国を滅ぼし，遷都した。以後この地はイスタンブルとよばれるようになった。③アッバース朝（750〜1258）の子孫をカリフとして擁立したのは，エジプトのマムルーク朝（1250〜1517）である。アッバース朝はモンゴル帝国のフレグによって最後のカリフが倒されて滅亡し，そのカリフの叔父がマムルーク朝によってカリフとして擁立されて保護された。④トルコ共和国のムスタファ＝ケマル（ケマル＝アタテュルク）の事績である。ケマルはオスマン帝国の軍人で，第一次世界大戦で活躍した。大戦後亡国の危機に陥ったオスマン帝国のスルタンを廃し，1923年にみずからを大統領とするトルコ共和国を建てた。その後カリフ制も廃止して，政教分離をすすめた。

【ティムールの遠征】

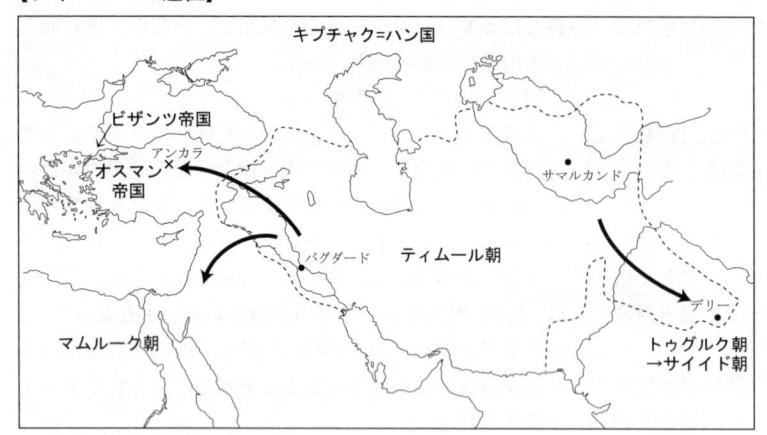

問5　19　正解①

　前漢が郡をおいて直接支配した領域は西方では**武帝**のときに設置された**敦煌郡**までであり，西トルキスタン（ソグディアナ地方）のサマルカンドは含まれない。

【前漢が直接支配した領域】

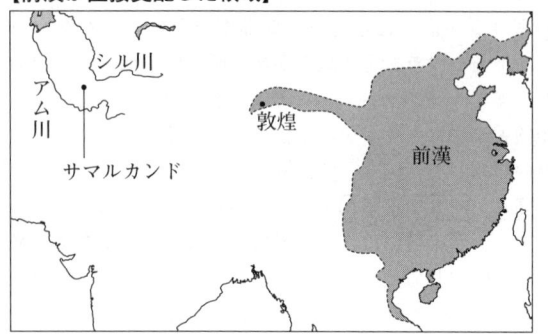

　②ウマイヤ朝はイラン方面からアム川をこえて西トルキスタンを領有した。③カラハン朝は北方の草原地帯から西トルキスタンに侵攻し，999年にこの地を治めていたサーマーン朝を滅ぼした。④ブハラ＝ハン国は，16世紀前半にティムール朝を滅ぼしたウズベク人が建てた国の一つである。

問6　20　正解④

　前2000年紀のメソポタミアで広く用いられていた文字は楔形文字（い）で，図版は**Y**である。**シュメール人**が発明した**楔形文字**はアッカド語やバビロニア語などの表記にも取り入れられ，前2000年紀にはアッカド語を表記した楔形文字がオリエントの共通文字として用いられた。**X**は**エジプトの神聖文字（あ；ヒエログリフ）**である。

　なお，**う**のアラム文字は内陸交易に従事したアラム人によって用いられ，各地の文字の形成に影響を与えた。

第4問

〈出題テーマ〉

「世界史上の民主政治」

〈出題のねらい〉

　本問は，古代から19世紀の民主政治の歴史をテーマとした。**A**では古代ギリシアの民主政治，**B**ではイギリスの議会政治を扱っている。出題の形式としては，会話体のリード文と資料を使用した。本番までに，こうした出題形式に慣れてもらいたい。

　なお，資料は以下より引用した。

　A　資料1・2　久保正彰訳『トゥキュディデス　戦史』（中央公論新社）

　B　「モンタギュー夫人の国王評」歴史学研究会『世界史史料6』（岩波書店）

問1　21　正解③

　トゥキディデスの『歴史』（『戦史』）は，**い**の**ペロポネソス戦争**（前431〜前404）をテーマとしている。ペロポネソス戦争は，アテネを中心とするデロス同盟とスパルタを中心とするペロポネソス同盟の戦い。ギリシアは長期の戦いによって重装歩兵の中核を形成していた中小市民が弱体化し，国土は荒廃してポリス世界は，政治・社会が変容し，衰退に向かうことになった（問3解説参照）。**あ**の**ペルシア戦争**（前500〜前449）は，アテネ・スパルタを主力とするギリシアがアケメネス朝ペルシアを破った戦いで，戦後アテネでは民主政治が確立した。この戦いは，**ヘロドトス**が『歴史』で叙述している。同書に記されている「**エジプトはナイルのたまもの**」という言葉は覚えておこう。

　ペリクレスの業績は**X**である。ペリクレス（前495頃〜前429）はペルシア戦争後のアテネ全盛期を指導した政治家で，民主政治は彼の下で完成したと言われる。彼はペ

ルシア戦争で破壊された**パルテノン神殿**を，デロス同盟の資金を流用して再建したことでも知られる。**Y**の**サラミスの海戦**を勝利に導いたのは**テミストクレス**。この海戦で軍艦の漕ぎ手として活躍した無産市民の発言力が高まったことも覚えておこう。

問2　22　正解④

クレイステネスはアテネの民主政治の形成にとって基礎となる改革を行った。一つは僭主の出現を防止するための**陶片追放（オストラキスモス）**，もう一つは血縁で結ばれた貴族勢力に打撃を与えるため，**地域に基づく新な部族制**を実施したのである。

①**ヘイロータイ**はスパルタにおける隷属農民のこと。ドーリア人に征服された人々を起源とする。②**財産政治**は，ペルシア戦争前，前6世紀初頭に**ソロン**が行った改革。ソロンは借金の帳消しと債務奴隷の禁止のほか，財産に応じて市民の権利義務を定める財産政治を施行した。しかし，これによって無産市民の政治参加が認められたわけではなく，彼らはペルシア戦争のサラミスの海戦で軍艦の漕ぎ手として活躍し，戦後発言力が高まって政治参加が認められたのである。③**ドラコン**は，前7世紀後半のアテネにおいて慣習法を成文化した立法者で中小農民の保護政策を進めたのはペイシストラトスである。なお，**スパルタ**において軍国主義的な社会・政治体制を定めたとされる**リュクルゴス**も覚えておこう。

問3　23　正解②

アケメネス朝は**ペロポネソス戦争**に際してスパルタを支援した。**スパルタ**はペルシアの海軍の支援を受けてアテネの食糧輸送を封鎖し，ペロポネソス戦争に勝利した。

①**リュクルゴス**は，スパルタ初期の伝説的立法者で，ペリクレスが生きた時代には存在しない。また，ペロポネソス戦争に勝利した後のスパルタは，富の流入で市民の間に格差が生まれ，軍国主義体制が動揺することになった。③**オリンピアの祭典**は前776年に開始され，後4世紀にローマ皇帝の勅令で禁止された。これを近代に甦らせたのがフランスのクーベルタンで，近代オリンピックの第1回大会は1896年に**アテネ**で開かれた。④デロス同盟が誤り。アテネ・テーベ連合軍は，カイロネイアの戦い（前338）で**フィリッポス2世**の率いるマケドニアに敗れた。**フィリッポス2世**はスパルタを除くギリシアの諸ポリスを糾合して**コリントス同盟（ヘラス同盟）**を結成した。

問4　24　正解④

図中のいはキューバである。フロリダに近い，島国ということで特定できよう。あはメキシコ。アメリカと国境を接していることで理解できよう。

キューバでは1959年，親米の独裁的な**バティスタ政権（Y）**が，**カストロ**を指導者とする革命で崩壊した。カストロ政権は1961年に社会主義を宣言してソ連との提携を強化，ソ連は1962年にキューバに核ミサイル基地の構築を試みたため，**キューバ危機**が起こり世界を震撼させた。当時のアメリカ大統領**ケネディ**，ソ連の指導者**フルシチョフ**は必ず覚えておくべき人物である。**X**の社会主義者の**アジェンデ**が選挙で大統領（任1970～73）に選出されたのはチリである。史上初めて，選挙で社会主義政権が成立したが，1973年の軍部クーデタによって瓦解した（背後でアメリカのCIAが暗躍していたといわれる）。

なお，**あ**のメキシコでも1910年にディアス独裁政権に対する民主主義革命が起こった。

問5　25　正解①

責任内閣制の確立・ウォルポール・ジョージ1世の組合せが正解となる。

イギリスでは名誉革命，権利の章典によって国王に対する議会優位という政治状況が生まれた。アン女王（位1702～14）が亡くなってステュアート朝が断絶，ドイツのハノーヴァー（ハノーファー）選帝侯ゲオルグを国王に迎え，彼は**ジョージ1世**（位1714～27）として即位，**ハノーヴァー朝**が始まった。資料から，王がハノーファー出身であることを読み取ろう。また先生が指摘したとおり官僚や家臣を自由に動かして政治を行うことは不可能で，政治の実権は内閣に移ることになった。そして，息子の**ジョージ2世**（位1727～60），**ウォルポール首相**（任1721～42）の時代，国王の信任にもかかわらずウォルポールが議会の不信任を理由に辞任したことから「**責任内閣制**」，つまり内閣は国王にではなく議会に政治的責任を負うという制度が生まれ，「**国王は君臨すれども統治せず**」という政治体制が確立することになったのである。

問6　26　正解③

メモ1は正しい。会話文中の「14世紀の**百年戦争**を始めた国王」とはプランタジネット朝のエドワード3世である。会話文にあるように，**エドワード3世**の時代にイギリス議会は**二院制**になった。

メモ2は正しい。ピューリタン革命のきっかけとなったのは，スコットランドの反乱を鎮圧するための戦費などを目的に課税が必要となり，1640年にステュアート朝の国王チャールズ1世は議会を招集した（長期議会）。この時議会は王の権力の制約などを決議したことから国王との対立が深まり，1642年に内戦が勃発するにいたった。最終的に議会派は，チャールズ1世を逮捕・処刑した。邦彦さんの会話「中産市民層が主体となった二つの革命」のひとつであり「王侯貴族……下手をすると自分の

身が危うい」の具体例である。

第5問

〈出題テーマ〉

「産業革命で国力を高めたヨーロッパ諸国の動向が世界各地にもたらした影響」

〈出題のねらい〉

Aでは19世紀におけるイギリスとアジアにおける貿易の変化，**B**では日本と中国を中心とするアジアの近代化，**C**ではアメリカ合衆国の19世紀における内外の状況について出題をした。19世紀パックス＝ブリタニカといわれたイギリスは，各国に先駆けて産業革命を成し遂げた。その経済の発展がイギリスおよび他国にどのような影響を与えたか？ を改めて考えてもらいたい。**B・C**のようにアジアにおいても，何が国のあり方を変容させていったのか？ や，イギリスからの独立を勝ち取ったアメリカ合衆国が，19世紀の諸問題をどのように克服していったのか？ について考えてもらいたい。

なお，資料については以下より引用した。

B 資料1 武藤秀太朗『抗日中国の起源』(筑摩書房)

C 資料2 「ワシントン大統領の告別演説」(アメリカ国立公文書館HP) ※出題者により訳出

問1 ┃27┃ 正解②

会話文に当てはまる正しい文を選ぶ問題である。

空欄┃ア┃には**a**が入る。空欄┃ア┃の直後に「輸出を増やすのは難しかったと思います」とあり，1815年頃の清朝への輸出が増えなかった要因を答えればよいので，当時の清朝が行っていた貿易制限を述べた**a**が当てはまる。**乾隆帝**(位1735～95)は，ヨーロッパとの貿易を広州1港に限定し，特許商人組合の行商(公行)に貿易を管理させた。イギリスは**マカートニー**や**アマースト**を派遣して，貿易制限の緩和を求めた。なお，**b**の義和団が活躍した時期は19世紀末である。

空欄┃イ┃には**d**が入る。1800年～1815年にかけてのイギリスで，穀物輸入が減少した理由を答えればよいので，当時のヨーロッパで起きていた**ナポレオン戦争**について述べた**d**が当てはまる。大陸制覇を目指したナポレオンは，**アウステルリッツの戦い**(1805)でオーストリア・ロシア軍を，さらにイエナの戦い(1806)でプロイセン軍を破ると，1806年にはベルリンで**大陸封鎖令**を出した。これは大陸諸国に対し，イギリス製品の輸入やイギリスへの穀物輸出を禁止するもので，プロイセンやロシアなど東欧諸国からイギリスへの穀物輸出が激減した。なお，**c**の航海法の制定は1651年である。

問2 ┃28┃ 正解③

あは誤り。**クロンプトンがミュール紡績機**を発明したのは1779年だが，18世紀後半であると分かれば解答は可能である。グラフ1から，総輸入に占める綿花の割合が穀物を超えたのは19世紀に入ってからなので，誤りと判断できる。

いは正しい。ロンドンで**第1回万国博覧会**が開催されたのは1851年である。グラフ1から1850年頃の綿花と穀物の割合を読み取ると，綿花がおよそ28％，穀物がおよそ12％なので，この2品目でほぼ40％となるので，正しいと判断できる。

このように，共通テストのグラフ問題は選択肢に示された事件の年代を判断できれば，あとはその年代のグラフを読み取ることで解答できる場合が多い。

問3 ┃29┃ 正解①

東西間の綿布輸出入の関係が逆転したのは，1820年頃である。1819年，イギリスの植民地行政官ラッフルズは，現地のジョホール王国から**シンガポール**を獲得すると，自由港と近代的な都市を建設した(シンガポールが正式にイギリス領となったのは1824年)。

②イギリスではなく1830年代のオランダの政策である。ジャワ戦争(1825～30)の鎮圧と**ベルギー独立**によって財政難となったオランダは，ジャワ島で**強制栽培制度(政府栽培制度)**を導入し，コーヒー，サトウキビなどの輸出用商品作物を栽培させて，大きな利益を得た。**③**18世紀半ば(1757)の出来事である。ヨーロッパでの**七年戦争**(1756～63)と連動して，イギリスとフランスは，北米では**フレンチ＝インディアン戦争**，北インドでは**プラッシーの戦い**，南インドでは**カーナティック戦争**を戦い，いずれもイギリスが勝利した。**④**イギリスではなく19世紀後半(1887)のフランスの政策である。フランスが**フエ(ユエ)条約**(1883)でベトナムを保護国化すると，ベトナムの宗主権を主張する清朝との間で**清仏戦争**(1884～85)が起きた。これに勝利したフランスは1885年の天津条約で清にベトナムの宗主権を放棄させ，1887年には，すでに保護国化していたカンボジアと合わせて**フランス領インドシナ連邦**を成立させた。

問4 ┃30┃ 正解②

奈良時代には**天平文化**と呼ばれる貴族文化が発達した。国家による仏教保護のほか，東大寺正倉院には唐などから渡来した文物や，ササン朝やインドの影響を受けた品々も所蔵され，国際色豊かな文化であったことが分かる。

①漢委奴国王ではなく，親魏倭王が正しい。**『魏志』倭人伝**(『三国志』の「魏書」東夷伝倭人条)によれば，3世紀に倭(日本)の**邪馬台国**の女王**卑弥呼**が魏に朝貢し，

「親魏倭王」の称号と印綬などを授かったとされる。なお，「漢委奴国王」の称号と金印は，『後漢書』の記述によれば，**光武帝**が倭の奴国に授けた。❸豊臣秀吉ではなく，**足利義満**が正しい。室町幕府の足利義満は，明から「日本国王」に封じられ，以後，明から勘合符の発給を受けて朝貢貿易を行った。これを**勘合貿易**と呼ぶこともある。なお，豊臣秀吉は明の征服を目指して朝鮮に協力を求めたが，拒否されたため，朝鮮に大軍を送った（日本では**文禄・慶長の役**／朝鮮では**壬辰・丁酉倭乱**）。❹江戸幕府ではなく明治政府が正しい。明治維新を経て成立した新政府（明治政府）は，近代的な主権国家への移行と国境の画定を目指し，1871年に**日清修好条規**を結んで対等な国交を樹立したが，日清両属であった琉球問題は未解決のままであった。なお，江戸時代の日本と清の間に国交はなかった。

【前近代の中国王朝と日本の関係】

中国　（　）は史書	日本（倭）	
前漢 （『漢書』地理志）		百余国に分かれ，楽浪郡に定期的に使者を送っていた
後漢 （『後漢書』東夷伝）	奴国	奴国の朝貢に対し，光武帝が「漢委奴国王」の金印を授けた
魏〔三国〕（『魏志』倭人伝）	邪馬台国	邪馬台国の女王卑弥呼が魏に朝貢し，「親魏倭王」の称号と印綬を授かった
宋〔南朝〕 （『宋書』倭伝）	ヤマト政権	倭の五王（讃・珍・済・興・武）が南朝に朝貢した
隋 （『隋書』倭国伝）	飛鳥時代	厩戸王（聖徳太子）が小野妹子を遣隋使として派遣
唐	奈良〜平安時代	遣唐使をほぼ20年に一度派遣→9世紀末に遣唐使派遣を停止
宋	平安時代 （平氏政権） 〜鎌倉時代	平清盛が日宋貿易を盛んにし，鎌倉時代も貿易が継続。宋から絹織物・銅銭などが大量に輸入された
元	鎌倉時代	モンゴル軍が日本を襲撃（元寇／日本では文永の役・弘安の役）
明	室町時代	足利義満が日本国王に封じられ朝貢貿易を開始
	安土・桃山時代	全国を統一した豊臣秀吉が明の征服をもくろみ，朝鮮に出兵
清	江戸時代	日清間の国交はなし。ただし，長崎で中国商人は交易できた
	明治時代	日清修好条規で国交樹立（1871）

問5　31　正解④

あの見方の根拠となり得る出来事としては**X**が正しい。**梁啓超**は，会話文で成瀬さんのいう**変法運動**の指導者のひとりで，変法が保守派のクーデタで失敗した後は日本に亡命して活動をつづけた。変法運動は日本を手本に立憲君主政の樹立を図るもので，日本への留学を促す一因となった。なお**W**の中国同盟会は清朝の打倒を目指す革命派が結集して作ったものなので，立場が異なるので適当ではない。

いの見方の根拠となり得る出来事としては**Z**が正しい。これは資料1の「ロシア人による鉄道の脅威」に当てはまる。日本が日清戦争に勝利して清から遼東半島を獲得すると，1895年，ロシアはドイツ・フランスとともに**三国干渉**を行ってこれを返還させ，見返りに**東清鉄道**の敷設権を獲得した。その後1898年に遼東半島南部の旅順・大連を租借し，東清鉄道を延伸して結ぼうとした。なお，**Y**は**日露戦争**に勝利した日本が，1905年にロシアから**東清鉄道**の一部を割譲させたものを経営しているので，時期が合わない。

問6　32　正解①

まず下線部ⓑで述べられた意見とは「連邦の有効性」や「全体のための政府こそが不可欠」といった内容から，中央政府の権限を強化する**連邦主義（連邦派）**と読み取れる。また，ここで述べられたものとは異なる意見とは，連邦主義に反対して各州の権限維持を主張する**州権主義（反連邦派）**である。よって，あが連邦主義（連邦派），いが州権主義（反連邦派）である。

続いて出来事**W〜Z**について，あの連邦主義に当てはまるものは，中央政府の権限を強化するか，あるいは合衆国の統合（分裂を阻止）する内容のものを選べばよいので，**W**である。奴隷制の拡大に反対する共和党のリンカンが大統領に選出されると，これに反発した南部諸州は連邦から離脱してアメリカ連合国を結成した。しかし，リンカンはこ

れを認めず，南北戦争(1861〜65)が勃発した。

　いの州権主義に当てはまるものは，各州の権限を認める内容のものを選べばよいので，**Y**である。新しい州が合衆国に加盟する際，奴隷制を認めない自由州にするか，奴隷制を認める奴隷州にするかについて，1820年に**ミズーリ協定**を結んで北緯36度30分以北には奴隷州を作らないこととなった。しかし，1854年には自由州・奴隷州の選択を各州の住民の選択に委ねる**カンザス・ネブラスカ法**が制定されると，南北の対立は激化した。

　なお，**X**の門戸開放宣言は，列強の中国分割に対し，アメリカ合衆国が門戸開放・機会均等・領土保全を主張して，割り込みを図ったものであり，中央政府の権限とは関係ない。**Z**のゴールドラッシュは，カリフォルニアで金鉱が発見されたことによる移民の大量流入のことであり，これも中央政府の権限とは関係ない。

問7　│33│　正解④

　下線部ⓒに示された考え方とは孤立主義だが，本問は出来事を時代順に並べ変える問題なので，下線部の内容が読み取れなくても解答できる。以下，年代順に解説する。

　え　イギリスがアメリカ合衆国の独立を承認した6年後，フランス革命が勃発した(1789)。イギリスはアメリカを**対仏大同盟**に引き入れようとしたが，独立戦争でフランスの支援を受けたアメリカはこれに加わらずに中立を守り，ヨーロッパ諸国との貿易で利益を得ていた。しかし，ナポレオンの発した**大陸封鎖令**(1806)に対してイギリスが逆封鎖を行い，アメリカの通商を妨害したため，1812年に米英(アメリカ=イギリス)戦争が勃発した。

　お　モンロー教書(宣言)は1823年に発表された。**ラテンアメリカ諸国の独立**に際し，オーストリアのメッテルニヒが神聖同盟を通じた干渉を画策したため，アメリカ大陸諸国とヨーロッパ諸国の相互不干渉を表明して反対した。**モンロー教書**がナポレオン戦争終結後であること，あるいは神聖同盟がフランス革命，およびナポレオン戦争後のウィーン体制を支えた同盟であることが分かれば，フランス革命戦争中の出来事である**え**よりも後であることは判断できる。

　う　ナポレオン3世によるメキシコ出兵は，アメリカの南北戦争の隙をついたものである。メキシコで改革(レフォルマ)をめぐる内戦が起こると，フランスの**ナポレオン3世**はイギリスやスペインと共同で**メキシコ出兵**(1861〜67)を行い，オーストリア皇帝の弟マクシミリアンをメキシコ皇帝に擁立した。これは，アメリカ合衆国が南北戦争で身動きが取れないことに乗じたものだったが，南北戦争終結後のアメリカが強硬に撤退を要求しメキシコも激しく抵抗したため，ナポレオン3世は撤退

した。ナポレオン3世の第二帝政がウィーン体制崩壊後と分かるか，あるいはアメリカの南北戦争の時期が判断できれば解答できる。

（解答・配点）

問 題番 号（配点）	設問（配点）		解答番号	正 解	自己採点欄	問 題番 号（配点）	設問（配点）		解答番号	正 解	自己採点欄
第1問（25）	A	1（3）	1	②		第3問（16）	A	1（3）	17	④	
		2（3）	2	⑤				2（3）	18	①	
		3（3）	3	③				3（4）	19	②	
	B	4（2）	4	②			B	4（3）	20	⑥	
		5（3）	5	③				5（3）	21	③	
		6（3）	6	②		小　　　計					
	C	7（3）	7	④		第4問（22）	A	1（3）	22	③	
		8（3）	8	⑥				2（3）	23	③	
		9（2）	9	②				3（3）	24	①	
小　　　計							B	4（3）	25	⑥	
第2問（21）	A	1（3）	10	①				5（3）	26	①	
		2（3）	11	②			C	6（3）	27	①	
		3（3）	12	③				7（4）	28	④	
	B	4（3）	13	④		小　　　計					
		5（3）	14	③		第5問（16）	A	1（3）	29	②	
	C	6（3）	15	④				2（3）	30	④	
		7（3）	16	③			B	3（3）	31	④	
小　　　計								4（3）	32	④	
								5（4）	33	②	
						小　　　計					
						合　　　計					

●写真提供・協力

ユニフォトプレス

　「大満洲国建国」ポスター／ジンガリベリ＝モスク／ブリハディーシュワラ寺院／マハーボディ寺院

　クトゥブ＝ミナール／「アッコンの征服」

解　説

第1問

〈出題テーマ〉

「移民や人口の推移」

〈出題のねらい〉

共通テストでは，グラフや表などを参照し，その中にあるヒントを基に自身の知識を引き出すタイプの問題が多数出題される。そこで本問では，**A**でアメリカ合衆国への移民，**B**で主な国・地域の人口の推移，**C**で世界の森林面積の変化に関連するグラフや表を用いて移民や人口，環境問題などについて歴史総合の分野から出題した。

なお，資料は以下より引用した。

A　資料1（国際連盟規約修正案）『日本外交年表並主要文書』，資料2　牧野伸顕『回顧録』（中公文庫）

C　資料2（彭徳懐国防部長の発言）／阿部治平・上原一慶訳『中国近現代史（下）』（東京大学出版会）

問1　1　正解②

資料1には日本が国際連盟の規約に「人種あるいは国籍の如何を論ぜず均等公平の待遇を与える」という内容を含む修正案を提出したことが記されており，人種差別の撤廃をうたっている。国際連盟の設立は**あ**の**パリ講和会議**(1919)で確認され，対ドイツ講和条約である**ヴェルサイユ条約**に含まれた。したがって日本の提案はこの会議で行われたこととなる。**い**の**サンフランシスコ講和会議**(1951)は，第二次世界大戦後の日本の占領解除と主権回復について話し合われたもので，この時点での国際平和機構は，すでに国際連合(1945年発足)になっているので，ここでは適当ではない。

資料2の最後に「この問題の決を採ったところが，吾々の主張に多数を得た。……しかし委員長ウィルソンは，こういう問題は全会一致でないと決定するわけに行かぬと宣告してそのままになり，遂に不採用ということになってしまった」とあり，日本の提案に賛成多数を得たこと，ここでいう「ウィルソンが」アメリカ合衆国の代表で当時の大統領**ウッドロー＝ウィルソン**であることが読み取れるので，**Y**が正しい。なお，資料2の「濠州は移民のことについては非常に神経過敏で，イギリス本国からの移民でも制限をするというような……内政に干渉せずとの点を特に注意し，色々安心するように話して見たが，ヒューズは動かない」の「濠州」が，当時イギリスの自治領であったオーストラリアを指すこと，オーストラリアの反対からイギリスも反対を表明したこと，つづけて「このイギリスの表面的な反対が，今度はアメリ

カにも波及した」とあることから，オーストラリアの反対にアメリカ合衆国が同調したと読み取れるので，**X**は誤っている。なお「アメリカも太平洋沿岸に類似の事情が存在し」とあることから，アメリカ合衆国とオーストラリアで移民問題が共通している点は正しい。したがって②の**あ－Y**が正解となる。

問2　2　正解⑤

図の特徴の説明は**い**が正文である。**大連・旅順**を含む遼東半島南部は，日清戦争後の1898年にロシアが25年間の租借を清朝と約し，日露戦争後の**ポーツマス条約**(1905)で，日本が租借権を継承した。本来1923年が返還期限だったが，日本は**二十一カ条要求**(1915)で租借期間を99年間に延長させたため，1932年の満洲国建国時も遼東半島南部は日本の租借地であった。なお，日本は1931年に**満洲事変**を起こし，翌1932年に清朝最後の皇帝である満洲人の**溥儀**を執政に満洲国を建国した。満洲国は表面上は五民族の協力による国づくりである「**五族協和**」をスローガンとしたが，実際は日本人が全ての分野で権力を握る日本の傀儡国家であった。ただし**あ**に含まれる「民族・民権・民生の三民主義」は孫文が1905年の中国同盟会の結成以降に提唱したスローガンなので，誤りである。

満洲国の成立時期は**b**が該当する。日本の田中義一内閣が国民革命軍の**北伐**(1926～28)に際し，居留民(在留日本人)の保護を名目に**山東出兵**を行ったのは，1927年である。その後，1932年に満洲国が建国されたが，国際連盟は中国の提訴により**リットン調査団**を派遣し，その報告を受けて日本の満洲撤退勧告案を採択した。これに反対して日本は1933年に国際連盟脱退を通告した(1935年に正式に脱退)。したがって⑤の**い－b**が正解となる。

問3　3　正解③

空欄　**ア**　は「マレー半島のゴムプランテーション」がヒントとなる。イギリスがマレー半島で経営したゴムのプランテーションでは，主な労働力としてインド出身の移民である**印僑**が用いられた。19世紀にイギリスの植民地となったインドでは，農村の荒廃や飢饉の多発などから移民となる者が急増し，植民地支配下で労働力需要の高まったマレー半島やシンガポール，イギリス本国や南アフリカなどに渡った。インドは地図中の**b**である。

空欄　**イ**　は「19世紀半ばの金鉱発見」，「有色人種の移民を制限し，白人優先の政策」がヒントとなる。「19世紀半ばの金鉱発見」というとアメリカが想起されやすいが，**オーストラリアでも1851年に金鉱発見が相次い**だ。これを機に中国人労働者などが大量に流入したため，有色人種の移民を制限し，白人を優先する政策である**白豪主義**がとられるようになった。1901年には白人以外の

移民が禁止され，有色人種排斥が進展したが，1970年代にこの政策は撤廃された。オーストラリアは地図中 **c** となる。

問4　4　**正解②**

1950年にはじまった**朝鮮戦争**において，武器弾薬その他の軍需品の需要が生じたことで，日本は戦後不況を脱し，経済復興の軌道に乗ることができた。

①**プラザ合意**は1985年に先進五カ国によって**ドル高是正**のための協調介入を合意したもので，日本はこれにより円高が進んでバブル経済が生じる一因となった。空欄　**ウ**　には1950～73年の経済成長の要因が入るが，時期が合わない。③**高橋是清**は，大蔵大臣として1930年代の世界恐慌期に**積極財政**を行って景気の立て直しをすすめたので，①と同様に時期が合わない。④1947年に始まる**マーシャル＝プラン**はヨーロッパ経済復興援助計画ともいい，第二次世界大戦後のヨーロッパの復興を援助するアメリカ合衆国の政策である。1950年代まで続けられたので時期は合致するが，日本の経済成長の要因ではなく**西ドイツの経済成長**の要因である。

問5　5　**正解③**

レーニンの指導するロシア共産党は，1919年に世界革命の推進をめざして**コミンテルン**（共産主義インターナショナル，第3インターナショナル）を組織した。共産主義に敵対的なイタリアのファシスト党やドイツのナチ党が政権を握ると，同組織は1935年の大会で，これに対抗するために人民戦線戦術を採択した。その結果，1936年にスペインやフランスで**人民戦線内閣**が成立した。

①**血の日曜日事件**は，日露戦争（1904～05）中の**1905年1月**に首都ペテルブルクで起こった。反政府運動が全国に波及し，第1次ロシア革命につながった。②1939年8月に反共産主義を政策とするドイツと反ナチズムを掲げるソ連が不可侵条約を結んだ。ドイツはポーランド侵攻にソ連が干渉しないようにすること，ソ連は対独宥和政策をとる英仏に対する不信感があったことが理由といわれている。④第1回非同盟諸国首脳会議は**ユーゴスラヴィア**の大統領ティトーが，アジア＝アフリカ会議（バンドン会議 1955）の精神を継承し，1961年にベオグラードで主宰した国際会議。非同盟主義・反帝国主義・反植民地主義をとなえた。

問6　6　**正解②**

1958年，中国は第2次五カ年計画を開始した。その根幹となる政策は「**大躍進**」である。「**大躍進**」とは，毛沢東の主導のもとで展開された，工業・農業の両面における高度な成長をめざした政策である。しかし，当時の中国はそれを実現するための資本も技術も欠いていた。そ

の結果，「**大躍進**」は失敗に終わり，国内経済は混乱し，1959年に資料2が示す高官の発言がなされた。同年，毛沢東に代わって国家主席の地位についた劉少奇は経済再建をはかった。

①**中ソ友好同盟相互援助条約**は1950年に結ばれた。日本あるいは日本と結びついた外国によって中ソいずれかの国が攻撃を受けた場合，相互に軍事その他の援助を与えることなどを約している。③**紅衛兵**は，1960年代後半に起きた**プロレタリア文化大革命**（グラフ**Y**の時期）において，毛沢東・四人組の指導のもとに劉少奇・鄧小平など実権派（走資派）の追い落としの先兵となって活躍した学生たちからなる集団。「造反有理」（造反するのには理由がある）は彼らが掲げた標語である。④**改革・開放政策**とは，プロレタリア文化大革命終結後，復権した鄧小平の指導のもとに1978年以降行われた経済政策。人民公社の解体，経済特区の設置と外国の資本・技術の導入を根幹とする。

問7　7　**正解④**

い・うの組合せが正しい。

グラフの**Z**の時期は1750～1900年を示しているが，この時期には**アメリカ大陸原産**のトウモロコシやサツマイモの栽培が普及した。世界の一体化にともなって伝播したこれらの作物はやせた土地でも育ちやすく山地でも栽培できたことから，四川などの山間地で栽培が盛んになり，人口増加に寄与した。したがっていは適当である。

また，うの洪秀全が指導者とする動乱とは太平天国の乱（1851～64）である。この時期は他にも清に対する反乱が起こっており，グラフの**Z**の1850年代からの人口減少の一因とみることができるので，うは適当である。

なお，あの**康熙帝**による**台湾征服**は17世紀後半の**1683年**のことであり，**Z**の時期には当てはまらない。またえの華僑は中国から海外へ移住した人々を指し，中国に流入していないので，適当ではない。

問8　8　**正解⑥**

Ⅲ－Ⅱ－Ⅰの順が正しい。

Ⅲ　ガーナはサハラ以南のアフリカの黒人共和国としては最初に独立を果たした。これが1957年のことで，17カ国が一挙に独立を果たした「**アフリカの年**」（1960）よりも前であることを押さえておこう。

Ⅱ　**アフリカ統一機構（OAU）**が結成されたのは1963年のことである。その前提にあったのは，**エンクルマ（ンクルマ）**によるアフリカ合衆国の構想であったが，アフリカの年に増えた独立国のうち，コンゴ動乱のように旧宗主国の扇動により内戦に陥る国もあった。そこで合衆国構想は後日の課題としつつ，植民地時代の負の遺産の

清算と，アフリカの未来について各国の協力を得ていくという構想でつくられたのがOAUであった。

I　OAU成立後も残る植民地時代の負の遺産のひとつが，南アフリカなどで継続していた**アパルトヘイト**（人種隔離政策）であった。南アフリカは1961年にイギリス連邦を脱退して**南アフリカ共和国**となり，アパルトヘイトを継続したが，国際的な制裁の継続などを背景に，1991年にデクラーク大統領がアパルトヘイト関連諸法を撤廃した。

問9　9　正解②

京都議定書は1997年に開催された地球温暖化防止京都会議において採択された議定書。2008年から2012年の間に，先進国全体で二酸化炭素やメタンなど6種の温室効果ガスの排出量を5.2%削減することを決定した。

①**マーストリヒト条約**は1992年にEC（ヨーロッパ共同体）の12カ国が調印した条約。経済的統合から政治的統合を実現することが目標とされた。これによりECは**EU（ヨーロッパ連合）**となり，2002年からは統一通貨として**ユーロ**の一般流通が開始された。このマーストリヒト条約は世界の環境問題への取り組みとは異なる。③日本で環境庁が設置されたのは1971年のことで，高度経済成長にともなう公害の発生などを背景に設置された。表2の時期が1990～2010年なので，時期が合わない。④国際連合でSDGs（持続可能な開発目標）が採択されたのは2015年のことである。これも③と同様，表2の時期と合わないため，適当ではない。

第2問

〈出題テーマ〉

「世界史上の宗教」

〈出題のねらい〉

世界史上の宗教についての設問である。共通テストでは，史料や会話文を用いて，そこから問題を設定するというパターンの出題が増えると考えられる。ここで要求されることは，史料の内容の読み取りや，会話文などのリード文の読解力である。そのため日頃から，歴史用語の意味や内容をつかみながら学習していくことが大切となる。本問を通じてそういった学習態度を身につけてほしい。

なお，資料は以下より引用した。

B　「和平勅令（ナント勅令）」歴史学研究会編『世界史史料5』（岩波書店）

問1　10　正解①

空欄　ア　にはヘシオドスが入る。神々の系譜をまとめた『神統記』の著者であるということが手掛かりとなる。代表作の『労働と日々』は勤労の尊さを説いた教訓

詩だが，古代ギリシアでは肉体労働は市民ではなく奴隷の担当だと考えられていた。

②ホメロスについての文。彼の作品の影響を受けてドイツのシュリーマンがトロイアの遺跡の発掘を行った。③ヘロドトスについての文。ヘロドトスはペルシア戦争の展開を物語風に記述している。④タレスについての文。タレスは自然哲学者で，日食の予言も行ったとされる。

問2　11　正解②

まず，オリンピアの祭典が，**オリンポス12神**などの神々への奉納を行う宗教祭典であることを，文章中から読み取ってほしい。後にギリシア世界を含む地中海世界を統一したローマ帝国は，元来，多神教の国で，外国の宗教に対しても寛容であった。しかし，**テオドシウス帝**が一神教である**キリスト教を国教**(380)とすると，392年には他の宗教は異教としてその信仰が禁止され，393年にはオリンピアの祭典も終わりを告げた。

①**パンテオン（万神殿）**は，すべての神々を祀る神殿であるので，これが建設されたことでオリンピアの祭典が中止になるのはおかしい。③ホルテンシウス法は共和政期の前287年に成立した法律であり，この結果，貴族と平民の対等が認められるようになった。④3世紀のカラカラ帝の業績であるが，宗教的なものとは関係が無い。

問3　12　正解③

アレクサンドロス大王の東方遠征は，前334年から前324年にかけて行われている。この時，大王は**イッソスの戦い(前333)・アルベラの戦い(前331)**に勝利して，その後ダレイオス3世暗殺によってアケメネス朝が滅ぶと(前330)，アケメネス朝の広大な領土を継承した。そこではギリシア語の**コイネー**が共通語として使用されることになった。

①カイロを建設したのは，10世紀に建国したイスラーム教シーア派のファーティマ朝である。②マニ教は，3世紀のササン朝時代に成立した。世紀がわからなくても，アケメネス朝滅亡→アレクサンドロス帝国→セレウコス朝→パルティアの独立→ササン朝の建国といった，イランの通史が把握できていれば，判断ができる。④インドのグプタ朝は，4世紀に成立した。グプタ朝とイランのササン朝は，ともに中央アジアからのエフタルの侵入を受けたことを知っていれば，グプタ朝とササン朝が同時代の王朝であると判断ができる。

問4　13　正解④

資料中の「余」は，1598年に資料の法令（ナントの王令）を発布した人物であることから判断して，フランス王**アンリ4世**であることがわかる。アンリ4世は，ユグノー

戦争中はユグノーの指導者としてカトリック勢力と戦った人物であるが、戦争中に**ヴァロワ朝が断絶**したために、王位についてブルボン朝を創始した人物である。王位についた後、彼は**カトリックに改宗**している。その後、ユグノーに信仰の自由を承認するナントの王令（勅令）を発布し、**ユグノー戦争**を終結させた。

①神聖ローマ帝国のカール5世の行ったことである。②フランス王ルイ9世の業績をあらわしている。③サンバルテルミの虐殺は、ユグノー戦争中に起きたもので、カトリックがユグノーを虐殺した事件である。

問5 ┃ 14 ┃ 正解③

ブルボン朝の絶対王政の全盛期を築いた**ルイ14世**は、フランスをカトリックで統一するために、1685年に**ナントの王令（勅令）を廃止**した。この結果、商工業者に多かったユグノーがイギリスやオランダに亡命することになったが、これは**フランス産業の発展が阻害**される要因となった。

①三十年戦争は、17世紀にドイツで起きた宗教戦争である。②フロンドの乱の説明である。フロンドの乱は高等法院を中心とする貴族たちの反乱であったが、ルイ14世の宰相を務めたマザランによって鎮圧された。この結果、ブルボン朝の王権がさらに強化されることになった。④ピューリタン革命は、17世紀半ばに起きたイギリスの市民革命である。

問6 ┃ 15 ┃ 正解④

魏は、前漢から続いた**郷挙里選**に代えて、人材確保をはかるために九品中正という新たな官吏登用法を始めた。しかし、有力豪族が上級官職を独占して官位が世襲化されるようになり、**門閥貴族勢力の出現**をもたらすことになった。

①邪馬台国の卑弥呼は、魏に朝貢して、「親魏倭王」の称号を贈られた。②党錮の禁は、宦官が官僚を弾圧した事件である。③呉の都は、建業である。洛陽を都にしたのは、魏である。

問7 ┃ 16 ┃ 正解③

相互扶助を目的として建設されたものの名称はいの会館、明代に商業が発展する要因となった事柄は**X**が正しい。

中国で商業・経済の著しい発展が見られたのは、春秋戦国時代、宋代、明清代の3時期である。宋代では、鎮などの商業都市が成長し、商人の組合である行（あ）や手工業者の組合である作が結成された。また、**占城稲の輸入**により農業生産力も向上（**Y**）し、長江下流地域が穀倉地帯となって、「**蘇湖（江浙）熟すれば天下たる**」という言葉も生まれた。明代になると、長江下流地域では綿織物や絹織物産業の発展と相まって、原料となる**綿花**や蚕のえさとなる**桑**の栽培が普及（**X**）するようになり、長江

中流地域が新たな穀倉として開発されるようになった。また**山西商人**や**徽州（新安）**商人が遠隔地商業に従事し、彼らは各都市に**会館（い）**や公所を設立し、同郷・同業者のために相互扶助をはかった。

第3問

〈出題テーマ〉

「世界遺産に登録されている宗教施設」

〈出題のねらい〉

イスラーム世界とインドにある宗教施設に関する設問である。**A**ではイスラーム世界のモスクを取り上げた。**写真**は現在マリ共和国にあるトンブクトゥのジンガリベリ＝モスクであり、14世紀前半にマリ王国最盛期の王**マンサ＝ムーサ**が創建した。**B**ではインドにある宗教施設を取り上げた。**図1**は南インドにあるヒンドゥー教のブリハディーシュワラ寺院、**図2**は北東インドのブッダガヤにある仏教のマハーボディ寺院（別名、大菩提寺）、**図3**はデリーにあるイスラーム教のクトゥブ＝ミナールである。これらの施設を素材にしてイスラーム世界、インドに関して出題した。

問1 ┃ 17 ┃ 正解④

ニジェール川中流域にあったトンブクトゥは、13世紀から16世紀に2つのイスラーム教国、**マリ王国**、**ソンガイ王国**の時代に栄えた。サハラ砂漠の北辺にとれる**塩**が砂漠を縦断してこの都市にもたらされ、これをニジェール川上流で産出される**金**と交換され、この交易で栄えた。また、この都市に設立されたイスラーム神学を研究するサンコレイのマドラサ（学院）は黒人最初のマドラサとされる。1591年、モロッコの勢力によりソンガイ王国が滅ぼされたときに破壊され、さらに大航海時代が始まり西アフリカの交易はポルトガルによる海上交易が主流になり、そのためサハラ縦断交易が衰え、この結果トンブクトゥも衰退した。

①インドなどの説明、②南ドイツのアウクスブルクなどの説明、③東南アジアなどの説明でいずれも誤文である。

問2 ┃ 18 ┃ 正解①

空欄 ┃ ア ┃ にはあのアッバース1世が入る。**アッバース1世**（位1587～1629）はサファヴィー朝最盛期のシャー（君主）であり、彼が都を遷した**イスファハーン**は王のモスク（イマームのモスク）を中心に広場が整備され、「世界の半分」、「イランの真珠」と呼ばれて繁栄した。

いのイスマーイール（1世）はサファヴィー朝の建国者である。トルコ系遊牧民の支持を得て建国し、当初は**タブリーズ**に都を置いた。

王朝についての説明は**X**が正しい。サファヴィー朝は**シーア派**のうち穏健な**十二イマーム派**を国教としたため、トルコ系でスンナ派を信奉するオスマン帝国との対立が拡大した。**Y**はオランダではなく、ポルトガルが正しい。ホルムズ島はペルシア湾とインド・東アフリカを結ぶ交易上の拠点であり、1515年に**ポルトガル**が占領していた。アッバース1世はイギリスの援助を受けてポルトガルの要塞を落として1622年にこの島を確保した。

問3　19　正解②

イスラーム世界の変化については、**あ・い**ともに正しい。1258年、モンゴル人のフレグ(フラグ)がバグダードを占領して**アッバース朝を滅ぼし**、その結果カリフ制が一時的に消滅した。また、アッバース朝の衰退とともに都バグダードも衰退するが、その滅亡により急速に衰えた。これに対して、エジプトのカイロが**アイユーブ朝・マムルーク朝**の下でその都として栄え、13世紀になるとバグダードに代わりイスラーム世界の中心となった。

変化と関係する事柄については**Y**が正しく、**あ**に関係する説明となる。**W**のティムール朝がバグダードを占領したのは15世紀なので時代が違う。**X**のセルジューク朝がマドラサを設立したのは11世紀にバグダードなどであり、その支配地の都市にマドラサ(**ニザーミーヤ学院**)を設立したが、これは変化の**う**にも**え**にも関係しない。なお**ファーティマ朝**によってカイロに設立したマドラサ(**アズハル学院**)はスンナ派イスラームの最高学府となり、カイロの繁栄に関係している。**Z**のカーリミー商人はアイユーブ朝・マムルーク朝時代に紅海の交易で活躍し、とくにインドから入った**香辛料**をアレクサンドリアでイタリア商人に売却して莫大な利益をあげ、これらの王朝の首都カイロの繁栄をもたらし、**い**に関係するが、選択肢に**い－Z**の組合せがない。

問4　20　正解⑥

星さんのメモは誤り。ボロブドゥールはスマトラ島ではなくジャワ島にある大乗仏教寺院の遺跡。8～9世紀ジャワ島で栄えたシャイレンドラ朝の時代に創建された。

町田さんのメモは正しい。マレー人が建てたシュリーヴィジャヤは7～14世紀にスマトラ島で栄えた。都は**パレンバン**。この国も大乗仏教が信仰され、中国の唐の僧侶、**義浄**がこのパレンバンに滞在しているときに『**南海寄帰内法伝**』を執筆した。

三上さんのメモは正しい。15世紀末にスマトラ島北西部に成立したアチェ王国は、香辛料貿易の独占を狙うオランダやイギリスの進出を受けた。協定で、スマトラ島はオランダ領とされたが、イスラーム勢力によるオランダに対する武力闘争が相次ぎ、アチェ戦争は20世紀初頭ま

で続いた。

問5　21　正解③

図1は11世紀(10～12世紀)、図2は5～6世紀、図3は13世紀であり、**図2→図1→図3**の順となる。

図1は、問題文にあるようにシヴァ神を祀ったヒンドゥー教寺院のブリハディーシュワラ寺院。南インドのチョーラ朝(前3世紀～後13世紀)は**タミル人**の建設した南インドの王朝。この寺院を創建したのは全盛期の王ラージャラージャ1世でありスリランカを征服して、スマトラ島にも進出している。またチョーラ朝も時代が長いので時期がいつかは判断しにくいが、しかし「北宋にも使節を送っ」たと問題文にある。これがヒントになる。すなわち北宋は**10世紀～12世紀**の王朝であるので、この寺院が創建されたのはこの時期である。

図2はブッダガヤの仏教寺院であるマハーボディ寺院(大菩提寺)。その創建された時期は5世紀～6世紀である。問題文に「アジャンターの石窟寺院に見られる純インド的な仏教美術が完成した時期」であり「この建築様式でつくられて」いるとある。純インド的な仏教美術とは**グプタ様式**がわかれば、すぐに時期は確定できる。すなわち、この様式はグプタ朝期(4世紀～6世紀)に完成する。

図3のクトゥブ=ミナールは、奴隷王朝を開いた**アイバク**が建設したミナレット(モスクに付属する尖塔)であり、奴隷王朝(1206～90)の時代となる(実際はこの塔の建設工事の着工は、1200年で奴隷王朝が始まる前とされている)。そのため13世紀のこと。ちなみにこの塔はインド最古のイスラーム建築であると同時にその72.5mの高さは世界最高のミナレットでもある。

第4問

〈出題テーマ〉

「世界史における接触と交流」

〈出題のねらい〉

共通テストでは、**地図やグラフなどの資料**とそれについての説明文から**ヒントを見つけ出し**、それを知識と照合した上で解答するタイプの問題が多く出される。また、後期のセンター試験と同じく、**様々な時代や地域の知識**が問われ、知識を自在に引き出す力も試される。本問では、共通テストの特徴を念頭に、**A**インド洋を中心とした交流、**B**古代オリエント世界の国家の変遷、**C**アフガニスタンと南アジアの関係を題材として出題した。

問1　22　正解③

まず、矢印**a・b**それぞれの始点・終点がどこかという点に注目して欲しい。矢印**a**の始点はスリランカで終点は**ミャンマー(ビルマ)**、矢印**b**の始点は**アラビア半島**

で終点は**アフリカ東岸**である。

矢印 a については，終点であるミャンマーの**パガン朝**（11 〜 13世紀）が東南アジアの宗教史で持つ意味を想起してもらいたい。11世紀，ミャンマーに成立したパガン朝は，スリランカから正式に**上座部仏教**を導入し，これがインドシナ半島（大陸部）で上座部仏教が広がるきっかけとなった。一方，矢印 b については，アフリカ東岸が手がかりとなる。この地にはアラビア半島やイランからやってきた**ムスリム商人**が住みつき，インド洋交易の拠点としたことが教科書に記載されている。ムスリム商人がやって来たとすれば，それにともなって**イスラーム教**も伝播したと推測できる。従って，矢印 a はあ，矢印 b はうと考えられる。

次に説明を見てみよう。このうち X にある**スワヒリ語**が，13 〜 14世紀頃，**アラビア語の影響を受けてアフリカ東岸の共通語として用いられるようになった言語**だと知っていれば矢印 b と結びつく。一方，Y には**パガン朝・西山（タイソン）の乱**と固有名詞が 2 つ含まれており，パガン朝は上述のように上座部仏教を受容したミャンマーの王朝だが，西山の乱は18世紀にベトナムで起こったものである（この反乱により**黎朝**が滅亡）。つまり Y は矢印 a の説明としては誤っていることになり，正解は③となる。

問2　23　正解③

ここでは矢印の動きに注意しよう。矢印 d は南アフリカを迂回し，**アフリカ東岸**に寄りながら，**南インドへ**向かっている。，1498年に**ヴァスコ゠ダ゠ガマ**は，**バルトロメウ゠ディアス**が発見した**喜望峰**を経由し，南インドの**カリカット**に到達している（**インド航路開拓**）。

矢印 c は地図の右端で**オーストラリアから西へ**向かい，ジャワ島を経由してアフリカ南端に向かっている。従って，①太平洋探検の航路である点は正しいが，**アムンゼン**は南極探検を行った人物で内容的に誤っており，正しくは**クック**（18世紀）の第 1 回航海の航路を示している。なお，②**鄭和の遠征隊**（15世紀，明の**永楽帝**が派遣）は，中国南部→東南アジア→マラッカ海峡→インド洋→アフリカ東岸，④**大秦王安敦の使者**は，エジプト・アラビア半島南端→インド亜大陸→東南アジア→中国（想定ルート）であり，いずれもインド洋北部を航行したはずである（航路にアフリカ南端は含まれない）。

問3　24　正解①

漢王朝の時期は，前漢が前 3 世紀末から後 1 世紀初頭，後漢が 1 世紀前半から 3 世紀前半である。一方，イスラーム教の成立は **7 世紀**であり，ムスリム（イスラーム教徒）商人の活動はそれ以後に限られる。従って漢代にはムスリム商人は存在せず，①は誤っている。実際に

ムスリム商人が海上交易で活躍したのは**唐代**（7 〜 10世紀）以降であり，唐ではこれをうけて 8 世紀初頭，広州に**市舶司**（海上交易を管理する機関）が設けられている。

問4　25　正解⑥

空欄　ア　を建てた民族名から考えよう。民族名はうのアッカド人が正しい。地図 1 は前三千年紀後半（前2500 〜前2001）のもので，　ア　は「**メソポタミア南部の都市国家を征服して初めてメソポタミアを統一したセム語系民族の王国**」である。ここで地図 1 中のウル・ウルクが**シュメール人（い）**の都市国家であることに気づけば，シュメール人の都市国家→アッカド人による征服という前三千年紀の展開から，　ア　がうのアッカド人（セム語系）の王国であると判断することができる。

一方，説明は Y が正しい。空欄　イ　の説明を判断するためには，空欄　イ　の民族を特定する必要がある。地図 2 は前二千年紀後半（前1500 〜前1001）のもので，　イ　の王国は主に**アナトリア（小アジア）**を領土としている。また説明で，　イ　は「**外部から進出してきたインド＝ヨーロッパ語系民族**」とされている。時期・場所・民族系統の 3 情報を基に古代オリエント史上で該当する民族を考えると，**ヒッタイト人（民族名のあ）**と結論づけられる。では，説明について考えてみよう。ヒッタイト人は，シリアをめぐり**エジプト新王国と抗争**を展開したことで知られ，地図 2 にもエジプト新王国と表記されている。また彼らは西アジアで鉄器を最初に用いた民族だとされており，Y が正しいと判断できる。ちなみに，X はダマスクス・内陸交易から**アラム人**についての説明だと考えることができる。

問5　26　正解①

空欄　ウ　は，前 6 世紀後半にはすでに「**メディアから独立**」し，「**オリエント世界の統一**」をしていた王朝の名が入る。オリエント世界の統一と言えば**アッシリア**も該当するが，アッシリアの統一は前 7 世紀のことなので，　ウ　は**アケメネス朝**と決まる。だとすれば，同王朝第 3 代ダレイオス 1 世が起こした**ペルシア戦争**（アナトリアのイオニア植民市においてミレトスが反乱を起こし，アテネがそれを支援　→　ダレイオス 1 世がギリシア本土へ遠征）を説明した①が正解となる。

②州を管理したのは**サトラップ**であり，「王の目」「王の耳」はサトラップを監察した。③「王の道」は**スサ**を起点として，**サルデス（アナトリア）**まで伸びていた。ペルセポリスはダレイオス 1 世が造営した儀式用の新都である。④アケメネス朝は**諸民族の風習や宗教に寛容**な態度をとった。

問6　 27 　正解①

ペシャワールについてのメモでは，この都市が「プルシャプラ」と呼ばれ，「1世紀頃」に建てられた王朝の都となったことが述べられている。これらの情報から，この王朝はクシャーナ朝であると断定できる。ここから空欄 エ に入る語句は「ヘレニズム文化の影響を受けた仏教美術」（ガンダーラ美術）が正しいことになる（もう一方の「中国絵画の影響を受けた細密画（ミニアチュール）」は元代の東西交流の説明）。一方，デリーについてのメモでは「ムガル帝国の皇帝が都をアグラへ遷した」とあるから，この皇帝が第3代アクバルであると特定される。アクバルの事績を考えると，ヒンドゥー教徒との融和策である「人頭税（ジズヤ）の廃止」（空欄 オ ）が念頭に浮かぶはずだ（もう一方の「タージ＝マハルの建設」は第5代シャー＝ジャハンの事績）。なお，アクバルが廃止したジズヤは，イスラーム主義の政策を進めた第6代皇帝アウラングゼーブによって復活した。

問7　 28 　正解④

グラフを見るときには，年代に注目して欲しい。W－1890～1900年間，X－1900～10年間，Y－1920～30年間，Z－1940～50年間である。Zの時期の1947年，イギリスのアトリー首相はインドの独立を許容することを宣言した。しかし，既にヒンドゥー教徒とイスラーム教徒の対立は激しく，前者を中心とするインド連邦（1950年より共和国）と後者を中心とするパキスタンは分離・独立することになった。このインド連邦の指導者が国民会議派のネルーであり，インドの初代首相（任1947～64）となった彼は冷戦期には第三勢力の中心として活躍した（1954年周恩来・ネルー会談で平和五原則発表）

①インド帝国の建国は1877年であり，Wより前の時代である。②ベンガル分割令（1905）に対するカルカッタ大会の開催は1906年で，年代的には正しい。しかし，大会を開催したのはヒンドゥー教徒を中心とするインド国民会議（1885年結成，国民会議派）であり，この大会で四綱領（英貨排斥・スワデーシ・スワラージ・民族教育）が決議されるなど反英の機運が高まったため，同年，イギリスの働きかけによってイスラーム教徒が全インド＝ムスリム連盟を結成した。③非暴力・不服従運動はYの時期である1920年代を中心に展開されたが，これを進めたのは国民会議派のガンディーである。ジンナーは，全インド＝ムスリム連盟の議長を務め，1947年にイギリスの自治領として独立したパキスタンの初代総督となった。

第5問

〈出題テーマ〉

「世界史上の征服と反抗」

〈出題のねらい〉

世界史上の征服と反抗の歴史についての設問である。共通テストでは，芸術作品や史料を提示して，そこから関連する知識を問うという形の出題が多い。そこで，**A**では絵画資料を用いて十字軍を中心に，**B**では歴史文書を用いて中国の王朝と周辺地域の関係を中心に問うた。

なお，資料については，以下より引用した。

　B　資料1『史記』大宛伝，資料2『旧唐書』廻紇
　　　問5②「広開土王碑」，③「パルティア」
　上記4点，歴史学研究会編『世界史史料3』（岩波書店）
　　　問5①「土木の変」④「猛安・謀克」
　上記2点，歴史学研究会編『世界史史料4』（岩波書店）
　※④「猛安・謀克」を除いて，出題者により要約している。

問1　 29 　正解②

空欄 ア に入る都市はイェルサレムである。「旧約聖書」によれば，イスラエル王国（ヘブライ王国）のダヴィデ王が建設した都市であり，ユダヤ教の聖地となり，さらにはキリスト教やイスラーム教でも聖地とされたためにしばしば宗教紛争の原因となった。7世紀以降イスラーム勢力が支配し，16世紀からオスマン帝国が支配していたが，第一次世界大戦中にイギリスの行った背反外交で矛盾した内容が定められ（下表参照），戦後はイギリスの委任統治領となった。

【イギリスの背反外交】

フセイン・マクマホン協定（1915）	イギリスがアラブ人国家の独立を約束。パレスチナ（イェルサレムを含む）はアラブ人国家。
サイクス・ピコ協定（1916）	英仏露によるオスマン帝国領の分割協定。パレスチナは国際管理。
バルフォア宣言（1917）	イギリスがパレスチナでのユダヤ人国家の成立に好意的対応を約束。

①ティルスのこと。ティルスはシドンとともに地中海の海上交易で活躍したフェニキア人が拠点とした。のちにティルスの住民が北アフリカに植民市カルタゴを建設した。③バビロンのこと。バビロンはユーフラテス川中流の都市。新バビロニア王国のネブカドネザル2世はイェルサレムを都としていたユダ王国を滅ぼし，住民のユダヤ人をバビロンに強制連行する「バビロン捕囚」を行った。④メッカのこと。メッカはアラビア半島西部の都市で，イスラーム教の聖地である。

問2 　30　　正解④

　図のあはイングランド王リチャード1世，図のいはフランス王フィリップ2世である。第3回十字軍に参加したという情報が手掛かりとなる。大陸のイングランド領はリチャード1世の次のジョン王の時代にフランス王フィリップ2世により，その大部分が奪われている。

　①ジョン王についての文。ジョン王はリチャード1世の弟にあたり，大陸領を失った他，ローマ教皇インノケンティウス3世に破門され，貴族に重税を課そうとしたため反抗を受けて大憲章（マグナ＝カルタ）を承認した。②ヘンリ7世についての文。テューダー朝はイギリス王位をめぐるバラ戦争に勝利したランカスター家のヘンリ7世によって開かれた。③フランス王ルイ9世についての文である。アルビジョワ十字軍を開始したのはフィリップ2世の時代だが，終結したのはルイ9世の時代であり，ルイ9世は第6回・第7回十字軍を主導した。

問3 　31　　正解④

　資料1，資料2より空欄　イ　にはいの馬が入り，読み取れる事柄はYが適当である。

　資料1の大宛はフェルガナとも呼ばれ，中央アジアのシル川上流域の盆地でブドウや良馬の産地として知られていた。資料文中の「漢の皇帝」とは張騫を大月氏や烏孫に派遣し，匈奴を挟撃しようとした前漢の武帝を示しており，張騫がもたらした西域の情報として，「汗血馬」という良馬の産地が存在することが知られていたようである。匈奴などの北方民族対策に良馬は不可欠であったため，武帝は前2世紀の終わりに李広利を派遣して汗血馬を獲得させた。資料2のウイグルと唐の貿易に関する文章では，いわゆる絹馬貿易の様子がわかるものになっている。これは漢代から行われており，唐代や馬市という定期市が開催されるようになった明代に特に盛んになったものである。資料1，資料2より空欄　イ　にはいの「馬」が入るとわかる。

　資料1中の漢の使者による「我々には隠してしまい，与えてくれない」や，大宛の人と推定される「漢は……いつも失敗しておられる。我々をどうすることもできない」などの発言や，資料2中の「ウイグルからの絹の要求はますます増加」，「あまりに馬を持ち込もうとする」などの表現から，Yの「周辺地域の人々は，中国王朝のことをあなどっている」が読み取れる。Xの「理藩院の設置」や「周辺地域を間接統治しようとしている」は清の政策であり，資料にはそのような記述は見られない。

問4 　32　　正解④

　司馬遷は，父司馬談の死後，父と同様歴史編纂を行う役職である太史令に就いたが，匈奴討伐に向かい捕虜となった将軍李陵を弁護したことで武帝から宮刑（宦官になること）に処された。その後，執筆に専念して，『史記』を完成させた。したがって問題文中の「その皇帝」とは前漢の武帝のことであり，④が武帝の業績にあたる。

　①戦国時代には，韓・魏・趙などで布銭，燕・斉で刀銭，楚で蟻鼻銭，秦・斉などでは円銭が使用されていた。その後，半両銭を鋳造して貨幣を統一したのは前221年に中国を統一した秦の始皇帝である。②中国の北辺に位置する平城から，中央に位置する洛陽に遷都し，鮮卑風の言語や姓名，風俗などを中国風に改める漢化政策を行ったのは，北魏の孝文帝である。③元代，政治の中枢を担った中書省は，明の初代皇帝洪武帝も建国当時は設置していたが，1380年に廃止され，以降六部も皇帝直属となって皇帝独裁体制が確立された。

問5 　33　　正解②

　資料2行目には「広開土境平安好太王」とあり，これが広開土王（好太王）と判別できれば，高句麗とわかるだろう。高句麗は前1世紀頃に建国され，中国東北部から朝鮮半島北部を支配したが，7世紀後半に唐と新羅の連合軍によって滅ぼされた。

　①資料冒頭に「オイラトのエセン」が登場している。オイラトのエセンといえば，15世紀中頃に明に侵入して，河北省土木堡で正統帝率いる明軍と交戦し，正統帝を捕虜とした土木の変の際のモンゴル系オイラトの首長である。③資料冒頭に「安息国」とあり，これが中国の史書に見られるパルティアを示す表現だと気が付けば，前3世紀から後3世紀までイランからメソポタミアにかけての地域を支配したイラン系の国家とわかり，唐の遠征を受けた国家や民族でないことがわかる。④資料1行目に，「猛安・謀克」とあり，これが金で行われた行政・軍事制度とわかれば，金を建てた女真人は唐が滅んだ10世紀以降に史書に登場するようになることから，これも唐の征服活動を受けた国家ではないと判断できる。

2022年度大学入試センター公表

令和7年度大学入学共通テスト
試作問題

解答・解説

歴史総合，世界史探究 試作問題　解答・配点

（100 点満点）

問題番号（配点）	設問（配点）		解答番号	正解	自己採点欄	問題番号（配点）	設問（配点）		解答番号	正解	自己採点欄
第1問（16）	A	1（3）	1	⑤		第4問（24）	A	1（3）	19	③	
		2（3）	2	②				2（3）	20	①	
		3（3）	3	③				3（4）	21	③	
	B	4（2）	4	②又は⑥			B	4（3）	22	⑥	
		5（2）	5	⑤又は①*				5（3）	23	④	
		6（3）	6	④			C	6（3）	24	②	
	C	7（3）	7	③				7（3）	25	③	
		8（3）	8	①				8（3）	26	②	
		9（3）	9	②		小　計					
小　計						第5問（18）	A	1（3）	27	①	
第2問（16）		1（3）	10	①				2（3）	28	②	
		2（3）	11	⑤				3（3）	29	④	
		3（3）	12	④			B	4（3）	30	①	
		4（4）	13	②				5（3）	31	④	
小　計							C	6（3）	32	③	
第3問（24）	A	1（3）	14	④				7（4）	33	③	
		2（3）	15	③		小　計					
		3（3）	16	④		合　計					
	B	4（3）	17	⑤							
		5（3）	18	②							
小　計											

＊解答番号 4 で②を解答した場合は⑤を，⑥を解答した場合は①を正解とし，点を与える。

写真提供・協力

茨城県立図書館

　「桜田門外之変図」茨城県立図書館蔵（茨城県立歴史館保管）

ユニフォトプレス

　（福冨太郎コレクション資料室）「生麦事件」

　（風刺画）「Attack the Monster！」，雲崗石窟，（風刺画）「エミール・コンブは宗教と国家を分離する」

解　説

第1問
「世界の諸地域における人々の接触と他者認識」
《大問の概要》

　第1問は新科目「歴史総合」からの出題である。**A**では日本の開国という接触をテーマにイギリス人の日本に対する他者認識を，**B**ではナショナリズムの現れ方に見られる他者認識を，**C**では新聞記事の社説から万国博覧会における途上国との接触をテーマに，社説に見られる他者認識を，それぞれ取り上げている。従来は日本史で扱っていた知識を問う問題は3問出された。また資料の内容を推測したり，資料で触れていない出来事を問うたりするなど，「歴史総合」の重要テーマである資料の取り扱いを意識させる出題が見られた。

〈解　説〉
問1　1　正解⑤

　文章中の図として適当なものはい，年表中の図に描かれている出来事が起こった時期は**b**である。

　文章には横浜の近郊で起こった薩摩藩とイギリス人の一行との間の出来事とあるので，図は馬に乗った外国人が描かれているいが適当だと推測する。いは生麦事件（1862）を示した図である。生麦事件については問2も参照すること。なお，あの図は「桜田門外の変」が描かれている。

　生麦事件を背景としてイギリスと薩摩藩の交戦した薩英戦争（1863）が起こるので，生麦事件は年表中の**b**に入れる。異国船打払令を撤廃し燃料や食料の支給を認めたのは1842年である。なお，1871年の清との間の対等な条約とは，日清修好条規である。

問2　2　正解②

　生麦事件は，イギリスが薩摩藩の大名行列を乱したことに対して日本が批難をした事件であり，それを受けての論説記事であり，中村さんの発言に「イギリス人の行動を正当化している」「この出来事が，イギリス側でも，日本に対する反発を生んだのだと分かります」とあるので，②を選ぶ。

　①③は日本側の主張であり，イギリス人の行動の正当化にあてはまらない。④は関税自主権について述べていて生麦事件と関係がうすい。

問3　3　正解③

　清朝の洋務運動について述べている。1860年代の洋務運動では儒教や皇帝専制支配など伝統的な中国の思想や制度を基礎に，軍事技術など西洋の技術を表面的に導入する「中体西用」の姿勢がとられた。

　①は「計画経済の建て直し」「情報公開」から1980年代

後半からのソ連のペレストロイカの説明と判断する。②の「改革・開放政策」はプロレタリア文化大革命（文化大革命）後の中華人民共和国で鄧小平主導で行われた政策であり，20世紀の出来事なので時期が合わない。④は「労働者に団結権が認め」「ダム建設などの大規模な公共事業」等から世界恐慌期のアメリカ合衆国のニューディール政策の説明と判断する。

問4(1)　4　正解②または⑥

　三国協商をフランスと構成していた国はロシアとイギリスである。フランスは1891年にロシアと露仏同盟を，1904年にイギリスと英仏協商を締結，これにイギリスとロシアが1907年に締結した英露協商を加えて三国協商とよぶ。

問4(2)　5　正解 (1)で②を選んだ場合⑤，⑥を選んだ場合①

　(1)で②を選んだ場合は⑤のチャーティスト運動を選ぶ。チャーティスト運動はイギリスで行われた1832年の第1回選挙法改正で選挙権を得られなかった労働者を中心とする運動。1837年に発表した男子普通選挙権などを含む6カ条の「人民憲章（ピープルズ＝チャーター）」の立法化をめざしたが挫折した。

　(1)で⑥を選んだ場合は①の血の日曜日事件を選ぶ。ロシアで起きた血の日曜日事件は日露戦争中の1905年1月ペテルブルクでツァーリへの請願デモを行った労働者らに皇宮の衛兵が発砲し，多数の死傷者を出した事件である。

　②はイタリア，③はアメリカ合衆国，④はチェコスロヴァキア，⑥は日本についての説明。

問5　6　正解④

　ナショナリズムの現れ方として考えられることはあの場合は歴史的出来事は**Y**，いの場合は**Z**を選択する。

　Yの北海道旧土人保護法（アイヌ人保護法，1899）はアイヌの人々の保護を目的とされたものであったが，実際は日本人社会への同化政策に利用された。**Z**の非暴力・不服従運動は，ガンディーによって展開されたインドの反英独立運動である。なお，**X**については，会話文のまさきさんと先生の発言を合わせると「敵対意識を表現すること」がナショナリズムの現れであるが，非戦論はこれと逆の立場なので，ナショナリズムの現れ方には該当しない。

問6　7　正解③

　資料の社説は1970年のものなので，いが1967年の公害対策基本法の説明であり，社説の時期と合致する。あの1973年の第4次中東戦争を契機とする第1次石油危機（オイル＝ショック）はまだ発生していない。

　当時の世界情勢で社説が触れていないことは**X**である。開発独裁は当時のインドネシア・スハルト政権やフィリピン・マルコス政権，韓国・朴正熙政権などが該当す

る。**Y**は2010年末から2011年にかけてアラブ世界において発生した民主化運動「アラブの春」の説明であり，社説の当時の国際情勢に該当しない。チュニジアから始まった「アラブの春」はエジプトのムバラク政権やリビアのカダフィ政権を崩壊させた。

問7 8 **正解①**

空欄 **イ** には「アフリカ」，空欄 **ウ** には「非同盟諸国首脳会議に参加」を入れる。

1960年はアフリカでコンゴ，ナイジェリアなど一挙に17か国が独立したことから「アフリカの年」とよばれる。空欄 **ウ** の非同盟諸国首脳会議は東西両陣営と軍事同盟関係を持たない国々によって1961年にユーゴスラヴィアのベオグラードで第1回会合が開かれ，独立ラッシュが続くアフリカからも多くの国が参加した。これらの国は国際連合にも参加して国際社会において存在感を高めていたが，②④の選択肢は国際連盟であるのでこの時期には存在しない。国際連盟(1920設立)と国際連合(1945設立)を混同していないか試されている。

問8 9 **正解②**

ユメさんのメモは誤っている。中華人民共和国への援助(ODA)は1978年に日中平和友好条約が締結された後に中国側の賠償請求放棄の見返りとして開始された。

テルさんのメモは正しい。どの年についても，東南アジアの割合が最も大きかったことがグラフから読み取ることができる。

アインさんのメモは誤っている。グラフからは1990年以降に南アジアの割合が一貫して増加していることが読み取れる。

第2問

「世界史上の都市」

《大問の概要》

世界史探究の授業で行った班別学習の設定で，オスマン帝国時代のイスタンブル，清代の北京，1991年のケープタウンの3つの図と資料を用いて，その特徴を読み取らせ，背景を知識として問うた。リード文を用いない，これまで見られなかった形式の問題で，また最後の小問で大連の地図と設計思想を見させて他の都市との対比分類をさせる問題は，生徒の観点によって複数発生する分類のパターンを考察させるという点が，「世界史探究」のテーマに沿った新しい出題である。

〈解 説〉

問1 10 **正解①**

空欄 **ア** には**あ**が入る。オスマン帝国では宗派ごとに人頭税(ジズヤ)の支払いと引き換えに，一定の自治を認めるミッレト制を採っていた。**い**の人頭税が廃止されたのはムガル帝国のアクバルの治世である。

空欄 **イ** には**X**が入る。図1の地図から色々な宗教施設が分散して混在している様子が見てとれるので**X**が正しい。

問2 11 **正解⑤**

空欄 **ウ** には韃靼人が，空欄 **エ** には漢人が入るので**い**を，理由には**Y**を選ぶ。

資料からは確定できないが，清が韃靼人(満州人)の政権であることを考えれば，皇帝の居城である紫禁城の周辺に漢人を配置することは考えにくい。したがって紫禁城周辺のエリアには韃靼人(満州人)と資料にある「韃靼人ではないが，韃靼人の軍隊を構成する八つの部隊に登録された者たち」=八旗に属する旗人が居住すると考える(**Y**)。清では満漢併用制を採るものの，政治の中心には漢人の1％にも満たない数の満州人が置かれ，また清の入関以前に編制された蒙古八旗や漢軍八旗に所属する旗人も特権的地位にあった。なお，**X**の積極的な漢化政策を採った王朝には北魏がある。**Z**の奴隷軍人を軍隊の主力として重用した例にはイスラーム世界のトルコ人マムルークが該当する。

問3 12 **正解④**

いと**え**が正しい。**い**は表から，英語話者の中にメモ3でアパルトヘイトによる隔離の対象になっていたとされるカラードやインド人が含まれていることが読み取れる。**え**は地図から読み取れる情報。

あの英語話者(イギリス系)が広がるのはウィーン議定書(1815)でケープ植民地がイギリス領になってから(19世紀以降)と推測できるので誤り。**う**は表からコーサ語話者のほとんどが黒人であることは読み取れるが，アフリカーンス語を話す白人は2割弱しかおらず，カラードにアフリカーンス語話者が多いことが読み取れるので誤り。

問4 13 **正解②**

渡辺さんの「住民ごとに居住地域が区分されていたかどうかで分類」にしたがうと，大連は**い**に入る。

問1よりイスタンブルは国によって居住区が分かれておらず，宗教施設の近くに分散して居住しているのに対し，問2より北京は韃靼人と漢人に，問3よりケープタウンは人種により居住区が分かれていることが分かる。図4および説明から，大連の都市計画は欧米人と中国人で居住区を分けようとしていることが読み取れるので，②が正しい。

なお，菊池さんの「王朝の首都と列強の国外拠点に分類」にしたがうと，大連は**え**に入る。イスタンブルはオスマン帝国の，北京は元・明・清の首都であり，ケープタウンは17・18世紀にはオランダが，19・20世紀にはイギリスが拠点としている。ロシアは19世紀末に遼東半島

南部の旅順・大連を租借し，極東進出の拠点としたのでケープタウンと大連は同じグループに分類できるが，選択肢が存在しないので，選べない。

第3問
「外交や貿易などによって発生する人の移動と移動ルートの選択」
《大問の概要》

世界史探究の授業の設定で，地図を見ながら生徒たちが意見を出し合う形式で出題された。Aでは高麗に派遣された宋の使節がたどった海上航路，Bではイングランド商人が用いたであろう地図を用いて従来の世界史Bの形式を踏襲した。知識問題が多いが，Bで歴史地図と現代地図の対比を出題している点は今までにない出題である。

なお，資料の出典は以下の通りである。

A　資料1『宣和奉使高麗図経』巻38，海道，客舟(台湾故宮博物院)，資料2『続資治通鑑長編』巻369「元祐元年閏2月丙午条」(中華書局)

B　The first three english books on America. Birmingham, 1885.

〈解　説〉

問1　14　正解④

空欄　ア　にはいの開城が，空欄　イ　に入る王朝について述べた文はYが正しい。

空欄　ア　は高麗の都であるので開城を入れる。あの漢城は朝鮮王朝の都で漢陽とも言う。今日のソウル。うの開封は宋(北宋)の都である。

空欄　イ　は大運河を完成させた王朝なので隋が入り，隋の説明であるYを選ぶ。大運河は文帝の時に開削が始まり，煬帝の時に完成した。Yは隋で三国時代の魏以来行われていた九品中正が廃止され，科挙が創設されたことの説明である。Xは明で創設された一条鞭法の説明である。

問2　15　正解③

1123年段階ではモンゴルに契丹(キタイ)の遼王朝が存在し，北宋と高麗が陸路を通じて直接交流を持つことはできなかった。北宋は建国時には遼と敵対したが，澶淵の盟(1004)以来，資料の時期までは一応の平和が保たれていた。

①スキタイは前7世紀〜前3世紀に黒海北方の草原地帯に居住したイラン系の騎馬遊牧民族。②モンゴルのフラグ(フレグ)はモンケの命で西アジアに遠征し，バグダードを攻略してアッバース朝を滅ぼすなどした。④西夏はチベット系タングート人の李元昊により中国北西側の寧夏から甘粛にかけて成立し，北宋を圧迫した。

問3　16　正解④

資料1に朝廷が高麗に使者を送る際に現地の商人の商

船を募集して雇い入れた事例があり，また資料2に皇帝が使節の船を運行した船主・船頭であった商人に対し褒美として官職を与えた事例が示されているので④が正しい。宋・元時代には民間商人の海外渡航が広く許され，彼らはさかんに南海貿易に従事した。

①倭寇の活動は13世紀以降であるので北宋とは時代が合わない。②資料1・2と内容が合わない。③都市国家の下層民が軍艦の漕ぎ手として活躍したのは古代ギリシア・アテネのサラミスの海戦の事例である。

問4　17　正解⑤

Ⅲ　地球球体説に基づいて，大西洋を西に向かうことでアジアへ到達できると主張したのはコロンブス。トスカネリの地球球体説に基づいて西に航海し，1492年に西インド諸島に到達した。

Ⅰ　中国で初めて，世界地図を作成したのはマテオ＝リッチ。イエズス会士のマテオ＝リッチは明末の中国に滞在し世界地図「坤輿万国全図」を作成した(1602)。

Ⅱ　初めて北極点に到達したのはピアリ。極地探検は20世紀始めに相次いで成功し，1909年にピアリが北極点に，1911年にアムンゼンが南極点に到達した。

問5　18　正解②

イングランド商人による既知のルート利用を阻んだ国はあ(ポルトガル)，1550年代のイングランド商人たちが試みた新ルートとして最も適当なものはYである。

1550年代にポルトガルは存在するが，セルジューク朝(1038〜1194)はすでに存在しない。大航海時代の背景にオスマン帝国の圧迫があったことを知っていれば容易に判断できるだろう。Xはアジアとの直接貿易を目指してポルトガルが拓いた航路，Zは大航海時代以前にヨーロッパの諸勢力がアジアの物産を手に入れていた航路であり，図2や資料の内容を踏まえるとイングランド商人たちが試みた新ルートはYとなる。

第4問
「世界の諸地域における国家と宗教の関係」
《大問の概要》

Aではトラヤヌス帝と属州総督の書簡に見られるローマ帝国とキリスト教の関係，Bでは雲崗石窟の大仏に見られる北魏と仏教の関係，Cでは風刺画に見られるフランス第三共和政期の国家と宗教の関係について，それぞれ出題された。資料の読み取りをさせ，理由や背景を選ぶ形式は，世界史Bからの継続である。

なお，資料の出典は以下の通りである。

A　資料1「属州総督の書簡及びそれに対する皇帝の回答」　歴史学研究会編『世界史史料1』(岩波書店)

C 資料4「ウェストファリア条約」歴史学研究会編『世界史史料5』（岩波書店），資料5「ラテラノ条約」歴史学研究会編『世界史史料10』（岩波書店）

〈解説〉

問1 19 正解③

空欄 ア に入る皇帝の名はいのトラヤヌス帝，資料1から読み取れる皇帝のキリスト教徒に対する姿勢は**X**である。

空欄 ア は文章中の「ローマ帝国の最大版図を達成した」から容易にトラヤヌス帝と判断できる。トラヤヌス帝時代にドナウ北岸のダキアなどが領土に加わり，帝国は最大版図となった。資料1からはキリスト教徒弾圧の命令は読み取れない。「彼らは捜索されるべきではない」などの文言から皇帝は，キリスト教徒に対する告発を抑制しようとしている様子が見てとれる。

問2 20 正解①

ゾロアスター教・仏教・キリスト教の要素を融合したのはマニ教の特徴で，4世紀末のローマ帝国内でも見られた。3世紀にササン朝でおこり弾圧を受けたマニ教は，ローマ帝国領内では地中海岸のアフリカで信者が多く，アウグスティヌスが元々マニ教徒だったことが『告白録』によって知られる。

②16世紀初めにインドでナーナクが創始したのはシク教，③ジャワ島のボロブドゥールはシャイレンドラ朝時代の大乗仏教遺跡，④六信五行はイスラーム教徒の義務である。

問3 21 正解③

異なる見方があの場合は根拠となり得る出来事は**X**，異なる見方がいの場合は根拠となり得る出来事は**Y**である。

あのゲルマン人の大移動をローマ帝国の地中海支配の終焉とする根拠として，オドアケルによる西ローマ皇帝の廃位は合致する。いのイスラームの勢力拡大をローマ帝国の地中海支配の終焉とする根拠として，ウマイヤ朝による西ゴート王国を滅ぼしたことは合致する。なお，**W**のタキトゥスによって著された『ゲルマニア』は移動前のゲルマン社会について記されている史料である。**Z**のニハーヴァンドの戦いはアラブ人勢力とササン朝の戦いであり，あといのいずれの根拠にもならない。

問4 22 正解⑥

空欄 イ にはいを入れる。それに相当する世界史上の事例は**Z**を選ぶ。

文章中に「文成帝は，北魏の歴代皇帝になぞらえた巨大な石仏群を造らせた」とあることから空欄 イ にはいを入れる。

また，世界史上の事例については，君主を神仏とする

事例であるので，皇帝を太陽神の化身として崇めたインカ帝国の事例である**Z**を選ぶ。**X**はイラン＝イスラーム共和国の成立は共和政が樹立された事例であるので，あ・いにも北魏にも該当しない。**Y**の名誉革命後のイギリスの事例はあの立憲君主政の樹立については該当するが，北魏の事例には該当しない。

問5 23 正解④

南朝から唐にかけて貴族を中心に対句を駆使する華麗な文体の四六駢儷体が流行した。詩文集としては南朝梁の昭明太子により『文選』が編纂された。

①タレスに始まるイオニア自然哲学の思考。②第一次世界大戦中の中国で起こった新文化運動にもとづく白話運動。陳独秀が創刊した雑誌『新青年』で胡適が提唱し，魯迅が初の白話作品『狂人日記』を投稿した。③ゼロの概念は古代インドで確立したもの。

問6 24 正解②

資料4　ウェストファリア条約（1648）の内容。資料文中で帝国内において旧教とルター派の信仰が以前（アウクスブルクの宗教和議，1555）から認められているとの内容から判断する。この条約では旧教とルター派に加えてカルヴァン派の信仰も認められた。

宗教協約（コンコルダート，1801）では，統領政府時代のナポレオンとローマ教皇の間で，フランス革命中に否定されたカトリック教会の復権を認める一方，革命中に没収した教会財産を返還しないことを確認した。

資料5　ラテラノ（ラテラン）条約（1929）の内容。ローマ教皇とムッソリーニ政府が結び，1870年のイタリア王国による教皇領併合以来の対立を解消した。

問7 25 正解③

人物は『哲学書簡』の著者であるのでヴォルテールと分かる。風刺画が描かれた詳細な年代は不明だが，内容としてカトリック教会の政治への関与を否定し，1905年の政教分離法成立への流れに沿うものであることから，旧制度下の古い偏見や権威の打破を主張し，身分や教会を不合理なものとして批判した18世紀の啓蒙思想の説明を選べばよい。

①トマス＝アクィナスの説明。『神学大全』でアリストテレス哲学を導入してキリスト教信仰を論理的に体系化した。②イスラーム教のスーフィーに代表される神秘主義ガザーリーの説明。④精神分析学の創始者であるフロイトの説明。

問8 26 正解②

1905年に定められたフランスの法律は政教分離法。したがってムスタファ＝ケマルがトルコ革命（1919～23）によりカリフ制を廃止して政教分離を実現した②が正解

となる。
　①テューダー朝のヘンリ8世により国王を首長とするイギリス国教会が成立した事例であるので不適当。③インドでヒンドゥー教徒とムスリムの対立を煽る目的で行われた事例であるので不適当。④モンゴルでタタール（韃靼）の指導者がチベット仏教に帰依した事例であるので不適当。

第5問

「世界史上において反乱や動乱，運動などに関わった人々」

《大問の概要》

　世界史探究の授業で，生徒が共通の主題から任意に選んだ内容を考察し，レポートにするという形式でレポート内容に関する知識などを問う問題が出された。最後の小問でレポートに共通する主題が何か，それと関連する他の学習内容が何か，という，「生徒が自ら問いを立てる」世界史探究の主題そのものを問う問題が出された（実際に生徒に同じ課題を出した場合，焦点が合っているかどうかも含んで，提出してくるレポートの内容がばらけることも想定しているのだろう）。なお，**A**はイギリスのワット＝タイラーの乱の資料を，**B**はジャワの民族運動と女性解放運動の先駆者カルティニの書簡の資料を，**C**は1960年代のベトナム反戦運動に関する表やグラフを，それぞれ扱っている。

　なお，資料の出典は以下の通りである。

　A　（フロワサールの年代記）Jean Froissart, Chroniques, trad. A. Duby, Paris: Stock, 1997, Stock,「ヨークのセント・メアリ修道院の年代記」（西洋中世史研究会編『西洋中世史料集』東京大学出版会）

　B　（カルティニの手紙）小林寧子「国家・英雄・ジェンダー：カルティニ像の変遷」（小泉順子（編）『歴史の生成：叙述と沈黙のヒストリオグラフィ』京都大学学術出版会）

〈解　説〉

　問1　[27]　正解①

　中世ヨーロッパの「隷農」とは農奴のことと判断できるので①を選ぶ。中世ヨーロッパの古典荘園では農民は領主直営地での賦役と農民保有地からの貢納を義務づけられ，加えて領主裁判権などの封建的支配下に置かれた農奴であった。

　②サトウキビのプランテーションは16世紀以降，西インド諸島などで黒人奴隷を使役してさかんに行われた。③租・調・庸は唐などで行われたの均田農民に対する税制である。④南北戦争後のアメリカ合衆国南部では多くの解放奴隷が極めて貧困な小作農であるシェアクロッパーとなった。

　問2　[28]　正解②

　農民反乱の名は**あ**のワット＝タイラーの乱，**Y**は「身分制度の改変を要求している」が正しい。

　反乱は，資料文中の「アダムが耕し，イヴが紡いだ時，誰が領主であったか。（反乱の思想的指導者ジョン＝ボールの言葉）」などからイギリスのワット＝タイラーの乱（1381）と判断できる。**い**のプガチョフの乱（1773～75）はエカチェリーナ2世治下のロシアでコサック出身のプガチョフが農奴解放をめざして起こしたが鎮圧された。

　空欄[　ウ　]に入る文は，一つ目の年代記で指導者が国王への請願をめざしていることや，二つ目の年代記の「いかなる領主も領主権を保持しないこと，唯一の領主権は国王のものだけであること」などから君主制の廃止は要求しておらず，要求が身分制度の改変に留まっていることが分かる。

　問3　[29]　正解④

　[エ]語は宗主国で発行されていた雑誌で使用される言語であるので，ジャワを支配していた宗主国の言語としては，17世紀からジャワ島をオランダが植民地支配していたことを根拠に[エ]語をオランダ語と推測する。①～③はまったく根拠とならない。

　問4　[30]　正解①

　植民地支配の変化は**あ**を，カルティニが嫌悪感を抱いた背景は**X**を選ぶ。

　カルティニはインドネシアにおける女性解放の先駆者として高く評価される人物。カルティニが生きた時代（1879～1904）に見られた植民地支配の変化は，この変化によって彼女の言論活動が可能になったこと，カルティニが女性の地位向上などジャワ社会の変革を目指して活動していたことなどから**あ**を選ぶ。**い**の内容は資料文からは読み取ることができない。カルティニが持った嫌悪感は，彼女が"本物のジャワ人少女"がオランダ語で手紙を書いていることがオランダ人にとって魅力的であると皮肉を込めて述べていることから，オランダ人がジャワ人であるカルティニがオランダ語を使用していることを支配地域における人々の文明化の成功例と捉えていることが判断できる。**Y**は資料文からもジャワ島における実際の出来事からも導きだせない。

　問5　[31]　正解④

　表とグラフから[オ]への米軍の関与が1965年から73年を中心に為されていたこと，アメリカ合衆国で，反戦運動が起きていることから，レポートで言及されている戦争がベトナム戦争と容易に判断できる。したがって地

図中の記号は**d**を選ぶ。

aはリビア，**b**はイラク，**c**はアフガニスタンである。

問6　32　正解③

レポートを基に判断できる内容はい，下線部ⓐの事例は**X**を選ぶ。

世論調査で反対が賛成を初めて上回った時期は1967年で，米軍の年間死傷者数がピークに達しているのは1968年であるので，いは正しい。米軍の年間死傷者数が10,000人を超えるのは1967年で，ジョンソン大統領によって北爆が開始されるのは1965年であるのであは誤っている。

下線部ⓐの市民が世論の形成を通じて社会の変革を促した事例としては，下線部で言う「同じ時期」を広く捉えるならば1950年代に拡大した**X**の黒人差別に反対する公民権運動が該当するが，時期をベトナム戦争中に限定すると1964年の公民権法成立後も黒人差別撤廃を求めて黒人が行った実力行使による抵抗運動（ブラック＝パワー）がある。いずれにせよ**Y**の女性参政権については，運動がさかんになるのは19世紀末から20世紀初頭にかけてであり，アメリカ合衆国の女性参政権は1920年に実現しているので下線部ⓐの事例に該当しない。

問7　33　正解③

空欄　ア　に入る主題はあ，主題をさらに追究するための世界史上の出来事は**Z**を選ぶ。

空欄　ア　の主題に対するレポートが「ワット＝タイラーの乱」「カルティニの女性解放運動」「ベトナム反戦運動」についてのものであるので，あが正しい。いの君主や統治者による改革や，その意図はレポートに触れられていない。

Zは，朝鮮の三・一独立運動（1919）である。日本の植民地支配下にあった朝鮮の人々が解放を求めて起こした運動であるので，反乱や動乱，運動などに関わった人々がどのような社会を望んだのかとの主題をさらに追究できる出来事として適当といえる。**X**の外交革命や**Y**の秦の始皇帝の度量衡の統一は，君主や統治者による改革やその意図を探る主題である。

2024年度

大学入学共通テスト
本試験

解答・解説

■2024年度大学入学共通テスト本試「世界史B」平均点・得点別偏差値表

＊受験者数　75,866人

＊平均点　60.28点

＊得点別偏差値表（大学入試センター公表の平均点と標準偏差をもとに作成したものです。）

平均点　60.28　　標準偏差　21.55　　　　　受検者数　　75,866

得　点	偏差値	得　点	偏差値	得　点	偏差値	得　点	偏差値
100	68.4	70	54.5	40	40.6	10	26.7
99	68.0	69	54.0	39	40.1	9	26.2
98	67.5	68	53.6	38	39.7	8	25.7
97	67.0	67	53.1	37	39.2	7	25.3
96	66.6	66	52.7	36	38.7	6	24.8
95	66.1	65	52.2	35	38.3	5	24.3
94	65.6	64	51.7	34	37.8	4	23.9
93	65.2	63	51.3	33	37.3	3	23.4
92	64.7	62	50.8	32	36.9	2	23.0
91	64.3	61	50.3	31	36.4	1	22.5
90	63.8	60	49.9	30	35.9	0	22.0
89	63.3	59	49.4	29	35.5		
88	62.9	58	48.9	28	35.0		
87	62.4	57	48.5	27	34.6		
86	61.9	56	48.0	26	34.1		
85	61.5	55	47.5	25	33.6		
84	61.0	54	47.1	24	33.2		
83	60.5	53	46.6	23	32.7		
82	60.1	52	46.2	22	32.2		
81	59.6	51	45.7	21	31.8		
80	59.2	50	45.2	20	31.3		
79	58.7	49	44.8	19	30.8		
78	58.2	48	44.3	18	30.4		
77	57.8	47	43.8	17	29.9		
76	57.3	46	43.4	16	29.5		
75	56.8	45	42.9	15	29.0		
74	56.4	44	42.4	14	28.5		
73	55.9	43	42.0	13	28.1		
72	55.4	42	41.5	12	27.6		
71	55.0	41	41.1	11	27.1		

（100点満点）

問題番号（配点）	設問（配点）		解答番号	正解	自己採点欄	問題番号（配点）	設問（配点）		解答番号	正解	自己採点欄
第1問（27）	A	1（3）	1	①		第3問（22）	A	1（3）	18	③	
		2（3）	2	④				2（3）	19	④	
		3（3）	3	⑥				3（3）	20	②	
	B	4（3）	4	④			B	4（3）	21	②	
		5（3）	5	②				5（3）	22	③	
		6（3）	6	②			C	6（3）	23	①	
	C	7（3）	7	③				7（4）	24	②	
		8（3）	8	①		小　　計					
		9（3）	9	⑥		第4問（28）	A	1（3）	25	⑤	
小　　計								2（3）	26	③	
第2問（23）	A	1（3）	10	②				3（3）	27	③	
		2（3）	11	③			B	4（3）	28	①	
	B	3（3）	12	④				5（3）	29	④	
		4（2）	13	②又は④				6（4）	30	①	
		5（3）	14	①又は⑤*			C	7（3）	31	④	
	C	6（3）	15	②				8（3）	32	③	
		7（3）	16	④				9（3）	33	④	
		8（3）	17	⑤		小　　計					
小　　計						合　　計					

＊解答番号 13 で②を解答した場合は①を，④を解答した場合は⑤を正解とし，点を与える。

写真提供・協力

ユニフォトプレス

大秦景教流行中国碑（全体像）

（早稲田大学図書館所蔵）大秦景教流行中国碑（拡大部分）

（台北故宮博物院）顔真卿「祭姪文稿」

解　説

第1問

「世界史上，様々な地域や時代に見られた体制と制度」

《大問の概要》

　Aでは中国における「王や皇帝の一族を，制度上どのように位置づけるか」の議論について資料(『史記』・『読通鑑論』)と解説文を，Bでは「イングランドとノルマンディーとの間」での「ハロルド2世の王位継承に対する認識の違い」を題材として資料と解説文を，Cではイギリスにおける福祉制度の改革の歴史について資料(マーガレット゠サッチャーのインタビュー)と解説文を用いて出題された。

　なお，資料の出典は以下の通りである。

A　資料1・2『史記会注考証』(上海世紀出版股份公司，上海古籍出版社)，資料3『讀通鑑論』(中華書局)

B　資料1(「ジョン゠ウスターの『年代記』」) The Chronicle of John of Worcester,ed. by R. R. Darlington and P. McGURK, trans. by J. Bray and P. McGURK　vol. II, Clarendon Press, Oxford, 資料2(ウェイス『ロロの物語』) The History of the Nornan People: Wace's NORMAN DE ROU, trans. by G. S. Burgess, 2004, The Boydel Press, Woodbridge

C　「サッチャリズム」(歴史学研究会編『世界史史料11』岩波書店)

問1　　1　　正解①

　資料の読解と歴史的な知識を組合せて問う問題だがほぼ資料の読解により解答できる。周が封建制を採用していた歴史知識と資料1の1～3行目「周王朝を開いた文王と武王は，一族や功臣の多くに，封土を分け与えて諸侯としましたが，その後疎遠となって攻撃し合い，周王は制御できませんでした」から判断する。

　②「郡県制の下で」が誤っており，また李斯は周が行わなかった一族や功臣を「国家の租税」により手厚く養うことを，「太平をもたらす方策」として述べている。③資料2で博士の一人は「周王朝が長く続いたのは，一族や功臣に封土を分け与えて諸侯とし，王室を補佐する枝葉としたためです」としており，政治上の権力を一族に持たせていたことがわかる。④資料2では一族が帝室を補佐する担い手となることを，郡県制ではなく封建制の利点として挙げている。

問2　　2　　正解④

　文章中の空欄　ア　には司馬炎を入れる。資料3で説明されている争乱の名は八王の乱である。

　空欄　ア　は魏の皇帝の位を奪った人物であるので司馬炎(西晋の武帝　位265～290)である。司馬炎は王子ら一族のものを王として兵を授けたが，司馬炎の死後，王同士の内乱である八王の乱(290～306)が起こった。

　なお，呉三桂ははじめ明の武将として山海関を守護したが，清に降って李自成や南明政権の平定に活躍した。雲南の藩王となったが，康熙帝(位1661～1722)による雲南・広東・福建の三藩の廃止の決定に反発し，三藩の乱(1673～81)を起こしたものの平定された。

問3　　3　　正解⑥

　争乱の名はうの呉楚七国の乱，一族に対する分権の弊害が現れた出来事について述べた文はYである。

　明の初めの官僚は，明初の建文帝(位1398～1402)在位時の状況として，のちに永楽帝(位1402～24)となる燕王ら洪武帝(位1368～98)の息子らが王として封じられていることを重大な問題ととらえていた。この官僚は過去の皇帝の一族の内乱の事例として前漢と西晋の争乱を挙げたと説明があるので，西晋の八王の乱とともに事例として挙げられた前漢の争乱は呉楚七国の乱(前154)である。呉楚七国の乱は郡国制のもと封建制が採られた地域に封じられていた呉や楚など七国の劉氏一族の諸侯王が皇帝の抑圧政策に反発して起こした内乱である。反乱は鎮圧され，前漢は中央集権化を進めた。なお，あの黄巾の乱は後漢末，いの赤眉の乱は新末期に起きた反乱である。

　一族に対する分権の弊害が現われた出来事については官僚が懸念した通り，明初，建文帝の中央集権化政策に反発した燕王が靖難の役(1399～1402)を起こして皇帝に即位した(Y)。Xの朱元璋が頭角を現し，皇帝として即位するに至った争乱は紅巾の乱(1351～66)である。紅巾の乱は元末に白蓮教徒らが起こした農民反乱で，反乱から台頭した朱元璋が明を建国した。

問4　　4　　正解④

　空欄　イ　にはオットー1世(王位936～973／帝位962～973)を入れる。解説文中に　イ　がローマ教皇から戴冠されたことが神聖ローマ帝国の起源とされるとあることから判断する。ザクセン朝の東フランク王オットーは962年にローマ教皇ヨハネス12世から戴冠された。したがってオットー1世について述べた文としてもっとも適当なものは④である。当時東フランク王であったオットーは，レヒフェルトの戦い(955)でマジャール人を撃退した。

　①ピピン(小ピピン　位751～768)の説明である。カール゠マルテルの子ピピンはローマ教皇の承認を得てメロヴィング家の王を廃位し，自ら即位してカロリング

朝(751 〜 987)を建てた。ピピンは教皇への返礼として
ローマ教会を圧迫していたランゴバルド人を討ち，ラ
ヴェンナ地方を教皇に寄進した(756)。②カール1世
(カール大帝，シャルルマーニュ　フランク王位768 〜
814／帝位800 〜 814)の説明である。カールは800年に
ローマ教皇レオ3世から戴冠された。③西ローマ帝国
軍とゲルマン人の連合軍を率いた将軍のアエティウスの
説明であるが，詳細な人名であり覚える必要はないだろ
う。西ローマ帝国軍はガリアに侵攻したアッティラ率い
るフン人とその支配下のゲルマン人の軍を，西ゴート人
などの協力を得てカタラウヌムで撃退した(451)。

問5 　5 　正解②

下線部ⓑの人物の名はあのウィリアム，資料1・2から
読み取れる内容について述べた文はYである。

資料2から下線部ⓑの人物がイングランドを征服した
ことが読み取れるのでノルマンディー公ウィリアム
(ウィリアム1世　イングランド王位1066 〜 87)と判断
する。いのクヌート(カヌート　イングランド王位1016
〜 42)もノルマン人であるが，デンマーク王としてイン
グランドを征服し，デーン朝を開いた人物である。

Yは資料2に「(ハロルドが)宣誓を破り，嘘をついた」
「エドワードが彼(ウィリアム)に与えた王国を譲らな
かった，ハロルドもその事を認めて宣誓していたにもか
かわらず」という部分より読み取れる。なお，Xは資料
1に「ハロルドが，イングランド中の最有力の貴族たち
によって国王に選ばれた。彼は，エドワード王が死ぬ前
に，王国の継承者として指名していた人物であった」と
あり，Zは資料1がイングランド側の認識を，資料2が
ノルマンディー側の認識を記述したものであるため，そ
れぞれ誤りとなる。

問6 　6 　正解②

ガンやブリュージュなどを中心に毛織物工業が発達し
たフランドル地方には，イングランドから原料となる羊
毛(原羊毛)が輸出されていた。イングランドでは百年戦
争が起こった14世紀中頃から羊毛のみの生産から毛織物
製品の製作に転換した。

①エリザベス1世(位1558 〜 1603)がメアリ1世
(1553 〜 58)の誤りである。③フィリップ4世(位1285
〜 1314)がフィリップ2世(位1180 〜 1223)の誤りであ
る。④大陸封鎖令が航海法の誤りである。イギリス革
命(ピューリタン革命)後に成立した共和政政府が，1651
年にイギリスの貿易から実質的にオランダを排除する航
海法を制定したため，翌年に第一次英蘭戦争が勃発した。
大陸封鎖令(ベルリン勅令)はナポレオン戦争中の1806年
にナポレオン1世(位1804 〜 14，15)が発布した，大陸

諸国にイギリスとの貿易を禁じる法令である。

問7 　7 　正解③

ドイツでの老齢年金制度の導入時期は，解説文から
「後に「世界政策」の名の下に海軍を増強した皇帝」が即
位してから，ドイツの先例を踏まえてイギリスが老齢年
金法を成立させた1908年の間であることが判断できる。
したがって時期は皇帝ヴィルヘルム2世(位1888 〜
1918)の即位から年表中の1912年より前の1908年の間で
ある。ヴィルヘルム2世の即位の年号が分からなくても，
この皇帝と対立した宰相ビスマルクが辞職(1890)してい
るので，解答は1871年より後で，1912年より前の　c
である。

問8 　8 　正解①

イギリスの年金制度の導入を主導したのは「かつて首
相グラッドストンが率いた政党」の自由党であるので自
由党について述べた文を解答する。アイルランド自治法
案は自由党がグラッドストン首相(任1868 〜 74，80 〜
85，86，92 〜 94)時代の1886年と93年に議会に提出した
が否決され，1914年にグラッドストンの後継首相の時に
成立した法案である。この法案は成立直後に勃発した第
一次世界大戦を理由に実施が延期された。

②保守党が労働党の誤りである。1924年の第一次マ
クドナルド労働党内閣は自由党との連立で成立したが，
短期間で崩壊した。③保守党ディズレーリ首相(任
1868，74 〜 80)の説明である。ディズレーリは1875年に
ロスチャイルド財閥の援助を受けてエジプトが売却した
スエズ運河会社株を買収し，エジプトへの帝国主義的進
出の契機とした。④労働党の説明である。フェビアン
協会は1884年にウェッブ夫妻やバーナード＝ショーらに
よって結成された社会主義の実現をめざす団体である。
労働党は1900年にフェビアン協会・独立労働党・社会民
主連盟と労働組合によって結成された労働代表委員会が
1906年に改称した政党(社会民主連盟は不参加)である。

問9 　9 　正解⑥

首相の名はいのサッチャー，改革の内容はZである。

説明文に「国営企業の民営化を推し進めた首相」とあ
るのでサッチャー(任1979 〜 90)を選択する。保守党の
サッチャーは初の女性首相としてインフレの抑制や失業
率の改善に務めた。あのアトリー(任1945 〜 51)は労働
党の政治家で第二次世界大戦直後に首相に就任した。
サッチャーはアトリー以来のイギリス政治の方向を大き
く転換した。

Zは単純に受験の歴史知識でも選択できるが，インタ
ビュー中に「自分で自分の世話をするのは私たちの義
務」等とあることからサッチャー政権で進められた社会

保障費などの福祉の削減が読み取れる。サッチャー首相は国営企業民営化や福祉カットによる財政支出を抑えた「小さな政府」の実現，規制緩和による経済活性化をめざした。フォークランド紛争や北アイルランド問題に対しては強硬な姿勢を示し「鉄の女」と称された。なお，**X**はアトリー内閣以来の労働党の基本政策である。重要産業の国有化や「ゆりかごから墓場まで」といわれる高福祉政策を推進した。**Y**はテューダー朝期(1485 〜 1603)のエリザベス 1 世の施策である。

第 2 問

「世界史における諸勢力の支配や拡大」
《大問の概要》

Aでは支配地のアジアの人々に対するアレクサンドロス大王の異なる態度について 4 つの資料を使用して，**B**では 3 つの資料(ミズーリ協定，先住民強制移住法，カンザス＝ネブラスカ法)を使用して，**C**ではスターリンから毛沢東への電報を資料に説明文を用いて出題された。

なお，資料の出典は以下の通りである。

A 資料 1・3 大牟田章訳『アレクサンドロス東征記およびインド誌 本文篇』(東海大学出版会)，資料2 伊藤照夫訳『モラリア 4』(京都大学学術出版会)

B 資料 1・2・3 「ミズーリ協定」「先住民強制移住法」「カンザス＝ネブラスカ法」(全て，歴史学研究会編『世界史史料 7』岩波書店)

C 資料 (スターリンの電報) Zagadochnaya Voina: Koreiskii konflikt 1950—1953 godov, 2000, Rossspen

問 1 ⌷10⌷ 正解②

ソフォクレスやエウリピデスの作品がアテネで上演されていたかどうかの判断ができれば，他は資料から容易に読み取れる。ソフォクレスとエウリピデスは，名前が挙げられていないアイスキュロスを含めてペリクレス時代のアテネで活躍した 3 大悲劇詩人であり，②は正しい。アイスキュロスは『アガメムノン』，ソフォクレスは『オイディプス王』，エウリピデスは『メディア』が代表的作品である。

①アレクサンドロス大王が滅ぼした王朝はアケメネス朝(アカイメネス朝 前550 〜前330)，バビロン捕囚を行った王朝は新バビロニア(カルデア 前625 〜前539)である。③ペロポネソス戦争がペルシア戦争の誤りである。ペルシア戦争中アテネではペルシア軍の来襲に対してアテネ市を放棄し，戦えるものは軍船に乗り込んで海上でペルシア軍を迎え撃った。アテネ市はペルシア陸軍による占領・破壊を受けたが，アテネ艦隊はペル

シア水軍をサラミスの海戦(前480)で撃破した。④デロス同盟がコリントス同盟(ヘラス同盟)の誤りである。アレクサンドロス大王の父王フィリッポス 2 世はカイロネイアの戦い(前338)でギリシア軍を破った翌年に自らを盟主とするコリントス同盟(ヘラス同盟)を結成した。デロス同盟はプラタイア(プラテーエ)の戦い(前479)等でペルシア軍を撃退した翌年にアテネを中心としてペルシアの再来襲に備えて結成された。

問 2 ⌷11⌷ 正解③

あは誤っている。マニ教はローマの共和政期には存在していない。マニ教は 3 世紀のササン朝ペルシアで創始されたが，ゾロアスター教の異端として弾圧を受け東西に拡散した。ローマでは帝政後期に領内の北アフリカなどで広がった。

いは正しい。大航海時代のスペイン人をはじめとして，ヨーロッパ人は他地域を征服する際に征服の根拠として(時に神が求める使命として)非文明地域の文明化を主張し，その行為を正当化してきた。

問 3 ⌷12⌷ 正解④

国の名はフランス，空欄⌷ア⌷にはミズーリを入れる。

ミシシッピ川以西のルイジアナは統領政府時代のフランスが，1803年にアメリカ合衆国に安価で譲渡した。この時のアメリカ大統領はトマス＝ジェファソン(任1801 〜 09)である。資料 1 は1820年のミズーリ協定である。緯度(北緯36度30分)まで知らなくても定められた緯度以北での奴隷の使用を禁じている内容から判断する。ミズーリ州が奴隷州になるにあたって，反発した北部との妥協として成立した。この協定の際に北部に新州としてメーン州を設置することで南北の州数の調整も為された。なお，テキサスはアメリカ人プランターがメキシコと戦って共和国として独立したものを，1845年に共和党政権が併合し，翌年に勃発するアメリカ＝メキシコ(米墨)戦争の原因となった。

問 4 ⌷13⌷ 正解②または④
問 5 ⌷14⌷ 正解 問 4 で②を選んだ場合は①，④を選んだ場合は⑤

問 4・問 5 はまとめて解説する。連動式の出題は共通テスト本試験でははじめてである。法律の名があの場合は，法律が作られた理由や背景として考えられることは**Y**，法律の名がいの場合は，法律が作られた理由や背景として考えられることは**X**である。

資料 2 は，大統領にインディアン(先住民)の部族を現住地から代替地に移住させる権限があるとうたっているので，民主党のジャクソン大統領が1830年に発布した**あ**の先住民の強制移住法(インディアン強制移住法)である。

インディアン討伐で名を為し西部出身者初の大統領となった**Y**のジャクソンは，先住民にミシシッピ川以西の居留地への移住を強制した。この移住はチェロキー族が強制移住に際して人口の4分の1ほどを失った「涙の旅路」の事例のように大きな犠牲をともなった（問5①）。

資料3は，ネブラスカ準州で「住民が，自らの政府を自らの意志に基づいて統制するために，完全なる自由な状態に置かれることにある」法とあるので，いのカンザス・ネブラスカ法（1854）である。この法は奴隷州拡大をめざす民主党を中心に，ミズーリ協定を撤廃（**X**の「北緯36度30分以北に……規制を廃止」）して奴隷の使用に関する決定を住民に委ねたものである。民主党の強引な手法に反発した奴隷制反対論者や奴隷制不拡大論者が北部の産業資本家等の支持を得て共和党を結成する契機となった（問5⑤）。

なお，**Z**は南北戦争（1861〜65）中の1862年に制定されたホームステッド法（自営農地法）の内容である。公有地で5年間定住し耕作したものに160エーカーの土地を無償で与えた。

問5の他の選択肢については以下の通りである。③アメリカ労働総同盟（AFL）は1886年に熟練労働者の職業別労働組合の連合組織として結成された。直接行動に拠らない労資交渉など穏健な手段で労働者の待遇向上をめざした。④棍棒外交は共和党セオドア＝ローズヴェルト大統領（任1901〜09）の軍事力を背景とした高圧的な外交政策。武力を用いてコロンビアからパナマを独立させるなどした。⑥連邦政府の権限強化を求める連邦派と各州の権限維持を主張する反連邦派（州権派）はアメリカ合衆国憲法制定をめぐる状況の中で形成された。

問6 15 正解②

空欄 **イ** には国連軍，空欄 **ウ** には人民義勇軍を入れる。国際組織は東南アジア条約機構（SEATO）を選ぶ。

朝鮮戦争（1950〜53）は国連軍と中華人民共和国人民義勇軍および北朝鮮軍との間で戦われているので，休戦交渉はそれらの代表によって行われると判断する。したがって毛沢東側が交渉すべき相手で，譲歩するように仕向けるべき相手である **イ** は国連軍となる。その交渉相手であり（資料文），アメリカを中心とする国連軍との戦闘に加わった中国の軍隊（説明文）であるから **ウ** は人民義勇軍となる。下線部ⓑのように，この時期にアメリカは各地で反共軍事ネットワークの形成を急いだ。そうして結成された東南アジア地域の反共のための軍事機構は東南アジア条約機構（SEATO）である。1954年に結成され東南アジアのタイ，フィリピンのほかアメリカ，イギリス，フランス等が参加した。東南アジア諸国連合

（ASEAN）は1967年にタイ，インドネシア，マレーシア，シンガポール，フィリピンの5カ国で設立された地域協力機構で，現在は10カ国が加盟している。

問7 16 正解④

1948年にクーデタによって共産党が政権を確立した国はチェコスロヴァキアである。戦後東欧で成立した人民民主主義（社会主義）政権の多くが共産党系政党の一党独裁体制を採っていたのに対して，もともと議会制民主主義が発達していたチェコスロヴァキアでは第二次世界大戦直後も複数政党制が採られていた。そうした状況下で共産党がクーデタを起こして政権を掌握し，その後共産党主導で制定された新憲法によりチェコスロヴァキアは完全に共産化した。このことに衝撃を受けた西側ではイギリス，フランス，ベネルクス3国が西ヨーロッパ連合条約（ブリュッセル条約）を結んで対抗した。この条約は翌年に成立する北大西洋条約機構（NATO）の土台となった。チェコスロヴァキアでは共産党の一党独裁が長期化する中，民主化・自由化を求める声が高まり，1968年に共産党第一書記に就任したドプチェクが「人間の顔をした社会主義」を掲げて「プラハの春」とよばれる民主化政策を進めたが，これを認めないソ連を中心とするワルシャワ条約機構軍の介入により挫折した。

①ポーランドについて述べた文である。1956年にソ連でフルシチョフ第一書記により「スターリン批判」が行われ，コミンフォルムが解散されるとポーランドではポズナニから始まった暴動が全国に拡大した。ポーランドの混乱はゴムウカが第一書記（任1956〜70）に復帰することで収束した。②ルーマニアについて述べた文である。東欧革命（1989）唯一の武力による政権交代となったルーマニアでは長く独裁的地位にあったチャウシェスクが失脚し処刑された。③フランスについて述べた文である。1935年のコミンテルン第7回大会で示された人民戦線戦術を受けて，フランスでは36年に共産党の協力を受けた社会党のブルムを首班とする人民戦線内閣が成立した。

問8 17 正解⑤

グラフから読み取れる内容は，ソ連の第1次五か年計画について述べた文は**Y**である。

判断できない人はいないだろうが，農林・水利と工業への投資額を合わせると，全体の5割を越えていることがグラフから読み取れる。農林・水利と運輸への投資額を合わせても，全体の5割を越えていないこともグラフから読み取れる。

1928年に開始されたソ連の第1次五か年計画ではコルホーズ建設による農業の集団化とともに，**Y**の重工業の発展が目標とされた。**X**の戦時共産主義は革命後に起こっ

た反革命勢力との内戦や英仏日米による対ソ干渉戦争を戦う中で採られた経済政策で、「すべてを戦場へ」のスローガンのもとで穀物の強制挑発のほか生産手段の国有化などが行われた。反革命鎮圧後に国内の不満の増大を背景に1921年にネップ(新経済政策)に切り替えられた。**Z**の農業調整法(AAA)は、1933年にアメリカで民主党フランクリン＝ローズヴェルト大統領(任1933～45)が制定した法律。企業に生産調整を求める全国産業復興法(NIRA)や公共事業を拡大したテネシー川流域開発公社(TVA)などとともにニューディール政策の根幹を為した。

第3問
「交通の発達」
《大問の概要》

Aではインド亜大陸の交通の歴史について、マウリヤ朝時代と現代のインドの主要道の地図に関して会話文形式で、**B**では20世紀のアメリカ合衆国における交通手段の変化について、旅客と貨物の輸送量のグラフと説明文を用いて、**C**ではロシアの歴史と文化についてチャイコフスキーとパトロンの間で交わされた手紙を資料として会話文形式で出題された。

なお、資料の出典は以下の通りである。

  C 資料1・2「チャイコフスキー、フォン＝メック夫人往復書簡集」Chaikovskii P.I. Perepiska s N. F. fon-Mekk. Kn. 3. 1882-1890 gody.Moscow, Zakharov

問1 　18　 正解③

空欄　**ア**　にはアショーカ王(位 前268頃～前232頃)を入れる。説明文中にマウリヤ朝(前317頃～前180頃)の王であること、自らの政治理念を刻ませた磨崖碑や石柱碑を設置した旨の記述があることから判断する。アショーカ王は仏教に帰依し、第3回仏典結集やスリランカをはじめ各地への布教を行った。

①サータヴァーハナ朝(前1世紀～後3世紀)はデカン高原に建てられローマとの季節風貿易などインド洋交易で栄えた王朝であるが、マウリヤ朝とは時代が合わない。サータヴァーハナ朝の盛期には北インドではクシャーナ朝(1～3世紀)が栄えていた。②エフタルの侵入を受けたのはグプタ朝(320頃～550頃)である。④グプタ朝時代の出来事である。東晋の僧法顕はチャンドラグプタ2世(位376頃～414頃)時代のインドを訪れた。

問2 　19　 正解④

ゴール朝(1148頃～1215)の武将アイバク(位1206～10)はデリーで自立し奴隷王朝(1206～90)を建てた。奴隷王朝以来デリーに都を置くイスラーム王朝(デリー＝スルタン朝)が興亡した。

①ボンベイ(現ムンバイ)の説明。反英運動の高まりを警戒したイギリスは、1885年にボンベイで親イギリス的な知識人を中心に第1回インド国民会議を開催させたが、会議の開催が重ねられる中で会議参加者は次第に反英化し、インド国民会議派を形成して民族運動の中心となった。②カルカッタ(現コルカタ)の説明。ベンガル分割令に反発する民族運動の高揚の中で、インド国民会議派は1906年ベンガルのカルカッタで大会を開き、英貨排斥(ボイコット)、スワデーシ(国産品愛用)、スワラージ(自治)、民族教育の4綱領を採択した。③アグラの説明。ムガル帝国(1526～1858)の第5代皇帝シャー＝ジャハーン(位1628～58)は愛妃の死を悲しみこの地に霊廟としてタージ＝マハルを建設した。

問3 　20　 正解②

メモ1は誤っている。図1の南方に延びている主要道が到達しているのはデカン地方南部までであり、南端部までは至っていない。マウリヤ朝の支配領域にも南端部は含まれない。

メモ2は正しい。イギリスは17世紀にマドラス(現チェンナイ)、ボンベイ、カルカッタを拠点として獲得し、その後カルカッタに長くインド政庁が置かれるなど、これらの都市はイギリスの植民地として発展してきた。

問4 　21　 正解②

あ(第一次世界大戦後＝1918年)→う(1933年)→い(1941年)の順となる。

あ　アメリカ合衆国は第一次世界大戦中の英仏への多額の戦債供与等を通じて、大戦後には債務国から債権国に転じた。

う　1933年に創設されたテネシー川流域開発公社(TVA)は、第2問問8で述べたように農業調整法(AAA)、全国産業復興法(NIRA)などとともにニューディール政策の根幹を為した。

い　武器貸与法は1941年にフランクリン＝ローズヴェルト大統領がそれまでの中立法を改正して、大統領権限で軍事物資等の貸与相手を決定できるものとして制定した。武器貸与法制定後に独ソ戦が開始されると、アメリカ合衆国からソ連への物資提供が行われた。

問5 　22　 正解③

空欄　**イ**　に入れる語句はお、空欄　**ウ**　に入れる文は**X**である。

空欄　**イ**　は受験の歴史知識として、1920年代のアメリカ合衆国でフォード社が開発したコンベア方式(生産ライン)による自動車の大量生産が行われ、価格低下による自動車の大衆化が進んだことからおの自動車の普及と判断する。また前の説明文に20世紀に入って交通手段

の変化が進行したこと，1910年代に道路建設を促進するための法律が制定されていることから，道路を走る交通手段としても自動車を選択できる。

空欄　ウ　はグラフで1940年代後半から1960年代後半までの期間を見ると，旅客輸送量が減少傾向にあるのに対して，貨物輸送量は横ばいの状態が続いていることが読み取れる（X）。

問6　23　正解①

空欄　エ　に入れる国の名は**あ**のドイツ，下線部ⓑの理由は**X**である。

空欄　エ　は資料と会話文で述べられている同盟が，1873年に締結され，失効を経て81年に再締結（新三帝同盟，三帝協商）されていることからドイツ・オーストリア・ロシアの間で結ばれた三帝同盟と判断できる。歴史知識で判断できなくても，資料1でこの同盟がヴィルヘルム2世（位1888～1918）の在位中は継続するが，皇帝が代わると解消されてロシアが痛い目に遭わされるとあるので，　エ　の国がヴィルヘルム2世を皇帝とするドイツであることが読み取れる。

下線部ⓑの理由は，資料1から読み取れるようにフォン＝メックは三帝同盟よりもフランスと仲良くすること（同盟を締結すること）を良いものと考えている。しかし資料2にあるようにフランスの大手メディアがロシアの政策を批判しているので，そのことに対してフォン＝メックがいら立っていることが読み取れる。

問7　24　正解②

藤井さんのメモは誤っている。資料からは読み取れない歴史知識が問われている。会話文中から1860年代から1870年代にかけてモスクワから黒海北岸にかけて鉄道建設が進んでいたことが読み取れるが，黒海北岸地域をロシアが獲得したのはエカチェリーナ2世（位1762～96）時代のことで，クリミア戦争（1853～56）の結果ではない。女帝はオスマン帝国との二度の戦争でオスマン帝国の宗主権下にあったクリム＝ハン国を併合し，クリミア半島に進出するなど黒海北岸地域に領土を拡大した。クリミア戦争後のパリ条約（1856）では黒海の非武装・中立化などが定められた。なお藤井さんのメモにある1890年代の年平均建設距離数の伸びの要因をシベリア鉄道の建設としている部分は正しい。

西原さんのメモは正しい。会話文中にあるロシアが1860年代後半（1867）にアメリカ合衆国に売却した領土はアラスカである。また1890年代のシベリア鉄道建設には，露仏同盟締結（1891）により得られたフランス資本が導入された。

第4問

「世界史上の様々な言語や文字と，それを用いた人々の文化やアイデンティティ」

《大問の概要》

Aではシリア語について「大秦景教流行中国碑」の図版と会話文を，**B**ではコロンブスが「スペイン人」と考えられていた事例を論じたリード文を，**C**では顔真卿の作品について書道の授業の形をとって会話文を用いて出題された。

問1　25　正解⑤

文章中の空欄　ア　の人物の事績は**い**，公会議について述べた文は**Y**である。

ア　はキリスト教を公認したローマ皇帝であるのでコンスタンティヌス帝（位306～337）である。コンスタンティヌス帝はミラノ勅令（313）でキリスト教を公認した。またコンスタンティヌス帝は税収確保のために，元来は自由民であったコロヌスの土地・身分の移動を禁じて世襲化した（コロヌスの土地緊縛令　332）。**あ**の軍管区制（テマ制）はビザンツ帝国中期の7世紀以降，ササン朝やイスラーム勢力等に対抗するために採用された。国土をいくつかの軍管区に分けて軍事権，民政権を持つ長官を派遣して管轄させた。長官の配下の兵には解放コロヌス等からなる屯田兵が用いられた。

Yのコンスタンティヌス帝が召集したニケーア公会議（325）ではイエスを神と同質とするアタナシウス派が正統とされ，イエスを神に最も近い人とするアリウス派が異端とされ帝国内での布教を禁じられた。この後アリウス派はゲルマン人の一部に普及した。なお，**X**はカルケドン公会議（451）について述べている。単性論派は受肉したイエス＝キリストは人性が神性に吸収されたとした。単性論派は異端とされたが，シリア，エジプトなどの教会に受け継がれた。**Z**はエフェソス公会議（431）について述べている。ネストリウス派はイエス＝キリストの神性と人性の分離を強調した。会話文で述べられているシリア語を使用したキリスト教徒はネストリウス派である。会話の図版は大秦景教流行中国碑である。

問2　26　正解③

マドラサ（学院）は神学や法学を研究し，ウラマーを育成するための教育施設である。10世紀頃から各地の都市で成立し，セルジューク朝（1038～1194）でニザーム＝アルムルクが主要都市にニザーミーヤ学院をつくるなど制度化が進んだ。

①ゼロの観念はローマではなくインドからイスラーム世界に伝わった。②細密画（ミニアチュール）は中国の宮廷絵画である院体画の影響を受けてイスラーム世界で発

展した。イスラーム教の偶像禁止の影響からイスラーム世界では写実的な絵画は広まらなかったが，元朝と友好関係にあったイル゠ハン国時代に中国絵画の影響から細密画がさかんになり，ティムール朝やムガル帝国などでも発達した。アマルナ美術はエジプト新王国時代のアメンホテプ4世(位 前1351頃〜前1334頃)の宗教改革以降に見られた写実的な芸術である。④マムルーク朝(1250〜1517)がブワイフ朝(932〜1062)の誤りである。軍人や官僚に任地の徴税権を与えるイクター制はブワイフ朝で始まりセルジューク朝を経てイスラーム世界で拡大した。

問3 　27 　正解③

会話文の「8世紀後半のイラクでは，……9世紀には，ギリシア語から直接アラビア語に翻訳するという形が広がっていく学術的基盤となりました」の部分からアッバース朝のカリフがイラクのキリスト教徒に依頼した翻訳活動が，9世紀にアッバース朝でさかんにギリシア語文献がアラビア語に翻訳される基盤となったことを読み取る。

①会話文に「シリア語は，アラム語から派生」とある。アラム語を話すアラム人の活動は前1200年頃より後であるので，アラム人の活動よりはるか以前の前3000年紀に活動していたシュメール人の時代にシリア語が使用されたことはありえない。②ジズヤはイスラーム世界の人頭税であるので，パルティア(前248頃〜後226頃)の下では存在しない。④会話文からはモンゴル支配下の13世紀にシリア語で様々な学術分野の著作が書き残されたことが読み取れる。第1回十字軍の開始(1096)はそれ以前の出来事である。

問4 　28 　正解①

フランス語がドイツ語の誤りである。ドイツで宗教改革を開始したルターがヴォルムス帝国議会で帝国追放処分となると，ルターは反皇帝派諸侯の中心人物でルターの出身地の領主でもあったザクセン選帝侯フリードリヒの保護下に『新約聖書』のドイツ語訳を行った。このルターによる聖書の翻訳はドイツ語の標準語形成に大きな役割を果たした。

②ダンテが出身地フィレンツェの方言であるトスカナ語で『神曲』を著したことが，イタリア語の標準語の始まりとなった。③帝政期ローマの五賢帝時代に活動したプルタルコスはギリシア人であり，『対比列伝』をはじめとする多くの著作を残した。④カエサルが自身のガリア遠征を記録した『ガリア戦記』はラテン文学の名文とされるほか，当時のケルト人，ゲルマン人を知るうえでの重要史料である。

問5 　29 　正解④

ポルトガルは，1488年のバルトロメウ゠ディアスの喜望峰到達により東アフリカからインドに至る航路の存在を知るところとなっていた。1492年にスペインの支援で西廻りでインドをめざすことになるコロンブスがポルトガル王室に支援を求めた時には，ポルトガル王室はすでに東廻りのインド航路の実現に向けて準備を行っていたと推測できる。実際ポルトガル王室が派遣したヴァスコ゠ダ゠ガマの艦隊が1497年に本国を出港し，アフリカ東岸のマリンディでイスラーム教徒の水先案内人を雇い98年にインドのカリカットに到達した。

①ポルトガルは13世紀中に自領のレコンキスタを完了していた。②トルデシリャス条約の設定はコロンブスの航海より後の1494年の出来事である。またポルトガルが進めていた東廻りのインド航路による航海はスペインの西廻りのインド航路の権益の侵害にはならない。スペイン王室がコロンブスによるインド到達(誤認であるが)を公表するとポルトガル王室がこれに抗議し，1493年に教皇子午線の設定を経て，最終的に94年のトルデシリャス条約で大西洋上の境界線を設定した。そこから東側をポルトガルの，西側をスペインの航路とした。③スペインによるポルトガル併合は，コロンブスの航海より後の16世紀の出来事である。スペインのフェリペ2世(位1556〜98)は母がポルトガル王女であったことを口実に1580年にポルトガルを同君連合の形を取って併合した。

問6 　30 　正解①

前の説明文から読み取れる思い込みの内容はあ，価値観はXである。

説明文中の「コロンブスがほとんどの文書をスペイン語で書いていたことを根拠に，彼が「スペイン人」だと思い込んでいたのである」から容易にあが正しいと判断できる。いは説明文からはジェノヴァがスペインの支配下にあったことは読み取れず，実際にそうした史実はない。

価値観については，文章中にあるように，コロンブスが「スペイン人」であるとした説の提唱者たちは19世紀の人間であるので，時代背景を考えた時に世紀前半であれば国民主義(ナショナリズム)的な，世紀後半であれば帝国主義的な価値観を持っていたことが考えられる。しかし提唱者たちはコロンブスがスペイン語を使用していることを当然のように彼がスペイン人であることの根拠としているので，ここから説の提唱者たちは，国家は同じ言語・文化を共有する国民から構成されるべきとの価値観を持っていたと考えられる。したがってXが解答となる。Yの帝国主義的な価値観は文章からは読み取ることができない。

問7 　31 　正解④

空欄　イ　には安史の乱(755〜763)が入る。空欄直

後で作品内の逆賊を安禄山としていることから判断できる。唐はモンゴル高原のウイグルの支援を得るなどして安史の乱を平定した。

①黄巣の乱(875～884)について述べた文である。この反乱は山東の塩の密売人であった黄巣が，同じ塩密売人の王仙之が起こした反乱を引き継いだ大農民反乱で，一時長安を占領したが，その後鎮圧された。②安史の乱について述べた文であるが，反乱鎮圧後には唐朝に協力した節度使の多くが勢力を拡大して半独立状態となり藩鎮化した。③後梁(907～923)を建国した朱全忠について述べた文である。朱全忠は黄巣の乱鎮圧に活躍した後，節度使として強大な力を持ち，やがて唐から禅譲を受けて後梁を建国した。

問8 ┃32┃ 正解③

空欄┃ウ┃に入れる語はいの古文，空欄┃ エ ┃に入れる文はXである。

中唐期に活動した韓愈(韓退之)や柳宗元は，六朝以来の貴族に好まれた4字と6字の句を基本として対句表現を行う形式的で華美な文体である四六駢儷体(あ，Y)を批判し，司馬遷の『史記』などのような秦漢以前の古文(い)を力強く個性を尊重するものとして復興を推奨した(X)。

問9 ┃33┃ 正解④

メモ1は誤っている。乾隆帝(位1735～95)は漢人の反満思想につながる書物を禁書とした。乾隆帝の命で古今の書物を集めた『四庫全書』は反満的な書物を捜索，選別する目的もあったとされ，収録されなかった多くの書物が焼却され，その他の書物も清の支配に不都合な書物は字句を差し替えられた。

メモ2は誤っている。北魏(386～534)の孝文帝(位471～499)が進めた漢化政策では，姓，言語，衣服などの鮮卑族の独自の文化が否定され，漢人への同化が図られた。清は皇帝が儒学の教養を修得し，多くの編纂事業を行うなど漢人文化に親しみつつも，漢人への完全な同化はせず，禁書や文字の獄を行い，漢人に辮髪を強制するなど満州人の伝統文化の維持が図られた。

2023年度

大学入学共通テスト
本試験

解答・解説

■2023年度大学入学共通テスト本試「世界史Ｂ」平均点・得点別偏差値表

＊受験者数　78,185人

＊平均点　58.43点

＊得点別偏差値表（大学入試センター公表の平均点と標準偏差をもとに作成したものです。）

平均点　58.43　標準偏差　21.16　　　受検者数　78,185

得　点	偏差値	得　点	偏差値	得　点	偏差値	得　点	偏差値
100	69.6	70	55.5	40	41.3	10	27.1
99	69.2	69	55.0	39	40.8	9	26.6
98	68.7	68	54.5	38	40.3	8	26.2
97	68.2	67	54.1	37	39.9	7	25.7
96	67.8	66	53.6	36	39.4	6	25.2
95	67.3	65	53.1	35	38.9	5	24.7
94	66.8	64	52.6	34	38.5	4	24.3
93	66.3	63	52.2	33	38.0	3	23.8
92	65.9	62	51.7	32	37.5	2	23.3
91	65.4	61	51.2	31	37.0	1	22.9
90	64.9	60	50.7	30	36.6	0	22.4
89	64.4	59	50.3	29	36.1		
88	64.0	58	49.8	28	35.6		
87	63.5	57	49.3	27	35.1		
86	63.0	56	48.9	26	34.7		
85	62.6	55	48.4	25	34.2		
84	62.1	54	47.9	24	33.7		
83	61.6	53	47.4	23	33.3		
82	61.1	52	47.0	22	32.8		
81	60.7	51	46.5	21	32.3		
80	60.2	50	46.0	20	31.8		
79	59.7	49	45.5	19	31.4		
78	59.2	48	45.1	18	30.9		
77	58.8	47	44.6	17	30.4		
76	58.3	46	44.1	16	29.9		
75	57.8	45	43.7	15	29.5		
74	57.4	44	43.2	14	29.0		
73	56.9	43	42.7	13	28.5		
72	56.4	42	42.2	12	28.1		
71	55.9	41	41.8	11	27.6		

2023年度 本試験 解答・配点

(100点満点)

問題番号（配点）	設問（配点）		解答番号	正解	自己採点欄
第1問 (16)	A	1（3）	1	④	
	A	2（2）	2	③	
	A	3（3）	3	②	
	B	4（3）	4	②	
	B	5（3）	5	①	
	B	6（2）	6	④	
小計					
第2問 (18)	A	1（3）	7	②	
	A	2（3）	8	①	
	A	3（3）	9	②	
	B	4（3）	10	③	
	B	5（3）	11	①	
	B	6（3）	12	④	
小計					
第3問 (24)	A	1（3）	13	④	
	A	2（3）	14	②	
	B	3（3）	15	③	
	B	4（3）	16	④	
	B	5（3）	17	①	
	C	6（3）	18	④	
	C	7（3）	19	①	
	C	8（3）	20	③	
小計					

問題番号（配点）	設問（配点）		解答番号	正解	自己採点欄
第4問 (24)	A	1（3）	21	③	
	A	2（3）	22	②	
	B	3（3）	23	⑤	
	B	4（3）	24	①	
	B	5（3）	25	③	
	B	6（3）	26	③	
	C	7（3）	27	②	
	C	8（3）	28	②	
小計					
第5問 (18)	A	1（3）	29	①	
	A	2（3）	30	③	
	A	3（3）	31	②	
	A	4（3）	32	①	
	B	5（3）	33	①	
	B	6（3）	34	②	
小計					
合計					

写真提供・協力

ユニフォトプレス

ソリドゥス金貨（ビザンツ帝国）／模倣ソリドゥス金貨（ウマイヤ朝）©The Trustees of the British Museum

解　説

第1問
「歴史の中の女性」

《大問の概要》

　Aでは「各国において女性が全国レベルの参政権を獲得していった歴史について」での授業の会話文が出題された。Bでは大学のゼミでの「中国史の中の女性」をテーマとする学生たちの議論が、『顔氏家訓』を資料として出題された。

〈解　説〉

問1　1　正解④

　空欄　ア　にはロシアを入れる。会話文中の　ア　は「19世紀に帝国だった」「19世紀にフィンランドを領有した」から判断しなければならないが、ヒントが少なくやや難しい。選択肢のうち2つがロシアに関連していることに気付けばそれもヒントになるかもしれない。BRICS（BRICs）はアメリカの証券会社のエコノミストにより命名されたブラジル、ロシア、インド、中国の4カ国あるいはそこに、南アフリカ共和国を加えた新興5か国を指す造語で、その英語の頭文字をとってこのようによばれる。

　①イギリスがスウェーデンの誤りである。北方戦争（1700～21）はロシアのピョートル1世（位1682～1725）がポーランド、デンマークを誘ってカール12世（位1697～1718）のスウェーデンと戦い、最終的にロシアが勝利した。②デンマークの事績である。デンマークがシュレスヴィヒ併合を宣言すると、プロイセンがオーストリアを誘ってデンマークと戦い（デンマーク戦争）、シュレスヴィヒ・ホルシュタインを占領した。プロイセンはその後シュレスヴィヒ・ホルシュタイン問題を理由にオーストリアと戦った（プロイセン＝オーストリア（普墺）戦争）。③ポーランドの事績である。

問2　2　正解③

　センター型4文正誤選択の設問。第一次世界大戦中、イギリスはインドに戦後の自治を約束して多くのインド人兵士を動員した。その後、自治の約束が取り消されたため、大戦後のインドでは独立運動が激化した。

　①オスマン帝国は同盟国側に立って参戦した。同盟国側で参戦したのはドイツ帝国、オーストリア＝ハンガリー帝国、オスマン帝国、ブルガリアの4国である。②フランス軍は、マルヌの戦い（1914）でドイツ軍の進撃を阻んだ。タンネンベルクの戦い（1914）は、ドイツのヒンデンブルク将軍がロシア軍を破った戦い。④民族自決などの十四か条の平和原則は、1918年1月にウィルソン米大統

領が発表した。レーニンが発表したものとしては、ロシア二月革命（三月革命）後に発表した「四月テーゼ」、ロシア十月革命（十一月革命）後にレーニンが起草して発表した「平和に関する布告」などがある。

問3　3　正解②

　室井さんのメモは誤っている。ニュージーランドでは1893年に世界で始めて女性参政権が認められ、その後1907年に自治領となった。ニュージーランドの自治領化はセンター試験時代から頻出であるが、世界初の女性参政権については初出である。今年度はリード文に明記されていたがこの情報は教科書にはあまり記載がないので、資料集等にまとめてあるものを見ておくしかない。

　渡部さんのメモは正しい。第一次世界大戦中には前線に送られた男性労働者に代わって多くの女性が工場などに進出して総力戦体制を支えた。ロシアの社会主義政権が男女平等をうたった影響もあって、大戦後には欧米各国で女性への参政権付与が続いた。イギリスでは1918年の第4次選挙法改正で30歳以上の女性に参政権が与えられた。

　佐藤さんのメモは誤っている。アメリカ合衆国では第一次世界大戦後、民主党ウィルソン政権下の1920年に女性参政権が憲法改正により認められた。キング牧師は1950～60年代に公民権運動を指導した人物。

問4　4　正解②

　藤田さんの最初の発言に資料が「6世紀後半」「分裂時代」とあることから資料が南北朝時代のものであることが分かる。また資料に「平城に都が置かれていた」ともあるので、資料中の北方の王朝は北魏と判断する。鮮卑が建てた北魏は太武帝（位423～452）の439年に五胡十六国時代の混乱にあった華北を平定した。都は当初北方の平城（現大同）に置かれたが、漢化政策を進めた孝文帝（位471～499）が洛陽に遷都した。

問5　5　正解①

　中村さんの言う女性皇帝は中国史上唯一の女帝である則天武后（武則天　位690～705）のことである。則天武后は唐の高宗（位649～683）の皇后であったが自ら即位し、一時唐に代わる周（武周）を建てた人物である。中村さんは資料から北魏（北朝）で見られた女性が活発な状況が、北朝出身の李淵（高祖　位618～626）から始まる唐代でも連続していたと考えた。

　②宋代以降の状況である。唐でも則天武后によって例外的に科挙官僚が重用されるが、時系列的に女性皇帝出現の根拠とはならない。③女性皇帝出現の根拠とはならない。④北魏分裂の背景とはなるが、女性皇帝出現の根拠とはならない。

センター型4文正誤選択の設問。『五経正義』は唐の太宗(李世民 位626〜649)の命で孔穎達らが編纂した。分裂時代に南北などで分かれた五経の解釈を統一し，科挙に活用したが，一方で解釈の固定により儒学を停滞させたとされる。

①三国時代以降の清談は老荘思想に基づく哲学談論で，儒学にはつながらない。②南北朝時代より前の前漢武帝時代(前141〜前87)の出来事。③寇謙之は北魏の太武帝の保護を得て道教の教団を作った。

第2問
「君主の地位の継承」
《大問の概要》

Aでは授業形式でフランスのブルボン朝の紋章と王家に関する図，カペー朝〜ブルボン朝に至る家系図を使用して，Bではファーティマ朝のカリフの正統性を異なる立場で論じた2人の歴史家の文章資料を題材に出題された。

〈解 説〉
問1 ⬚7⬚ 正解②

アンリ4世(位1589〜1610)とカペー朝とのつながりは文章と家系図だけでは確定できない。家系図からアンリ4世がカペー朝のルイ9世(位1226〜70)を祖先とすることは分かるが，ブルボン朝がユリの紋章を紋章の左の図柄に使用している理由は記されていない。実際にはカペー朝の紋章はユリの図柄であるが，そのことは文章には触れられていないので，それを歴史知識をもとに判断するほかない。ヒントとなるのはクレシーの戦い(1346)でフランス軍・イングランド軍双方がユリの図柄を旗に使用していることである。これは双方がカペー朝を継承する立場を主張しているためと気付きたい。百年戦争はイングランド王エドワード3世(位1327〜77)が，ヴァロワ家のフィリップ6世(位1328〜50)のフランス王位継承に対して自らのフランス王位継承権を主張して開戦した。エドワード3世は母親がカペー朝のフィリップ4世(位1285〜1314)の娘であり，それを王位継承権の根拠としている。フランス軍・イングランド軍双方がカペー朝とのつながりを示すためにユリの図柄を旗に使用したのであるならば，ユリの図柄がカペー朝のものであったことが推測できる。そのためユリの図柄がブルボン朝の紋章に使用されているのは，アンリ4世とカペー朝とのつながりがあることを表していると言える。

①文章では右の図柄はナバラ王国の金の鎖の図柄とされているので，クレシーの戦いにおける旗の図柄とは異なる。③イングランド王家ではなくナバラ王家との統合

を表している。④家系図によればアンリ4世は父ではなく母からナバラ王位を継承している。

問2 ⬚8⬚ 正解①

センター型4文正誤選択の設問。ユグノー戦争(1562〜98)中，サン＝バルテルミの虐殺(1572)でカトリックにより多くのユグノー(プロテスタント)が殺害された。

②ツヴィングリがミュンツァーの誤りである。ミュンツァーはドイツ農民戦争の重要な指導者の一人ではあるが，彼の号令で一揆が始まったわけではないので「ドイツ農民戦争が，ミュンツァーの指導の下で起こった」と訂正するのも厳密には正しくない。③ヘンリ7世(位1485〜1509)がヘンリ8世(位1509〜47)の誤りである。④イエズス会はカトリックの修道会である。

問3 ⬚9⬚ 正解②

空欄⬚ア⬚にはあのルイ14世を，空欄⬚イ⬚にはいの「度重なる戦争によって戦費が膨れ上がっていました」を入れる。

「宰相マザランが死去した後，親政を始めた」のはルイ14世(位1643〜1715)である。ルイ14世は幼少で即位したため宰相マザランの補佐を受けた。1661年に親政を開始すると，長きにわたり典型的な絶対君主として君臨した。中でも自然国境説を主張して領土の拡大をめざし，南ネーデルラント継承戦争(1667〜68)，オランダ戦争(1672〜78)，ファルツ戦争(アウクスブルク同盟戦争1688〜97)，スペイン継承戦争(1701〜13/14)を起こした。いのルイ16世(位1774〜92)の統治下でネッケルが財政改革を進めたのは，18世紀後半のフランス革命前の状況である。

問4 ⬚10⬚ 正解③

空欄を隠したセンター型4文正誤選択。空欄⬚ウ⬚には後ウマイヤ朝(755〜1031)を入れる。したがって10世紀に後ウマイヤ朝が支配していた半島はイベリア半島である。資料1に「私たちウマイヤ家の系譜」とあるのと，資料後の文章で10世紀にこの王朝の支配者がカリフを称したことが記されていることから判断する。モロッコに成立したベルベル人王朝であるムワッヒド朝(1130〜1269)は，イベリア半島に進出してレコンキスタを進めるキリスト教徒と戦った。

①ルーム＝セルジューク朝(1077〜1308)は，セルジューク朝(1038〜1194)の一族がアナトリア半島に建てた。②ムラービト朝(1056〜1147)がナスル朝(1232〜1492)の誤り。イベリア半島南部のグラナダを都とするナスル朝はスペイン王国に敗れて1492年にアフリカ大陸に撤退した。モロッコに成立したベルベル人王朝であるムラービト朝はガーナ王国への遠征など各地へのジハー

ド(聖戦)を進める中で，イベリア半島でもレコンキスタ(国土回復運動)を進めるキリスト教徒と戦った。④ワッハーブ王国(1744頃〜1818)が成立したのはアラビア半島である。ワッハーブ王国はワッハーブ派を信仰した豪族のサウード家が建てた国で，メッカ・メディナを支配するなど勢力を拡大したが，オスマン帝国の太守ムハンマド＝アリーに敗れた。その後も復活と崩壊を繰り返しながら，現在のサウジアラビア王国の基盤となった。

問5　11　正解①

センター型4文正誤選択。ムハンマドの死後，預言者の後継者としてアブー＝バクルが初代カリフに選出された。カリフは当初はウンマの政治的・社会的指導者だったが，その後の歴史の中でその地位を変化させていった。②カリフ制はムスタファ＝ケマルを中心とするトルコ革命後，トルコ共和国で1924年に廃止された。アブデュルハミト2世(位1876〜1909)は，ロシア＝トルコ(露土)戦争勃発を口実に前年施行されたばかりのミドハト憲法を停止した。③シーア派政権のブワイフ朝(932〜1062)の君主は大アミールとしてアッバース朝(750〜1258)カリフから政治・軍事の実権を奪った。④シーア派政権のサファヴィー朝(1501〜1736)はアッバース朝カリフの権威を認めておらず，カリフを擁立することもしなかった。アッバース朝はモンゴルのフラグによって1258年に滅ぼされており，サファヴィー朝が成立した時期にはアッバース朝カリフの子孫はカイロでマムルーク朝(1250〜1517)に保護されていた。

問6　12　正解④

歴史知識と資料の読解を組み合わせた設問。2つの資料を参考にファーティマ朝のカリフの正統性について考察する必要がある。シーア派政権のファーティマ朝はアッバース朝カリフの権威を認めていなかった。また資料2では「その手紙が，彼ら(筆者注：ファーティマ朝)がアリーの子孫であるということをはっきりと証明している。」と記されている。①ファーティマ朝の成立は909年で，アッバース朝の成立は750年であるので前後関係が逆である。また資料1の著者は伝聞や逸話からファーティマ朝がクライシュ族ではないと考え，そのカリフの正統性を否定している。②ファーティマ朝はシーア派の一派が建てた王朝である。また資料1では系譜を根拠にファーティマ朝支配者をカリフと認めておらず，資料2ではアッバース朝カリフの手紙を根拠にファーティマ朝支配者がカリフであると認めている。③ファーティマ朝支配者がカイロを首都としたことは歴史的に見て正しい。しかし資料2ではアッバース朝がシリアやエジプトを取り戻せないという無能力につい

ては記載があるが，そのことによってアッバース朝にカリフの資格がないとする判断は記されていない。

第3問
「世界史学習に対する疑問や議論」
《大問の概要》

Aでは授業形式でマクロン仏大統領の演説と図を使用してナポレオンについて，Bでも授業形式で科挙について，Cでは大学生と教授の会話の形式で『漢書』芸文志と『隋書』経籍志を使用して中国における書籍分類の歴史について出題された。

〈解　説〉

問1　13　正解④

センター型4文正誤選択であるが，図についての理解とそこから導きだされる国王の名を考察しなければならない。図は本文からわかるように，エルバ島を脱出したナポレオンが南仏に上陸した際の逸話が描かれている。したがってこの時のフランス国王は，ナポレオン退位後に即位したルイ18世(位1814〜24)である。フランス革命で処刑されたルイ16世(位1774〜92)の弟であるルイ18世は，ナポレオンの最初の退位後に亡命先から帰国して王位に就いた。これによってブルボン朝が復活した。①シャルル10世(位1824〜30)の事績である。②フランス革命中のジャコバン独裁時におこなわれた。③ルイ16世のヴァレンヌ逃亡事件(1791)の説明である。

問2　14　正解②

空欄　ア　にはハイチを，空欄　イ　にはセント＝ヘレナ島を入れる。ハイチは地図中の a，セント＝ヘレナ島は c である。地図中 b はナポレオンが最初に流されたエルバ島である。

　ア　はトゥサン＝ルヴェルチュールの指導による独立運動が起きているのでハイチと判断する。ハイチは統領政府時代の1804年にフランスから独立を達成し，中南米初の独立国，世界初の黒人共和国となった。　イ　は一時権力に返り咲いたナポレオンが再度流されて没した場所であるので，南大西洋の孤島セント＝ヘレナ島と判断する。皇帝の座に戻ったナポレオンは，ワーテルローの戦い(1815)で英普蘭軍に敗れて再び退位した。

問3　15　正解③

空欄を隠したセンター型4文正誤選択。空欄　ウ　には宋代に生まれた新しい学問であるので朱子学(宋学)を入れる。北宋の周敦頤に始まる宋学は，臨安(杭州)を都とする南宋時代に朱熹(朱子)によって大成されたので朱子学ともよばれる。朱熹は経書(経典)の中でも特に四書(『大学』『中庸』『論語』『孟子』)を重視した。

①本文から書院は宋代にできたことが伺える。科挙は隋代に文帝(楊堅　位581〜604)によって開始されたので時代が合わない。②道教の一派である全真教をおこした王重陽の説明である。④明代の陽明学の説明である。陽明学は朱熹と同時代の陸九淵の心学にルーツを持ち、明代に王守仁(王陽明)が確立した。

問4　16　正解④

空欄　エ　には「東林派の人々が、政府を批判した」を入れる。顧炎武は明から清への交代期に活動した儒学者で、黄宗羲とともに考証学の創始者の一人とされる。顧炎武が見聞した「書院を拠点とした争い」であるので明衰退の一因の東林・非東林の党争を想起する。東林派は顧憲成が再興した東林書院出身の官僚を中心とする党派で、腐敗した政府や宦官を批判した。これと敵対した非東林派は宦官と結んで東林派と党争を繰り返して明の衰退を招いた。

①後漢末の状況である。張角が河北で興した宗教結社の太平道は184年に黄巾の乱を起こして後漢を衰退させた。②南宋の状況である。秦檜が勝利して南宋は金と屈辱的な和議を結び、岳飛は死に追いやられた。③明中期の状況である。北京に迫るオイラトのエセン=ハン軍に対して、明の正統帝(英宗　位1435〜49)は自ら長城を越えて出撃したが土木堡でとらえられた(土木の変　1449)。

問5　17　正解①

下線部ⓐについて述べた文は**あ**、朝鮮や日本で見られた人材登用制度に関する考えは**X**である。

下線部ⓐの科挙より古い時代に行われた人材登用制度は前漢(前202〜後8)の郷挙里選と三国時代の魏で始まる九品中正である。**あ**は郷挙里選の説明である。前漢武帝(位 前141〜前87)以来、政府は地方長官に優秀な人材の推薦を求めたが、結果として地方長官と癒着した豪族の子弟が多く中央に推薦され、豪族の権勢が強まった。そうした中で外戚の王莽が漢王朝を簒奪して新(8〜23)を建てた。魏では郷挙里選を改めて中央から派遣した中正官に人材を推薦させたが、結局中正官と癒着した豪族の子弟が中央政界に進出した。そのため有力な家柄以外は高官に就けない門閥貴族社会が成立し、「上品に寒門なく、下品に勢族なし」と称された。したがって**い**は九品中正の説明であるが、「貴族の高官独占が抑制」の箇所が誤っている。

「朝鮮や日本で見られた人材登用制度に関する考え」は、本文に「江戸時代の日本を訪れた朝鮮の知識人の一人が、日本には科挙がないので官職が全て世襲で決まり、埋もれた人材がいると書き残しています」とあることから、**X**の「朝鮮の知識人が、科挙を採用せず広く人材を

求めない日本を批判した」は正しい。また本文に「日本の社会には中国で理想とされる周代と共通する要素があると考え、周代の制度を参考にして、文才ではなく人柄を重視しようとした」と日本では周代の制度(封建制)を参考にしていることが示されているので、**Y**の「日本の儒学者が、周の封建制を否定的に考え、科挙の導入を提唱した」は誤っている。

問6　18　正解④

空欄　オ　に入れる語は『四庫全書』、　オ　を編纂した王朝について述べた文は「漢人男性に辮髪を強制した」である。

18世紀の中国は清朝の時代なので、　オ　は清代に編纂された『四庫全書』と判断できる。『四庫全書』は乾隆帝の命で編纂された叢書で、当時の書籍を本文にあるように四部に分類・編集して網羅したもの。その際清朝に都合の悪いものは一部を削除したり禁書指定するなど思想統制の面もあった。『四書大全』は明の永楽帝(位1402〜24)の命で編纂された四書の注釈書である。五経の注釈書である『五経大全』などとともに科挙の解答はこれらに基づく解釈のみが正解とされた。

清は中国を支配すると、明の制度の踏襲や満漢併用制など懐柔策を採る一方で、満州人の髪型である辮髪を強制して服従の証とした。なお、「皇帝に権力を集中させるため、中書省を廃止した。」は明の洪武帝(朱元璋　位1368〜98)の事績である。洪武帝は中書省を廃止して、宰相を置かず六部を皇帝直轄にするなど皇帝への権力集中を図った。

問7　19　正解①

『漢書』芸文志の六芸略には**あ**の『詩経』のみが掲載されている。『詩経』と『資治通鑑』が著されたのが『漢書』の成立以前か以後かを判断させる文化史の問題である。儒教の経書の五経にも入れられる『詩経』は孔子自身が黄河流域で詠まれた詩歌を収拾したとされる。孔子は春秋時代末期の人物であるから、班固が『漢書』を著した後漢時代(25〜220)には『詩経』はすでに存在していた。王安石と対立した旧法党の政治家としても知られる司馬光が著した『資治通鑑』は北宋時代に書かれているので、『漢書』には掲載されていない。

問8　20　正解③

歴史知識と資料の読解を組み合わせた設問。文章から読み取った情報と知識を活用して中国における書籍分類を判断する力が求められた。『隋書』経籍志が7世紀に編纂された書籍目録であることと、そこに『史記』を含めたいずれも本紀と列伝を主体とする紀伝体の歴史書が挙げられていることが本文に記されている。『隋書』の

ような歴代王朝の正史は『史記』にならって紀伝体で記され，最も正統と認められたものを指す。

①前漢で書かれた『史記』は1世紀に存在する。後漢で書かれた『漢書』も実際には1世紀に完成しているが，後漢が3世紀初めまで続くため，『漢書』が1世紀に存在したかどうかは受験レベルの知識では判断しにくい。だが本文に史部を含む四部分類が独立し，定着していくのが3世紀から6世紀にかけてのこととあるので①は誤りである。②木版印刷は唐代頃に始まっているので，3世紀から6世紀に史部に含まれる歴史書の数が増加したことの根拠として不適切である。木版印刷は唐代の8世紀中頃に本格的に開始され，宋代に普及した。教科書に記載されている事項だが，判断を求める歴史知識としてはやや細かい印象を受ける。④本文から18世紀に中国で編纂された オ （『四庫全書』）で四部分類が用いられていることが読み取れる。

第4問
「世界史上の様々な歴史資料」
《大問の概要》

Aではビザンツ帝国とウマイヤ朝の貨幣を使用して授業形式で，Bではマラトンの戦いに関する資料を使用して授業形式で，Cでは中世のブリテン島の修道士の著作とその解説が出題された。

〈解　説〉
問1　21　正解③

センター型4文正誤選択だが，図の貨幣の発行国を考察しなければならない。貨幣1は本文で7世紀前半にコンスタンティノープルを首都としたとあるので東ローマ（ビザンツ）帝国のものであることが分かる。詳細な情報を学習しているならばソリドゥス金貨もヒントになるだろう。貨幣2はムアーウィアが開いた王朝であるからウマイヤ朝（661〜750）であることが分かる。東ローマ（ビザンツ）帝国ではユスティニアヌス1世（大帝　位527〜565）が法学者らに『ローマ法大全』を編纂させた。

①ゾロアスター教を国教とした国としてはササン朝（224〜651）が知られる。東ローマ（ビザンツ）帝国ではおもにギリシア正教が信仰された。②パルティア（前248頃〜後224）を征服したのはウマイヤ朝ではなくササン朝の事績である。④バグダードに都を置いたのはアッバース朝である。アッバース朝の第2代カリフ・マンスール（754〜775）が新都としてバグダードをティグリス河畔に建設した。ウマイヤ朝はシリアのダマスクスを都とした。

問2　22　正解②

歴史知識と会話文の読解をもとにメモの正誤を判断す

ることが求められている。佐々木さんと鈴木さんのメモは正しい。いずれも本文中の記載に沿っている。広田さんのメモは誤っている。ヴァンダル王国を滅ぼした皇帝は6世紀のユスティニアヌス1世であるが，本文にはソリドゥス金貨は7世紀前半に発行されたとある。

問3　23　正解⑤

歴史知識と資料の読解を組み合わせた設問。空欄 ア に入れる語句はあ，空欄 イ に入れる人物はYである。ヘラクレイデスや イ に入れる選択肢などの受験用語ではない人物の名が見えるが，この設問は資料読解を求める問題であるのでそれらの人物を知っている必要はない。

資料1の著者は『対比列伝』の著者であるのでプルタルコスである。これは歴史知識として知っているべきであるが，もしもプルタルコスが分からなくても，『対比列伝』の著者が資料2の作者とともに五賢帝の時代を中心に活躍したと本文にあるので両者が2世紀頃の人物と判断できる。ヘラクレイデスについては本文にアリストテレスの下で学んでいたとあるので前4世紀頃の人物と判断する。したがってヘラクレイデスはプルタルコスらよりもマラトンの戦いに近い時代に生きていたので，あは誤りで，いが正しい。

イ は本文で「マラトンの戦いに時代が近い人物が信頼できるとしたら」としているので，マラトンの戦いに近い時代に生きていたヘラクレイデスが記したテルシッポスが戦場から走ってきた人物として「一番信ぴょう性が"高い"」ということになる。

問4　24　正解①

空欄を隠したセンター型4文正誤選択。空欄 ウ はマラトンの戦いを含むのでペルシア戦争を入れる。ペルシア戦争はアケメネス朝（アカイメネス朝　前550〜前330）の支配に対して，前500年に起きたミレトスを中心とするイオニア地方の反乱から始まった。反乱は鎮圧されミレトスは破壊された。同じイオニア人のアテネがこの反乱を支援したことがマラトンの戦いが行われる前490年のギリシア遠征につながった。

②ササン朝の事績である。ササン朝のホスロー1世（位531〜579）は突厥と結んでエフタルを滅ぼした。③コリントス同盟（ヘラス同盟）がデロス同盟の誤りである。デロス同盟は前478年に結成されたデロス島に本部を置く同盟であるが，実際にはアテネがその影響下に置いた。④プラタイアイの戦い（前479）ではギリシア側のスパルタ・アテネ軍がペルシア軍に勝利した。

問5　25　正解③

歴史知識と資料・会話文の読解を組み合わせた設問。

正解となるのは『対比列伝』の著者がプルタルコスであることを前提にした選択肢である。プルタルコスが書いた資料1ではテルシッポス説とエウクレス説の異なる2つの説が記されている。

①ペイシストラトスはペルシア戦争以前の前561年以降にアテネで僭主政治を行った人物であるので，使者の話を知っていた可能性はない。②の内容は本文に記されていない。トゥキディデス(トゥキュディデス)の『歴史』はペロポネソス戦争を史料批判に基づき科学的に記している。④本文にあるペルシア戦争を主題とした紀元前5世紀の歴史家の著作がヘロドトスの『歴史』であると考えられるが，この著作ではフィリッピデスはマラトンの戦い前のスパルタへの使者として記されているが，資料2ではマラトンの戦いの時にアテネに戦いの勝利を告げた使者とされている。

問6　26　正解③

資料の正確な読解が求められる設問。空欄　エ　にはゲルマン人の大移動を入れる。資料1と資料2が示す「アングル人」について述べた文は資料1があ，資料2がいである。

資料1ではユトランド半島原住のアングル人などのゲルマン人がブリテン島に来訪したことを記しているので，資料1はゲルマン人の大移動についての記述と判断する。アングル人らはその後ブリテン島でアングロサクソン七王国(ヘプターキー)を形成した。東方植民は12世紀～15世紀に行われたドイツ人によるエルベ川以東のスラヴ人居住地への植民活動である。

資料1での「アングル人」はサクソン人やジュート人(ユート人)とともにブリテン島に渡来してきた有力なゲルマンの三つの民の一つとして記されているので，あに該当する。

資料2での「アングル人」はケルト系のブリトン人・スコット人・ピクト人の言語やラテン語とは異なる(ゲルマン系の)言語を話す集団として記されているので，いに該当する。

問7　27　正解②

年代のヒントがない資料3で教皇グレゴリウス1世がいつ頃の人物かを歴史知識として知っていることが正解へのポイントとなる。

資料1　(注1)からカルケドンの公会議(451)が行われた5世紀の出来事と判断する。

資料3　教皇グレゴリウス1世(位590～604)は6世紀から7世紀にかけての人物である。資料にあるブリテン島のゲルマン人への布教で知られるほか，聖歌の作成など教会の制度の整備にも尽力し大教皇とよばれる。

資料2　資料中に「今の」とあることから，この著作が執筆された8世紀(731)の状況である。

問8　28　正解②

センター型4文正誤選択。ワット＝タイラーの乱(1381)の思想的指導者ジョン＝ボールは，聖職者のウィクリフの影響を受け，「アダムが耕しイヴが紡いだとき，だれが貴族(領主)であったか」と説教し平等を主張した。

①ノルマン人がローマ系住民の誤りである。先住のローマ系住民に対して支配層のフランク人の人口は数％に過ぎなかったが，クローヴィスのアタナシウス派への改宗は多数派住民からの支持を拡げ，フランク王国発展のもととなった。③統一法がミラノ勅令(313)の誤りである。当時ローマ西半の正帝であったコンスタンティヌス帝(ローマ皇帝位306～337)は勢力を増したキリスト教徒を統治に取り込むためにミラノ勅令を発して，キリスト教を公認した。国王自身の離婚問題に起因して統一法(国王至上法　1534)を発布したのはイギリス王ヘンリ8世(位1509～47)である。④ボニファティウス8世(位1294～1303)がウルバヌス2世(位1088～99)の誤りである。ウルバヌス2世はクレルモン宗教会議(1095)で十字軍を提唱した。ボニファティウス8世はフランスでの高位聖職者への課税をめぐり国王フィリップ4世(位1285～1314)と対立し，アナーニ事件(1303)を経て憤死に至らしめられた。

第5問

「歴史統計」

《大問の概要》

Aでは20世紀東南アジア各地の輸出先とその比率，Bではイングランドの都市人口と農村農業人口の比率の統計を題材に，問題が展開された。

〈解　説〉

問1　29　正解①

センター型4文正誤選択。問題ではマラヤの宗主国がイギリスであることを隠しているが，選択肢がすべてイギリスに関するものであるので，この問題がイギリスに関連する事項を問うものと分からない人はいないであろう。マラヤはシンガポール島を含むマレー半島のイギリス植民地(英領マレー)のことである。イギリスはマラッカ海峡北部のペナンに続いて19世紀前半，シンガポールを獲得，その後に獲得したマラッカと合わせて1826年に海峡植民地を形成した。世紀後半にはマレー半島内陸部にも進出してマレー連合州を形成すると，海峡植民地とあわせて英領マラヤ(英領マレー)植民地とした。

②19世紀後半が19世紀前半の誤りである。イギリスは

前年の選挙法改正を受けて産業資本家が有力となった議会で，1833年に東インド会社の貿易独占権を廃止した。③北京議定書（辛丑和約　1901）が南京条約（1842）の誤りである。南京条約は清のアヘン戦争敗北を受けて締結され，公行の廃止のほか香港島の割譲などが盛り込まれた。北京議定書は義和団事件を受けて締結された条約で，外国軍隊の北京駐在などが定められた。④廃止ではなく形成が正しい。イギリスは，世界恐慌対策としてカナダのオタワで経済会議を開催し，経済ブロックであるスターリング＝ブロック（ポンド＝ブロック）を形成した。

問2　30　正解③

表の読解に加えて植民地と宗主国の関係の知識を必要とする。アにはいのアメリカ合衆国を入れる。下線部ⓑの背景として最も適当な文はXである。

表を見るとアはフィリピンとマラヤで輸出先1位である。表の1929年の時点でフィリピンがアメリカ合衆国の植民地であることに気付きたい。本文で記されているようにイギリスの植民地であるマラヤはアメリカ合衆国で需要が高まっていたゴム（天然ゴム）の生産地であるためアメリカ合衆国への輸出が多かった。アメリカ合衆国が輸出先3位となっているインドネシア（特にスマトラ島）もゴムの生産を行っている。いずれの植民地もドイツとの関係は薄い。

アメリカ合衆国ではフォード社が開発した「組立ライン」方式により1920年代に自動車が大量生産されるようになっていた。アメリカ合衆国ではこの頃に普及していく航空機産業とともにタイヤ等の原料としてゴムの需要が高まっていた。したがってゴム需要が高まっていた背景として適当な文はXとなる。Yのアウトバーンも自動車道路を意味し自動車の普及に関係がある文であるが，アウトバーンの建設はナチス＝ドイツ政権によって1930年代に進められたので表の年代とは一致しない。

問3　31　正解②

歴史知識と資料の読解を組み合わせた設問。マラヤにはゴムプランテーション（ゴム園）の労働者としておもにインド人労働者が流入した。問題とは関係ないが，錫鉱山の労働者としてはおもに中国人労働者が流入した。そしてマラヤはインドシナ輸出額上位の第3位に入っている。

①インドネシアは現在もコーヒーの産地として知られている。しかし宗主国オランダへの輸出額は21.0％で，マラヤの宗主国イギリスへの輸出額14.3％を上まわっている。③フィリピンのアジア向けの輸出額は日本と中国を合わせて6.2％であるので2割以下である。しかし強制栽培制度で知られるのは，1830年から現在のインドネシアであるオランダ領東インドのジャワ島で行われた

コーヒーやサトウキビなどの強制栽培である。フィリピンでもプランテーション農業はさかんであるが強制栽培制度は行われていない。④インドシナの輸出額で最大であった地域は香港である。香港はイギリスの植民地であるので，インドシナの宗主国フランスの植民地ではない。

問4　32　正解①

歴史知識と表の読み取りを組み合わせた問題。またこの設問では従来に見られなかった8つの選択肢すべての内容が異なる形式が採られている。イには「表1を見ると，都市人口比率が上昇している」を，ウには「土地が囲い込まれ（第2次囲い込み），新農法が導入された」を入れる。

表1を見ると，都市人口比率は18世紀後半の時期に1750年21.00％→1801年27.50％と上昇している。イには18世紀後半のイギリスで食料の供給が安定していた原因を入れる。この時期には穀物増産のために多くの土地が囲い込まれる第2次囲い込み（エンクロージャー）が進展していた。

②前述のように，都市人口比率は18世紀後半の時期に上昇している。イギリスでは1825年のストックトン-ダーリントン間の開業以来19世紀を通じて鉄道網が拡大していった。しかしこのことは食糧の増産とは直接関係しない。③表2を見ると，農村農業人口100人あたりの総人口は18世紀後半の時期に1750年219人→1801年276人と上昇している。農業調整法（AAA）は世界恐慌期の1933年にアメリカ合衆国で施行されたニューディール政策における法律であるので，18世紀後半のイギリスの食料供給の事情とは関係がない。④前述のように，農村農業人口100人あたりの総人口は18世紀後半の時期に上昇している。穀物法の廃止により穀物輸入が自由化されたのは，コブデン，ブライトらの活動の成果で1846年のことであり，18世紀後半のイギリスの食料供給の事情とは関係がない。

問5　33　正解①

歴史知識とグラフの読み取りを組み合わせた問題。1840年代にアイルランドでジャガイモの飢饉が起きたことは正しい。グラフからも1845年からの数年間でアイルランドからアメリカ合衆国への移民が増加したことが読み取れる。

②1850年代後半にアイルランドからアメリカ合衆国への移民が減少したことはグラフから読み取れるが，クロムウェルによるアイルランド征服，土地没収は1649年のことである。③1875年のイギリスからの移民が1870年よりも減少していることはグラフから読み取れるが，アメリカ合衆国で南北戦争が始まったのは1865年のことであ

る。④1890年代初めにアメリカ合衆国でフロンティアの消滅が宣言されたことは正しいが，グラフでは1895年のイギリスからの移民は1890年よりも減少している。

問6　34　正解②

　センター型4文正誤選択。イギリスでは18世紀前半にダービー父子によって開発された，コークス製鉄法が利用された。

　①大西洋の三角貿易ではなく，イギリス，インド，中国を結ぶ三角貿易の説明である。イギリスは産業革命が進展する中で，工場製綿製品の輸出拡大のためにイギリスの綿製品をインドへ，インドで生産させたアヘンを中国に密輸し，茶・絹製品・陶磁器など中国の物産を輸入した。1830年代にはアヘンの代価として中国からイギリスに銀も流出した。イギリスは18世紀からイギリスで奴隷貿易が廃止される19世紀初めまで大西洋三角貿易を独占して莫大な富を蓄積した。この貿易ではイギリスから火器や雑貨を西アフリカに，西アフリカで購入した黒人奴隷を西インド諸島などアメリカ大陸に運び，砂糖やコーヒーなどのプランテーション製品をイギリスに運んだ。③ラダイト運動（機械打ちこわし運動）がチャーティスト運動の誤りである。労働者は1832年の第1回選挙法改正で資本家のみに選挙権が与えられると，30年代後半に21歳以上の男子普通選挙などを求める人民憲章を起草してその実現を図ったが失敗に終わった。ラダイト運動（機械打ちこわし運動）は1811年以降にイギリスで拡大した運動である。④1833年の工場法（一般工場法）は工場監督官の設置や18歳未満の夜業禁止などを定めたもので，大気や水の汚染問題の改善は盛り込まれていない。共通テストのレベルを超えるが，イギリスではチャドウィックが下水道の整備により水の汚染問題を改善し，「公衆衛生の父」と呼ばれた。大気汚染も問題視されたが産業資本家層の抵抗もあり，工場からの煙害を抑制する法の整備は進展しなかった。

① 20240711